2022年第2卷

第70卷

刑法论丛

CRIMINAL LAW REVIEW VOL. 70

■高铭暄／学术顾问
■赵秉志／主　编
■阴建峰／副主编
■苏明月　袁　彬　彭新林　张　磊／专业编辑

中文社会科学引文索引（CSSCI）来源集刊

法律出版社
LAW PRESS CHINA
——北京——

图书在版编目(CIP)数据

刑法论丛. 2022 年. 第 2 卷 : 总第 70 卷 / 赵秉志主编. -- 北京 : 法律出版社, 2023

ISBN 978 -7 -5197 -8186 -6

Ⅰ. ①刑… Ⅱ. ①赵… Ⅲ. ①刑法-文集 Ⅳ. ①D914.04 -53

中国国家版本馆 CIP 数据核字(2023)第 150637 号

刑法论丛(2022 年第 2 卷 · 总第 70 卷) XINGFA LUNCONG (2022 NIAN DI-2 JUAN · ZONG DI-70 JUAN)	赵秉志 主编	责任编辑 屈 瑶 王雅楠 装帧设计 李 瞻

出版发行 法律出版社
编辑统筹 学术 · 对外出版分社
责任校对 王晓萍 王语童
责任印制 陶 松
经 销 新华书店

开本 A5
印张 14.5 字数 411 千
版本 2023 年 10 月第 1 版
印次 2023 年 10 月第 1 次印刷
印刷 北京新生代彩印制版有限公司

地址:北京市丰台区莲花池西里 7 号(100073)
网址:www.lawpress.com.cn
投稿邮箱:info@lawpress.com.cn
举报盗版邮箱:jbwq@lawpress.com.cn

销售电话:010 - 83938349
客服电话:010 - 83938350
咨询电话:010 - 63939796

书号:ISBN 978 -7 -5197 -8186 -6　　定价:79.00 元

凡购买本社图书,如有印装错误,我社负责退换。电话:010 - 83938349

目录

[外国刑法]

[国际刑法]

[犯罪学与刑事政策]

CONTENTS

〔企业合规专栏〕

行刑衔接视野下企业合规教义学化发展的二元构建*

秦长森**

目　　次

一、本文的问题意识

当前的中国社会正处于重大转型之中，作为日益工业化的结果，现代科技为人们提供着越来越多的物质便利；与此同时，伴随工业化而来

* 本文系2023年江苏省研究生科研创新项目"预防刑法观下的集体法益保护及其实践展开"(项目编号:KYCX23_0205)与东南大学中央基本业务费项目"我国小微企业简式刑事合规研究"(项目编号:2242023s30015)之阶段性成果。

** 东南大学法学院刑法专业博士研究生，研究方向：刑法学基础理论、经济刑法学。

的众多新生危险源,也使与风险共舞成为无从摆脱的宿命。① 与工业化一同发展的是社会结构不断组织化、社会分工不断精细化以及社会资源不断竞争化。企业作为一种组织形态,在给人类社会带来财富的同时增添了诸多法律问题。面对风险的不确定性,如何促进企业合规经营并使之成为服务于人类的工具而非伤害人类的"怪物",便成了法学研究,特别是公法学研究中不可回避的问题。现阶段,我国法学领域对企业合规的探讨主要集中在以下三个维度:作为律师业务的合规、作为行政治理的合规以及作为刑法激励的合规。其中,第一个维度的合规主要涉及对法律职业的探讨,②第二个维度的合规探讨在学术研究中主要以"行政合规"的样态出现,③第三个维度的合规探讨则演化成为"实体法上的刑事合规"和"程序法上的刑事合规"两种范例。④ 尽管在具体的研究路径上存在差异,但是上述三个维度中企业合规研究的共同目标均是预防企业内部发生违法犯罪行为,并通过法律手段促进企业合法、合规经营。在中国,"企业合规"并非实定法上的概念,而是散见于不同的政策性文件中。⑤ 因此,一些学术研究开始尝试将合规的概念引入立法中,并提出了一些颇具创造性的立法建议。在本文看来,当前的合规研究已进入学术争鸣的状态,我们既不能完全沉湎于合规的域外介绍中,也不宜过早地提出合规的立法建议。作为一种企业管理与法律运行的功能性实践,企业合规的正确研究范式应当是考

---

① 参见劳东燕:《功能主义的刑法解释》,中国人民大学出版社 2020 年版,第 1 页。

② 参见董坤:《刑事辩护中的合规非诉业务——从企业合规第三方机制指导意见切入谈起》,载《中国律师》2021 年第 7 期;陈心哲、薛瀚:《企业刑事合规的内化路径探析——以律师业务展望为视角》,载《西安石油大学学报(社会科学版)》2020 年第 3 期。

③ 参见周佑勇:《契约行政理念下的企业合规协议制度构建——以工程建设领域为视角》,载《法学论坛》2021 年第 3 期;陈瑞华:《论企业合规在行政监管机制中的地位》,载《上海政法学院学报(法治论丛)》2021 年第 6 期。

④ 参见孙国祥:《刑事合规的理念、机能和中国的构建》,载《中国刑事法杂志》2019 年第 2 期;陈瑞华:《刑事诉讼的合规激励模式》,载《中国法学》2020 年第 6 期。

⑤ 例如,最高人民检察院发布了《关于建立涉案企业合规第三方监督评估机制的指导意见(试行)》;国务院国有资产监督管理委员会正式发布了《中央企业合规管理指引(试行)》等。

虑"能不能在本土司法实践中生存""如何在本土司法实践中生存"的问题,也即企业合规教义学化发展的问题。但是,当前的合规研究经常在各个部门法中"单兵作战",尚缺乏类型化和体系化的思考。如行政管理中的行政合规与刑事法意义上的刑事合规是什么关系?又如,刑事合规是具有减轻罪责的功能还是出罪的功能?若是后者,是在阶层论中的不法阶层出罪,还是在罪责阶层中出罪?再如,若企业因建立了有效的合规计划而不对其进行刑事处罚,是否要对其进行行政处罚等。以上问题如果得不到解决,企业合规的法律研究会被困在自说自话的圈套中。基于上述问题意识,本文以现行立法为基准,通过探讨如何衔接行政法与刑法之间的企业合规问题,力图实现企业合规研究的进一步教义学化。

二、企业合规发展的方向——从法学方法到法律方法

法律移植与法律继承一直以来都是国家法变更与发展的基本要义。近现代以来,随着法律从传统走向现代,世界不同法律体系密切合作,使一国在强烈受到经济导向的领域里不断地借鉴他国法律并被固定到本国法之中,法律移植与法律继承之间的矛盾得以调和。[①] 企业合规作为一个外来概念,经由域外引入后不断地进行着域内改造。面对国内"泛合规化"的探讨浪潮,实有必要对企业合规的本土化发展历史展开分析,以便更好地探讨企业合规在我国学术讨论中的存在样态。在笔者看来,企业合规在我国法学领域中的探讨历经了两个阶段,正有朝着第三个阶段发展的趋势。其中,第一个阶段是企业合规的域外介绍阶段,第二个阶段是企业合规的本土融合阶段,第三个阶段则是企业合规的教义学化发展阶段。

---

① 参见[德]埃里克·希尔根多夫:《德国刑法学:从传统到现代》,江溯等译,北京大学出版社2015年版,第514页。

(一)由外到内:企业合规研究的早期阶段

我国法学界关于企业合规的探讨发端于刑法领域中的单位犯罪理论。例如,周振杰在其文章中介绍了英国《2020年贿赂罪法》中的企业合规制度,该法中的商业组织不履行预防贿赂义务罪的立法,点明了英美法系国家的单位犯罪从以个人责任的判断为中心,转向以组织责任为判断原则,①由此引发了后续学者们对我国传统单位犯罪的检视。此外,还有学者通过追溯企业合规的源头发现:"企业合规事实上是通过法律激励的手段,鼓励企业自我管理,自觉遵守法纪,其思想内核是企业自制。"②而企业合规的发源地——美国则是通过企业腐败治理来推动合规的发展与完善,并在1991年《联邦量刑指南》中将企业合规制度全面引入法律实践中。③ 2018年4月16日,由于中兴通讯违反了此前与美国政府达成的和解协议,由美国商务部发布公告,7个月内禁止美国企业与中兴通讯展开业务往来。④ 中兴通讯在美经营中遇到的"滑铁卢"激发了学界对企业合规的研究热情。李本灿认为:"企业合规最显著的表现形式是刑事合规,而刑事合规的核心要素是内部控制机制和刑事法手段,我国刑事立法中有企业合规的影子,其中拒不履行信息网络安全管理义务罪就是很好的例证。"⑤黎宏并不认可美国的合规模式并直言指出:"虽然我国的企业合规建设才刚起步,但是完全没

---

① 参见周振杰:《英国刑法中的商业组织不履行预防贿赂义务罪研究——兼论英国法人刑事责任的转变与发展方向》,载赵秉志主编:《刑法论丛》第31卷,法律出版社2012年版,第330页。

② 李本灿:《企业犯罪预防中国家规制向国家与企业共治转型之提倡》,载《政治与法律》2016年第2期。

③ 参见万方:《企业合规刑事化的发展及启示》,载《中国刑事法杂志》2019年第2期。

④ 参见王志乐、郭凌晨:《中兴事件始末,比罚单更沉重的反思》,载新浪财经网,http://finance.sina.com.cn/chanjing/gsnews/2018-04-18/doc-ifyuwqfa3582878.shtml。

⑤ 李本灿:《刑事合规理念的国内法表达——以"中兴通讯事件"为切入点》,载《法律科学》2018年第6期。

有必要照搬美国的做法。我们可以尝试将企业文化建设作为判断企业刑事责任的依据,来决定企业的罪责。"①可见,受企业域外经营所面临的合规风险影响,学界对企业合规的探讨已不再仅局限于对域外合规制度的介绍,而是开始尝试探讨如何构建具有中国特色的企业合规制度,表现出了由域外介绍到域内建立的特点。

(二)由点至面:企业合规研究的现阶段

实践和理论的助推使企业合规在法学研究中不再是一个陌生的概念,而是表现得极具张力和生命力。现阶段的企业合规研究以刑法学科为核心,在刑法学的研究中从单一的介绍到分散在不同犯罪领域中进行重点考察,并从刑法学研究之外扩张到刑诉法学和行政法学中,由此呈现由点至面的特点。

1. 由刑法学总论到刑法学分论

据上文可知,在刑事法学的研究中,企业合规最经典的研究范式是单位犯罪理论的重塑。但是,近年来学界开始将企业合规融入《刑法》分则各罪名的预防研究之中。在互联网新兴领域,时延安主张通过法律手段促进网络经营者建立有效合规机制来促进企业建立有效的合规计划,并最终促使网络经营者在网络犯罪治理中履行责任。② 于冲主张将企业合规引入人工智能犯罪中,其认为:"通过人工智能产业中的算法合规与数据合规研究,可以区分算法过错与算法霸凌背后人的过错,并以此防范因数据瑕疵应用中人的罪过引发人工智能决策的失误。"③在金融犯罪领域,赵赤主张在法律中突出金融合规法律制度的重点内容,完善金融合规与刑事法律的衔接。④ 商浩文等主张运用企

① 黎宏:《合规计划与企业刑事责任》,载《法学杂志》2019年第9期。

② 参见时延安:《以合规建设推动网络犯罪治理》,载《人民论坛》2021年第19期。

③ 于冲:《刑事合规视野下人工智能的刑法评价进路》,载《环球法律评论》2019年第6期。

④ 参见赵赤:《金融刑事合规:最新发展与实践探索》,载《检察日报》2021年3月19日,第3版。

业合规理论,在外部风险防控和内部合规建设两个方面引入反洗钱刑事合规制度。[①] 在公害犯罪领域,陈冉认为:"刑事合规的理念与公害犯罪治理背景的理念相投,通过合规计划可以激发企业不作为犯罪刑事责任的落实、通过合规指引可以完善我国的单位过失犯罪、通过企业合规可以促进企业责任与企业中个人责任的剥离。"[②]

通过上述的梳理可知,当前刑事法中对企业合规的探讨已不再局限于刑法总论,而是分散到刑法分论中的法定犯之中,以一种如何预防犯罪发生、如何合理进行归责的姿态出现。

2. 由刑法学到其他部门法学

在企业合规刑事化的发展过程中,由于我国刑法并未将刑事合规的概念法定化,因此越来越多的学者开始在刑事诉讼法学中探讨企业合规的问题,具体表现为制度内嵌和立法完善两个方面。前者如"合规是企业认罪认罚的高级形式,通过将企业合规融入认罪认罚中,可以实现对民企的刑事司法保护"[③]。后者如"刑事合规附条件不起诉制度应当通过立法来完成,在制度设计上可以从适用范围、适用对象、考核期限与评价机制等多个方面展开"[④]。但是,在具体的立法建议上,学者之间则存在分歧。其中,欧阳本祺认为:"我国应当采取以不起诉协议的形式,由检察院自行决定并报省级检察院核准的综合型企业犯罪附条件不起诉制度。"[⑤]与之相对的观点是,在附条件不起诉制度的职权配置上,有观点认为:"合规不起诉应当采取申请制,而非职权制度。"[⑥]在附

---

① 参见商浩文、叶威:《论中国企业反洗钱刑事合规风险及其防控》,载《河南社会科学》2020年第5期。

② 陈冉:《企业公害犯罪治理的刑事合规引入》,载《法学杂志》2019年第11期。

③ 李玉华:《以合规为核心的企业认罪认罚从宽制度》,载《浙江工商大学学报》2021年第1期。

④ 赵运锋:《刑事合规附条件不起诉立法思考和内容构建》,载《上海政法学院学报(法治论丛)》2021年第6期。

⑤ 欧阳本祺:《我国建立企业犯罪附条件不起诉制度的探讨》,载《中国刑事法杂志》2020年第3期。

⑥ 卫跃宁:《由"国家在场"到"社会在场":合规不起诉实践中的法益结构研究》,载《法学杂志》2021年第1期。

条件不起诉适用的范围上，有观点认为："合规不起诉制度的设立应当结合不同类型企业的现实情况，重视完善中小微民营企业合规不起诉的监管机制。"①由此可见，虽然司法实践中存在合规不起诉的案件，但是这些案件只是在一些发达省份中零散地出现，尚未形成规模和体系，这也导致学者在提倡合规性立法的过程中无法有效地进行类型化分析，导致相关立法建议之间存在冲突。此外，受制于刑法"罪责自负"原则的影响，在企业是否具有故意或过失的判断中也存在一定的障碍。② 由于行政法在进行追责时，往往不考虑行为人的主观过错，易与企业合规发生联系，近年来，实务界和学界对企业合规的研究也出现了由刑事合规转为行政合规的特点。2021 年，最高人民检察院、司法部、财政部等 9 部门联合印发了《关于建立涉案企业合规第三方监督评估机制的指导意见（试行）》，首次将行政监管部门引入企业合规不起诉的改革试点中。③ 此后，陈瑞华从合规指引的发布、行政指导制度的推行、预防性监管机制的确立、强制合规义务的实施、企业合规的宽大行政处理、行政和解制度的试行等方面对企业合规如何在行政监管机制中落实进行了全面的论述，④企业合规也一步一步地在行政治理中落地生根。

（三）由浅入深：企业合规研究的发展方向

虽然企业合规在法学领域中的探讨较晚，但借助国家发展民营经

① 杨宇冠、李涵笑：《企业合规不起诉监管问题比较研究》，载《浙江工商大学学报》2021 年第 4 期。

② 参见秦长森：《以"刑事合规"破解单位犯罪归责难题》，载《检察日报》2020 年 8 月 25 日，第 3 版。

③ 参见《关于建立涉案企业合规第三方监管评估机制的指导意见（试行）》，载最高人民检察院网，https://www.spp.gov.cn/spp/xwfbh/wsfbh/202106/t20210603_520224.shtml。

④ 参见陈瑞华：《论企业合规在行政监管机制中的地位》，载《上海政法学院学报（法治论丛）》2021 年第 6 期。

济的东风得到了快速推进。现阶段的学术探讨并没有限定在特定的体系框架内,而是分散于不同的法域之中,对相关问题的探究显得"头痛医头,脚痛医脚"。如学界对企业合规的探讨过分执拗于企业合规的正当性问题,并试图通过企业合规的实务操作来证成合规在立法和司法实践中的正当性,这种关注何谓正确之法的法哲学基本命题的方法被称为"法学研究方法"。与该种方法所对应的是法律研究方法,我国学者郑永流认为:"法律方法是应用法律的方法,其中狭义法律方法的内容为法律解释,广义法律方法则包括法律推理等。"①在笔者看来,未来的企业合规研究应当由法学研究方法向法律研究方法转型。主要原因在于:首先,企业合规具有高度的实践面向性。虽然企业合规建立的理念在于预防企业内部发生犯罪行为,实现由国家治理企业违法犯罪到企业进行自我预防的过渡,但企业合规终究具有实操性。此外,随着越来越多的中国企业走出国门经营,它们将会面临愈加严峻的合规风险。由此便决定了企业合规研究的重心并不是论证合规如何具有正当性,而是如何通过现有的立法来促进企业建立起有效的合规计划。其次,企业合规的主要样态应当是刑事合规。从企业合规的起源来看,西方企业之所以在建立合规计划方面具有强大的动力,主要原因在于合规在刑法上具有多重激励机制。② 企业合规建立的目的是让企业生存并焕发出强大的生命力,而绝非拖垮企业。同企业经营中的民事行政法律风险相比,刑事风险的管控更是决定企业"生死存亡"的要素。③即便我们强调行政合规的重要性,这种行政合规建立的目的也必须是促进企业刑事合规的确立,两者在目的上应当具有一致性。最后,企业合规的建立应当是全面且稳定的。企业的经营方式就如社会的风险样态一样具有多样性,企业合规的建立应当对所有领域和所有类型的企

① 郑永流:《法学方法抑或法律方法?》,载郑永流主编:《法哲学与法社会学论丛(六)》,中国政法大学出版社2003年版,第24页。

② 参见陈瑞华:《企业合规制度的三个维度——比较法视野下的分析》,载《比较法研究》2019年第3期。

③ 参见李本灿:《刑事合规理念的国内法表达——以"中兴通讯事件"为切入点》,载《法律科学》2018年第6期。

业具有同样的效果。这便意味着企业合规的效果是稳定的,而绝非变动不居。除利用国家政策来推动企业合规确立外,更重要的是将企业合规融入现行法的运行中,用一种可重复、可持续操作的理论来应用法律。

(四)小结

虽然笔者在上文中将我国的企业合规研究分成了三个阶段,但这并未表明这三个阶段是相互割裂的,反倒是呈现相互穿插的样态,这在某种程度上说明了企业合规研究的混乱。而笔者建议的企业合规研究应当不断探究法律方法的发展路径是一种教义学化的研究,更加偏好于从实体法的角度来探究刑事合规的意义。当然,笔者这里所主张的教义学化研究绝非体系封闭的教义学研究,而是具有开放性、功能性的教义学。申言之:企业合规的教义学化发展首先需要考虑如何通过现有的刑法教义学成果来评价企业合规,即体系内的企业合规;然后需要探讨这种刑法教义学体系内的企业合规如何与行政治理上的企业合规、律师业务上的企业合规发生关联,即企业合规教义学化的贯通性问题。唯有如此,才能实现在不同领域中对企业合规的研究展开对话并不断促进企业合规的发展。

三、企业合规教义学化发展的可行性

在企业合规的发展过程中,虽有学者提出"将企业合规进行教义学化思考"的命题,但尚未在学界引起足够的重视。主要原因有二:其一,刑事合规的归责原则对企业的主观面进行了简化处理,与传统的刑法教义学的归责原则有所抵牾;①其二,虽然从解释论上来看,刑事合规会对企业的定罪量刑产生影响,但这种影响既非决定性的,也没有超

① 参见孙国祥:《刑事合规的刑法教义学思考》,载《东方法学》2020年第5期。

过现有的教义学框架,不宜过分夸大刑事合规的制度价值。[①] 然而在本文看来,上述两个理由都不能成为阻挡企业合规教义学化发展的障碍。就第一个原因而言,虽然从形式上来看,刑事合规下企业归责的评价与传统教义学不同,但与古典自然法时期所不同的是,现阶段教义学由于受到法政策的影响而变得愈加功能化且不排斥外来因子的作用,特别是超法规违法阻却事由的发展。况且刑事合规并不构成对传统教义学的颠覆与重构,而是对传统教义学发展的一种促进。就第二个原因而言,论者混淆了教义学中的企业合规和企业合规中的教义学。前者是以教义学为研究主体,而企业合规的研究应当以企业合规为研究主体,教义学只是契合企业合规发展的工具。当然,为了更好地回应学术疑惑,实有必要对企业合规教义学化发展的可行性问题展开讨论,也即企业合规能不能在教义学的框架下发展、企业合规能不能丰富教义学研究的问题。在笔者看来,答案是肯定的。

(一)企业合规的理念与法的理念一致

风险时代的来临导致社会不安全因素增多,风险也变得更加不确定,对人类社会的稳定与安全造成一定程度的冲击,所以立法者们在立法时一般会对未来不确定的风险进行评估,并纳入制定法的范畴中。然而技术往往领先于法律制度的发展,即便如此,现实情况与制度设计依然会存在隔阂。由于法规范本身并非清楚单一的,为了在个案中作出判决,法律适用者就必须通过回溯规范的意义与目的,去对法律规范作进一步的说明。[②] 因此,现代法理念既包括造法理念(目的),又包括法律解释的理念(目的)。企业合规在理念上具有从源头预防和阻止企业内部犯罪风险的发生,在事后积极对不法后果进行处置的效果,使

① 参见田宏杰:《刑事合规的反思》,载《北京大学学报(哲学社会科学版)》2020 年第 2 期。

② 参见[德]英格博格 · 普珀:《法学思维小学堂:法律人的 6 堂思维训练课》,蔡圣伟译,北京大学出版社 2011 年版,第 66 页。

其与现代法的理念保持高度契合。

一方面,造法的目的与企业合规的理念相同。从法哲学的视野来看,在法和"政府"提出的任务中,维护和平与秩序、镇压暴力和犯法是最主要的目的,一切造法行动都围绕这些展开。[①] 虽然本文并不主张通过立法的形式将企业合规纳入实定法,但是从企业合规发展的路径来看,其与造法的目的保持高度一致。从企业合规制度史的考察中可知,企业合规源于美国政府针对企业力量之强大,存在一系列如垄断、腐败、内幕交易、国防工业不法等风险而采取的制度设计与规制措施。[②] 如在《萨班斯法案》制定之前,美国爆发了大规模的公司丑闻(如安然公司、世界通信公司丑闻),这些丑闻极大地损害了民众的投资利益。据调查,高达80%的民众认为这些企业丑闻造成的伤害甚至大于恐怖袭击和战争。[③] 因此在现代社会中,各国在设计本国的企业合规制度时往往采取"本国利益优先、调节公私治理模式、优化企业经商环境"的路径。例如,美国为了将其企业管理的理念向世界推广,在《萨班斯法案》第404条中规定了企业内部控制制度,并强制对在美经营的企业进行规制,使该法案具有长臂管辖的效果。在此基础上,其通过颁布《联邦量刑指南》《联邦起诉商业组织原则》等来赋予企业合规刑事法意义。[④] 美国正是通过此种措施来保障本国企业的经营秩序与金融的安宁。再如,英国在《企业过失杀人与企业杀人法》《反贿赂法案》等法律中确立了企业合规制度。以《反贿赂法案》为例,该法第7条第2款规定:"如果企业制定了适当的程序以防止企业相关人员实施第7条中应受处罚的行为,则企业就有可能免除责任。"但是英国司法部并没

① 参见[德]H. 科殷:《法哲学》,林荣远译,华夏出版社2003年版,第118页。

② 参见李本灿:《刑事合规的制度史考察:以美国法为切入点》,载《上海政法学院学报(法治论丛)》2021年第6期。

③ Grechen Morgenson, *What If Lnvestoes Will Not Join the Party*, New York Times, June 2,2002. 转引自李本灿:《刑事合规的制度史考察:以美国法为切入点》,载《上海政法学院学报(法治论丛)》2021年第6期。

④ 参见万方:《企业合规刑事化的发展及启示》,载《中国刑事法杂志》2019年第2期。

有规定“适当程序”的范畴,而是提出适当程序的建立所要反映的六项原则:(1)提供程序;(2)高层践行;(3)风险评估;(4)尽职调查;(5)理解性政策;(6)监测和审查。[①] 当企业有足够的弹性空间去构建企业内部预防犯罪的机制时,这种机制往往能够起到免责的效果。所以说,英国的合规制度重在构建调节公私治理的模式并通过法律规定赋予企业更多的治理义务。近年来,我国也高度重视营造公平有序的企业经营环境,并采取了一系列的有效措施来促进企业的合规治理。2018 年 11 月,国务院国有资产监督管理委员会发布了《中央企业合规管理指引(试行)》;2018 年 12 月,多部门联合发布了《企业境外经营合规管理指引》;2019 年 1 月,银保监会发布了《关于加强中资商业银行境外机构合规管理长效机制建设的指导意见》。虽然这些文件只是软性的指引性规范,却能在一定程度上证明企业合规在为企业营造良好经营环境中所取得的效果。诚如上文所言,在企业合规建设中所映射出的“本国利益优先、调节公私治理模式、优化企业经商环境”的路径正是立法者在立法时所要寻求的法治目的。

另一方面,法律解释的目标与企业合规的理念相同。现代法律所追寻的目标并不是机械的法治,而是灵活的法治、机能的法治。但是,再灵活的法治也不能距离实定法涵摄的范围过远,由此,寻求立法目的的目的论解释方法便应运而生。其中,相对于主观的目的论解释而言,客观的目的论解释不仅能够修正实定法中存在的明显错误,还能够消除条文的不确定含义或对法律空缺进行补充。[②] 但解释者在寻找“法律之客观目的”时并不是盲目的,而是需要遵循一定的原则。对此,德国学者拉伦茨认为:“法律目的的客观确定要经过三重检验:首先,解释者必须要确认其追求的目的本身是正义的、理性的,以及有益的;其次,对于完整实现这个目的而言,规范必须是一个适当的手段;最后,实现这个规范目的不得引起超乎规范目的价值的

---

① Bedecarratz Scholz, Francisco Javier, La indeterminación del criminal compliance y el principio de legalidad, Polít. crim., Santiago, v. 13, n. 25, p. 208 – 232, jul. 2018.

② 参见陈金钊:《目的解释方法及其意义》,载《法律科学》2004 年第 5 期。

不利附属后果。"[①]也就是说,客观的目的论解释所遵循的是功利性的权益保障,这种权益保障是通过利益衡量所得出来的结果。在企业合规领域中也存在利益之间的衡量,企业如要建立起完善的合规计划,往往需要投入大量的人力、物力和财力。只有在企业建立的合规计划能够取得积极的法律评价效果,且不合规经营所产生的后果远大于合规的投资时,企业合规才能在法律适用中真正地发挥作用。[②] 企业合规所追寻的正是通过合规计划的实施来确立企业的经营秩序。世界各国的合规实践证明,若企业重视合规建设则可以降低内部发生犯罪行为的可能性,同时能够给企业的经营带来声誉。而且企业建立有效的合规计划往往能够在司法机关追诉时获得宽大处理,因此企业合规是企业通过理性考量所认可的选择。首先,企业合规可以通过牺牲企业经营投入的利益来换取企业经营的长治久安,甚至国家金融秩序的稳定,其所要追求的治理效果是正义与理性的;其次,对于实现企业合规的经营化,在现代法律制度中也是可以寻求的;最后,实现企业经营化治理并未牺牲企业的巨大利益。由此可见,企业合规的出现促进了法律解释的发展,并与法律解释本身的目标保持一致。

(二)企业合规的功能与刑罚的目标相互契合

刑罚的目标是追求报应还是预防是刑法史上最古老的问题。[③] 这一争论在风险社会中以多重的样态展开。例如,刑罚受管理主义所决定形成了基于风险控制目标的即时预防机制,受修复主义所决定形成了基于风险替代目标的秩序恢复机制,受效益主义所决定形成了精算

---

① [德]英格博格·普珀:《法学思维小学堂:法律人的6堂思维训练课》,蔡圣伟译,北京大学出版社2011年版,第69~70页。

② See Tommaso Trinchera, *Confiscation and Asset Recovery: Better Tools to Fight Bribery and Coppuption Crime*, Criminal Law Forum 31, 49 – 79(2020).

③ 参见黄荣坚:《刑罚的极限》,台北,月旦出版社股份有限公司1998年版,第1页。

司法机制。[1] 这三种机制是现代社会在面对不确定风险时所作的必要回应,其中即时预防机制秉持刑罚积极的一般预防机能,主张通过刑罚的实施来培养公民的法规范意识并强调对规范的有效性进行确证。[2] 秩序恢复机制往往与报应刑的思想有关,其旨在追求对已经发生的不法行为进行惩处并主张通过刑罚的实施来平衡罪责。而精算机制则是近年来司法案件堆积、案多人少背景下的必然要求。

企业合规与刑罚有关系,这种关系主要表现为企业合规的功能与刑罚的上述目标契合。首先,企业合规的功能之一是实现对企业犯罪风险的控制,进而预防企业内部犯罪行为的发生,这对应着刑罚及时预防的目标。正如学者所言:"合规管理的核心是风险管理,企业通过持续的合规管理中的风险控制,使合规管理风险控制的各个环节形成有效的闭环,从而能够有效地防控和应对企业经营中的风险,并能够确保企业安全、稳定与持续经营。"[3]其次,企业合规的功能蕴含保障企业(特别是民营企业)正常运转,抵御犯罪风险,特别是维护我国经济秩序正常运行的目标。与自然人所不同的是,企业作为单位的一种类型,在定罪与量刑上存在特殊性。因此,大陆法系一些国家并未在刑法典中规定单位犯罪,我国刑法虽然规定了单位犯罪,但是立法中的单位犯罪规定能否落实,单位到底有没有承担刑事责任,这两者之间还存在差距。[4] 由于单位相对于个体而言并不存在心智,所以对于单位的刑罚惩处更多是发挥预防其再次犯罪的功能,在这一点上企业合规的功能与刑罚是契合的。最后,企业合规往往能够使企业摆脱诉讼机制,尽快投入生产建设中。在刑事诉讼的环节中,企业不仅要调整管理层、进行外部公关、先行赔付或者履职以尽可能弥补内部的犯罪行为对公司所

---

① 参见李川:《基于风险管控刑事政策的刑罚机制之展开》,载《法学评论》2020 年第 4 期。

② 参见徐伟:《论积极一般预防的理论构造及其正当性质疑》,载《中国刑事法杂志》2017 年第 4 期。

③ 卢勤忠:《民营企业的刑事合规及刑事法风险防范探析》,载《法学论坛》2020 年第 4 期。

④ 参见陈兴良:《口授刑法学》,中国人民大学出版社 2007 年版,第 350 页。

造成的损害，还要承受来自侦(调)查机关调查取证、应诉，以及“积案”“挂案”等诉累或司法性经营限制的压力，甚至会面临“因案返困”“因案致困”的现象。① 而从域外的企业合规经验来看，建立有效的合规计划往往能够成为签署暂缓起诉和撤销起诉的依据。② 这种通过企业合规的建立使企业从诉讼程序中脱身的办法既符合现代刑罚精算司法机制的目标，又能够最大限度地提升诉讼的效率。

(三)企业合规未对罪刑法定原则构成颠覆

刑法具有保障公民人权、自由的机能，实现这一机能的重要原则是罪刑法定主义。③ 对于司法裁判者而言，罪刑法定主义是未将任何不当行为予以犯罪化时具有拘束力的准则。因此，罪刑法定原则成为刑事立法中的帝王条款。与英美判例法国家所不同的是，我国刑法尚未对企业合规进行确认。因此有学者认为：“合规作为一个崭新的、非法定的概念，在定义以及如何适用法教义学理论方面产生了困难。”④但在本文看来，企业合规与刑法教义学并不是对立的关系，企业合规的教义学化发展并未对罪刑法定原则构成挑战；相反，在风险时代下企业合规进一步发展了罪刑法定原则的应用。

众所周知，罪刑法定原则的要求同时也是法治的要求。从刑法史的发展历程来看，以民主主义和人权主义为思想基础的罪刑法定旨在

---

① 参见贾宇：《民营企业内部腐败犯罪治理的体系性建构——以〈刑法修正案(十一)〉的相关修改为契机》，载《法学》2021 年第 5 期。

② 美国是世界上第一个确立暂缓起诉协议制度的国家，该制度此后相继得到了英国、法国、加拿大、澳大利亚和新加坡等国家采纳，并被这些国家通过立法加以确立。参见陈瑞华：《企业合规制度的三个维度——比较法视野下的分析》，载《比较法研究》2019 年第 3 期。

③ 参见[日]西田典之：《日本刑法总论》，刘明祥、王昭武译，中国人民大学出版社 2007 年版，第 32 页。

④ [德]丹尼斯·伯克：《作为比较法研究对象的刑事合规》，李本灿译，载李本灿等编译：《合规与刑法：全球视野的考察》，中国政法大学出版社 2018 年版；刘伟：《刑事合规的溯源、反思与构建》，载《江海学刊》2021 年第 4 期。

防止国家刑罚权的擅断,进而保证公民的基本权利。① 罪刑法定原则并不是一个入罪原则,而是一个出罪原则,是将某危害行为排除在犯罪成立范围之外,限制国家刑罚处罚范围的原则。② 上文谈到,企业合规的目的是促使企业进行规范经营,进而获得法律的正向评价效果。如学者所述:"我国《刑法》第 3 条可以衍生出良法之治、规则之治、具体法治三位一体的罪刑法定当代要求。根据这一要求,司法者应当遵循先形式再实质的判断秩序,入罪必须兼顾形式合法性与实质合理性,出罪则仅需择一地考量行为是否形式违法或者虽然形式违法但实质合理。"③在我国刑法中,大部分罪名都有单位犯罪的规定,单位犯罪的发案率也占据着我国刑事案件的很大部分。与此同时,我国刑法也存在一些出罪事由。例如,刑法教义模式下的具体出罪事由应分情况对应违法阶层与责任阶层;刑事政策同样可以作为可调节性的出罪事由,在刑事立法中归入"但书"范畴。④ 所以说,即使认为企业合规作为一种刑事政策,对企业犯罪的归责进行认定仍然是在罪刑法定原则的范畴之内。况且,刑事激励下的企业合规与现代刑法理论的信赖原则、期待可能性原则以及风险降低原则等正当化事由可以发生勾连,并没有逸脱现代刑法的基础理论。⑤ 企业通过实施合规计划获得刑事法意义上的正向评价并不构成对罪刑法定原则的颠覆,而是对罪刑法定原则的发展。例如,民营企业融资难问题是一个长期没有得到解决的重大社会性问题,一些企业为了获得更多的融资,从而扩大生产规模,往往在经营中存在不规范的行为,加之我国《刑法》对非法吸收公众存款罪采取了简单罪状的立法技术,导致非法吸收公众

① 参见张明楷:《刑法学》,法律出版社 2016 年版,第 46 ~ 47 页。

② 参见黎宏:《刑法学总论》,法律出版社 2016 年版,第 17 页。

③ 梁根林:《罪刑法定原则:挑战、重申与重述——刑事影响力案件引发的思考与检讨》,载《清华法学》2019 年第 6 期。

④ 参见刘艳红:《实质出罪论》,中国人民大学出版社 2020 年版,第 12 页。

⑤ 参见孙国祥:《刑事合规的刑法教义学思考》,载《东方法学》2020 年第 5 期。

存款罪在司法实践中出现了不当扩张的适用倾向。[①] 而如果企业能够在事前的生产经营中规范经营、确立合规经营的理念,则能对非法吸收公众存款罪的适用进行调和;如果企业能够在经营不规范的事后第一时间进行弥补,根据学理探讨中的法益可恢复性理论,往往也能获得出罪的空间。因此,企业合规和罪刑法定原则一样,都是法治背景下的产物,企业合规的教义学发展并不与罪刑法定原则相违背。反之,罪刑法定原则可为企业合规划定边界,企业合规必须在罪刑法定原则的指导下发展。

(四)小　　结

教义学的当代发展,已经从过去那种科学面向的、纯粹依靠概念和逻辑建构起来的教义学,转为实践和经验面向的、融合了多学科知识、包含了目的和价值判断的法教义学。[②] 企业合规同时具有实践和经验面向性,融合了企业管理、经济学等多学科的知识。企业合规的实践面向性具有现实的意义与价值,它与造法的目的相同,与刑罚的目标契合。企业合规应当先在实体法层面上不断地丰富自身的内涵,然后再探求实体上的企业合规与程序上的企业合规相互衔接的问题,而绝非跨越刑事实体法,直接在诉讼机制上进行讨论。当然,现阶段各地方检察机关也在积极探索对于企业经营过程中引发的单位犯罪尝试合规不起诉,并起到了一定的积极作用。[③] 但是,这种合规不起诉仅仅在部分地方进行试点,并未在全国推广,凸显了在实体法上对企业合规进行教

① 参见秦长森、李冠煜:《民间融资刑事风险的规制研究——以非法吸收公众存款罪的司法适用为视角》,载魏昌东、顾肖荣主编:《经济刑法》第19卷,上海社会科学院出版社2019年版。

② 参见车浩:《理解当代中国刑法教义学》,载《中外法学》2017年第6期。

③ 例如,2020年9月,浙江省宁波市检察机关率先在国内建立涉罪企业合规考察制度。2020年9月27日,浙江省岱山县人民检察院发布了《涉企案件刑事合规办理规程(试行)》。参见黎宏:《企业合规不起诉:误解及纠正》,载《中国法律评论》2021年第3期。

义学化研究的必要性和紧迫性。这种实体法上的企业合规研究应当在罪刑法定原则的框架下,以法治理念为基础进行教义学化的思考。与此同时,实体法意义上的企业合规研究需要贯通行政法意义上的企业合规与刑事法意义上的企业合规,通过探讨两者之间有效衔接的方法,为企业合规在企业治理实践与实务应用上保驾护航。笔者正是沿着此种思考,展开下文的论述。

四、企业合规教义学化发展的二元路径展开

从企业合规的演化史来看,企业合规化发展之路同时是企业刑事合规化发展之路。企业一旦涉嫌刑事犯罪,即使在事后被判无罪也会在经营上遭受重创,在声誉上受到影响。所以,西方国家在建立合规计划方面具有强大动力的原因是合规在刑法上具有多重激励机制。① 因此,一般认为,现代企业合规制度是以刑事合规为基点展开的,刑事合规是企业合规的核心。作为一种最严厉的处罚措施,一方面刑罚无法对所有的企业不法行为进行规制,另一方面刑罚的过度适用也将面临侵犯人权的诘难。现代法治国家兼具自由法治国与社会法治国、形式法治国与实质法治国的双重特质,这导致了现代行政法的使命由单一阻止行政权的扩大到兼而具有改善国民经济生活以完成福利国家的任务。② 所以,通过行政权来推动企业合规化建设成为企业治理的另一条路径。在这种二元路径下,行政合规与刑事合规有何关系便成为企业合规教义学化研究中的重中之重。在本文看来,企业合规研究的中心在于对企业建立有效合规计划之后获得法律上"优待"的正当性说理问题,这一说理的正当性需要在教义学的范畴内进行,在行政合规和刑事合规的衔接中展开。其中,行政合规是实践性的合规,当企业建立

---

① 参见陈瑞华:《企业合规制度的三个维度——比较法视野下的分析》,载《比较法研究》2019年第3期。

② 参见刘艳红、周佑勇:《行政刑法的一般理论》,北京大学出版社2020年版,第52页。

了完善的行政合规之后只能说明企业在形式上建立了符合要求的合规计划,具有预防犯罪的效果。就像再完备的法律也无法做到绝对预防犯罪一样,企业建立再完善的行政合规计划也不能绝对地预防犯罪发生。当企业内部发生危害结果时,由于行政合规具有实践性,并不能充当企业无罪的说理理由,因此也无法成为认定企业犯罪的出罪事由。企业合规无罪的说理应当从刑法教义学的视角,根据刑法的独特性来完成,这便是刑事合规的任务。故而笔者认为:行政合规是对合规计划的正向确立,是企业合规的正面;刑事合规则在反向为建立合规计划的企业提供出罪依据,是企业合规的反面。

(一)建构性合规:行政合规的实践性构建

企业合规的目的在于通过建立起符合行政规范的合规制度,从源头上治理企业违法违规经营的问题,也即行政合规强调的是对企业违法犯罪行为的源头治理。① 这便要求企业和行政监管机构进行双向互动,共同构建具有科学性的行政合规制度。其中,根据行政法规的要求构建的合规计划只是行政合规建设的第一步,也是企业合规确立的第一步。当然,除此之外行政合规的构建还需要不断地参照行政监管部门发布的合规指引进行修正和完善,如此才能避免企业在开展合规建设时无所参照、忽略重点和自说自话。具体而言,行政合规的建设包含以下两个方面:

其一,行政合规应以行政法规的要求为构建原点。所谓"合规",最简单的理解就是符合法律规范的规定。企业经营的起点是行政机关赋予的行政许可,而企业经营的终点往往是因为企业经营的不规范而遭遇的行政处罚。当前,我国并没有制定统一的行政法典,但行政法的调整范围却随着政府职能的扩张愈加广泛,涉及市场监管、税务、海关、

① 参见陈瑞华:《论企业合规在行政监管机制中的地位》,载《上海政法学院学报(法治论丛)》2021 年第 6 期。

警察、金融规制、环境保护等多个领域。① 政府职能的扩张导致其在一些新兴领域中出现了规制不足或规制过度的现象,前者如在反洗钱领域中,金融监管机关监管不足导致反洗钱义务机构常常出现合规漏洞;后者如在一些互联网新兴领域,行政监管又常常冲锋在前。因此,在社会风险激增的时代,企业往往通过自我规制来克服市场失灵的不足,在政府监管不足的地带常常"野蛮生长",对于政府监管密集的领域往往又利用政府行政资源的有限性展开"运动式"的应对。长此以往,以命令与控制为主,强调对抗、通过威慑实现法律遵从的传统政府规制路径便会与强调利益和创新的企业之间形成对立的僵局。② 在这种僵局中,企业所建构的合规计划通常只是疲于应对监管,并没有起到实际的效果。然而,没有完善的行政合规作为企业合规计划的支撑,当企业在经营过程中出现危害结果时,通常也会受到刑事处罚的苛责。事实上,在反洗钱、数据保护、食品药品经营等关系到国家经济建设、社会民生等领域,我国的行政性立法都能做到及时跟进。如我国《反洗钱法》第3条规定了金融机构应当依法采取预防、监控措施,建立健全客户身份识别制度、客户身份资料和交易记录保存制度等。又如,我国《个人信息保护法》用专章的形式规定了个人信息处理者的义务。根据这些法律规定,企业在处理个人信息时必须在处理目的、处理方式和处理结果等方面遵守一定的原则。但是,并非所有的国家立法都对企业的内部控制进行了详细的规定,这并不意味着企业不需要进行合规性建设。在本文看来,以行政法规的要求为基点进行合规建设需要企业做到如下几点:(1)通过梳理现行行政性立法中有关合规内控的规定,总结出企业合规的要点;(2)建立以风险防控为指导,以安全保障为要求的总体性合规指引;(3)根据企业自身的经营范围,在总体性合规指引的基础上对重点领域进行重点布控。如此企业才能在形式上建立起符合法律规范要求的合规计划。

其二,行政合规应以合规指引为发展路径。对于同一经营领域的

① 参见余凌云:《行政法讲义》,清华大学出版社2019年版,第6页。

② 参见高秦伟:《社会自我规制与行政法的任务》,载《中国法学》2015年第5期。

企业而言,如果企业之间对行政法规的理解不同,那么它们所构建的行政合规也会存在差异。如果说政府规制作为外在的他律来为被规制者设定最低目标的话,那么将他律与自律相结合的管理性规制则可成为对自我规制的再一次规制。① 建立符合法律规范要求的合规计划固然重要,但行政性合规如要真正起到预防危险发生的效果,还需要以行政机关发布的合规指引作为建立合规组织体系的依据,前者是行政合规的根本,后者是行政合规的灵魂,是对企业合规义务的再一次设定。自2018年起,我国行政机关相继发布了多项综合性合规指引。2018年11月2日,国资委发布了《中央企业合规管理指引(试行)》,对中央企业的合规管理体系建设具有重要意义;2018年12月26日,国家发改委、外交部、商务部等6个部门联合印发了《企业境外经营合规管理指引》,确立了我国企业境外合规管理制度的基本框架。② 上述两个综合性合规指引为企业建立系统性的合规计划确立了方向,不仅如此,在金融、证券、反垄断、反不正当竞争等高风险领域中均存在专门性的合规管理指引。这些合规指引是企业行政合规建立的基石,有了上述合规指引的存在,企业便不得以不知法、不懂法为由而拒绝建立合规计划。与行政法规所规定的静态性义务所不同的是,合规指引具有更加灵活的动态性,它不仅为企业行政合规确立了具体的方向和框架,还提供了具有程序性、流动性的行政合规机制的建立方法。对于企业而言大体上包含以下五项内容:(1)有固定的部门制订行政合规计划;(2)合规计划应当根据不同情况进行改变;(3)在企业中树立合规指引的学习理念;(4)有固定的部门对本单位的合规情况进行评估;(5)按年度制定企业内部的合规实施报告。

---

① 参见宋华琳:《论政府规制中的合作治理》,载《政治与法律》2016年第8期。

② 参见陈瑞华:《论企业合规在行政监管机制中的地位》,载《上海政法学院学报(法治论丛)》2021年第6期。

(二)判断性合规:刑事合规性的判断——以法益保护为中心

在现代社会,人们的价值理念发生了巨大的变化,曾经作为规定人们生活方式不言而喻的社会规范的约束性在逐渐减弱。[①] 因此,行政法治便通过行政处罚进行积极的预防并防止行为人嗣后再犯以及借由处罚使社会恢复原状。[②] 而刑罚在预防上相对行政处罚而言更为克制,只关注对切实法益侵害结果的处罚。但是,这种区分随着近年来刑法对社会生活规制范围的逐步扩展、规制的力度不断增强而逐渐模糊。[③] 特别是在大量的单行立法中,"法律责任"的规范方式基本采用"先行政处罚后刑罚"的立法模式,这种立法规范原本希望根据违法行为的轻重程度来构建程度逐步递进的行政处罚与刑罚二元接续的惩戒机制。可事实却是,刑法中的大量行政犯的保护法益一般是边界不清晰、内涵不明确的集体法益,且行政犯的违法性判断需要依据前置的行政法,由此便导致了行政违法与行政犯罪的边界似乎并不明晰,实务中也常常出现将行政犯罪当作行政违法或者将行政违法上升为行政犯罪的现象。上文中提到的行政合规虽然在树立企业员工守法意识、预防企业再次犯罪上具有一定的效果,但并不能完全阻却企业内部犯罪行为的发生。进一步来讲,当法律风险来临、危害结果发生时,企业所建立的行政合规制度并不能完全使其免受刑罚的苛责。因此,如何通过企业合规来阻却企业犯罪的成立,必须从刑法内部的视角来完成。通过刑法,一种不同于行政法的法律规范,来防止犯罪,是因为它侵害或者威胁了法益;刑法的目的是保护法益,犯罪的本质、违法性的实质就

---

① 飯島暢:『自由の普遍的保障と哲学的刑法理論』、成文堂、2016、頁8。

② 参见赵宏:《行刑交叉案件的实体法问题》,载《国家检察官学院学报》2021年第4期。

③ 参见周光权:《积极刑法立法观在中国的确立》,载《法学研究》2016年第4期。

是侵害或威胁法益。[①] 从法益侵害的另一面来看，如果企业内部建立的合规制度足以保护刑法法益时，就不能认为企业内部的危害结果是由企业的原因而引起的。这就要求企业在制订合规计划时，首先需要评估其经营领域中可能存在的刑事风险，其次根据这些刑事风险所对应的犯罪来识别其需要保护的法益。但是，这一工作并不简单，主要原因在于："现代刑法中的法益类型逐渐由传统的个人法益向超个人法益转换，在很多场合甚至直接将社会组织或者单位的功能正常运转或者公民对于秩序或者体系的信赖作为刑法的法益加以保护。"[②]企业犯罪大多数是违反秩序性的犯罪，其保护的法益为集体法益。企业在进行刑事合规建设时，最关键的任务便是识别集体法益并建立完善的集体法益保护及与之相关的配套制度。详言之，刑事合规是一种判断性合规，判断的主要内容是对集体法益的识别，判断的目的是更好地保护集体法益。

1. 识别需要保护的集体法益

在法益史的发展历程中，集体法益的正当性一度受到学者们的质疑。如持法益一元论的学者以自由主义、个人主义国家观为基础，认为国家不是自我目的，而是必须促进人类生存可能之发展与安全，在持该观点的学者看来，集体法益不具有独立性且只有在保护个人法益时，才具有正当性。[③] 但是，这种观点随着现代社会风险的增多，立法活性化的增强而逐渐脱离社会实际。现在一般认为：尽管集体法益与个人法益之间存在冲突，但是这种冲突并非不可协调，集体法益具有独立的重要性、保护的独特性和提前保护的必要性。[④] 因此，重新解读法益概念，使其能够克服原有的功能障碍以便更加契合社会的发展则成为维

---

① 参见张明楷：《法益初论》，商务印书馆2021年版，第3页。

② 王永茜：《论现代刑法扩张的新手段——法益保护的提前化和刑事处罚的前置化》，载《法学杂志》2013年第6期。

③ 参见钟宏彬：《法益理论的宪法基础》，台北，元照出版有限公司2012年版，第230～231页。

④ 参见王永茜：《论集体法益的刑法保护》，载《环球法律评论》2013年第4期。

系法益概念的出路,这便涉及法益识别的问题。[①] 企业在经营过程中如何识别需要保护的集体法益需要从“正向寻找”和“反向排除”两个维度展开。

在法益识别的正向寻找上,企业应当及时规制对个人造成损害的行为。企业经营的风险分为营业性风险和营业过程中附加的风险。这些风险的来源不同、样态也不同,导致了企业在经营中会对多种法益造成潜在威胁。加之现代刑事立法多以抽象危险犯作为抗制风险的工具,使行为与法益的关联性变得更加弱,企业在保护法益方面显得更加力不从心。[②] 企业行政合规可以实现对集体法益的形式保护,如若实现对集体法益的实质保护,还需要企业及时识别与个人相关联的集体法益并及时对个人造成损害的行为进行规制。持二元论法益观的学者将集体法益作为一种独立的法益类型,但集体法益存在的目的必须以人为出发点。如黑芬德尔(Roland Hefendehl)教授认为:“作为制度存在的集体法益,须以基本法的个人概念为基础,以人为出发点,社会制度、国家制度都是为了实现对于人的保护。”[③]与之相对应的缓和法益一元论则强调集体法益的可还原性,这种观点认为:“法益是刑法保护的人的生活利益,不仅包括个人利益,也包括可还原为个人利益的国家利益与社会利益。”[④]所以说,当前法益结构论中对立的二元论与缓和的一元法益论的观点都赞同法益概念的自由主义属性,并力主通过法益的概念来实现对国家刑罚权的限制,进而更好地保护公民的基本权利。这便要求企业在制订合规计划时,不仅要在形式上符合法律规范的要求,更要在合规计划中嵌入人文精神与人文关怀,当员工权利、客户权利与营业利益发生对立时,要优先保护员工权利和客户的权利。

---

① 参见舒洪水、张晶:《近现代法益理论的发展及其功能化解读》,载《中国刑事法杂志》2010年第9期。

② 参见姜涛、柏雪淳:《刑法中抽象危险犯的立法限缩路径研究》,载《中国高校社会科学》2021年第2期。

③ Roland Hefendehl, Kollektive Rechtsgüter im Strafrecht, Köln: Carl Heymann Verlag u. a. 2002, S. 75.

④ 孙国祥:《集体法益的刑法保护及其边界》,载《法学研究》2018年第6期。

我国《刑法》第253条之一规定了侵犯公民个人信息罪,该罪近年来在司法实践中存在扩张趋势,其中不乏单位犯罪。此外,学界对该罪保护法益的讨论也存在争议,并相继形成了个人法益中的个人信息自决权说①、个人法益中的个人信息受保护权②与超个人法益中的信息公共安全③等多种观点。尽管学者对该罪保护法益的认识不同,但是上述观点都不排斥侵犯公民个人信息罪对个人权利的侵害。这便启示我们:对于企业的数据收集工作而言,应当注重保护公民个人的基本权利。当企业在收集数据的过程中存在个人信息泄露风险时,应当立即提供必要且有效的规制措施来保障公民的个人信息权及附随的权利。

在法益识别的反向排除上,企业应当根据集体法益的特征确定保护的重点。与个人法益不同的是,集体法益具有使用上的包容性、消耗上的非竞争性以及不可分配性。④ 其中,使用上的包容性是指对于集体法益所保护的利益,法域中的每一个主体均能平等地享用;消耗上的非竞争性,是指个人的享用并不会侵犯到他人的享用,集体法益可供全部个人互不冲突地享用;不可分配性是指集体法益不能分配给个人,社会中的每一个人都可以同等程度、均衡而不受限地享受。当前,我国企业犯罪呈现高发的态势,特别是民营企业(家)的犯罪数量节节攀升,这其中不乏政策上的原因,但更重要的是在所有需要保护的法益中,企业无法识别需要保护的集体法益。集体法益的模糊性决定了对其识别只能在正向上寻找与个人法益相联结的利益,在反向上排除不符合集体法益特征的利益。以污染环境罪的保护法益为例,作为典型的累积

---

① 参见刘艳红:《侵犯公民个人信息罪法益:个人法益及新型权利之确证——以〈个人信息保护法(草案)〉为视角之分析》,载《中国刑事法杂志》2019年第5期。

② 参见欧阳本祺:《侵犯公民个人信息罪的法益重构:从私法权利回归公法权利》,载《比较法研究》2011年第3期。

③ 参见皮勇、王肃之:《大数据环境下侵犯个人信息犯罪的法益和危害行为问题》,载《海南大学学报(人文社科版)》2017年第5期。

④ See Roland Hefendehl, Debe ocuparse el Derecho penal de riesgos futuros?, Revista electrónica deficiencia penal y criminología (2002).

犯,学界一般认为该罪的保护法益属于生态学的人类中心法益论。[①]但与之相对应的观点还有纯粹的生态学法益论与纯粹的人类中心法益论,这两种观点都不符合集体法益的特征。其中,纯粹的生态学的法益论过分强调对生态法益的保护,在刑法理论上易导致集体法益的概念模糊化,无法在经验上进行把握;在合规理论上则让企业承担更多的治理义务,易使企业合规的制定在其他领域中出现漏洞。而人类中心法益论过分强调法益的明确性与实体性,在刑法理论上导致污染环境罪保护法益的集体法益不突出,不利于实现对环境的保护;在合规理论上,由于一些污染环境的行为对人体的伤害一般很难在第一时间被发现,易诱发企业在制订合规计划时流于形式。由此可知,"生态学的人类中心法益论"的观点更加符合污染环境罪的立法保护目的,属于值得刑法保护的集体法益。根据生态学的人类中心法益论要求,企业在制订环境合规计划时,首先需要以绿色原则为指导,在此基础上来制定满足现存人与未来人生活环境条件的利益保护规则。

法益保护在现代刑法中从一个消极的入罪化标准转化为积极标准,预防过去在古典刑法中充其量只是作为刑罚正义的一个附加目的,如今成为支配性的刑罚典范(Strafparadigma)。[②] 这便给企业经营提出了更高的合规要求,除了形式上符合行政合规的要求外还需要在实质上做到对法益的保护。企业只有在法益识别的正向寻找和反向排除上形成合力,才能走出集体法益识别的"谜面",握牢权利保障的"灯绳",进而确保企业刑事合规工作开展的有效性。

2. 廓清集体法益中所包含的价值

由于风险社会中风险的不可预知性和巨大性,立法者往往偏好规定有关普遍法益的犯罪,来防范各种风险的发生。[③] 为了有效地应对

① 参见张明楷:《污染环境罪的争议问题》,载《法学评论》2018年第2期。

② See Hassemer, Kennzeichen und Krisen des modernen Strafrechts, ZPR 1992, S. 378 ff.

③ 参见李晓龙:《刑法保护前置化研究:现象观察与教义分析》,厦门大学出版社2018年版,第177页。

社会风险,在这些刑事立法中,往往存在多种保护法益(也被称为复数法益)。我国学者认为:"在复数法益中,存在优势法益与非优势法益,只有保护优势法益时,才能排除构成要件的不法。"[①]根据该种观点,在同一犯罪的保护法益中,优势法益保护的价值属于主要价值,非优势法益所保护的价值属于附随价值。故而企业在开展合规实践时,应当优先保护优势法益中的主要价值,再保护非优势法益中的附随价值。此外,主要价值与附随价值区分的意义在于企业主体可以根据该分类来合理分配合规计划的投资,进而做到合规资源利用的最大化。反之,如果企业在价值判断上存在疏漏,便会在识别法益时出现法益保护的漏洞。以金融诈骗罪为例,传统观点将该罪的法益二分化,其中该罪的主要保护法益是国家的金融管理秩序,次要法益是公私财产所有权。[②]与之对立的新观点是:"金融诈骗罪的核心法益是金融市场运作机制中涉及防范逆向选择现象的组成部分,金融机构的财产权只是附属法益。"[③]由此可见,两种对立在于对金融诈骗罪保护法益中的金融面向的认识存在不同,但是两者都赞同该罪所保护的金融价值属于金融诈骗罪保护法益的主要价值。在本文看来:第一种观点中的秩序概念具有含混性,存在说理不足的缺陷;第二种观点更加契合上文中笔者对集体法益的界定,更为合理。保护金融交易中的信息对称性,防止金融交易主体存在逆向选择才是金融诈骗罪保护法益中的主要价值。这便要求企业在从事相关金融活动时,应当避免自身行为的不法而造成金融信息的不对称进而影响交易主体在交易中作出正确的选择,这种逆向选择的现象如果长期存在,必然会危及金融市场的正确运作。[④] 此乃

---

① 车浩:《复数法益下的被害人同意——"优势法益说"之提倡》,载《中国刑事法杂志》2008 年第 5 期。

② 参见李文燕主编:《金融诈骗犯罪研究》,中国人民公安大学出版社 2002 年版,第 24 页;李永升、朱建华主编:《经济刑法学》,法律出版社 2011 年版,第 269 页。

③ 参见劳东燕:《金融诈骗罪保护法益的重构与运用》,载《中国刑事法杂志》2021 年第 4 期。

④ 参见劳东燕:《金融诈骗罪保护法益的重构与运用》,载《中国刑事法杂志》2021 年第 4 期。

企业在预防金融诈骗罪中所需关注的合规重点,如果企业将合规的重心放在保护金融机构的财产权上,一方面会加剧企业的合规义务,另一方面也将导致企业承担过重的经营压力。当然,价值选择是一个主观意义上的判断问题,价值的选择必须在识别法益的框架内进行,否则便会落入"只见树木不见森林"的窠臼中。从传统意义上来看,价值判断往往是立法者的主要工作,立法者通过对刑事法进行立、废、改来保证现行刑事立法价值判断的有效性。但基于现代社会中价值更加多元,对刑罚预防功能的执念、对宽严相济刑事政策的执行与对公众安全焦虑的回应都加剧了刑事立法的过度前置化。[①] 刑事立法的过度前置化会导致法益的稀薄性,即使企业在开展合规计划时识别出了需要保护的法益,也未必能对法益的内涵进行精准把握,这时廓清法益中所包含的价值便显得尤为重要。企业只有在识别出需要保护的法益后,做到对法益中不同价值的合理且有效保护,才能证成刑事合规的有效性。

(三)行/刑合规之间的关系与互动

企业犯罪的治理涉及多个领域的协调,不仅需要调动尽可能多的资源和方法,还需要以开阔的视野,采用尽可能恰当的方法组合,共同作用于相关的理论与实践。[②] 将企业合规分为实践性的行政合规与判断性的刑事合规可以促进企业合规更加协调、更具体系。企业合规的协调性在于合规计划的判断由两个部分组成,而绝非纸面上所制定的规则;企业合规的体系性在于行政合规与刑事合规并非相互割裂,而是可以相互参照、互为影响。因此,企业合规的教义学化发展应当在行政合规与刑事合规的二元路径中流动展开。

1. 行政合规是刑事合规中法益识别的依据

刑事合规与行政合规不是相互对立的,刑事合规的法益识别需要

---

① 参见陈伟:《刑法立法方法研究》,上海三联书店 2020 年版,第 151 页。

② 参见周建军:《中国民营企业犯罪治理的刑事政策研究》,载《政治与法律》2012 年第 7 期。

以行政合规的有效性判断为依据。我们知道,企业所涉嫌的犯罪绝大多数是我国《刑法》第三章“破坏社会主义市场经济秩序罪”和第六章“妨害社会管理秩序罪”。这类犯罪往往属于行政犯,本身并无可谴责性,只是因为违反了国家行政法规,且其行为的社会危害性已经达到了刑法调整的严重程度,所以才会被规定为犯罪行为。[①] 因此,行政犯的违法性既包含行政违法性又包含刑事违法性。在德国,关于行政犯违法性的判断依据相继由早期的“量的差异说”“质的差异说”转变为折中的“质量差异说”。其中,“量的差异说”认为,行政不法与刑事不法没有本质上的区别,两者只是在行为程度上存在量的差异。[②] “质的差异说”认为,行政不法性与刑事不法性在本质上存在不同,行政不法仅仅是单纯违反秩序的行为,只有当行为侵犯具体法益或形成法益危险的情形时,才可以考虑刑事制裁的刑事不法。[③] 晚近以来,随着刑事立法中行政犯的数量越来越多,学者们开始将“量的差异说”与“质的差异说”进行融合,提出了“质量差异说”的观点。持该观点的学者认为:“在一般情况下,以行政违法为前提的行政犯的认定中,量不仅能够体现行政不法与刑事不法的衔接关系,也反映了刑事政策与刑法的融合,具有一定的合理性。但是行政法与刑事法毕竟属于不同的法领域,各自规制的任务和目的、关注的重点不尽相同,即使在行政犯领域,刑法的独立性仍不能忽视。”[④]在笔者看来:“量的差异说”虽然在行政犯的违法性判断上更易操作,但是具有扩张刑事处罚的风险;“质的差异说”维护了刑法的纯洁性,却导致了行政犯判断中刑事法与行政法的割裂。“质量差异说”相较于前述观点,既关注了在行政犯领域中,行政法与刑事法存在的共同性,又关注了作为不同的部门法的刑事法与行政法的特殊性,更具有合理性。对于大多数行政犯而言,通过“量的

① 参见张泽涛:《行政监管是企业合规之本》,载《民主与法制》2021 年第 29 期。

② 参见闻冬梅:《论刑事不法与行政不法区别的理论基础》,载《学术交流》2013 年第 9 期。

③ 参见陈志龙:《法益与刑事立法》,1997 年自版发行,第 316 ~ 317 页。

④ 孙国祥:《行政犯违法性判断的从属性和独立性研究》,载《法学家》2017 年第 1 期。

差异说”即可判断出行政犯的违法性;对于一小部分侵犯个人法益的行政犯而言,还需要根据法益的识别来具体判断。由此可以得出,对法益的保护需要通过遵守行政法的规定来体现。进言之,企业需要遵守行政法规的义务性规定以避免违反刑事法中的集体法益。当然,正如前文所言,纵然企业建立再完备的合规计划也不能完全阻却犯罪行为的发生,这时便需要通过刑事合规来补足行政合规的不足。

2.刑事合规是行政合规自我检视的方法

对于少部分既侵犯集体法益又侵犯个人法益的行政犯而言,即便企业建立了完善的行政合规制度来防止犯罪行为发生,也不能充分说明企业建立了有效的合规计划。这时便需要通过判断刑事合规建立的有效性来检视行政合规中存在的问题。[①] 相较于行政合规而言,企业刑事合规的建设更加强调刑法规范的独立性与犯罪预防的特殊性。如企业在根据行政法规的要求建立合规制度和根据相关的合规指引完善该合规计划后,还需要根据上文中对刑事合规的判断方法来检视已经建立的合规计划。如果通过法益识别后发现企业建立的行政合规制度足以保护刑法法益,则可说明企业建立的合规计划有效;反之,如果企业建立的合规计划与刑法保护的法益价值不相符合,企业则需要在第一时间根据刑法法益的内涵对合规计划的方案进行重塑与再造。随着社会分工愈加细化,行政法规的数量更为庞大复杂,由于行政法是国家政策的快速反应,因此相较于刑法而言,行政法规的立废改则更为频繁。这便给企业合规带来更高的要求,它要求企业的合规计划也应随着现实情况与法律的变化而不断更替,所以企业合规计划是常变常新的。但是,刑法规范较行政法规范而言更加稳定,且通过刑事合规的法益分析可以随时对行政合规的有效性进行判断,从而保证合规计划在预防企业犯罪方面具有实际的效果。

① 参见秦长森:《企业合规的刑事化发展方向与具体路径》,载《民主与法制时报》2021年12月9日,第6版。

五、总结与展望

随着世界文明的发展,衡量国家硬实力的标准除传统的经济、政治、军事外,还包括文化和制度。① 其中,法律制度的优劣作为一个国家治理能力与治理水平的集中体现,显得尤为重要。合规制度源于域外的司法实践,引入我国的法律制度中需要进行本土化形塑,进而向世界推广。当前,我国的企业合规实践主要由检察机关主导,在刑事司法领域中通过认罪认罚从宽改革展开。但是,由于尚缺乏相关的合规立法,企业合规的认罪认罚从宽改革遇到了很大的阻力。在上述背景下,现阶段的合规研究应该在教义学的框架内,为合规制度的构建提供稳定的理论架构。② 在笔者看来,企业合规可以被划分为实践性的行政合规与理论性的刑事合规,在此基础上通过法益理论架起行政合规与刑事合规沟通的桥梁。从刑事合规的视角来看行政合规可知,行政合规是合规计划有效性判断的基础,是刑事合规中法益识别的依据;从行政合规的视角来看刑事合规可知,刑事合规是行政合规自我检视的方法,是合规计划完善的理论根基。当然,本文所论证的企业合规教义学化发展是总论性的企业合规,未来的企业合规研究可以沿着这一思路在各个领域,如反洗钱合规、环境合规、反垄断合规等领域中进行实践验证和教义深化。

---

① 参见徐显明:《推进我国进入法治强国行列》,载《人民日报》2016 年 2 月 4 日,第 7 版。

② 参见李本灿:《我国企业合规研究的阶段性梳理与反思》,载《华东政法大学学报》2021 年第 4 期。

A Dualistic Construction of the Development of Corporate Compliance Catechesis in the Perspective of the Execution-crime Interface

Qin Changsen

[**内容摘要**]作为一项域外的司法实践,企业合规在多个部门法中展开探讨有利于合规制度在本土的司法实践中落地生根。然而,无论是刑事实体法还是刑事程序法均缺乏相关的合规立法规定,这在一定程度上导致了合规研究的虚幻化和合规实践的被动化。对于企业合规的研究应当从教义学化的角度,立足于中国的现行法与司法实践,在行政法与刑事法之间展开体系化的构建。这种体系化的企业合规既包括实践性的行政合规,也包括判断性的刑事合规。其中,行政合规以行政规范的要求为原点,以合规指引的引导为参照,是企业合规确立的基础,是企业守法最直观的体现;刑事合规以法益保护为核心,企业通过识别需要保护的集体法益,并将合规义务分配到集体法益所保护的不同价值中,从而实现合规计划的有效性。在这种二元逻辑下,行政合规可为刑事合规的法益识别提供依据,刑事合规可以检视行政合规建立的有效性,由此实现二元合规的双向互动。

[**关键词**]企业合规;行刑衔接;教义学化;集体法益

Abstract: As an extraterritorial judicial practice, corporate compliance has been explored in a number of departmental laws to help the compliance system take root in local judicial practice. However, both the criminal substantive law and the criminal procedure law lack relevant compliance legislation, which to a certain extent has led to the illusion of compliance research and the passiveization of compliance practices. The research on corporate compliance should be based on China's current law and judicial practice from the perspective of doctrinalization, and carry out a systematic construction between administrative law and criminal law. This systematic corporate compliance includes both practical administrative compliance and judgmental criminal compliance. Among them, administrative compliance takes the requirements of administrative regulations as the origin and the guidance of compliance guidelines as the reference. It is the basis for the establishment of corporate compliance and the most intuitive embodiment of corporate compliance; criminal compliance takes the protection of legal interests as the core, and the company passes identification The collective legal interests that need to be protected, and the compliance obligations are allocated to the different values protected by the collective legal interests, so as to realize the effectiveness of the compliance plan. Under this dual logic, administrative compliance can provide a basis for the identification of legal interests of criminal compliance, and criminal compliance can examine the effectiveness of the establishment of administrative compliance, thereby realizing the two-way interaction of dual compliance.

Keywords: Corporate Compliance; Execution Linkage; Doctrine-Based Learning; Collective Legal Benefits

经济刑法解释的体系性思考

——以优化营商环境政策为指导*

李冠煜**

目　　次

为有效保护各种所有制经济、实现经济持续健康发展和促进社会和谐稳定，我国非常重视对民营企业家产权的法治保障。2016 年以来，《中共中央、国务院关于完善产权保护制度依法保护产权的意见》（以下简称《意见一》）、《最高人民法院关于充分发挥审判职能作用切实加强产权司法保护的意见》（以下简称《意见二》）、《最高人民检察

---

* 本文系 2020 年国家社科基金后期资助项目“机能主义刑法学的本土化研究”（项目批准号：20FFXB046）之阶段性成果。

** 华中科技大学法学院副教授，法学博士，博士生导师。

院关于充分履行检察职能加强产权司法保护的意见》(以下简称《意见三》)等多份文件出台,指出要坚持平等保护、全面保护、依法保护,加大对非公有财产的刑法保护力度。2019 年 12 月 4 日,《中共中央、国务院关于营造更好发展环境支持民营企业改革发展的意见》(以下简称《意见四》)出台,强调营造市场化、法治化、国际化营商环境,加大对民营企业的刑事保护力度,依法惩治侵犯民营企业投资者、管理者和从业人员合法权益的违法犯罪行为。2020 年 1 月 1 日开始施行的《优化营商环境条例》也从市场主体保护、监管执法、法治保障等方面作出了更为具体的规定,旨在推动社会主义市场经济高质量发展。

根据 2015 年至 2017 年北京师范大学中国企业家犯罪预防研究中心发布的《企业家刑事风险分析报告》,民营企业家犯罪频次逐年递增,所涉罪种和罪名不断增加。其中,涉产权犯罪在罪种结构分布中所占比重最大,适用率排名前三的分别是破坏社会主义市场经济秩序罪、侵犯财产罪和贪污贿赂罪。而在罪名结构分布中,非法吸收公众存款罪,虚开增值税专用发票、用于骗取出口退税、抵扣税款发票罪,非国家工作人员受贿罪等属于"破坏社会主义市场经济秩序罪"中的高频罪名。以上实证研究表明,司法机关在办理民营企业家涉产权犯罪时贯彻优化营商环境的政策精神不够,犯罪认定方法的体系化程度不高,违法行为与犯罪行为之间的界限不清。这一司法困境具体表现为扩张性司法(扩大解释下的民营企业犯罪风险提升)、选择性司法(区别对待下的民营企业竞争失衡)和滥权性司法(疑罪从轻下的民营企业脱罪艰难),[①]从而导致犯罪界限模糊和刑法机能失衡。

我国司法实践之所以未能清晰划定经济犯罪的处罚边界,主要是因为经济犯罪刑事政策与经济刑法体系的融合程度不高,具体表现在:(1)没有准确把握现代经济犯罪刑事政策的目标,在某种程度上忽视了对民营企业家合法权益的平等保护。(2)尚未深入认识传统经济刑法理论体系的局限,在机能化思考或体系性思考方面都还存在一些不

---

① 参见袁彬、张馨文:《民营企业产权刑法保护的司法困境与出路》,载赵秉志等主编:《改革开放新时代刑事法治热点聚焦》,中国人民公安大学出版社 2018 年版。

足。(3)处于压制型法治模式向回应型法治模式的过渡阶段,对刑事政策与刑法体系关系的处理存在多样性、局部性和应景性的特点。[①] 对此,本文的研究思路是:首先探讨根据优化营商环境的政策精神,确定某种刑法解释理论以实现合逻辑性与合目的性;其次通过刑法解释的外在体系思考,明确此政策的价值基础和在其指导下非刑法规范的价值属性;最后借助刑法解释的内在体系思考,明确民营企业家经济犯罪客观危害和主观罪过的判断基准。

一、优化营商环境政策指导下的刑法解释体系化之提倡

在优化营商环境的政策背景下,我国司法机关应当根据罪刑法定原则,在经济犯罪刑事政策和经济刑法目的的指引下,选择合适的刑法解释方法,重视对民营企业家经济违法行为的实质判断,兼顾刑事政策的理念性和方法性、刑法体系的自足性和开放性、刑法学思维的思辨性和目的性。

(一)机能主义刑法解释论的利弊得失

在19世纪末期,功能主义思想的诞生为法社会学研究提供了外部的、系统的和全面的三个全新视角,主张将研究重心转向法律与外部环境的相互联系及其作用、社会整体系统中的法律现象以及全面考察法律具有的各种功能。[②] 由于这一思潮的影响,德国刑法学者对以实证

① 有学者认为,对刑事政策与刑法体系关系的处理,存在分离模式和贯通模式。我国实际属于分离模式。(参见劳东燕:《刑事政策与功能主义的刑法体系》,载《中国法学》2020年第1期。)不过,我国并非完全不顾形式逻辑束缚和彻底脱离刑事政策指导,部分案件确实存在刑事政策考量突破刑法体系约束的现象,但也有许多典型个案及时回应了现实需求。如果说二者的理想关系属于高度贯通模式,那么我国的现实情况可以归入低度贯通模式。

② 参见马姝:《论功能主义思想之于西方法社会学发展的影响》,载《北方法学》2008年第2期。

主义、新康德主义、目的主义为哲学基础的犯罪论体系进行了深刻反思，提出了以目的理性主义为哲学根据的犯罪论体系，标志着刑事政策与刑法教义学体系的关系逐渐从疏离趋于融合。为适应社会发展的需要和实现刑事政策的目标，刑法体系开始向机能化方向转变。机能主义刑法体系提倡社会学的考察方法和目的论的解释方法，探求作为社会控制手段之一的刑法应当发挥功能的体系范式。当机能主义刑法学被用于犯罪成立的判断时，就以机能主义刑法解释论的名义统摄相关解释立场、原则、步骤和方法。

机能主义刑法解释论的主要优势在于：第一，根据经验主义认识论和价值相对主义，运用实质合理性标准来展开目的解释，最终为刑事政策目的和刑法目的注入价值内核。具言之，"在现代，刑法应当发挥何种机能？……刑法反映着文化根基中的价值，是那个时代文化的镜子。因此，如果价值观发生变化，刑法也应随之改变"①。第二，允许对犯罪成立的判断进行刑事政策性考察，能够克服传统刑法解释论的局限，避免因过分关注体系的精密性而可能忽略个案的妥当性。也就是说，机能主义刑法解释论必须明确价值判断对"不被允许的行为"和"个人归责"的方法论意义，将规范性真实作为解释学对象，②在思维重心上从犯罪论体系构建的精细化、整合性思考转向具体犯罪类型认定的个别化、合理性思考。第三，以目的作为刑事政策与刑法体系的沟通管道，由此找到了刑法体系向刑事政策开放的钥匙，并完成了刑事政策与刑法体系价值对接的任务。于是，在刑法解释过程中，刑事政策的主要任务与刑法的法益保护机能在实质违法性评价中形成了重合，从而使二者得以融合与贯通。③ 第四，强化刑法适应社会的机能发挥，可以提高解释结论的可接受性，消减刑事政策法外适用和刑法体系封闭适用的

---

① 平野龍一：『刑法の基礎』、東京大学出版会、1966、頁 93、95。

② 松澤伸：「スウェーデン理論刑法学の一素描」、『早稲田法學』2018 年 94 卷 1 号、頁 7～16。

③ 参见孙国祥：《论司法中刑事政策与刑法的关系》，载《法学论坛》2013 年第 6 期。

司法问题。尤其是对罪量要素这一极具中国特色的立法问题,就可以从刑事政策的观念出发,将其视为刑罚限制事由。而且,司法机关基于刑事政策考量,根据刑法教义学推理,对含有罪量要素的犯罪作出了有利于被告人的解释。①

然而,机能主义刑法解释论的不足之处表现在:首先,存在将解释结论的法律效果、社会效果的利弊衡量置于比形式解释的规则限制更高层次的危险性。必须警惕它在坚持结果导向和司法能动主义的同时,不断冲击规范文义底线,导致刑法过度解释,破坏刑事法治的自由价值。② 其次,机能主义的法益概念的尝试会模糊刑法的干预范围。据此,应当防止效果性的法益保护观点走向极端,摒弃社会机能统一体的法益概念,严格要求犯罪行为的法益侵害性判断以及对于法益本身的人之关联性分析。③ 再次,无法适应自给自足的刑法教义学体系。毕竟作为罪刑法定原则的要求,应当禁止类推解释,明确构成要件的解释界限。由于古典学派承认犯罪的现实意义,构成要件成为犯罪论的核心,在总论和各论形成有机结合的同时,犯罪理论的构造极为坚固。④ 简言之,侧重社会学思维的刑事政策学必将持续冲击着各种非目的理性的犯罪论体系以及侧重伦理学思维的传统刑法解释论。最后,难以对具体犯罪类型的判断设置可行的价值判断基准。同为解释方法论的机能主义刑法学具有回避设置价值判断基准而不加限制的解释倾向所产生的危险性。虽然它能指出各种理论及其结论发挥的社会效果,整理争论的对立点,认可复数解释的余地,⑤但仅凭法的明确性、

---

① 参见陈兴良:《刑法教义学与刑事政策的关系:从李斯特鸿沟到罗克辛贯通　中国语境下的展开》,载《中外法学》2013年第5期。

② 参见赵运锋:《功能主义刑法解释论的评析与反思——与劳东燕教授商榷》,载《江西社会科学》2018年第2期。

③ 嘉門優:『法益論——刑法における意義と役割』、成文堂、2019、頁25~30、63~68、88~89。

④ 団藤重光:『刑法綱要総論』、創文社、1990、頁57~62、118~121。

⑤ 関哲夫:「いわゆる機能主義刑法学について——機能主義刑法学の検討」(2)、『國士舘法學』1991年23号、頁87。

法秩序的统一性、他行为可能性等指导原理，充其量只能提出行政违法行为与行政犯罪行为的区分原则，无法编织出一张针对具体行政犯的富有价值联系的判断标准网。

（二）体系概念的多重含义与各自作用

鉴于我国经济体制的市场化程度日益提高，经济刑法立法和司法正处于转型过程中，通过比较居于通说地位的经济刑法理论和影响逐渐增大的机能主义刑法解释论，笔者认为，只要对机能主义刑法解释论进行适当的体系性制约，它就可以取代传统经济刑法解释论，能够胜任经济犯罪的司法认定工作。为此，先要弄清“体系性制约”中的“体系”概念及其作用是什么，再来讨论如何用体系性思考来“制约”机能化思考。

1. 公理式的体系概念和目的论的体系概念

这是根据思维方式的差异对体系概念所进行的分类。

所谓公理式的体系，是指概念法学倡导的以较特殊的概念应隶属于适用范围较广、表达内容较少的概念之下为原则而构成的抽象的概念体系。即使学者们尝试将许多特定的法律概念还原为几个类似公理的基本概念，或许得到的只是纯粹形式的、经验性的观念要素，不仅不能构成一个封闭完结的概念群，而且演绎推理会被其他原则影响而落空或受到限制。[①] 显然，公理式的体系具有逐步演绎、逻辑一致、概念独立、终局概括的特点，主要起到固定结构元素、形成统一整体、涵摄生活事实、引导规范定位等作用。

所谓目的论的体系，是指法律科学的任务是对材料的双重加工：其一，将法律表现为法律概念的实现和在法律概念内部包含的法律范畴的范畴性加工；其二，将法律描述为尝试实现法律理念的目的性加工。如果它涉及具体的法律制度和法律规则的整体，就成为体系。处于刑

---

① 参见[德]卡尔·拉伦茨：《法学方法论》，陈爱娥译，商务印书馆 2003 年版，第 42～43 页。

法入口的是作为目的性结构的刑罚目的理论和作为范畴性结构的规范理论。[①] 可见,目的论的体系具有层次分明、价值统一、配合适用、持续完善的特点,除同样起到构造、综合、引导等作用外,还可以发挥指导、启发、批判等作用,即各种类型的法律原则被用于行为判断,从既有解决方案中发现相关问题的解释思路以及在审核标准评价框架的基础上决定标准系列的存废、变更乃至重构。

2.外部的体系概念和内部的体系概念

这是根据构建基础和评价方法的不同对体系概念所进行的分类。

一般来说,一个外部体系主要用于演示目的并且停留在表层,而一个内部体系是以一个对象范围的实质结构为基础。然而,外部体系常常以内部体系为导向,就像刑法分论是按照相关法益来安排的那样。但是,上述分类并不等于封闭体系和开放体系的区分。开放体系所包含的元素是可变更及可补充的,而封闭体系正好相反。对于法学而言,认知领域始终处于不断变化之中,所以,基本上只会考虑开放体系。[②] 这意味着,外部的体系是依据形式逻辑规则建构的抽象概念型体系,具有逻辑性、概括性、稳定性、学术性的特点,其主要作用是使用抽象程度高的法律概念涵盖有关法律要素,并以直观的方式呈现出来,确保法律问题仅需运用逻辑思维就可解决,且不会得出相对立的结论。内部的体系则是依据法律原则脉络建构的价值实践型体系,具有规范性、类型性、阶层性、渐进性的特点,其主要作用是通过采取规范的法律概念,揭示法律原则与法律理念之间的价值位阶,明确法律原则指导要点的相互关系,在对法律关系进行类型化之后,接受整体法秩序的目标指引,反复推敲评价基准直至得出妥当结论。

应当注意的是,封闭性并非外部体系的专属标签,开放性也未必是内部体系的独有品格。原因在于,外部的体系也必须对新的法律发展、

---

① 参见[德]G.拉德布鲁赫:《法哲学》,王朴译,法律出版社2005年版,第120~121页。

② 参见[德]埃里克·希尔根多夫:《德国刑法学:从传统到现代》,江溯等译,北京大学出版社2015年版,第184~185页。

法律认识开放，假如审查理论检验标准后不能获得协调的解答，它就要被修正。反之，内部的体系不能将所有规范或规整集合成一体，是不完全的。为此，需要将它们构成一种外部秩序。既要凭借价值导向的思考，也要凭借体系性的思考。[①] 显然，外部的体系和内部的体系并不存在封闭性和开放性的对立，而只存在开放程度的区别。

具体到犯罪论体系的理解，它最好能做到：就体系内部而言，理论上不相互矛盾，具备尽可能将思维过程予以可视化且可加以验证的明晰性；对体系外部而言，能更好地反映属于社会事实的犯罪实质，有助于解释与适用刑法，并利于发现学问上的问题。在对内的“理论性”与对外的“机能性”这一点上，围绕犯罪论体系的应然状态的论争，仍未丧失其重要意义。[②] 据此，犯罪论的内部体系是将犯罪成立条件予以组织化，使之形成协调一致的知识整体，应当满足统一性、明确性、理论性的要求；而犯罪论的外部体系是将刑事政策的合目的性考虑引入犯罪成立的判断系统之中，力求最大限度地实现犯罪认定的合理化，应当满足应变性、批判性和机能性的要求。可见，与法学方法论上区分外部的体系概念和内部的体系概念不同，刑法教义学中对犯罪论体系的内部要求和外部要求实际上打破了逻辑思维和目的考量的二元对立，此时，体系内部和体系外部的划分只具有相对意义：对内的“理论性”以对外的“机能性”为导向，对外的“机能性”以对内的“理论性”为依托。因此，理论性（逻辑性）和机能性（目的性）应当共同成为犯罪论体系精细与否、是否可行的评判标尺。

3. 我国犯罪构成理论的体系概念和域外目的理性犯罪论的体系概念

这是根据合逻辑性与合目的性对体系概念所进行的分类。

我国犯罪构成理论体系指的是刑法规定的，决定某一具体行为的

---

① 参见［德］卡尔·拉伦茨：《法学方法论》，陈爱娥译，商务印书馆 2003 年版，第 329、362 页。

② 参见［日］松原芳博：《刑法总论重要问题》，王昭武译，中国政法大学出版社 2014 年版，第 33 页。

社会危害性及其程度,而为该行为构成犯罪所必须具备的一切客观要件和主观要件的有机统一整体。它能决定哪些行为是具有严重社会危害性、刑事违法性和应受刑罚惩罚性的犯罪行为。虽然四要件犯罪构成理论具有历史合理性、现实合理性与内在合理性,但仍需深入探讨犯罪构成的动态性、精确性和阶层性等问题。① 详言之,这种犯罪论体系的缺陷在于:(1)将多义的社会危害性作为犯罪构成的基本属性,无法准确区分罪与非罪、此罪与彼罪。(2)犯罪客体和犯罪客观方面、犯罪主体、犯罪主观方面实为犯罪本质和犯罪构成要件的关系,并非处于同一层次。(3)承认危害行为是主客观的统一,可能以此为由代替社会危害性的判断。(4)罪过形式中缺乏规范的构成要件,存在不当认定犯罪故意或犯罪过失的风险。(5)整体评价有余,递进判断不足,习惯先考察主观方面,后考察客观方面,不仅无法体系性地解答共犯论、刑罚论等具体问题,而且不能妥善处理部分疑难案件。(6)刑事政策的合目的性思考只能借助《刑法》第13条但书或通过其他法外运作方式予以贯彻,没有找到与犯罪构成要件的有效沟通渠道。综上所述,"四要件体系"在理论性和机能性方面均有缺陷,贯通程度较低。

域外目的理性犯罪论体系指的是以德国学者罗克辛为代表的、主张用刑事政策的机能视角对个别犯罪类型加以体系化的、对犯罪论进行评价上的修正后形成的关联架构。它在每个阶层的机能的表现方式各不相同。不法从刑法的任务中导引出来,产生了客观归属理论;罪责从施加处罚的目标中推导出来,产生了答责性理论。这种方案不是一种纯粹的抽象理论建构,而是能够合理地给具体法律问题提供丰富的解决答案。② 根据刑事政策的目标设定来构建犯罪论体系,的确是卓越的理论构想,但它也不得不面对来自其他犯罪论体系的批判。具言之,这种犯罪论体系的不足在于:(1)在进行客观归责的判断时,它糅

① 参见《刑法学》编写组:《刑法学》(上册·总论),高等教育出版社2019年版,第92~94页。

② 参见[德]克劳斯·罗克辛:《刑事政策与刑法体系》(第2版),蔡桂生译,中国人民大学出版社2011年版,第13~22、70~83页。

合实行行为论、违法性论、错误论、过失论等相关领域的归责基准,既混淆了构成要件符合性判断和违法性判断,也任意地将实行行为判断和因果关系判断组合起来。简言之,旨在保护法益的客观归责论已经远远超出构成要件符合性的射程。(2)在进行主观归责的判断时,它可能架空责任非难所依据的他行为可能性,仅仅按照预防目的去决定处罚必要性,不仅侵犯被告人的尊严,而且容易走向必罚主义和重刑主义。简言之,追求预防效果的机能责任论业已进入刑罚论的领地。(3)随着构成要件囊括绝大部分要素并日益趋于实质判断,违法性判断和责任判断仅需进行消极认定,既模糊了三者的界限,也降低了逐层判断的方法论优势。(4)德国学者毛拉赫、施密特霍伊泽尔、沃尔特、鲁道菲、雅各布斯等人还提出了其他的目的理性犯罪论体系,尽管都处于同一发展方向上,但对不法和责任的理解差异、构成要件要素的不同安排以及归责基准类型的区别设置,造成体系构想与司法实践的脱节。综上所述,“目的论体系”在一定程度上以牺牲概念明确性、逻辑一贯性、系统整合性为代价去开展刑法解释的机能化,还有待在具体犯罪的认定过程中继续完善。

(三)机能主义刑法解释论的体系性制约

刑法解释的机能化虽侧重目的性思考,但并未否定逻辑思维的形式理性价值;刑法解释的体系性虽侧重逻辑性思考,也没有排斥目的考量的实质理性价值。于是,机能主义刑法解释论的体系性思考应当是理论性和机能性的统一,用目的性思考指引逻辑性思考,以逻辑思维固化目的考量。

据此,有论者指出,体系性思考的基本要求是融贯性,包括逻辑连贯、制度协调和理念一致。在刑法解释中,强调对功能论考量的体系性控制,意味着在融贯性要求与刑事政策合目的性要求之间努力构建一种相互牵制的关系。体系性控制蕴含两方面的诉求:一是旨在实现对法的确定性与客观性的保障,二是使实质判断能在体系内部得到反思性的审查。[①] 易言之,机能主义刑法解释论的体系性制约需要满足逻辑性、明确性和实用性三个要求。逻辑性作为体系性制约的前提条件,要求各种法律概念、规范和理念之间无矛盾;明确性作为体系性制约的关键条件,要求不同位阶的价值基准不能过于抽象;实用性作为体系性制约的效果条件,要求能够用于现代型犯罪的司法认定,促使解释结论兼具形式理性和实质理性,平衡法益保护机能与人权保障机能。根据优化营商环境的政策精神,对民营企业家经济犯罪的刑法解释也要从外在体系制约和内在体系制约两个维度进行,以避免刑法适用的过度政策化、机能化。

1. 优化营商环境政策指导下的刑法解释之外在体系制约

这是通过分析优化营商环境政策的价值基础和社会主义市场经济秩序的宪法、行政法规范表达,确定经济犯罪刑事政策和经济刑法目的,旨在厘清经济刑法规范定位,指导经济犯罪构成要件解释,力求宪法与经济法、刑法在基本概念、具体规范、价值取向各个层面协调一致。换言之,此处的外在体系制约是用刑法规范之外的政策性规定、宪法、行政法内含的目标设定和预期功能,引导、控制、审查刑法规范的自身含义、适用过程和结果选择,保证刑法解释不会逾越整体法秩序的边界。

在用公共政策精神充实经济刑法目的的过程中,必须经过刑事政策的识别、筛选和描述,发现、保留或截取可以影响刑法适用的政策因素,以使刑法目的合乎刑事政策目的。不过,比起德国学者在刑法观念高度和刑法方法层面对刑事政策进行界定,我国学者往往从政策演进过程(承认政策概念带有一定的政治色彩)、政策与制度的关系(强调刑事政策对刑法制度改革的先导作用)方面来解读刑事政策。虽然二者都体现了合目的性思维,但前者具有更大的方法论价值,能够决定刑法体系的逻辑构造且贯穿刑法解释的整个过程,而后者的规范化程度较低,尚未全面实现与犯罪论体系的融通。

2. 优化营商环境政策指导下的刑法解释之内在体系制约

这是借助经济犯罪刑事政策目的与经济刑法目的统一的理想状

① 参见劳东燕:《功能主义刑法解释的体系性控制》,载《清华法学》2020 年第 2 期。在某种意义上,体系性控制就是体系性思考的结果。

态，将非法吸收公众存款罪等高发经济犯罪的判断基准进一步具体化，旨在理顺客观危害和主观罪过的判断逻辑，使更多的自由价值元素进入归责基准，力求客观归责与主观归责各司其职、结构清晰、目标一致。易言之，这里的内在体系制约是根据优化营商环境的合目的性考虑，以经济刑法规范保护目的为指导，研究客观归责和主观归责各个层面所需的价值基准，在由其搭建的归责架构内，确保一般判断、危害性判断在前，例外判断、罪过性判断在后，刑法解释得以在刑法保护的经济秩序和经济自由中顺利进行。

在用不同价值基准依次评价构成事实的过程中，鉴于"四要件体系"和"阶层式体系"各有欠缺，需要决定我国犯罪论体系的完善进路，以便将理论上的体系构想转换为实践中的适用逻辑。有观点认为，即使不使用三阶层的话语系统，也可以建立与其构造相对应的犯罪论体系：犯罪客观要件—犯罪主观要件—犯罪排除要件。这不仅暗含了犯罪成立要件和犯罪排除要件两个层次，而且吸收了阶层式判断的方法论优势。[①] 虽然它并未全盘照搬"阶层式体系"，但在保留部分传统术语的同时又改革了"四要件体系"的评价方法，既克服了体系外考察排除犯罪事由的弊端，也提高了实务人员短期接受并熟练运用的可能。其实，以是否具备合逻辑性与合目的性来衡量，刑法体系的根本基础是由价值基准构成的，换言之，它由刑法的不法和责任构成，二者均属于适格的无价值。德国现行刑法也是建立在这两个独立的、彼此不能互相推论回溯的价值层面上：行为特别明显的客观无价值和行为人的个别价值。由此，还可分别引申出两个下位价值：只有当行为具有可禁止性和刑法的要保护性时，才产生刑法的不法；只有当行为人具有他行为可能性和刑罚必要性时，才产生刑法的责任。[②] 上述"三要件体系"通过要素对接和术语转换，主要以法益侵害性和非难可能性两种价值基

---

① 参见周光权：《阶层犯罪论及其实践展开》，载《清华法学》2017 年第 5 期。

② Vgl. Bernd Schünemann, Einführung in das strafrechtliche Systemdenken, in: B. Schünemann (Hrsg.), Grundfgagen des modernen Strafrechtssystems, Berlin-New York, 1984, S. 1 ff.

准各自填充犯罪客观要件和犯罪主观要件,使客观危害判断基本能够体现重要利益遭受攻击的有无及轻重,主观罪过判断完全能够反映可谴责性的存否及大小。

二、外在体系制约之一:明确优化营商环境政策的价值基础

改革开放的深化和经济体制的转型,促使民营企业家产权刑事司法保护理念在新的政策导向和社会氛围中作出改变。《意见一》将坚持平等保护、坚持全面保护、坚持依法保护、坚持共同参与、坚持标本兼治作为进一步完善现代产权制度、推进产权保护法治化的基本原则。《意见二》和《意见三》出于发挥自身职能作用的考虑,主要从坚持平等保护、坚持全面保护、坚持依法保护三方面要求予以严格落实。《意见四》则以"加强法治保障,依法保护民营企业和企业家的合法权益"作为营造更好发展环境、支持民营企业改革发展的基本原则之一。而《优化营商环境条例》的有关规定也表明,法治保障对优化营商环境至关重要。显然,上述政策精神的深层次逻辑在于,司法机关应当以"依法全面平等保护产权"作为办理民营企业家经济犯罪案件的指导观念,并运用两种方式完成对经济犯罪刑事政策和经济刑法目的的价值重塑:其一,依法全面平等保护产权的公共政策与宽严相济刑事政策的价值目标、精神属性相契合,将前者所蕴含的价值、精神注入后者之中,可以使基本刑事政策目的具体化为经济犯罪刑事政策目的。其二,依法全面平等保护产权的公共政策与刑法基本原则的价值取向、主要内容相重合,将前者所蕴含的价值、精神导入后者之中,能够使各种根本准则特定化为经济刑法目的。

(一)优化营商环境政策中的平等价值

依法全面平等保护产权理念对加强民营企业家产权司法保护提出了更高要求,有利于彻底改变不同所有制经济刑法保护显著失衡的局面。它既符合社会主义核心价值观,又兼顾经济安全和经济自由。

作为承载国家民族精神追求和社会评判是非标准的社会主义核心价值观倡导“平等”价值,促使其发挥社会主义法治实现程度的衡量功能。在法治理念层面,平等是社会主义公平正义的内在品质,要求对社会所有成员平等对待,反对特权,禁止歧视;①在法治原则层面,平等不仅是一项宪法基本原则,也是一项刑法基本原则,要求我国公民在宪法和刑法面前一律平等,不允许任何人有超越宪法和刑法的特权;在法治精神层面,平等是社会主义法治实践的指导思想,要求树立鲜明的价值导向,把实践中广泛认同、较为成熟、可操作性强的道德要求上升为司法适用原则、裁判标准。所以,司法机关应当坚持平等价值的引领,对相同状态下的企业家权利进行相同保护,对类似的企业家犯罪予以类似处理。

提倡依法全面平等保护产权,必须调整经济犯罪刑事政策目的,即在维护社会主义市场经济秩序的同时,更注重保障民营企业家的经济自由;在保证社会主义市场经济稳定的同时,更加重视消除企业家产权保护的内外差别。具言之,“平等保护”是对企业产权保护力度的要求:既要追求形式平等,也要追求实质平等。“全面保护”是对企业产权保护范围的要求:既包括有形财产权,也包括无形财产权。“依法保护”是对企业产权保护方法的要求:既要将政策精神导入司法实践,又要防止政策性考虑突破法制化约束。

(二)优化营商环境政策精神与宽严相济刑事政策的相同考量

由于平等是正义的核心,在实现平衡正义和分配正义的过程中,司法机关对于民营企业家经济犯罪不仅要做到同案同判,而且要注意个案差异。因此,形式平等和实质平等的辩证思考,就暗含了区别对待的指导思想。

1. 优化营商环境政策精神与依法从“宽”的政策要求

为优化刑事法治营商环境,前述四个意见都强调,严格遵循罪刑法

① 参见公丕祥主编:《法治篇》,江苏人民出版社2015年版,第47页。

定等原则,以发展眼光客观看待和依法妥善处理改革开放以来各类企业特别是民营企业经营过程中存在的不规范问题。严格区分经济纠纷与经济犯罪的界限,持续甄别纠正侵犯民营企业和企业家人身财产权的冤错案件。这要求分别从经济犯罪的判断方法和评价结果入手,降低或消除民营企业家可能面临的刑事风险。对于民营企业家实施的涉及公司、金融、票据等领域的违法行为,即使具有一定的社会危害性,也应充分考虑历史成因、制度局限、技术、经营的创新背景、不确定的风险预期等因素,秉承宽容精神对其慎重处罚,依法以轻罪或无罪论处,避免因为保护市场经济秩序而过分抑制个人创新自由。

2. 优化营商环境政策精神与依法从"严"的政策要求

为优化刑事法治营商环境,前述四个意见均指出,对民营企业在生产、经营、融资活动中的经济行为,除法律、行政法规明确禁止外,不以违法犯罪对待。突出打击涉众型经济犯罪,破坏公平市场营商环境的犯罪,严重损害公众投资者特别是中小投资者权益的犯罪,链条式、产业化、情节恶劣的侵犯知识产权犯罪,促进民营企业守法合规经营。这要求分别从司法政策和工作机制两方面入手,合理评估民营企业家将会面临的刑事风险大小。对于民营企业家实施的事关信贷管理秩序、公平竞争秩序、公众投资者财产权益等利益的犯罪行为,应当综合考察其严重的社会危害性和较大的预防必要性,依法作有罪或重罪处理,避免因为保护个体法益而任意忽视集体法益。

3. 优化营商环境政策精神与宽严相济的政策要求

为优化刑事法治营商环境,前述四个意见还规定,大力宣传党和国家平等保护各种所有制经济产权的方针政策和法律法规,使平等保护、全面保护、依法保护观念深入人心,营造公平、公正、透明、稳定的法治环境,确保权利平等、机会平等、规则平等。尽管它们没有明确如何适用"相济"的政策要求,但是,营造保护非公有制产权的法治环境,需要发挥有关典型案例的示范效应。最高司法机关近三年发布的各批民营企业家犯罪典型案例都善于运用"宽"和"严"两种手段,在对严重犯罪依法从严惩处的同时适度从宽评价,而在对较轻犯罪依法从宽处罚的同时适当从严评价,取得了良好的法律效果、社会效果和政治效果,有效平衡了经济秩序法益和经济自由法益。

(三)优化营商环境政策精神与刑法基本原则的规制共性

倘若无视刑法基本原则,就会堵塞优化营商环境政策精神介入经济刑法体系的实现路径。首先,罪刑法定原则为贯彻这一精神提供了规制界限。当民营企业家实施的经济违法行为不符合犯罪构成的定型化规格时,司法机关就不能对其定罪。罪刑法定原则通过限制司法权的发动而保障民营企业家的自由,保证对任何企业家犯罪的处理均恪守刑事法制界限,既做到形式平等,又能够预防犯罪。其次,适用刑法平等原则为贯彻这一精神提供了规制方向。作为适用法律平等原则在刑事司法中的体现,适用刑法平等原则的应有之义包括:一是对情节相似的民营企业家犯罪平等追究刑事责任,二是对情节相似的国有企业家犯罪和民营企业家犯罪平等追究刑事责任。最后,罪责刑相适应原则为贯彻这一精神提供了规制准绳。罪责刑相适应原则含有的抽象尺度和比例原则提出的具体步骤相结合,能对民营企业家经济违法行为应否被犯罪化进行精确评价。这不仅避免了简单套用比例原则的三个子原则,改善了罪责刑相适应原则的解释能力,而且做到了实质平等,有利于理性投入刑罚资源。

三、外在体系制约之二:明确优化营商环境政策指导下非刑法规范的价值属性

借助平等价值来识别经济犯罪刑事政策和经济刑法目的,只是进行了初步形塑。刑法与宪法、行政法等法律规范应当处于统一法秩序之中,当从价值目标到基本概念各个层面衔接顺畅时,宪法、行政法中的相关规范会对经济犯罪刑事政策和经济刑法目的进行再次形塑,彻底改变传统理论过于注重市场经济秩序利益的刻板观念。司法机关在坚持依法全面平等保护产权理念的基础上,同样要用两种方式完成对经济犯罪客体的价值审查:其一,将宪法规范精神融入刑法规范体系,

适用刑法规范时必须接受宪法规范精神的指导,以开展有效的利益衡量以及合宪性解释。其二,类型化地分析行政法规范与刑法规范的关系,辨别经济法保护利益和刑法保护法益的异同,以开展有效的利益衡量以及体系化解释。总之,以整体法秩序的价值检验作为分析进路,如果宪法、行政法等非刑法规范表达的保护目的和经济犯罪刑事政策、经济刑法目的彼此协调,就意味着经济宪法、行政法体系与经济刑法体系相互融通。

(一)机能主义的法益概念与集体法益概念的价值统合

传统报应刑法向现代预防刑法的转型,随着物质的、具体的法益概念向精神的、抽象的法益概念的演变,法益自身的刑事政策性要素逐渐增多,其价值基础也越发多元化。对于经济犯罪刑事政策和经济刑法目的来说,除需要继续保护的经济秩序价值外,还应当提升对经济平等价值、经济自由价值的保护水平。所以,机能主义的法益概念必须全面分析某一社会利益的刑法要保护性,使各种重要价值可以融入一个统一的法益概念。

因为“法益”被理解为“在保障基本权的情况下,为了(公民)在国家体之中自由安宁地共同生活提供所需前提的一切实在”,①因此,它既是反映社会存在事实与刑法规范价值的关系概念,也是展现各种法律规范所给予的不同规范评价的关系概念。易言之,法益概念由原本存在于社会现实生活中的利益要素和利益衡量中值得刑罚保护的法的要保护性要素结合而成。② 着眼于具体法益的判断过程,此处的“法”包括宪法、行政法和刑法等法律规范;这里的“要保护性”是指通过跨

---

① [德]克劳斯·罗克信:《德国〈基本法〉60周年(第三篇)——从刑法角度看60年〈基本法〉》,陈晰译,载赵秉志等主编:《当代德国刑事法研究》第1卷,法律出版社2017年版,第134页。

② 関哲夫:「多元的保護法益論の有効性と課題」、『刑法雑誌』1999年38巻3号、頁307以下。

部门法相关规范保护目的的多次比较所确定的值得刑罚保护的评价属性。据此,机能主义的法益概念的规定方法就沿着这两个不同维度的思考而分别展开:第一,在作为实体的"利益"概念维度中采用机能主义的方法,在"利益"概念中融入"机能"概念,即规定的是狭义的机能主义的法益概念。第二,在作为属性的"法的要保护性"概念维度中采用机能主义的方法,在"法的要保护性"概念中融入"机能"概念,即规定的是广义的机能主义的法益概念。[①] 然而,广义的机能主义的法益概念比狭义的机能主义的法益概念容纳了更多刑事政策的合目的性思考,超出了犯罪发生过程的评价而延伸到犯罪处理过程的评价,并被赋予更为广泛的功能,加大了利益内容的限定难度,止步于刑法保护属性判断的目标层面。简言之,假如同时在两个维度进行机能化思考,可能导致法益概念的不确定性甚至崩溃,因此,只能以现实生活和立法事实为前提,在"法的要保护性"概念中融入"机能"概念。[②] 这就要在夯实法益概念的社会存在侧面的基础上,去检索决定法的要保护性的各种刑法体系内外的价值条件,而经济犯罪客体的内涵,无疑取决于有关法律规范在践行优化营商环境政策精神的过程中,对经济秩序和经济自由的制度安排及其解释空间。

现代刑法对法益保护目的和预防犯罪目的的重视,势必造成法益保护的早期化和预防犯罪的积极化。为了在社会管理中发挥刑法的应有作用,立法者往往将许多制度性利益上升为集体法益,以便司法者能前置性地保护个人法益,系统性地预防社会风险。立足于法益概念的价值属性分析,如果社会主义市场经济秩序不是为了保护大多数人的经营自由、财产自由和人身自由,就无须用科处刑罚的威慑来加以保护。即使某种经济违法行为似乎破坏了当地或所在领域的经济稳定,但缺乏侵害不特定市场主体合法权益的实质危险性,此时,就不具有经

① 関哲夫:「いわゆる機能主義刑法学について——機能主義刑法学の検討」(1)、『國士舘法學』1990 年 22 号、頁 153 ~ 154。

② 関哲夫:「いわゆる機能主義刑法学について——機能主義刑法学の検討」(2)、『國士舘法學』1991 年 23 号、頁 94。

济犯罪的法益侵害性。可见,经济犯罪不仅破坏了市场经济安全这种秩序法益,而且侵害了一般市场主体权益这种个人法益,二者存在位阶关系:前者属于阻挡层、表层法益,而后者属于背后层、深层法益。作为对个人法益的预备性、系统性和长远性保护,秩序法益之中需要嵌入个人法益以明确集体法益的适用对象、范围。经济犯罪刑事政策和经济刑法目的指向的不是单纯的秩序法益,而是具有重叠构造的集体法益。显然,集体法益概念与机能主义的法益概念具有共通的价值侧面,都将经济秩序和经济自由置于相关法律的保护之下,但秩序法益只能决定形式的违法性,个人法益才能划定构成要件的界限。①

经济刑法教义学应当构建可行的审查步骤,以识别真正的集体法益,剔除不真正的集体法益,强化对经济犯罪客体的宪法精神指引和行政法规范参照,确定利益衡量的宪法、行政法依据,找到推动经济犯罪刑事政策、经济刑法目的价值转变的外部条件。对此,有学者主张,在实体刑法中有两种解决途径,彼此功能上是相当的。一是在抽象层面开启实体刑法一般性规定之可能性,以使特定犯罪行为在特定门槛之下可以置身于刑事司法的负荷能力之外。此时,要受到罪刑法定原则之明确性要求的约束。二是在具体层面缩小核心刑法的界限,尽可能精确地形塑整体法益,并且将其透过个人法益加以机能化。此时,要面临古典刑法和其他部门法制裁方式的限制。② 这表明,法官必须根据宪法和刑法的基本原则,借助不同法律规范的关系判断做好利益衡量,以确定经济犯罪客体的价值结构。

---

① 芝原邦爾等:『ケースブック経済刑法』(第2版)、有斐閣、2005、頁4~5。我国有学者并未表明是否支持"位阶法益论",但仍然强调经济刑法应当重视对经济自由的保护(参见何荣功:《自由秩序与自由刑法理论》,北京大学出版社2013年版,第282~286页)。如果认为这里的"个人"并非特定的个别人,而是不特定的多数人或某一群体,那么对经济刑法法益也可以进行一体化的理解。

② Vgl. Winfried Hassemer, Kennzeichen und Krisen des modernen Strafrecht, ZRP 1992, S. 378 ff.

(二)宪法规范中社会主义市场经济秩序的要保护性

"社会主义市场经济秩序"的规范表达具有宪法渊源,既体现在宪法基本原则中,又规定在具体宪法规范中。考虑到宪法和刑法之间存在上位法和下位法的关系,宪法基本原则为刑法基本原则奠定思想基础或设定最高准则,刑法规范的阐释活动也要追溯至宪法规范背后的时代背景和立法意图,所以,有必要从宪法规范层面对经济犯罪客体进行勾勒,旨在明确其价值排序的根本依据。

1. 宪法基本原则与刑法基本原则的价值整合

宪法基本原则具有最高性,彰显立宪、行宪基本精神;而刑法基本原则具有特殊性,彰显刑事法治基本精神。不过,这两种基本精神明显存在包容关系。首先,人民主权原则和基本人权原则为罪刑法定原则奠定了思想基础。一方面,根据《宪法》第 2 条第 1 款规定的人民主权原则,只能由代表人民意志的最高立法机关制定刑法,此即民主主义。另一方面,根据《宪法》第 33 条第 3 款规定的基本人权原则,必须事先向公民明示关于犯罪和刑罚的规定,否则无法保障其行动自由,此即人权主义。其次,基本人权原则和法治原则为适用刑法平等原则设定了最高准则。例如,《宪法》第 33 条第 2 款的规定意味着,基本人权原则本来就含有平等适用刑法的内容。还如,《宪法》第 5 条第 5 款的规定表明,法治原则也具有平等保护公民、平等处罚行为人的意义。最后,权力制约原则和法治原则为罪责刑相适应原则指明了适用前提。按照《宪法》第 140 条之规定,正因为人民法院、人民检察院和公安机关各司其职、相互监督,才能在追究刑事责任时做到罪刑相称、罚当其罪。而且,按照《宪法》第 131 条之规定,倘若人民法院不能独立行使定罪权、量刑权,就无法在考虑行为的社会危害性和行为人的人身危险性之后,合理追究其刑事责任。

鉴于罪刑法定原则明确了立法权和司法权之间的界限,法官一方面在判断某种利益是否应当用刑罚予以威慑时,从宪法基本原则中寻找衡量标准,以解决利益冲突问题;[①]另一方面当刑法规范含义出现歧义时,从宪法基本原则中确定价值原点,以解决择一适用问题。[②] 因此,对于民营企业家实施的经济犯罪行为,实务人员应当选取显性的合宪性解释或隐性的合宪性解释,深入剖析经济利益冲突的层级结构或经济刑法规范含义的立场分歧,并最终上升到宪法原则规范的要保护性高度进行验证。

2. 具体宪法规范与具体刑法规范的目的衔接

《宪法》使用"社会主义市场经济"概念的地方共有三处,分布在序言、第11条和第15条。与之形成鲜明对比的是,《刑法》不仅在分则第三章的名称中使用了"社会主义市场经济秩序"的表述,而且在总则第2条、第13条中采用了"经济秩序"的概念,并在分则第176条、第224条之一、第225条等多处规定了具体经济犯罪侵犯的"金融秩序""经济社会秩序""市场秩序"等法益。透过上述《宪法》与《刑法》的文本差异可以发现,二者均注重对经济秩序和经济自由的保护。这不仅是宪法基本精神包容刑事法治精神的当然结论,而且是现代制度逻辑与传统人权逻辑结合的时代产物。

除了《宪法》序言中的"发展社会主义市场经济"属于史实条款,并不具有直接的规范效力外,第11条第1款和第15条第1款都属于确认性规范,对国家经济关系的调整具有普遍约束力。从宪法规范的结构看,"社会主义市场经济"基本要义在于,市场在资源配置中起决定作用,体现公平、公正与透明。其中,适度的宏观调控、经济自由的保障和非公有制经济的平等地位共同构成社会主义市场经济的基本特征。[③] 换言之,市场经济的宪法命题始终围绕着经济秩序和经济自由的价值博弈,市场经济的宪法功能必然随着市场主体优先和国家适度干预的价值校正,市场经济的宪法精神应当引领着经济宪法秩序和经

① 参见张明楷:《宪法与刑法的循环解释》,载《法学评论》2019年第1期。

② 参见杜强强:《合宪性解释在我国法院的实践》,载《法学研究》2016年第6期。

③ 参见韩大元:《中国宪法上"社会主义市场经济"的规范结构》,载《中国法学》2019年第2期。

济刑法秩序的价值互动。

根据这一思路，可以展开对经济犯罪刑事政策和经济刑法目的的合宪性审查，针对经济犯罪客体予以实质判断，筛除不具有刑法要保护性的秩序利益。首先，考察秩序法益和个人法益的关联性。尽管通常认为非国家工作人员受贿罪侵害了企业正常管理秩序和企业工作人员职务的廉洁性，但当民营企业家实施的该种行为并未导致任何市场交易不公时，就意味着个人法益的可保护性难以充实秩序法益的可保护性，不能以此为由动用刑罚而剥夺其宪法上的经营自由、财产自由或人身自由。其次，否定形式上所侵害的秩序利益的法益资格。即使虚开增值税专用发票的行为存在侵害国家税收征管秩序的危险性，但当民营企业家实施的该种行为没有造成国家税收损失的可能，不会出现社会保障费用降低的后果时，就表明此处的税收征管秩序仍停留在税收征管法律、法规保护的限度内，不应不顾宪法保护的企业正常生产经营和员工就业、生活需要而给予刑罚处罚。最后，用市场主体自由限缩经济犯罪客体的边界。虽然骗取贷款罪一般会侵害国家对贷款的管理秩序，但当民营企业家实施的该种行为取得银行贷款又按期偿还时，就表明并未给银行造成重大损失，在缺少与金融机构财产利益实质联系的情况下，不得因其贷款数额在 100 万元以上或多次使用欺骗手段而使其承担全部刑事法律风险，忽视宪法所保障的经济自由而未将部分市场交易风险分配给金融机构。

（三）行政法规范中社会主义市场经济秩序的要保护性

“社会主义市场经济秩序”的规范表达同样具有行政法渊源，散见于有关经济法律、法规。由于许多经济法律、法规详细描述了经济违法行为的具体特征，经济刑法出于权威性、稳定性的考虑，会根据前置法创设的规范保护目的和违法行为类型来提取适格的保护法益和构成要件类型。鉴于行政法规范与刑法规范之间存在依存关系，经济刑法具有行政从属性，包括概念从属性（刑罚法规中的用语从属于行政法上使用的概念）、行政法从属性（刑法上的可罚性以违反行政规定为要件)和行政行为从属性(成为刑法规定的可罚性要件的是违反行政机关的命令、禁止或未经其许可的行政行为)。① 所以,一旦从行政法规范层面对经济犯罪客体进行描述,就将决定不法行为类型的要素内涵及其制裁方式。

1. 行政法规范保护的利益与刑法规范保护的利益相同

这种情况通常出现在字面上经济行政法保护的利益范围与经济刑法保护的利益范围完全一致的场合。例如,民营企业家能否构成《刑法》第 158 条规定的虚报注册资本罪,要先判断其是否违反《公司法》关于注册资本登记制度的规定,再判断其有无实施法定的虚报注册资本实行行为,并达到应受刑罚处罚的程度。在 2013 年 12 月 28 日修改《公司法》之前,我国实行注册资本实缴登记制,这种严格的法定资本制主要是基于公司管理有序的需要,否则难以保护公司、股东和债权人的合法权益。据此,假如民营企业家没有任何注册资本而谎报有注册资本,注册资本没有达到法定最低限额却谎称已经达到或者拥有符合法定限额的注册资本而申报为更多的,就可能因妨害公司登记管理制度而构成本罪。2013 年修法原则上取消了对公司注册资本最低限额和注册资本实缴的限制。这不仅大大缩小了前置法对注册资本登记制度乃至公司管理秩序的保护边界,而且显著减少了虚报注册资本罪的实行行为类型。此时,只有民营企业家在申请实行注册资本实缴登记制的公司登记时,股东实际出资额低于法定出资额却谎称已经达到的,才会构成本罪。实际上,启动公司注册资本登记制度改革的目的是进一步激发各类市场主体的创业活力,避免使过高的公司成立门槛抑制创业自由。《全国人民代表大会常务委员会关于〈中华人民共和国刑法〉第一百五十八条、第一百五十九条的解释》出台之后,司法机关应当用创业、创新自由价值填充公司管理秩序价值,杜绝经济行政法对公司登记管理机关权威的维护和对单纯不服从注册资本登记制度的申请

---

① Vgl. Kristian Kühl, Probleme der Verwaltungsakzessorietät des Strafrecht-insbesondere im Umweltstrafrecht, Festschrift für Karl Lackner zum 70. Geburtstag am 18. Februar 1987, S. 820.

者进行严惩的现象,使公司法规范的保护目的、行为类型和刑法规范的保护目的、行为类型相互照应。

2. 行政法规范保护的利益多于刑法规范保护的利益

这种情况一般出现在文义上经济行政法保护的利益边界大于经济刑法保护的利益边界的场合。例如,当民营企业家生产、销售伪劣产品时,刑法的要保护性必须借助犯罪对象、行为方式、法定义务等构成要件的判断才能确定,而以上要素的判断无不从属于《产品质量法》使用的概念和规定的义务。第一,生产、销售伪劣产品罪中的“产品”即为前置法中的“产品”。《产品质量法》第 2 条第 2 款、第 3 款规定了产品的概念,第 26 条第 2 款还规定了产品质量要求。司法机关直接根据上述产品概念及其质量要求来判断某种产品能否成为本罪对象,《最高人民法院、最高人民检察院关于办理生产、销售伪劣商品刑事案件具体应用法律若干问题的解释》第 1 条第 4 款就认可了这种操作,在《刑法》第 140 条与《产品质量法》第 26 条第 2 款之间建立起直接联系。第二,尽管相关经济法规范和刑法规范似乎都只规制生产行为和销售行为,但前者规定的法定义务远远重于后者。按照《产品质量法》第三章的规定,生产者承担的产品质量义务有:(1)作为义务,即保证产品符合内在质量要求,保证产品或其包装上的标识符合要求,保证特殊产品的包装符合要求。(2)不作为义务,即不得生产国家明令淘汰的产品;不得伪造产地,不得伪造或冒用他人的厂名、厂址;不得伪造或冒用认证标志等质量标志;不得掺杂、掺假,不得以假充真、以次充好,不得以不合格产品冒充合格产品。尽管销售者承担的作为义务与生产者不同,但二者的不作为义务区别不大。不过,《刑法》第 140 条仅处罚生产者、销售者在产品中掺杂、掺假,以假充真,以次充好或以不合格产品冒充合格产品四种行为方式,明显限缩了前置法设定的义务种类、数量和负担,不仅是对作为行政法规范保护目的的产品质量监督管理秩序和消费者合法权益的刑法规范确认,而且是对这一集体法益集约利用刑罚资源所给予的升级保护。

四、内在体系制约之一:明确民营企业家经济犯罪客观危害的判断基准

通过明确优化营商环境政策指导下宪法、行政法规范的价值属性,可以促使司法适用观念从公共利益本位向重视自由利益保护转变,根据公共利益和个人利益的辩证统一关系,重构民营企业家经济犯罪客观危害的判断基准。为此,应当首先确定民营企业家经济犯罪客观危害判断的理论根据是什么,以说明经济犯罪行为相对于经济违法行为属于量的提升和质的变化;其次分析实务人员在适用相关刑法规范时是否保证彼此之间没有产生明显冲突,以表明刑法体系内部制约发挥了相应的作用;最后探讨客观归责论能不能用于经济犯罪的不法判断,以证明不同类型的价值基准可以共同承担起此类案件的危害性认定工作。

(一)民营企业家经济犯罪客观危害判断的理论根据

第一,"缓和的违法一元论"既认可各个法域违法判断的共性,也彰显刑事不法判断的个性。关于可罚的违法性论的基础,理论界一直存在"缓和的违法一元论"和"违法多元论"的争议。对此,有论者发现"缓和的违法一元论"具有法秩序的统一目的过于泛化、可能贬抑不同法域的固有目的、一般的违法性概念缺乏存在价值、难以开展从一般的违法性到可罚的违法性的二重判断等诸多可疑之处,从而提倡与法秩序的统一性真义相契合、能妥当处理刑法与其他法域关系的"违法相对论"。① 倘若对整体法秩序采取体系性思考,就应当认为其所追求的统一目的源于宪法的基本精神和根本价值,而宪法精神、价值植根于民族文化、社会现实、伦理道德等多种前实证法因素,其被宪法规范确定下来后,不会导致法秩序统一目的的不可知性。以宪法规范中某种利

① 王骏:《不同法域之间违法性判断的关系》,载《法学论坛》2019年第5期。

益的要保护性为导向去认定行政法、刑法规范中该种利益的要保护性，不仅促使公民对自己的行为性质作出一致判断，体现出各个法域目的之间的联系，而且可以防止其他部门法中的合法行为被轻易认定为刑事不法行为，尊重了不同法域目的之间的区别。尽管一般的违法性概念没有多大的方法论价值，但二重判断结构颇有启发意义：它既符合我国经济刑法"定性＋定量"的立法现状，又能在刑法谦抑的司法限缩路径上①或犯罪的二次性违法判断过程中②依次进行前置法的违法性认定和刑法的不法认定。因此，只要重视经济宪法、行政法对经济刑法适用的决定作用，就应采取"缓和的违法一元论"。它比"违法相对论"更有利于机能性地把握经济犯罪客体，更有利于限制经济刑法的干涉范围。

第二，"相对从属性说"理顺了法秩序统一性和违法相对性的关系，贯彻了逻辑性和目的性要求。以"缓和的违法一元论"为基础，"相对从属性说"认为，应当基于体系的统一性和目的的统一性，考虑刑法对行政法的补充性，通过协调作为手段的法概念、法规范与其所欲实现的目的之间的紧张关系，解决"相对"的判断标准。取决于不同部门法规范保护目的的异同，判断刑法是从属于前置法，还是独立于前置法。③ 相反，以"违法多元论"为基础，"相对独立性说"认为，刑法不是其他部门法的补充法，违法概念在不同法域存在差异，故法秩序的统一应为各个法域目的的统一。在讨论"刑行衔接"案件时，要求刑事违法的判断以刑法自身为核心，相对独立于其他部门法的违法判断，行政不法并不能为刑事违法的判断提供充足标准。④ 可见，两种学说的争议

① 参见田宏杰：《立法扩张与司法限缩：刑法谦抑性的展开》，载《中国法学》2020年第1期。

② 参见杨兴培编：《犯罪的二次性违法理论与实践：兼以刑民交叉类案例为实践对象》，北京大学出版社2018年版，第56～58、95～96、185～188页。

③ 参见于改之：《法域冲突的排除：立场、规则与适用》，载《中国法学》2018年第4期。

④ 参见简爱：《从"分野"到"融合"：刑事违法判断的相对独立性》，载《中外法学》2019年第2期。

焦点在于对法秩序的统一性原理、违法相对性判断方法的不同认识上。考虑到经济刑法的行政从属性,如果行政法规范和刑法规范对某种经济秩序和经济自由具有同质的要保护性,刑事违法判断就绝对从属于行政违法判断。除非二者对上述利益存在异质的要保护性,刑事违法判断才独立于行政违法判断。显然,在判断经济犯罪的客观危害时,先考察客观要件能否容纳前置法的价值目标,再确定其是否需要刑罚予以保护,比先分析客观要素是否齐备,再比较前置法的要保护性和刑法的要保护性更加符合“三要件体系”,更能践行罪刑法定原则的形式理性和实质理性,更为注重不法判断的体系制约和目的统合。

第三,“质量区别说”指出不同法域的违法性存在性质、程度之别,契合我国经济刑法及其实践。长期以来,“质的区别说”“量的区别说”“质量区别说”均为有关行政违法与刑事不法区分标准的三种学说。相比之下,“质量区别说”秉承质量互变的辩证关系,强调行政违法和刑事不法存在利益侵害的质与量上的差异,即行政法规范往往出于行政公平、效率的考虑而广泛维护各种行政管理制度和保护公民合法权益,但刑法规范基于惩罚犯罪、保障人权的需要而只会保护部分重要的个人利益和超个人利益。而且,我国经济刑法以“数额较大”“严重后果”“情节严重”等罪量要素作为犯罪构成要件,在判断某一违法行为是否构成经济犯罪时,必须结合相关经济法、刑法规范,决定对其是否仅仅施加行政处罚就能维护市场经济安全,抑或还需动用刑事制裁才能保护经济秩序和经济自由。这为前述有关司法解释和典型个案所采纳。综上所述,该说比“质的区别说”“量的区别说”更有利于贯彻刑法的谦抑性和罪刑法定原则,促进经济行政法和经济刑法的衔接,推动经济犯罪刑法解释的体系性思考。

(二)民营企业家经济犯罪客观危害判断的刑法规范内部协调

“社会主义市场经济秩序”的规范表达当然具有刑法渊源,除出现在《刑法》分则第三章的名称中外,还以“市场秩序”的面貌出现在第

225条、第231条。而且,编造并传播证券、期货交易虚假信息罪(第181条)和操纵证券、期货市场罪(第182条)的刑法规范中使用了“市场”的概念,保护的就是国家对证券、期货交易市场的管理秩序和投资者的合法权益。于是,经济犯罪客体受到经济宪法、行政法规范的外部塑造和经济刑法规范的内部塑造,经济秩序价值不再只是形式化的存在,经济自由价值的解释作用日益凸显。由于犯罪构成要件是一种不法行为类型,只要遵循上述理论根据,使刑法规范内部的保护目的、行为方式、犯罪对象等保持协调,就能确定民营企业家经济犯罪客观危害判断所需的不同层级的价值基准,实现从经济违法向经济不法的跨越。

1. 同一刑法规范内部的适用协调

这要求法官对同一刑法规范中的保护目的和客观要件进行统一界定,以便准确把握此种犯罪类型的不法内涵。鉴于经济刑法规范通常根据经济犯罪的社会危害程度,在同一法条中规定基本犯罪构成和加重犯罪构成,所以,实务人员判断这种犯罪类型的不法程度时还需注意各种犯罪构成所包含的不法之间的可层升关系。例如,非法吸收公众存款罪的基本犯罪构成似乎只有行为不法要素,缺少结果不法要素,但其加重犯罪构成增加了“数额巨大”或“其他严重情节”要素,二者的危害程度差异很大。其实,为了有别于经济行政法禁止的非法集资行为,经济刑法借助“扰乱金融秩序”的机能化宣示,不仅可以防止将情节显著轻微、危害不大的集资行为作为犯罪处理,而且大大提升了非法集资行为的危害程度,确保基本犯和加重犯之间呈现不法的梯度关系,[①]便于司法实践做到同一犯罪构成群内部的体系协调。

2. 不同刑法规范之间的适用协调

这要求法官对不同刑法规范中的保护目的和客观要件予以具体分析,以便区别对待各种犯罪类型的不法内容。由于经济刑法规范数量众多,不同法条难免使用相同概念,实务人员必须运用目的解释和体系解释,结合直接客体来明确要素含义。例如,尽管非法经营同类营业罪

① 《最高人民法院关于审理非法集资刑事案件具体应用法律若干问题的解释》第3条第1款对本罪基本犯规定的定罪标准,就是其保护目的在不法判断中的换算方法。

的刑法规范和非法经营罪的刑法规范都用"经营"概念描述自身行为,但联系各自的保护目的来看,两种经营行为有着不同的内涵和外延。具言之,在经济学意义上,经营是指为实现一定目标,运用价值规律进行的有组织生产、购销、服务等一系列活动,具有长期性、规模性、交易性等特点。但在刑法学意义上,对经营行为的理解,不能离开具体保护法益和其他客观要件。非法经营同类营业罪侵害了国有公司、企业的正常管理制度、公平竞争秩序及其董事、经理的职务行为廉洁性,只有行为人利用自己主管、经管的权力或其方便条件,在生产、销售与其所任职公司同种商品或同一类别营业过程中,自行开展筹划、营利活动或从他处获得固定薪酬,才符合本罪客观要件。非法经营罪则侵害了市场准入或许可经营制度,只要行为人违反涉及市场准入许可的国家规定,实施有组织的营利活动,无须利用职务便利或限于同类营业,就符合本罪客观要件。因此,前者中的经营行为具有违背公司信任、破坏竞争优势的性质;而后者中的经营行为具有突破市场准入限制、擅自从事特定营利业务的性质。可见,非法经营罪的刑法要保护性大于非法经营同类营业罪,故立法者对其配置了较重法定刑。司法者也要使不同的经营概念不会彼此交融,只处罚确实值得科处刑罚的经营行为。

(三)民营企业家经济犯罪客观危害判断的价值基准展开

关于民营企业家经济犯罪客观危害判断的理论根据和刑法规范内部协调的讨论,在方法论上涉及能否采取客观归责论判断经济犯罪的成立。作为目的理性犯罪论体系的创新成果之一,客观归责论旨在实现不法判断的机能化,主张归责于客观行为构成是以实现一种在行为构成范围内部的、由行为人创设的而不是由允许性风险所容忍的危险为条件的。① 借助"不允许性风险的创设""不允许性风险的实现""行为构成的作用范围"三个下位规则,客观归责论显示出鲜明的规范性、

① 参见[德]克劳斯·罗克辛:《德国刑法学总论》(第1卷),王世洲译,法律出版社2005年版,第246页。

类型性和体系性。不过,客观归责论的主要缺陷在于:一是缺少应先行于结果归属判断的实行行为判断,不能有效制约不法的实质评价。二是仅仅考察客观要素,无力完成危险制造关联和危险实现关联的评价。三是过于模糊、凌乱和复杂,不适合作为归责基准对违法行为开展逐步认定。所以,无论是传统的"四要件体系"还是改造过的"三要件体系",均不可能完全容纳客观归责论体系,只能适当借鉴客观归责方法论以判断犯罪客观要件,选取部分归责基准去强化实行行为、危害结果、因果关系的规范评价。

引入客观归责方法论,源于它同我国犯罪论存在相通之处。一方面,二元的行为无价值论与社会危害性理论都侧重实质评价,均涵盖了行为不法(危害行为)和结果不法(危害结果)。另一方面,刑法规范中的行为规范由决定规范和评价规范所组成,相比重视评价规范的结果无价值论,重视决定规范的行为无价值论更有利于指引我国公民积极遵守规范。总之,客观归责方法论的优势表现在注重客观性判断(从犯罪成立的客观起点上剔除不重要的因果关系)、规范性判断(在融合规范理论和危险理论的基础上限制不法的成立范围)、类型性判断(归责基准的不断演绎极大地丰富了自身体系的层次性)和目的性判断(刑事政策的目的导向渗透到刑法解释的过程中)。在借鉴客观归责方法论判断经济犯罪的危害性时,应当符合经济犯罪的行政从属性,顾及法的要保护性判断相对性的需要,遵守依法全面平等保护产权的理念。

日本刑法教义学在完善因果关系理论的过程中,认可客观归责方法论的相对合理性,从中裁剪出部分规则移植到相应类型案件的解决方案中,力求提高构成要件判断的精细化程度,从而提出"危险的现实化说"。该说认为,因果关系的内容包括事实的侧面和规范的限定两个方面,因果关系应当理解为实行行为的客观危险性现实化为构成要件结果的过程。没有必要将因果关系分为事实联系和规范限定两个阶段,直接讨论危险性现实化的有无就够了。① 比起客观归责论,这种学

① 山口厚:『刑法総論』(第3版)、有斐閣、2016、頁58~61。

说的长处在于:(1)阐明实行行为危险性的判断构造。它以实行行为对现实结果发生的影响、贡献作为因果关系的判断基准,而实行行为的危险性包括直接实现结果的危险性和先引起介入因素后,再由介入因素间接实现结果的危险性。[①] 这就统筹了结果发生可能性判断和因果过程通常性判断。(2)突出介入因素对结果归属的影响作用。它作为判例研究的理论基础,在讨论了危险制造型案件后,根据介入因素的样态、贡献,又详细分析了介入直接危险型案件和介入间接危险型案件,进而对危险现实化的适用基准予以类型化、体系化。[②] 这可以避免客观归责论体系定位困难、归责基准模糊的弊端。(3)能够广泛用于多种犯罪的不法判断。它被用于认定侵害生命法益、身体法益、自由法益的故意或过失犯罪行为。[③] 它极大地拓展了客观归责论原本擅长的适用领域。(4)更加契合我国犯罪构成理论体系。它无须放弃实行行为概念和因果关系概念,能进行危险制造判断和危险实现判断。[④] 这可以发挥实行行为概念和因果关系概念对危险制造及其现实化过程规范评价的内在体系制约作用。总之,应当根据"危险的现实化说"对客观归责论予以适当修正,以明确经济犯罪客观危害判断的各个层面的价值基准。

客观归责论的基本框架由"危险制造关联"和"危险实现关联"构建而成,因此,根据经济犯罪刑事政策、经济刑法目的,民营企业家经济犯罪客观危害的一级判断基准即为"制造侵害经济秩序法益和经济自由法益的危险"和"实现侵害经济秩序法益和经济自由法益的危险"。至于原属于客观归责论的第三个下位规则"行为构成的作用范围",应被并入"危险制造关联"的判断环节,使之承担"经济法行刑衔接的要

---

① 橋爪隆:『刑法総論の悩みどころ』、有斐閣、2020、頁7~9、13~15。

② 山中敬一:「近時の判例における「危険現実化」論の展開」、『關西大學法學論集』2019年68巻5号、頁4以下。

③ 里見聡瞭:「判例法主義の国における因果関係論と日本の危険の現実化に関する一考察」、『法学会雑誌』2020年60巻2号、頁197。

④ 井田良:「刑法における因果関係論をめぐって:相当因果関係説から危険現実化説へ」、『慶應法学』2018年2号、頁15~16。

保护性”的评价功能。这不仅符合经济犯罪不法判断的理论根据，而且可以增强危险制造判断的分流作用。易言之，不具有经济法要保护性的行为，就不具有侵害经济秩序法益的危险性；只有具有经济法要保护性的行为，才有侵害经济秩序法益或经济自由法益的危险性。除了将其设置为次级判断基准，基于“危险的现实化说”的问题意识，还应当以“经济介入因素的异常性、贡献度”作为“危险实现关联”的次级判断基准，因为介入因素的考察与因果进程的分析不能截然分开，在部分经济犯罪案件中，经济介入因素的异常性、贡献度将决定市场主体能否对侵害经济秩序和经济自由的结果负责。据此，按照从实行行为判断（含前置法判断）到因果关系判断（含结果归属判断）的思维轨迹，民营企业家经济犯罪客观危害的判断基准包括：其一，制造侵害经济秩序法益和经济自由法益的危险。在这一阶段，要经过经济法行刑衔接的要保护性的筛查，剔除经济行政法保护而经济刑法不保护的利益，否定其侵害经济秩序法益的危险性，如民营企业家在疫情防控期间经营非国家重点保护野生动物及其制品的。当具备经济行政法的要保护性后，还要深入研究其是否具有侵害经济自由法益的危险性，如民营企业家为他人开具增值税专用发票，虽不符合税收法律规定，但仍然如实上缴增值税和相关规费的。其二，实现侵害经济秩序法益和经济自由法益的危险。在这一阶段，要借助经济介入因素的异常性、贡献度的验证，排除以下情形的可归属性：没有发生任何经济损失结果，没有发生侵害经济自由法益的危害结果，或者发生的是他人造成的经济损失结果。如民营企业家在银行工作人员授意下以欺骗手段取得贷款又按期还款的，未取得农药经营许可从事农药经营却因市场不景气而不构成严重情节的，或者参与人明知公司经营、投资项目、资金用途等事实真相仍然自愿参与集资，最终导致血本无归的。

五、内在体系制约之二：明确民营企业家经济犯罪主观罪过的判断基准

在判断这类犯罪的罪过形式、内容时，同样应当根据经济犯罪刑事

政策和经济刑法目的,通过梳理刑法规范对经济犯罪主观要件的立法现状,确保司法机关能够统一适用上述规范展开违法性认识和期待可能性的判断,进而在比较评析规范责任论和机能责任论的基础上,归纳出分属于各自位阶的判断基准。

(一)民营企业家经济犯罪主观罪过判断的刑法规范内部协调

许多刑法规范都明文规定了经济犯罪的主观罪过,但除个别总则条文隐含着责任排除要件外,分则中的经济刑法规范没有明确个罪的责任排除要件,因而在进行刑法解释的过程中产生了一些争议。

1. 违法性认识判断的刑法规范内部协调

民营企业家实施的高发经济犯罪均为行政犯,主观方面同样应当具有违法性认识。反之,一旦缺乏违法性认识的可能性或不可避免地产生违法性错误,就可以减轻或免除行为人的可谴责性。这既是责任主义的要求,也是预防目的的考虑。我国《刑法》第14条关于犯罪故意的规定实际上就含有违法性认识要素,而且,司法机关在办理部分经济犯罪案件时,认定了违法性认识可能性的积极非难作用和违法性错误的消极谴责功能。例如,在"上海悦达纺织进出口有限公司等走私普通货物、物品案"中,二审法院认为,上海悦达公司借用其他公司关税配额证进料加工棉花,待加工成棉纱后擅自销售并利用虚假单证等骗取海关核销,违反海关规定在核销时需申报实际加工复出口数量的要求,触犯了相关刑事法律规定。该公司正是认识到其擅自销售的违法性,遂采取一车多报的方式重复报关以骗取海关核销,最终造成国家税款327万余元的损失,系情节严重。[①] 再如,"在闫某等非法经营案"中,二审法院认为,双方签订《共同合作墓地协议书》约定经营公墓款与公墓管理所共同分成。闫某基于对该协议书的理解,自认为已获得了经营公墓的合法手续和许可,此期间其经营公墓的行为缺乏违法性

---

① 上海市高级人民法院刑事裁定书,(2017)沪刑终117号。

认识的可能性，故不宜认定其主观上明知非法而故意谋取非法利益，从签订《共同合作墓地协议书》至民政局第一次明确告知应停止非法经营期间，其经营的墓数及金额应从犯罪数额中扣除。[①] 法官站在行为人的立场上展开对违法性认识的判断，只是关于违法性认识的对象，前一个案件将其理解为刑法规范特有的违法性认识，而后一个案件似乎将其视为整体法秩序意义上的违法性认识。所以，只有厘清违法性认识对象的内容，才能更好做到经济犯罪违法性认识判断的内部协调。

2. 期待可能性判断的刑法规范内部协调

即使民营企业家故意实施某种经济危害行为，也会因为具有违法性认识而欠缺期待可能性被评价为减轻或免除可非难性。同违法性认识一样，作为规范的要素，期待可能性的有无及大小也能决定行为人的罪过性质和程度。虽然《刑法》总则仅在有关"但书"(第 13 条)、不可抗力(第 16 条)、防卫过当(第 20 条第 2 款)、避险过当(第 21 条第 2 款)、胁从犯(第 28 条)几个条文中体现了期待可能性的法理，但分则第三章并未明文规定期待可能性可以成为具体犯罪的主观要件。鉴于责任和预防之间的"二律背反"关系，实务人员只能对某些经济犯罪案件中的行为人分别进行积极判断或消极评价。例如，在"南京三普造粒装备有限公司、张某甲等虚开增值税专用发票案"中，一审法院认为，张某甲对虚开增值税专用发票行为的违法性有明确认知，且三普公司的请求并不具有强制性，拒绝请求亦不直接构成对其人身、财产的重大损害。事实上，他还赚取介绍费用、谋取非法利益，故不应认定其行为不具有期待可能性。[②] 再如，在"吉林某制药有限公司、冯某某生产、销售假药案"中，检察机关认为，陕西省食品药品监督管理局证实该局网站上公开的药品注册信息有药品名称、批准文号、剂型、规格及生产企业名称，其余药品相关信息应以药品批件或在监管部门备案的纸质文件为准，即不包含说明书、适应症具体内容。吉林某公司购买的药品批准文号，在其无法通过食药监部门公开网站核实资料具体情况真实

① 淮南市中级人民法院刑事判决书，(2016)皖 04 刑终 208 号。

② 南京市雨花台区人民法院刑事判决书，(2019)苏 0114 刑初 299 号。

与否的情况下,要求其必须到陕西省食品药品监督管理局或国家食品药品监督管理局对相关资料予以核实缺乏期待可能性。[①] 可见,尽管法官均承认期待可能性对经济犯罪主观方面的决定作用,但对其含义、功能认识不一。前一个案件是在广义上使用期待可能性的概念,将其作为主观要件的基础,与违法性认识相混淆,可能对二者进行了重复评价。后一个案件则是在狭义上使用期待可能性的概念,将其作为具体的主观要素,与违法性认识相区别,单独降低法的谴责。总之,如果不区分期待可能性原理和期待可能性要素,就不可能全面实现经济犯罪期待可能性判断的内部协调。

(二)民营企业家经济犯罪主观罪过判断的价值基准展开

以上研究表明,可以采用规范责任论认定经济犯罪的成立。它在把握行为人与其行为心理联系的基础上,对其给予规范评价,即责任的本质在于,行为人本具有他行为可能性,却因实施违法行为而受到非难或谴责。不过,作为目的理性犯罪论体系的又一理论创新,机能责任论认为,这种可谴责性是一种必要的但是还不充分的责任条件,必须用预防性的惩罚必要性加以补充。行为人应负的刑法责任由罪责和预防必要性两种现实决定,二者共同引起一种刑事惩罚。[②] 考虑到罪行轻重和犯罪预防的关系,这一学说颠覆了固有的责任概念,冲破了“四要件体系”和“三要件体系”的整体约束,改变了犯罪成立的判断顺序,违反了合逻辑性的思考要求。因此,即使对民营企业家经济犯罪进行机能主义刑法解释,机能责任论也难以全面取代规范责任论,以防止预防犯罪目的的过度考量。

1. 以对经济危害行为的非难可能性作为主要判断基准

根据规范责任论,责任就是非难可能性的价值判断,故以此作为民

① 松原市宁江区人民检察院不起诉决定书,宁检二部刑不诉(2019)1 号。

② 参见[德]克劳斯·罗克辛:《德国刑法学总论》(第 1 卷),王世洲译,法律出版社 2005 年版,第 556~562 页。

营企业家实施的经济危害行为的主观归责基准。由于责任非难的根据是行为人具有实施合法行为的可能性或能够期待其实施适法行为，违法性认识的判断、期待可能性（狭义）的判断都是这种期待可能性法理（广义）的具体运用，可以将二者作为下一级的判断基准。

一方面，应当根据民营企业家所处行业领域的一般认知能力，对其有无违法性认识可能性以及是否产生违法性错误进行消极判断。

首先，当民营企业家没有认识到自己的行为违反了经济刑法规范时，就不具有违法性认识的可能性，缺乏可非难性。关于违法性认识的对象，刑法学界主要存在四种观点："前法律的规范违反认识说"指出，违法性认识的内容是违反人伦、国民道义或社会害恶性的认识。"特殊刑法的违法认识说"主张，违法性认识是指认识到自己的行为违反刑法，但不包括对违反其他法律和法定刑的认识。"一般的违法认识说"倡导，只要认识到自己的行为是整体法秩序所不允许的，就足以赋予其实施适法行为的动机。"可罚性认识说"认为，违法性认识包括违反刑法本身的认识和违反刑法的法定刑、法律效果的认识。① 综上所述，观点一有关违法性的认识范围过于宽泛，难以根据伦理、道义等抽象事实进行准确判断。观点三将违反整体法秩序与刑法上的违法性等量齐观，贬抑了违法性认识的归责机能。观点二和观点四并无实质区别，因为行为人不是专业人士，即使能认识到刑法规范的违法性，也不可能准确界定违法性的轻重。况且，可罚的违法性认识只限于轻罪的可罚性认识门槛，鉴于对违反刑法的认识与对刑事可罚性的认识总是联系在一起，对违法性的认识就是对形式的刑事违法性的认识。② 这是对行为人认知程度的要求：形式的法规范认识与作为立法根据的行为反价值性认识之间实为表里一体的关系，③显示出从具体事实判断到朴素规范评价的蜕变，即民营企业家需要基于市场交易活动和生产经营事实，认识到自己行为的法律性质和社会意义。

① 吉田敏雄：『責任概念と責任要素』、成文堂、2016、頁 184 ~ 185。
② 参见张明楷：《刑法学（上）》（第 6 版），法律出版社 2021 年版，第 413 ~ 414 页。
③ 参见陈璇：《责任原则、预防政策与违法性认识》，载《清华法学》2018 年第 5 期。

其次,当民营企业家尽其所能也无法查明有关经济刑法规范内容时,就属于不可避免的违法性错误,缺少可谴责性。一般认为,违法性错误问题处于违法性认识问题的反面,二者适用相同的判断基准。违法性认识并不以法律技术上的评价为前提,只是外行的评价;并不以具有少数人才拥有的精确的法律知识为前提,但必要的认识应该与所违反的规范的法律性质有关。[①] 正是通过对专家认知水平的下调以及个体认识能力的抽象,违法性认识的判断才拉近了二者的距离。虽然对错误可避免性的判断有着一般人尺度和个别人尺度之别,但如果案件涉及行为人职业上的工作领域,或在法律上加以特殊规制的生活领域(如证券投资等),就应采取这个领域中一般内行人的客观评判尺度。[②] 考虑到行为人对专业领域的熟悉程度、工作环境、亲身经历、查找法律的努力程度以及该领域的法制现状等因素,假如他产生违法性错误存在相当的理由,就应认为其欠缺违法性认识的可能性,不可避免地产生了违法性错误。表面上看,“相当的理由”不及“充分的理由”要求那么高,是对判断尺度的缓和。但实际上,这种缓和存在两方面的限度:一是受到判断资料的限制。在判断过程中,必须在国家一方事实和个人一方事实的紧张关系中,对二者予以全面考察。[③] 二是受到判断目的的限制。在下达结论时,不能否定政策性影响。然而,对预防犯罪目的的追求不得逾越责任主义对反对动机形成可能性所设定的界限。不应在扩大处罚的方向上认定违法性认识,而应在限定处罚的方向上认定无违法性认识。[④] 即使出于刑事政策的目的思考,也并不意味着预防需求取得相对于责任原则的绝对优越地位,尤其是不能以有预防必要性为由,对缺乏违法性认识可能性的行为人进行非难。

所以,在政策环境发生变化的当下,司法机关要避免区别对待民营

① 参见[德]冈特·施特拉腾韦特、[德]洛塔尔·库伦:《刑法总论Ⅰ——犯罪论》,杨萌译,法律出版社2006年版,第225页。

② 参见车浩:《法定犯时代的违法性认识错误》,载《清华法学》2015年第4期。

③ 平野龍一:『刑法総論　Ⅱ』、有斐閣、1975、頁267~268。

④ 内藤謙:『刑法講義総論(下)Ⅰ』、有斐閣、1991、頁1036~1037。

企业和国有企业,要更加设身处地地为行为人着想,全面分析违法性错误产生的原因和市场主体的找法过程,实质考察其实施经济危害行为的相当理由,不至于对认识能力较低者科以过高的法律审查义务,为今后政策调整和制度变化预留适当的减免罪责空间。于是,已经实施经济危害行为的民营企业家需要在以下场合探讨违法性错误的可避免性:(1)一旦其认识到该行为侵害了经济秩序法益,如销售某种假冒注册商标的商品,即使不知道这为经济刑法所禁止,但由于商标法规范是本罪刑法规范的一部分,行为人也具有违法性认识,该错误可以避免。(2)当行为人进入金融交易领域或从事公司管理,为了了解有关金融、公司规制的法律、法规而向律师、学者等专业人士咨询,并基于对其意见的信赖开展经济活动而触犯经济刑法规范时,该错误原则上也具有可避免性。(3)只有民营企业家因为业务关系或陷入个案争议,对让他人为自己开具增值税专用发票或销售某种金融衍生品行为的性质有所质疑,在向司法机关等有权机关进行咨询得到行为合法的答复,或者收集相关司法解释、指导案例发现无罪的意见后,因为信赖上述有权解释而开展经济活动的,应当认为该错误不可避免。我国实务界已注意到这种违法性错误对定罪的影响,它可能比期待可能性具有更大的作用。[①] 例如,《最高人民检察院关于办理涉互联网金融犯罪案件有关问题座谈会纪要》规定,实践中还存在犯罪嫌疑人提出因信赖行政主管部门出具的相关意见而陷入错误认识的辩解。如果上述辩解确有证据证明,不应作为犯罪处理。

另一方面,应当根据民营企业家当时附随经济状况的异常性,对其期待可能性的存否、大小进行消极判断。

在规范责任论看来,违法性认识和期待可能性的判断均有可能减轻、免除行为人的罪过,二者在责任论中的体系定位将决定各自的功能边界。但是,应当分别判断违法性错误和期待可能性,主要理由有二:(1)发生契机不同。违法性错误的判断,源自对行为人认识法律、知晓

---

① 参见孙国祥:《经济刑法适用中的超规范出罪事由研究》,载《南大法学》2020 年第 1 期。

规则和守法意识等状况的确认;而期待可能性的判断,关注的是行为人处于异常状况时不能产生遵守规范的动机。在广义上,这些异常状况包括需要行为人一方保护的利益面临严重不利的所有情形;但在狭义上,由于部分情形中的利益冲突已经借助过失论、不作为犯论予以解决,只有剩下的那部分情形才要通过分析行为人出于人性弱点的意志可期待性进行处理。(2)适用范围不同。实证研究表明,在 2001 年至 2019 年涉及违法性认识的 588 个案例中,破坏社会主义市场经济秩序案有 300 件,占比 51.02%,位居第一。其中,有的判决认为,是否欠缺违法性认识不影响定罪量刑;有的判决则认为,虽不影响定罪,但影响量刑。[①] 反观期待可能性理论在司法实务中的应用全貌,司法机关持保守态度,且律师有时也对其一知半解和牵强运用。[②] 因此,期待可能性理论的适用现状并不乐观,假如剔除对其他理论"同化"和"异化"的相关案件,则其存在空间将进一步萎缩。

在责任阻却事由体系中,应当优先考察责任能力等法定责任阻却事由和违法性认识的可能性(违法性错误)等超法规的责任阻却事由。只有在穷尽了其他责任排除要件后,才能考虑期待可能性。此时,期待可能性的判断标准应当统一于身处异常状况的行为人没有他行为可能性的维度之中。其一,"国家标准说"指向行为人,国家的期待也要考虑行为人的现实状况。其二,"平均人标准说"没有对行为人提出过高的期望,尊重了人的社会属性。其三,"行为人标准说"不能脱离客观情况而作孤立的理解,否则无法说明为何反对动机的形成能力减弱。与其将平均人置于行为人的立场,不如基于行为人的职业、经历、年龄等将其类型化。这种客观的行为人标准不仅与违法性错误的判断尺度相衔接,而且有利于责任排除要件的体系化。

以此为标准,通过考察行为时存在的异常状况,一旦某种危害行为

① 参见李国权:《违法性认识的体系定位与司法认定——基于 588 份刑事判决书的分析》,载《行政与法》2020 年第 6 期。

② 参见董文蕙、吴辉龙:《期待可能性理论的体系风险及中国态度》,载《华南理工大学学报(社会科学版)》2020 年第 3 期。

侵害的重要利益与保护的重大利益之间具有相当性,就可以减免行为人的罪过。在此,不需要将"行为时无他行为选择可能性或者可能性低"作为期待可能性的适用条件。① 因为他行为可能性系期待可能性理论的根据,倘若将其作为适用条件,会导致循环论证。鉴于行为时的经济状况、法治化程度以及行为人的个体素质、法治意识,实施经济危害行为的民营企业家可能在这些情况下降低或欠缺期待可能性:(1)在洽谈某笔商务合作的过程中,公司副总不仅自己收受贿赂,还要求部门负责人收下对方给付的财物,考虑到这笔业务的重要性和被解雇的风险,行为人只好照办,公司的管理秩序及其工作人员职务的廉洁性与公司及其员工的财产权之间并未显著失衡,其期待可能性较低。(2)因处于疫情防控等特殊时期,整个第三产业受到很大冲击,行为人在工厂生存压力的驱使下,不得已向员工下令生产、销售伪劣的防治、防护产品、物资的,经过衡量产品质量监督管理秩序、消费者合法权益与工厂的经营自由、员工的劳动自由后,也能评价为减轻或欠缺期待可能性。总之,"行为时客观状况的异常性"仅是期待可能性判断的必要条件,"侵害的重要利益与保护的重大利益之间的相当性"才是关键条件。当前一种利益小于或几乎等于后一种利益时,可以认定无期待可能性;但当前者明显大于后者时,恐怕只能以有期待可能性或期待可能性小论处。

2. 以对应予非难行为的预防必要性作为次要判断基准

第一,仍然坚持规范责任论,例外采取机能责任论。

优化营商环境要求民营企业家遵纪守法,所以,适用刑法应当重视预防犯罪的目的,特别是追求积极的犯罪预防。本文开头论述的相关意见、条例都强调,在事关产权保护的守法环节体现法治理念,市场主体应当遵守法律法规,促进民营企业提高依法规范经营的意识和能力,筑牢守法合规经营底线。尽管它们为引入机能责任论提供了政策依据,但就价值基准而言,该理论对"处罚必要性"同时赋予了规制原理和构成原理的双重意义,致使预防(特别是一般预防)基本上丧失了刑

① 参见钱叶六:《期待可能性理论的引入及限定性适用》,载《法学研究》2015 年第 6 期。

罚限定机能,并不完全符合民营企业家产权刑事司法保护理念。不过,该理论毕竟顺应了传统报应刑法向现代预防刑法的转变,促进了具体刑事政策与现代犯罪类型之间的互动,引起了法律责任构造的升级。以环境犯罪为例,在现代社会,为了有效降低环境污染风险,减少经济活动对生态环境的危害,有必要重视相关主体间的交往、沟通与合作。这种主体性重建将带来法律责任内在逻辑的演变,表现为对主观过错的宽容、对泄愤责难的隐退以及对合作精神的张扬。① 于是,当法律责任的构造出现了从单维性、回顾性、报应性向多维性、展望性、功利性的变化时,非难可能性和预防必要性就一起成为现代型犯罪者的罪责判断基准。而且,行政犯的责任本质应当体现预防犯罪的规范目的和防范风险的社会功能,可以容纳预防必要性作为判断基准。

然而,这并不是对规范责任论的否定,而是期望在非难可能性判断不能满足刑事政策目的之处,用预防必要性判断予以适当补充。虽然有学者以存在体系障碍和适用障碍为由,主张放弃期待可能性理论,②但只要采取"三要件体系",严格区分违法性认识和期待可能性,不轻易将减轻或缺乏期待可能性后置为影响预防刑的情节,而是使期待可能性向前连接意志自由,向后联系预防必要性,合理发挥预防必要性的定罪作用,适时选择将其作为期待可能性的反射效果,或者将其作为单独的责任判断基准,就能在犯罪论体系中为期待可能性理论和预防必要性基准保留一席之地。这样改造责任判断基准的优点在于:一是主观归责不会丧失统一标尺,功利价值无法凌驾于正义价值之上。二是责任阻却事由体系在刑事政策和刑法目的的引导下更加具有逻辑性,形成"无违法性认识可能性(不可避免的违法性错误)——无期待可能性——无预防必要性"的出罪顺序。如果将其用于司法实践,会有利于缩小民营企业家的主观归责范围。

---

① 参见郑智航:《从互惠性到宽容性:法律责任构造逻辑的嬗变》,载《山东大学学报(哲学社会科学版)》2018 年第 2 期。

② 参见王钰:《适法行为期待可能性理论的中国命运》,载《政治与法律》2019 年第 12 期。

第二，强调积极的一般预防，用客观危害性限制一般预防必要性。

目的刑论认为，一般预防通常是指，刑罚通过对一般公众产生影响以防止其将来实施犯罪。这种对一般公众的影响既包括心理威吓，也包括忠诚培养。根据机能的不同，一般预防又可分为消极的一般预防和积极的一般预防。[①] 从二者的关系上来看，它们并不是对立的，区别仅在于发挥刑罚的何种功能去实现预防犯罪目的：前者重视使一般人不敢犯罪，后者注重使一般人不愿犯罪，因而呈现一种递进的效果。[②] 在教义学体系内部，要想发挥一般预防的最佳功效，必须将其置于不法的限制之下；对民营企业家的一般预防必要性考察，同样应当受到行为危害性的制约。

这种制约表现在，经济行为的危害程度与一般预防必要性基本上成正比。与罪行轻重相适应的刑罚在经验上会被一般公众接受，只有做到重罪重罚、轻罪轻罚，才能取得一般预防的效果。经济行为的危害程度大体上决定了民营企业家的一般预防必要性大小，危害越大，一般预防必要性越大，反之亦然。为了唤醒并强化民营企业家的守法意识，尤其要注意通过分析经济危害行为的可模仿性、社会影响的恶劣程度等情节，验证该行为是否达到应受刑罚处罚的程度。

第三，强调积极的特殊预防，用客观危害性、非难可能性限制特殊预防必要性。

目的刑论指出，根据效果的不同，特殊预防也可分为消极的特殊预防和积极的特殊预防。其中，消极的特殊预防，被认为是通过对犯罪人施加刑罚痛苦和威吓（条件作用）而防止再犯，以及通过对犯罪人的羁押、隔离而使事实的再犯不可能；积极的特殊预防，被认为是通过教育、治疗的处遇（刑罚执行）而实现的犯罪人的再社会化、改善或社会复归，以及（进一步的）反社会化的回避。[③] 根据消极的责任主义，量刑时

---

① ［德］Authur Kaufmann：『法哲学と刑法学の根本問題』、宮澤浩一监译、成文堂、1986、頁157～158。

② 参见张明楷：《责任刑与预防刑》，北京大学出版社2015年版，第64～65页。

③ 伊東研祐：「責任非難と積極的な一般予防、特別予防」、福田雅章等编：『刑事法学の総合的検討』（上）、有斐閣、1993、頁309。

不能直接考虑一般预防,即不得以此为由加重或减轻责任刑;但量刑时可以有限度地考虑特殊预防,即再犯可能性小时,允许低于责任刑的下限进行裁量。由于特殊预防和罪行轻重之间不存在对应关系,需要用不法和责任对其进行双重限制;对民营企业家的特殊预防必要性判断,也要受到行为危害性和行为人非难可能性的双重制约。

这种双重制约表现在:(1)经济行为的危害程度可以决定特殊预防减免功能的发挥空间。例如,当民营企业家以部分履行商品销售合同的方法,诱骗对方当事人数额较大财物,案发后保证不再实施类似行为,尽力履行剩余的合同义务或及时返还财物并赔偿损失的,虽具有一定的客观危害性,但可以特殊预防必要性阙如或较小为由而减免罪责。因此,与一般预防作为违法性认识或期待可能性的反射效应不同,特殊预防此时能够单独阻却经济危害不大的行为人罪过成立。(2)经济危害行为的非难可能性提供了特殊预防的预测根据。依照上文构建的责任阻却事由体系,既不能以期待可能性与意志自由无关为借口,直接将缺少特殊预防必要性作为对虚开增值税专用发票却未造成税款流失的民营企业家的免责事由,也不能因没有现实的违法性认识而绕过违法性错误和期待可能性的检验,径行用机能主义的考量软化责任主义的铁律,甚至以预防必要性大为由认定信赖监管部门意见而从事互联网投资经营的民营企业家具有可谴责性。因此,反对动机的形成原因、过程和效果能够反映行为人忠诚法规范的态度,特殊预防此时可以独自否定无非难可能性的经济违法行为人的罪过成立。

Systematic Thinking on the Interpretation of Economic Criminal Law: Guided by the Policy of Optimizing Business Environment

Li Guanyu

[**内容摘要**]我国司法实践没有清晰划定经济犯罪的处罚边界,需要在优化营商环境政策的指导下,对民营企业家经济犯罪的刑事解释给予体系性思考。一方面,应当对机能主义刑法解释论进行外在体系制约,明确优化营商环境政策的价值基础和有关非刑法规范的价值属

性。另一方面,应当对机能主义刑法解释论进行内在体系制约,明确民营企业家经济犯罪客观危害和主观罪过的判断基准。总之,只有逻辑性思考和目的性思考并重,才能构建本土化的机能主义刑法体系的价值基准,并将其用于经济犯罪的刑法解释。

[**关键词**]优化营商环境政策;民营企业家经济犯罪;机能主义刑法解释论;逻辑性;目的性

Abstract:The boundary of punishment of economic crimes has not clearly defined in China's judicial practice,so the interpretation of criminal law of economic crimes of private entrepreneurs should be considered systematically under the guidance of optimizing business environment policy. On the one hand, the interpreter needs to give the functional interpretation of criminal law with external system restriction in order to clarify the value basis of optimizing business environment policy and the value attribute of non-criminal norms. On the other hand,the interpreter has to endow the functional interpretation of criminal law with internal system restriction for clearing the judgment standards of objective harm and subjective fault of economic crimes of private entrepreneurs. In a word,only by paying equal attention to logical thinking and purposeful thinking, we can construct the value standards of localized system of functional criminal law and apply it to the interpretation of criminal law of economic crimes.

Keywords: Optimizing Business Environment Policy; Economic Crimes of Private Entrepreneurs; Functional Interpretation of Criminal Law; Logicality; Purpose

刑事合规中企业主归责依据的教义学诠释
——以管理过失为视角*

刘润泽**

目　次

一、问题的提出

随着市场经济的发展,我国企业的生产经营越发蓬勃,但与此同时,出于生产经营的复杂性与危险性,企业以及企业主的刑事责任风险也日渐增加。在这样的大背景下,作为一种旨在保证企业内部合法经营的措施,刑事合规的建设日渐为人们所重视。国家层面,党的十九届四中全会通过的《中共中央关于坚持和完善中国特色社会主义制度　推进国家治理体系和治理能力现代化若干重大问题的决定》明确"健全支持民营

---

* 本文系清华大学科研基金优先引导专项"企业合规与企业犯罪预防"(项目编号:2019THZWYX02)的阶段性研究成果。

** 西北政法大学刑事法学院讲师。

经济、外商投资企业发展的法治环境"的精神。基于这一精神,最高人民检察院提出,对于涉嫌犯罪的民营企业和民营企业家,"可捕可不捕的不捕,可诉可不诉的不诉"。为了贯彻落实这一目标,2021 年最高人民检察院与多家单位联合发布了《关于建立涉案企业合规第三方监督评估机制的指导意见(试行)》,为企业合规制度建设作出了更为具体的规定。并且,最高人民检察院还举办"依法督促涉案企业合规管理将严管厚爱落到实处"新闻发布会,发布企业合规改革试点典型案例。[①] 由此,我国的企业刑事合规制度建设,不仅在政策层面有了指导思想,也在司法层面有了操作指南,理论实践可谓如火如荼。

同时,需要看到的是,作为一种肇始于西方的法律制度,刑事合规在我国的面貌与西方国家有着较为明显的不同。在西方国家,妥当有效的企业合规建设往往会免除单位的刑事责任,转而单独追究企业主的刑事责任。[②] 而在我国,从当下的立法文件和司法实务中都可以看到,我国企业的刑事合规建设不单单可以免除企业的刑事责任,还具有免除企业主刑事责任的效果。[③] 我国语境下的刑事合规制度,实质上是对企业和企业主都设定了制度建设的义务,在企业和企业主履行了这一义务的场合,免除刑事责任的追究,在没有履行的场合,就会要求其承担一定的刑事责任风险。刑事合规这一制度,在我国当前的语境下,不仅适用于单位犯罪,也适用于自然人犯罪。通过对企业和企业主设定合规制度建设义务,为二者同步提供了出罪空间。这一点,不得不说是具有中国特色的创新。

在此制度背景下,过往理论对企业自身何以通过合规制度建设出罪的研究已有不少。然而,对企业主这一自然人何以通过合规出罪的研究却明显不足。人们不得不追问,通过建设一定的制度免除自然人

---

① 参见最高人民检察院:《最高检发布企业合规改革试点典型案例》,载最高人民检察院网,https://www.spp.gov.cn/spp/xwfbh/wsfbh/202106/t20210603_520232.shtml。

② 参见黎宏:《企业合规不起诉:误解及纠正》,载《中国法律评论》2021 年第 3 期。

③ 参见《企业合规改革试点典型案例:张家港市 L 公司、张某甲等人污染环境案》,载《检察日报》2021 年 6 月 4 日,第 2 版。

刑事责任的实质依据是什么呢?或者说,为什么企业主也可以通过推进刑事合规制度的建设,免除自身的刑事责任?从反面来讲,为什么企业主必须承担这样的制度建设义务,不然就会受到刑事追诉呢?这一点,直接触及我国刑事合规制度的正当性依据问题,不仅实务没有解答,理论上更未予明确。在过往的研究中,有观点指出,可以借助组织体刑事责任论或企业文化论进行说明,即由于企业内部的文化影响着企业内部的每一个个体,错误的企业文化会诱发,甚至容忍其员工的违法犯罪行为,因此,企业与企业主设立压制企业成员违法犯罪的制度与文化,可以为刑事合规的正当性提供基础。① 应该说,在剖析企业作为责任主体的独立性方面,企业文化论有其独到之处;但是不得不说,作为刑事责任依据的基础,企业文化这一要素实在是过于模糊了。在一个巨大的企业之中,如何认定企业文化的具体形式?作为合规计划的标准,企业主要进行怎样的企业文化建设才能够说满足了出罪的标准呢?这些问题恐怕没有答案。

除此之外,还有观点指出,从刑罚论的角度出发,可以从积极一般预防理论中推导出违法或责任阻却类型的刑事合规,以及责任减轻类型的刑事合规制度,②且应立足于正向激励与反向激励两方面构建刑事合规制度。③ 必须承认,这种从预防角度出发的观点颇具新意,但是,以预防犯罪的效果为由赋予其正当性过于武断。以奖励性措施降低企业和企业主犯罪动机的想法,充其量只是一种立法动机,仍需说明的是,为什么这样的奖励性措施是可以被正当化的。不仅如此,如果说合规制度建设可以起到预防犯罪的效果,那么在事前已经设置了合规制度,却仍然造成危害结果的场合,毋宁说合规制度并没有起到预防法益侵害的效果。所以,这一理论是有局限的。

总体来看,当下对刑事合规中制度建设义务的说明,都是从单位犯

① 参见黎宏:《合规计划与企业刑事责任》,载《法学杂志》2019年第9期。

② 参见李本灿:《刑事合规制度的法理根基》,载《东方法学》2020年第5期。

③ 参见李本灿:《法治化营商环境建设的合规机制——以刑事合规为中心》,载《法学研究》2021年第1期。

罪的角度展开的讨论。其主要想说明的是,企业作为一个独立主体,承担或免除刑事责任的依据;研究的重点,也主要集中于单位独立性与特殊性的考察。因此,一方面,其忽视了我国特有的刑事合规实践,没有说明合规制度建设对自然人犯罪的阻却作用。另一方面,由于单位犯罪的独立性,旧有研究往往没有将刑事合规与具体的刑法构成要件结合起来说明,反而形成了一种与传统刑法教义学不同的话语体系。然而,作为一种旨在免除刑事责任的制度,无论适用于企业还是自然人,其正当性的依据是不应该脱离刑法的构成要件而独立讨论的。期望脱离刑法构成要件的解释,从构成要件之外的角度出发为出罪事由提供依据,终究会落得说服力不足、解释力有限的下场。因此,回归刑法教义学的框架,站在自然人犯罪的立场上,对刑事合规中自然人免除处罚的正当性予以说明,是当下极为重要的课题。

大体来看,作为一种根植于企业内部的制度,刑事合规的具体操作仍然是由具体的管理者或曰企业主完成的,而刑事合规建设的疏忽,在某种程度上就是企业主的过失。企业主之所以可以通过刑事合规免除刑事责任,也是因为其通过制度建设义务的履行,证明了自己无法避免法益侵害结果的发生,因而不具有过失责任。这样的一种思考方式,其实源于刑法中的管理过失理论,其不仅能够为企业主通过合规免除刑事责任提供详细的教义学工具,也能够更为顺利地嵌入现有的刑法学体系。本文将先介绍管理过失的理论的内容和优势,再对制度建设义务的成立予以说明,最终在对制度建设义务类型化的基础上,形成自己的观点。

二、刑事合规中企业主归责的新视角:管理过失

(一)管理过失理论的引入

管理过失理论,源自日本学界对日益严重的公害犯罪的反思,自

20 世纪 70 年代被正式提出,已成为过失犯研究中的核心问题。[①] 在深受德国刑法学影响的日本,虽然有诸多概念舶自德国刑法学,但在管理过失这一领域,正如前田雅英教授所说,可谓几乎没有受到外国论争直接的影响,是极具日本特色的存在,也是回应司法实务而逐渐形成的理论代表。[②] 作为一种新兴的理论创见,要想获得实务应用并解决责任事故的问题,首先应当明确其内涵与意义。就这一点而言,我国与日本都有着深入的探究。在宏观的概念定位上,管理过失过去一直是与监督过失概念放在一起讨论的,传统学说一般也将管理过失与狭义的监督过失统称为广义的监督过失。[③] 但随着科层制管理在社会中的大幅应用,纯粹的人与人的监督关系越来越少见,管理过失逐渐摆脱了监督过失的理论束缚,取得了独立的理论地位。在此之后,对其内涵的理解也发展出不同观点。有学者认为,所谓管理过失,是指在具有事故的预见可能性的场合,违反了为了将此事故的发生防患于未然,或者即便发生了结果,为了防止受害程度的扩大而准备物质设备与确定人员体制这种安全体制确立义务,不确立此体制即属于过失,因而管理过失是过失不作为犯。[④] 还有学者认为,管理过失是指在追究监督过失责任存在困难的场合,转而追究由于结果回避措施即防灾体制的不健全所导致结果的过失责任。[⑤] 在我国,有学者主张,所谓管理过失,是指企业主违反物质设备、管理体制、人员配备等管理职责上的注意义务而引起危害结果的过失。[⑥] 还有学者主张,管理过失是指对于一定的人或物的组织负有管理责任的人,因为没有确立安全管理体制所构成的刑法

① 参见吕英杰:《德日刑法上的监督、管理责任》,载《刑事法评论》2012 年第 2 期。

② 前田雅英:「監督過失」、『法曹时报』42 卷 2 号(1960 年)、頁 299。

③ 参见马克昌:《比较刑法原理》,武汉大学出版社 2002 年版,第 245 页

④ 参见[日]西田典之:《日本刑法总论》,刘明祥、王昭武译,中国人民大学出版社 2007 年版,第 227 页。

⑤ 参见[日]山口厚:《刑法总论》(第 3 版),付立庆译,中国人民大学出版社 2018 年版,第 258 页。

⑥ 参见王良顺:《管理、监督过失及其判断》,载《政法论坛》2010 年第 6 期。

上的过失。[①]

综观上述关于管理过失的定义,虽在侧重点上有所不同,但总体上也凝聚着共识,即管理过失的非难对象,主要体现在制度建设义务上。管理过失要求企业或企业主履行制度建设义务,以求尽可能避免危害结果的发生,如果企业主没有履行制度建设的义务,存在制度建设的失职与缺位,那么当某种内外部危险来临之时,其就需要对企业由此向内外输出的危害结果承担责任。这是管理过失理论的核心。易言之,只要看到了制度懈怠对于企业主以及企业犯罪的特殊意义,就迈入了管理过失的大门。话虽如此,现有对管理过失的定义还是有流于表面之嫌,其大多是一种样貌描述或理论构想,而没有结合实务与具体的构成要件进行分析,容易让人产生迷惑,进而质疑管理过失的价值所在。举例来说,过去讨论管理监督过失时,总会讨论企业内部员工的故意行为是否会影响管理过失责任这一问题。有观点认为当存在故意的介入行为时,仍有肯定过失责任的余地;[②]相应地,持否定观点的也不在少数。[③] 这些争议虽不无价值,但都停留于人为地勾勒管理过失的面貌,没有深入地讨论为什么故意行为会阻却过失责任,从而忽视了相关问题的本质,实在令人扼腕。再比如,如果说管理过失着眼于制度建设,那么什么样的制度建设才是足够的呢?为了避免刑事合规流于表面,这一问题也是不可回避的。凡此种种,都是现有研究尚未回应的问题。应该说,管理过失是一种脱胎于实务的归责思想,是现代社会为了更好地解决责任事故与企业主责任而在刑法层面作出的一种尝试,想要真正了解其内涵,必须从其理论发源中寻找答案。

使管理过失登上学术舞台的,是 20 世纪 80 年代的一系列火灾事故案件。在 1980 年发生的"川治王子酒店火灾案"中,日本最高法院

---

① 参见曹菲:《管理监督过失研究——多角度的审视与重构》,法律出版社 2013 年版,第 6 页。

② 参见韩玉胜、沈玉忠:《监督过失论略》,载《法学论坛》2007 年第 1 期。

③ 参见彭凤莲:《监督过失责任论》,载《法学家》2004 年第 6 期;李蕤宏:《监督过失理论研究》,载《刑事法评论》2008 年第 2 期。

没有采取以往的追责路径,追究人与人之间的监督过失责任,而是首次以"酒店的管理经营者未能在事前制订消防计划、进行避难训练。并依法设置防火保障措施"为由,肯定了酒店的企业主具有过失犯的实行行为,鉴于此,过失犯的成立不再局限于事故当场,而是渗透到企业的日常经营之中,对于日常的经营管理的不善进行非难,提高了对企业主的作为义务的要求。由此,管理过失正式作为一种独立的过失犯建构呈现于世人眼前。

在此之后,随着日本接连发生的"千日百货大楼火灾案"①、"大洋商场火灾案"②、"新日本饭店火灾案"③等责任事故,日本最高法院多次肯定了,消防安全体制、人员轮换体制与应急避难体制的缺失,可以认定为过失犯中的实行行为,扩大了过失犯注意义务的范围,将刑法规制的对象扩展到日常的生产经营当中。与此同时,管理过失作为特殊的过失类型已受到重视,并且不再局限于旅馆相关的火灾事故之中,在之后发生的"横滨医院弄错患者案件"与"琦玉医院试剂案"中,④也有学者以医院管理体制上的缺失为问题展开讨论。经过这些专门研究,管理过失理论取得了长足发展。不仅如此,自进入21世纪后的两起"药害艾滋"事件开始,⑤日本实务界开始了追究公职管理人员刑事责任的尝试。鉴于此,以管理过失理论为指导的追责实践,更是打破了企业的壁垒,开始了面向公职人员的追责尝试。

通过以上梳理可以看出,管理过失作为一种从实务中提取的理论

① 最高裁判所平成2年11月29日判决,最高裁判所刑事判例集44卷8号871頁。

② 最高裁判所平成3年11月14日判决,最高裁判所刑事判例集45卷8号221頁。

③ 最高裁判所平成5年11月25日判决,最高裁判所刑事判例集47卷9号242頁。

④ 東京高裁平成15.3.25;最决平成17.11.15,西田典之=山口厚=佐伯仁志=桥爪隆编『判例刑法総論』(有斐阁,2018年)302頁。

⑤ 東京地判平成13.3.28;大阪高判平成14.8.21,西田典之=山口厚=佐伯仁志=桥爪隆编『判例刑法総論』(有斐阁,2018年)291頁。

概念,具有一定的时代背景,其是为了解决20世纪日本经济建设中大量出现的企业责任事故而提炼的过失犯理论,无论是在理论的适用领域还是具体的构成要件判断层面,都有其独到之处。在本文看来,对管理过失理论大体可以作如下概括:所谓管理过失,是一种风险社会下的全新追责方式,其常应用于具有特殊业务性的企业事故追责之中,在客观上扩充了过失犯的注意义务,看重制度建设疏漏尤其是企业运营制度疏漏与法益侵害的关系,在企业主日常经营不善的场合,肯定了过失犯中的注意义务违反,在企业主尽力进行制度建设的场合,出于注意义务违反缺失和结果回避可能性等要素,①否定了过失犯的成立,是一种旨在提前预防企业事故,对风险进行源头遏制的刑事过失论。

(二)刑事合规中应用管理过失的优势

在明确了管理过失内涵的基础上,有必要说明引进该理论的优势。作为一种与企业责任事故相伴而生的理论,管理过失有利于打击企业责任事故犯罪,是毋庸置疑的。除这一显而易见的优势外,从刑事合规制度建设的角度出发,也可窥见管理过失理论的应用优势。

第一,管理过失理论能够更好地贴合现代企业经营模式下的归责需要。在过往的企业与团体之中,由于企业规模不大、人数较少,业务范围较为单一,构成也相对简单,即使具有多人合作的关系,但大多以相对简单的人与人之间的监督关系为主。尤其是,在我国改革开放以前,企业以国营为主,其经营、劳动、人事、分配均由政府进行统筹,企业内部权力监督关系占据主流。② 此时依靠制度建设促使企业团体自动运行的观念尚未形成,管理过失自然不具备生存土壤。然而,进入新时期以后,由于资本集中和跨国贸易的增长,企业的生产经营活动的规模

① 相较于传统过失犯,管理过失责任的追究虽然在主观责任和客观不法两个层面上都有所创新,但本文讨论的主要是客观不法层面上的创新与依据。

② 参见戚聿东、肖旭:《新中国70年国有企业制度建设的历史进程、基本经验与未竟使命》,载《经济与管理研究》2019年第10期。

一般较大。在大规模的生产经营之下,企业承办业务的复杂度大大提高。并且随着经营自主权的加强,企业制度建设取代人身依附关系,成为企业团体相关活动最为重要的因素。现代制度经济学研究表明,对于微观企业主体而言,制度甚至比技术更重要,一个好的制度不仅能使企业现有要素充分发挥作用,而且能在没有条件的情况下能动地创造条件实现企业目标。[①] 因此,现代的企业与团体不再依赖于人与人之间的监督管理关系实现目标,而是力图构建一种内部机制,促使企业自动运行。这些机制具体的体现,便是一整套规章制度的建立,从选任制度到分配制度,从安全制度到经营制度,现代的生产经营无不依赖于此。甚至企业文化的重要性也蒸蒸日上,有论者指出,建立一种公司和员工利益共享的制度,树立一种公司和员工共同的理念,是企业主最重要的工作。因此,在优秀企业文化的基础上,建立起能充分表现企业文化的企业制度,是企业主的重要任务。而在公司管理制度中,最重要的又莫过于一种能够将公司的利益与管理人员以及全体员工的利益联系起来的制度性安排。[②] 由此可见,由于企业内部决策程序复杂,业务责任分散,现代社会的生产经营中,单位领导往往并不直接干预具体业务,[③]纯粹的监督关系越来越少,取而代之的是采用制度建设的方式更高效安全地生产经营。而管理过失恰恰抓住了现代社会的运行命门,其将过失犯的注意义务违反扩张至制度建设缺失,与刑事合规制度的初衷不谋而合,也与国家的大政方针有异曲同工之妙,[④]不仅有利于企

---

① 参见黄华:《我国现代企业制度建设的实践、失衡与重构》,载《宁夏社会科学》2017年第5期。

② 参见邹樵、丁冬:《企业文化制度建设的依据与原则》,载《管理世界》2007年第4期。

③ 参见黎宏:《刑法学总论》(第2版),法律出版社2016年版,第115页。

④ 从党对国有企业的改革中可以窥见制度建设的重要性。党的十四届三中全会提出:"建立适应市场经济要求,产权清晰、权责明确、政企分开、管理科学的现代企业制度。"习近平总书记指出:"坚持党对国有企业的领导是重大政治原则,必须一以贯之;建立现代企业制度是国有企业改革的方向,也必须一以贯之。"参见《习近平谈治国理政》(第2卷),外文出版社2017年版,第176页。

业主更好地发展经营能力，也有利于为其提供一条出罪路径，激发其事前预防事故的决心。

第二，管理过失理论能够更好地处罚企业日常的管理无能与合规懈怠。还原很多企业事故可以发现，在自然灾害降临或危险行为介入之时，由于情况混乱人们常会产生恐惧心理，甚至失去理智争相避难，资源骤然间产生较大的负荷，秩序会变得非常混乱。此时企业主虽然努力克服困难应对灾害，但往往处在一种无能为力的状态，难以有效阻止结果的发生。2021 年发生在甘肃宁夏白银的“522 越野跑案”就是典型的例子。在该案中，作为承办方的数家文娱公司，没有事前确立合规的用人机制，也没有公司内部明确详细的运行章程，以致在事故发生之时，无论是身处幕后的指挥者，还是身处一线的工作人员，都出现了手足无措、进退失据、联系缺失的问题，最终酿成了数人死亡的严重后果。① 此时，按照传统的归责思路，由于企业主没有参与具体的业务，也已尽了一切努力阻止结果发生，只是最终未能如愿，因而缺乏结果回避可能性。而在过失犯的归责中，只有在结果存在回避可能性的情形下，才可以肯定注意义务违反与损害结果发生具有关联性，方可以肯定结果归责。② 如此一来，灾害发生时的无能为力便成为企业主逃避责任的借口。

而管理过失的引入，可以很好地避免这样的现象，通过探究企业主日常制度构建的懈怠便可以发现，灾害发生时的窘迫并非偶然，而是合规制度建设懈怠产生的恶果。在企业主忽视安全制度建设的时候，对人们生命财产的威胁就已经开始了，如果忽视案发前管理行为的刑法

① 参见《甘肃通报白银景泰“5.22”山地越野赛公共安全责任事件调查结果》，载新华网，http://www.xinhuanet.com/yingjijiuyuan/2021-06/11/c_1211197461.htm；《甘肃白银景泰越野马拉松赛多人遇难事件，善后处置工作正在推进》，载新华网，http://www.xinhuanet.com/video/2021-05/25/c_1211172067.htm；《甘肃白银山地马拉松事故通报》，载央视网，http://news.cctv.com/2021/05/26/ARTIaDfrw5YQnFKDjaB1mNHr210526.shtml。

② 参见谢治东：《论结果回避可能性与过失犯的归责》，载《政法论坛》2017 年第 2 期。

意义,那么之后所有的补救措施就不过是一种"事后倒逼机制"而已。然而,"事后倒逼机制"具有措施的权宜、行为的被动、资源的浪费、治理成效欠佳等特征,并非理想的社会治理机制。① 与之相反,管理过失理论将观察的视角向前推移,化"事后倒逼"为"事前预防",着眼于企业主在事前制度建设方面的懈怠,考察企业主日常管理行为是否尽职,这与刑事合规是同根共源的。在大型企业事故中,管理过失促使人们不拘泥于事故之内,而是从企业的生产经营中寻找事故的起因,这种归责思路既可以避免事故发生后追责的法理困难,防止企业主动辄以"无能为力"为借口辩驳,也可以敦促企业主完善企业的运行机制,起到一般预防的效果,有利于满足事故源头治理的需要。

三、管理过失中企业主制度建设义务的实质依据

通过前文的论述,我们可以看到管理过失的大致特点。然而,要想真正运用其说明企业主合规免责的依据,还面临一些难题。例如:企业主日常经营的不善何以具有法益侵害性?为何可以将制度建设义务作为企业主的注意义务进而扩张过失犯的范围?这些问题,与具体的构成要件相关联,不仅在传统刑法教义学之下拷问着刑事合规的正当性问题,也体现着风险社会下人们对于刑法介入早期化的担忧。② 因此,说明管理过失中制度建设义务的实质依据是当务之急。

(一)风险社会的时代背景

风险社会以20世纪中后期所产生的社会理论作为思想基础,是一

① 参见朱力、邵燕:《社会治理机制的新转向:从事后倒逼到事前预防》,载《社会科学研究》2017年第4期。

② 参见张明楷:《"风险社会"若干刑法理论问题反思》,载《法商研究》2011年第5期;陈兴良:《风险刑法理论的法教义学批判》,载《中外法学》2014年第1期;刘艳红:《"风险刑法"理论不能动摇刑法谦抑主义》,载《法商研究》2011年第4期。

种观察工业化社会、推进社会治理的新视角。[①] 虽然对其理解存在细微的差异,但无论是按照贝克还是其他社会学家的理解,风险社会理论的关注核心始终是现代性,是一种着眼于工业化后果的、关于现代性的宏大叙事。[②] 其通过对当今社会的敏锐观察,期待以更为全面的社会学视角审视当今社会的安全问题,而通过风险社会的视角可以看出,当下单位犯罪的防控面临着前所未有的挑战。

首先,社会交往与信息沟通的增加,促使商业活动的公共性增强,并进一步导致法益侵害后果扩大化。与过去那种只能通过个体户买卖的时代不同,当今社会的信息沟通手段极为便利,社交软件与大量自媒体平台的存在使人们的生活被前所未有地链接起来。除了线上,信息网络的发展就如同城市化的资源集聚效应一样,[③]也在线下促使人们相见。各式各样的线上商业活动增强了社会交往的频率,前所未有地增强了人员的集聚性。但与此同时,主体密度不断增大,也导致各种风险隐患随着人群的高度聚集越发凸显,城市公共空间变得越发脆弱。[④] 过去企业不慎仅伤及数人的灾害,如今动辄造成数百上千人的伤亡,这不得不说是风险社会难以抚平的伤痕。

其次,更高的物质水平促使人们开始寻找精神生活需要,更多的具有危险隐患的商业活动出现,使危害结果的发生成为可能。在经济发展的大背景下,人们不再满足于吃饱穿暖的基本需求,而是开始着眼于精神层面的满足。当今社会,各种极限运动与尖端科技层出不穷,这些活动虽然具有一定的危险,但也展现着人们探索极限、追求自由的美好愿望,发挥着丰富国民的业余生活的积极作用。正如有些学者指出的那样,现代风险具有中性意义,其具有不确定性与危险性,也具有开辟

① 参见姜涛:《风险刑法的理论逻辑——兼及转型中国的路径选择》,载《当代法学》2014 年第 1 期。

② 参见劳东燕:《风险刑法理论的反思》,载《政治与法律》2019 年第 11 期。

③ 参见刘少杰:《城市化进程中的认同分化与风险集聚》,载《探索与争鸣》2011 年第 2 期。

④ 参见任常兴、吴宗之、刘茂:《城市公共场所人群拥挤踩踏事故分析》,载《中国安全科学学报》2005 年第 12 期。

更多选择自由的效果。[①] 但是,由于科学水平有限,这些活动风险往往难以预测,且风险一旦现实化,后果就很严重,再加上商业利益的驱使,风险有时就会展露出威胁法益的"獠牙"。

最后,由于社会分工与基层治理的发达,风险的管控呈现私有性与专业性,给个体的安全保障带来困难。现代社会中的风险是伴随工业化产生的,是工业化的一种大规模产品。[②] 而工业化的推进势必使社会分工更为细致,让专业的人做专业的事,已成为当今社会的共识。这种社会分工的发达虽然有助于生产,但是并不一定有利于安全保障。由于现代社会的风险具有复杂性、不可感知性与不可逆转性的特点,[③] 国家往往会将风险的管理寄托于专业群体,专业群体也往往会凭借其专业性掌握风险防范的话语权。这就导致孤立的个体难以凭借自有信息来保障安全,而只能将风险的阻绝寄希望于专业人士。然而,无论其他主体如何专业细致,终究会存在防控的延迟性等问题,专业人士的防控也不可避免地会产生漏洞。因此,社会分工下知识的专有性与风险的普遍性形成了矛盾,这也是当今社会法益保护不可忽视的难点。

(二)制度建设:压制集聚风险的关键举措

出于社会生活的需要,当今社会不可避免地存在主体的集聚,具体体现为:大型企业的建设运营、大型群众性活动的开展(如越野跑赛事)以及面向全体国民的服务开展(如疫苗的接种)。在方法上,主体的集聚有直接和间接两种方式。直接的方式是指企业主将主体直接集聚在一起,大型企业中数以万计的员工是最典型的情形。与之相对,间

---

① See Adam. Beck & Van Loon (eds.), *The Risk Society and Beyond*, Sage Publications, 2000, p. 2. 转引自劳东燕:《公共政策与风险社会的刑法》,载《中国社会科学》2007 年第 3 期。

② 参见[德]乌尔里希·贝克:《风险社会》,何博闻译,译林出版社 2004 年版,第 18 页。

③ 参见[德]格哈德·班塞:《风险研究的缘由和目标》,陈霄、刘刚译,载刘刚编译:《风险规制:德国的理论与实践》,法律出版社 2012 年版。

接的方式是指企业主通过企业内部员工的集聚,以某些特殊活动为契机,将更多的法益主体积聚在一起的场合,其体现为商业优惠活动的宣传、服务行业的开展等。与直接集聚的方式相比,间接的集聚具有一定的暂时性,需要依赖于企业的经营战略。虽然二者集聚主体的方式有差别,但就最终引起主体集聚乃至法益集聚的结果而言,二者是相同的主体的集聚,不仅意味着人员的集聚,还意味着主体本身所代表的法益,以及其所面向的经营对象的法益开始集聚。鉴于此,在法益开始集聚的同时,风险同样也开始集聚。易言之,企业主将人们汇集于一个相对封闭的时空内,不仅增大了人员的密度,也增大了集聚主体内外面临的风险。这种行为带来的,不会是风险的简单相加,也不会是人多力量大的美好图景。恰恰相反,由于主体聚集的临时性、信息的滞后性以及约束的有限性,企业这一由互不相识的人员组成的群体会呈现混乱状态,风险会几何式地陡增。如果用时下流行的学术语言,则是一种"熵增"的状态。[①] 这种混乱状态不仅会减弱企业内部抗击风险的能力,还会增加企业向外输出法益侵害的可能性。除此之外,在风险社会的大背景下,主体在集聚之后会将法益的保护职能一部分地让渡给发起集聚的企业或企业主,其自身的抗风险能力则会下降,加之外在风险的多元化与内在集聚的复数性,相比单人独立的场合,人员集聚往往面临更为严重的法益侵害后果。总之,风险社会下的人员与法益集聚之后,企业内部的混乱状态与保护职能的部分让渡,使企业面临着额外的法益侵害风险,也具有向外输出额外的法益侵害的风险。具体来看,其发生机制大致如下:

首先,主体的集聚会使企业内部出现混乱,而这种混乱主要是由权力真空的产生和猜忌冲突的增加两方面导致。

---

① "熵"这一概念最早出现于热力学领域,被用来描述物质的状态,为度量体系混乱状况的重要参量。后来的学者运用这一参量描述所有物质、事物与系统的运动方式及混乱程度。相关论述参见李博:《基于熵理论的社会风险构成与风险控制》,载《统计与决策》2019 年第 2 期;任佩瑜、张莉、宋勇:《基于复杂性科学的管理熵、管理耗散结构理论及其在企业组织与决策中的作用》,载《管理世界》2001 年第 6 期。

一方面,由于企业内部的主体是临时性地聚集起来的,日常负责风险调控的权力往往会失位,由于未构建起动态性的、具备调节能力的约束机制,集聚于内的风险主体开始横冲直撞,群体变成了弱肉强食、靠蛮力说话的原始系统,最终落得系统内信息难以有效转换、有序结构遭到破坏、功能不能正常发挥的下场,其具体体现就是危害后果的产生。[①] 用一个常见的例子来说明,当人们挤上一辆公交车,由于没有限制公交车的座位权属,上车的人们就会争抢座位,如果当时天气很热、路程较长,争抢的行为还会更加严重,临时性组合带来的权责不明,是这种现象的根本原因。

另一方面,由于主体是临时集聚的,风险内部无法辨明彼此意图,为了争夺有限的资源,最终酿成猜忌型冲突。所谓猜忌型冲突,是指当事者一方或双方因信息交流不畅,而对人或事猜测、怀疑、推断并形成错误结论,或因受到猜忌、曲解,心生怨恨,进而采取对抗性行动而形成的公共冲突。[②] 与普通的冲突不同,猜忌型冲突的形成,主要是因为冲突主体本身就具有不确定性,冲突相关方之间对冲突的存在、冲突另一方的行为等更不存在任何预期。由于主体彼此的行为和预期是高度不确定的,容易激发对方较强的情绪化和非理性行为。[③] 再举一个例子说明,身处旅馆中的旅客由于被临时聚集于一座大楼中,其并不了解其他旅客的品德与能力,故而在火灾发生之后,其并不知晓他人是否会遵照引导有序疏散,每一个人都对他人是否会遵守秩序产生怀疑,因而就会优先自己的利益,最终竞相踩踏,造成二次事故的发生。内部的混乱状态,体现在法益侵害层面就是法益的互相伤害。由于缺乏有效的信息引导和权力保障,企业内部会逐渐形成恶性竞争,从某种程度上讲,

① 参见李博:《基于熵理论的社会风险构成与风险控制》,载《统计与决策》2019年第2期。

② 参见王玉良:《猜忌型公共冲突:内涵、诱因及其化解——基于一个典型样本的现实剖析》,载《社会主义研究》2016年第5期。

③ 参见常健等编:《公共冲突管理》,中国人民大学出版社2012年版,第34页。

当今社会的流行语言"内卷"[①]就是如此。作为一种没有前途的竞争，企业内部最终会相互吞噬，彼此争抢有限的资源。

其次，主体的集聚会使企业对内对外承担一部分保护职能，主动或被动地承担起被集聚法益的保护义务。从某种程度上讲，这种保护职能的让渡很多时候是事实上的需要。随着主体的聚集，企业的复杂程度与规模都急剧增大，人员增加所带来的群体性风险也逐渐产生。加之主体的聚集是临时的，一般来说其抵抗风险的能力就不如长期稳定的群体那样强，故而在面对侵害时，群体甚至有时不如个体那样具有灵活性。正如勒庞在《乌合之众》中指出的那样，一些人偶然地聚集在一起，单凭这个事实并不能让其获得组织化群体的特点。而群体在智力上总是比孤立的个人低级，从情感和由情感激起的行动来看，群体可能比个人表现得更好或更糟。[②] 此时，期待每一个员工如过去那样完全依靠自身的力量抵抗风险，既不符合法益主体自身的需要，也没有实际的操作可能。鉴于此，企业主在召集法益集聚的同时，便接管了法益的一部分照看职能，其最明显的体现就是，在各种大型赛事之中，主办方不单单是将参赛者召集在一起，还要为其提供一定的服务，参赛者并不需要在衣食住行方面样样费心，而只需要专心比赛就足够了。赛事的安全保障与生活保障，往往都通过赛事的章程，交由企业主去实施，与其说这是出于一种自我的承担与决定，不如说这是风险社会下安全性与效率性的需要。

基于内部混乱的生成与保护职能的让渡，集聚下的主体与法益在内耗的同时抵御外部打击的能力被削弱了，长期处在一种不稳定的状态中；与此同时，由于大量的主体被聚集在一起，空间内的法益密度骤增，此时，往常普通的侵害行为就会酿成更为严重的后果，单位犯罪较自然人犯罪时常具有更为严重的危害后果就是说明。此时，如果没有

---

① 马卫红：《内卷化省思：重解基层治理的"改而不变"现象》，载《中国行政管理》2016 年第 5 期。

② 参见[法]古斯塔夫·勒庞：《乌合之众》，王飞译，现代出版社 2018 年版，第 5、17 页。

任何措施加以控制,集聚下的主体容易受到内部或外部的侵害,最终走向消亡。

因此,可以说,风险社会下的主体集聚行为本身就是增加法益危险的行为。无论是向外抗击风险层面,还是对内产生风险层面,这种行为都会增加法益侵害风险,虽然长远来看这种聚集对法益的发展有益,但短期内并不利于法益的保护。在这样的情景下,如果企业主在法益侵害发生之时才开始介入,就显得为时已晚。风险社会下的刑法对企业主有着以往未曾有过的"特殊要求",即要求企业主应当采用长效稳定的机制,管理自己制造的群体风险,压制群体内部混乱的程度,履行相应的保护职能,避免危险转化为现实。应当说,这一要求的教义学展现便是合规制度建设或曰制度建设义务。

制度是组织人类公共生活、规范和约束个体行为的一系列规则,是决定人们的相互关系而人为设定的一些制约,其具体体现为政治制度、安全制度等。① 制度从诞生开始,就是为了适应生产力的发展,以及满足更大社会共同体的需要而产生的。② 作为一种长效稳定的事前约定,制度可以很好地克服临时性产生的混乱,调节社会内在的冲突,避免系统陷入无序状态。如前所述,风险社会之下企业主将主体集聚于一个空间内,企业内部存在大量的混乱与不确定性,致使法益由内向外面临着重重威胁,这种聚集行为本身就具有法益侵害性。此时只有在企业中事先设立明确的制度,才能降低企业内部的混乱,增强企业向外抵御风险的能力,避免企业中的相互猜忌与争斗,保证企业整体稳定运行和发展。

同时,这样的制度并不局限于单纯的安全操作制度,因为安全操作制度只是在混乱到达最高程度时的最后一道防线,只有依赖日常的合理经营,才能实现长期的风险压制。因此,如果企业主没有设立相应的制度降低风险,而是任由企业内部的风险转化为现实,那么就应当承担过失犯罪的刑事责任。不再采用"即时办公"的方式救人于水火,而是

① 参见燕继荣:《现代国家治理与制度建设》,载《中国行政管理》2014 年第 5 期。

② 参见燕继荣:《现代国家治理与制度建设》,载《中国行政管理》2014 年第 5 期。

采用“制度建设”的方式防患于未然，是当下避免单位犯罪的根本途径。一言以蔽之，风险社会下压制个体集聚产生的额外风险的需要，为刑事合规中的制度建设义务奠定了基础。

（三）对可能的质疑的回应

将“制度建设义务”作为管理过失的注意义务，并以刑事合规作为过失不法的阻却事由的观点，虽然有益于法益保护，但可能受到一些质疑。目前来看，对于管理过失理论的质疑主要是，如果将合规制度的懈怠作为过失犯的实行行为，那么实行行为的跨度将会变长，企业主在没有设立合理经营制度之后的所有经营行为都会成为过失犯的实行行为，因而实行行为可能长达数年，这可能有悖常理；①并且，在多年经营的场合，也会导致未遂犯的成立过早。这一质疑看到了制度建设这一注意义务与传统过失犯论的冲突，其质疑颇具意义，以下将试着进行回应。

首先，认为管理过失的实行行为跨度过长的观点，本质上是将实行行为的开始等同于着手，并将着手等于具体危险的存在即未遂犯成立的观点。由于很难说缺失合规制度的经营行为具有引起顾客死亡的具体危险，将数年的经营行为理解为实行行为自然会受到质疑。对于这一问题，基本上可以与隔离犯的问题进行类似的考量，目前主要有两种解决办法。第一种就是将实行行为与着手的成立以及未遂犯的成立相分离。也就是说，并不将事故发生之前的所有经营行为都作为实行行为，只有在事故发生之际，即具有具体紧迫的高度危险之时，才将之前的经营行为认定为实行行为，并将事故发生之时的经营行为作为着手。② 这样的理论建构，坚持了着手概念区分犯罪预备与犯罪未遂的功能，且由于具体危险的发生，行为人的行为可以向前追溯转变为实行

① 松宫孝明：『過失犯論の現代的課題』、成文堂、2004、頁 227 ~ 228。

② 平野龙一：『刑法总论Ⅱ』、有斐阁、1975、頁 318 参照。

行为。[①] 这种解决办法,正如某些学者所说,可谓非常巧妙。[②] 具体来说,出于何种理由可以肯定实行行为性的回溯呢?如果只认可具有具体危险的行为才是实行行为,那么实行行为的概念还有什么存在的必要呢?

应该说,实行行为作为一个创制的概念,本质是违反刑法中行为规范的行为,其应当发挥行为规制功能,即通过规定对实施某种具体犯罪行为必须予以某种处罚的方式,让一般人意识到某种命令或者禁止,告诉一般人在日常生活中应当如何规范自己的行为举止,其是指向一般人的行为规范即原则要求。[③] 与之相对,未遂犯的规定是法律对于没有产生犯罪结果的行为如何处理的规定。换言之,未遂犯的规定并不是规制一般人行为的行为规范,而是面向法官的行动指南,是一种制裁规范。故而,具体法益侵害结果的产生与否,是一个事后的客观判断过程,[④]与实行行为性这一事前判断并无必然关联。尤其是在我国,认定具体未遂行为时,并没有一个明显的实行着手的独立认定过程,而是有着依据主客观要件的另一套标准。[⑤] 那种将实行行为的存在固执地与着手以及未遂犯的成立予以绑定的观点,存在将行为规范和制裁混同、将构成要件符合性与违法性混为一体的问题。[⑥] 正如某些学者所说,多多少少有一些不自然。[⑦]

因而,不妨采用第二种方法,将实行行为与未遂犯的成立相分离,

---

① 参见[日]西田典之:《日本刑法总论》(第2版),刘明祥、王昭武译,法律出版社2013年版,第269页。

② 参见[日]山口厚:《刑法总论》(第3版),付立庆译,中国人民大学出版社2018年版,第283页。

③ 参见黎宏:《预防刑法观的问题及其克服》,载《南大法学》2020年第4期。

④ 参见[日]高桥则夫:《刑法总论》,李世阳译,中国政法大学出版社2020年版,第358页。

⑤ 参见邹佳铭:《实行着手之限制与主客观统一说之提倡》,载《法学评论》2011年第1期。

⑥ 参见[日]曾根威彦:《刑法学基础》,黎宏译,法律出版社2005年版,第202页。

⑦ 参见[日]佐伯仁志:《刑法总论的思之道·乐之道》,于佳佳译,中国政法大学出版社2017年版,第286页。

即直接承认经营不善属于过失犯实行行为，将没有安全制度就开始经营作为着手，将具体事故紧迫危险的产生作为未遂犯成立的标志。可以看到，这种处理无疑是更为直接的。在缺乏风险压制制度的情况下，持续进行主体聚集的行为，是不应当被允许的，无论持续了多久，其行为本身就具有高度的危险性，这种一般危险性对于实行行为性的认定而言是完全足够的。① 与此同时，作为与行为相关联的要素，着手也应当与行为绑定，只要可以肯定一般危险的存在，就可以认定实行的着手。这样的思考路径，虽然在最终目标上与第一种解决方案一致，但无疑更符合刑法的规范构造。

四、刑事合规中制度建设义务的类型化考察

(一)制度建设义务的类型化思路

在明确了刑事合规中制度建设义务的正当性依据之后，还需要结合风险的生成与机制具体判断管理过失的注意义务，说明企业主究竟要建设什么样的制度才能够说其履行了管理过失中的结果回避义务，这一点直接关乎能否认定企业主可以依据合规计划的设立而出罪。从某种程度上说，由于刑法毕竟不可能将触角伸向所有企业制度的建设，这种注意义务的具体化是对企业主的一种保护。从具体机制上来说，通过对制度建设义务内容的具体化，一方面，在企业主建设了相应的制度，但末端的从业人员没有充分实施结果回避义务的场合，企业主可以依据信赖原则免予刑事责任。② 另一方面，如果企业主建设了相应的制度，履行了法定的管理义务，可以认定企业主没有办法回避结果的发生，与企业造成的损害结果缺乏因果关系，从而免予追责。

① 北川佳世子:「ホテル・デパート火災事件における実務の動向と管理・監督者の刑事過失論(二)」早稲田大学大学院法研论集 65 号(1993 年)67 頁参照。

② 冈布雅人:「刑事製造物責任の回収義務」、早稲田大学大学院法研论集 123 号(2007 年)、頁 115 ~ 117 参照。

因为行业性质、企业规模不同,风险类型以及应对风险的能力存在差异,[①]即使聚焦于生产经营活动这样的实例,像研发企业与酒店接待这样的场所上的区别也会给制度建设带来不同的面向,对于企业主来说,似无统一的制度建设标准。结合本文前述制度建设的本质在于压制企业混乱、降低风险制造的观点,仍然可以为刑事合规的制度建设搭建一个通用的框架。首先,制度的建设必须与风险的产生乃至升高具有一定的关系。换言之,即使制度并非单一的安全设施的建设义务,管理过失所要求的建立制度也应当与保护公众安全有密切关联。[②] 这是由制度建设义务的实质依据所决定的。其次,制度的建设应当贯穿风险产生到显露的整个流程,单纯从开头或结尾遏制风险都不能说是充足的保护。最后,现有的行政规范和交往规范都不能完全划定制度建设义务的范围。虽然行政法规与行业规定是制度建设的重要依据,但由于二者都属于一时且形式的规定,故在特定场景下会具有一定的滞后性,仅遵循这些标准建设制度对于法益保护时常是不充分的。这就是说,制度的建设应当结合安全的具体形势实施。[③] 结合以上三点可以勾勒出大体的制度框架,应该说,刑事合规中制度建设义务的判断,可以从风险准入制度、风险疏散制度与风险阻却制度三个层面进行。

(二)风险准入制度的确立

风险准入制度,是指企业主在具体活动开始之前,通过事前的要素筛选与把关,旨在建立降低企业内部混乱基数、阻碍风险起始生成的制度,其具体的体现为培训制度、选任制度、物资制度与权责制度的确立。与后述服务于活动开始后的制度不同,风险准入制度是着眼于具体的

---

① 参见李本灿:《法治化营商环境建设的合规机制——以刑事合规为中心》,载《法学研究》2021 年第 1 期。

② 参见吕英杰:《缺陷产品的刑事责任研究》,法律出版社 2019 年版,第 247 页。

③ 参见吕英杰:《客观归责下的监督、管理过失》,法律出版社 2013 年版,第 117 ~ 118 页。

活动开始之前的制度，其是通过对进入活动的主体资格的筛选，以及对集聚后企业内部的权利义务关系的明确等方式，从一开始就减少集聚带来的混乱基数，使企业内部主体的集聚在一开始就更为有序，进而防止风险升高。如果没有建设相应的准入制度，企业的生产经营活动在一开始就会危机四伏，从而导致后续活动的开展也陷入混乱状态，最终酿成危害后果。易言之，风险准入制度的确立可谓压制混乱、抵御风险的第一道屏障。

作为风险准入制度的具体展现，具有代表性的制度有培训制度、选任制度、物资制度与权责制度等。其中，培训制度是指企业主在召集活动的参加者的时候，应该提前对其进行培训，使其了解活动的相关危险，并具备相应的基础技能的制度。培训制度是保障进入风险领域中的主体具有相应的能力，避免出现才不配位情况的重要制度。此后，结合培训的后果进行相应的淘汰与选择，即对具体的人员进行挑选的选任制度也尤为重要，其本质是一种风险识别，如果企业主没有确立合适的选任制度进而导致分配失当，结果回避义务也可谓履行不充分。另外，物资制度是指在活动开始之前，保障活动所需要的物资储备的制度，这种储备应当以预估到一定突发事件的存在为标准进行事前配备。

最为重要的，是内部权责制度的确立。通俗地讲，权责制度就是企业主让人们明白什么人该做什么事，做错了事情应当由谁负责的制度，这是从加强企业主能力的角度出发建立的制度。回顾多起责任事故可以发现，事故的开端经常是管理方组织混乱、分工不明，前述甘肃“522越野跑案”就是权责制度建设不善的最好体现。该案中赛事的组织方只是白银市当地的小微企业，本身就存在一人肩负多项任务的情况，其还将具体运营外包给了其他公司，导致没有充足经验的人员具体负责赛事的运行与保障，临时搭建团队磨合不足且分工混乱，最终导致了紧急状态出现时竟不知应由谁中止比赛，也不知由谁调动救援。这种组织失序、分工不明的问题完全可以通过权责制度的建立避免。传统上，这种制度是通过明确群体内部的权力分配的方式进行的，但随着群体结构的复杂化,其也可以通过建立企业文化的方式潜移默化地进行。[①] 明确内部的权责关系,不仅可以保证活动的举办井井有条、分工明确,还可以保证在日后的追责中条理清晰,避免责任链断裂产生的处罚漏洞。[②]

(三)风险疏散制度的确立

风险疏散制度,是指企业主在具体活动开始之后,通过对产生混乱的要素进行实时疏导,进而同步降低风险的产生的制度,其具体体现为监管制度、轮替制度与信息制度等。由于风险的产生是一个不可避免的现象,无论在活动开始阶段如何降低混乱,人员聚集后的风险仍然会因为各种因素节节攀升,最终导致风险上升。因此,在人员聚集后及时地将风险予以疏散,维持法益风险的较低水平,就是风险疏散制度的目标所在。当然,对于风险的疏散必须以明确风险的增长点为前提,在不同的行业中风险的增长虽有不同,但总体上可以归结为人员风险与信息风险两大类,结合这两点风险的疏散可以做到有的放矢。

人员的风险主要由人员能力不足、人员疲惫与人员懈怠这三方面构成。其中,人员能力不足应当交由前述风险准入制度克服,其他两点则可以交由监管制度和轮替制度负责。首先,监管制度是指企业主应当在活动之中建立一套针对关联人员的内部监管体系,对活动参与者的不法行为、服务者的玩忽职守行为以及其他活动组织者的懈怠行为进行规制,弥补行政机关外部监管的不足。这一监管制度应以对不法行为的拘束与向公共权力的求助为手段,以促使关联人员合法合规行为为目标,形成一种有效预防犯罪发生的管理体系。[③] 在长期活动中体现为定期考核,在短期活动中体现为随时检查。在确立监管制度的

① 参见黎宏:《单位刑事责任论》,清华大学出版社 2001 年版,第 214 页。

② 追责链条断裂导致处罚漏洞的案例有:山东省青岛市中级人民法院刑事判决书,(2017)鲁 02 刑初 8 号;山东省高级人民法院刑事判决书,(2019)鲁刑终 173 号;等等。

③ 参见陈瑞华:《论企业合规的性质》,载《浙江工商大学学报》2021 年第 1 期。

基础上，企业主应当结合经营参与者的表现，适时地决定是否让其继续参与经营，在经营参与者违规或出现失能的情况下，应当让其及时停止经营，避免法益侵害后果的产生。

其次，还应当根据不同的岗位涉及的风险大小以及员工的表现进行岗位的分配和调整，[①]防止基层的具体工作人员失去工作能力，给关联的法益主体带去危险。

最后，对于信息风险，企业主还应当确立信息公开制度。在开展经营的过程中，基层的经营人员时常因为信息渠道不畅通无法获得重要信息，而企业主由于稳坐后方对于信息大多有着充足的掌握。企业主应当及时对掌握的信息进行披露与公开，维持信息的对称性，保证基层经营者及时了解信息，调整自己的经营方式，作出最有利于经营对象的选择。在甘肃“522 越野跑案”中，赛事组织者在事前已经通过当地气象局获悉了恶劣天气的预警，却没有在赛前将这一信息告知一线组织人员，在灾害发生后也没有第一时间组织人员将既有事故及时告知后续未进入灾害赛段的参赛者，最终导致大量参赛者因防寒能力不足、退赛不及时等产生大量伤亡。可以说，该案从反面说明了信息公开的重要性。

（四）风险阻却制度的确立

风险阻却制度，是指企业主在风险到达临界值，相关风险开始现实化之后，通过对风险的紧急压制以求对法益进行最后补救的制度。其具体体现为中止制度与应急制度等。如果风险准入制度与风险疏散制度都没有能够完成压制混乱的任务，导致法益群体的混乱到达临界值，风险开始对法益进行侵蚀，此时作为最后一道法益保护的屏障，还应当设立中止制度与应急制度，及时阻却风险的现实化进程，牺牲活动的开展保护法益，或在最后时刻挽救法益。

---

① 参见李本灿：《企业视角下的合规计划建构方法》，载《法学杂志》2020 年第 7 期。

风险阻却主要是通过中止制度与应急制度实现的，传统意义上，中止制度也是应急制度的一部分，但是随着缺陷产品责任论的发展，中止制度下的召回与停止销售等措施，渐渐作为一种独立的制度构建而为人们所重视。所谓中止制度，是指在活动进行过程中，一旦展露出威胁法益的不利情况，企业主应当作出中止活动、调查情况的选择，在大型的产品销售活动中，中止制度的体现就是产品召回。对于企业主是否具有召回义务，理论上虽曾出现过一些争议，[①]但正如一些学者指出的那样，从企业主出于某种利益需要将产品放入市场流通，通过一系列行为致使消费者对于产品产生安全信赖，并确有能力采取有效的阻止产品危险的预防措施的角度来看，对其设置召回义务，要求设立相应的召回制度这一点是完全合理的。[②] 这一说理同样适用于生产生活中的企业主，由于企业主将法益主体集聚于此，在特定的场合对法益设定了原因性的排他支配，应当承担中止义务，在风险现实化之时及时中止活动的进行。

应急制度的建设同样不可忽视，作为一种对风险状况的假设，应急预案对于突发情况来临时的反应极为重要。当下我国的应急预案制度，无论是在理念上还是结构上都存在不小的问题。[③] 在前述甘肃“522越野跑案”中，应急预案的具体内容赛前并没有公布，气象部门也没有出现在往届的应急协调部门之中，赛事组织方在灾害后也没有第一时间中止赛事的进行，而是放任参赛选手继续进行比赛，致使更多的参赛选手进入危险赛段。凡此种种无不向人们展现着应急制度构建不力的灾难性后果。正如我国应急管理部指出，“吸取甘肃白银马拉松越野赛事件教训，切实强化底线思维，进一步加强体育赛事和重大活动

---

① 参见黎宏、常康爽：《缺陷产品不召回的刑事责任》，载《上海政法学院学报(法治论丛)》2018年第5期。

② 参见[德]洛塔尔·库伦：《公司产品生产中的注意义务违反责任》，徐凌波译，载梁根林、[德]埃里克·希尔根多夫主编：《刑法体系与客观归责：中德刑法学者的对话(二)》，北京大学出版社2015年版。

③ 参见王永明：《基于情景构建的应急预案体系优化策略及方法》，载《中国安全生产科学技术》2019年第8期。

安全管理”,[①]应急制度建设应当成为管理过失制度建设义务的关键一环。

五、结　　语

面对日益高涨的刑事合规实践,旧有的理论未能充分考察我国刑事合规的特殊性,时常忽视企业主通过合规建设免除刑事追诉的正当依据。这种理论研究上的缺失,不仅使现有的刑事合规研究脱离了刑法教义学的指导,也使企业主与企业的关系不甚分明。在企业内部创建了充分的合规制度的场合,这样的事前制度努力究竟是使企业免除责任,还是使企业主免除责任,也不明确。从某种程度上讲,这种不明确正是由于没有探讨刑事合规下企业主的归责机理。

当下,立足于我国的刑事合规实践,应当说,企业主因为刑事合规而出罪的依据,与企业基于刑事合规出罪的依据,有明显的不同。虽然企业因刑事合规建设而出罪的理由属于传统的单位犯罪问题,但是企业主基于合规制度建设出罪的理由,必须结合过往自然人过失犯罪的研究,在构成要件的框架下进行教义学的诠释。其具体的解释方案,可以交由管理过失完成。具体来说,在明确管理过失理论内涵的基础上,企业主是否承担刑事责任,或能否因合规而出罪,都在于其是否履行了管理过失中所特有的制度建设义务而构成管理过失犯。就管理过失的判断而言,其不法核心在于对制度建设义务的违反,而制度建设义务的实质依据在于,风险社会下企业主的主体集聚行为同时也是风险集聚行为,其不仅会使被集聚的主体内部产生混乱,还会导致被聚集的主体向外抵抗风险的能力减弱,此时就要求企业主建设并维持一种机制来压制主体集聚带来的风险。就具体的义务内容而言,可依据风险的现实化进程,将制度类型化为风险准入制度、风险疏散制度与风险阻却制度三种。

---

① 中华人民共和国应急管理部:《继续抓好防震抗震救灾工作,始终绷紧神经防范重大风险》,载新华网,http://www.xinhuanet.com/yingjijiuyuan/2021-05/24/c_1211170649.htm?ivk_sa=1024105d。

System Construction Obligation of Entrepreneur in Criminal Compliance
—From the Perspective of Management Negligence

Liu Runze

[**内容摘要**]社会经济的蓬勃发展之下,刑事合规建设的开展日渐高涨。但如何说明合规建设中企业主出入罪的依据,过往的研究却略显乏力。当下,在明确管理过失理论内涵的基础上,引入该理论说明刑事合规的依据能够更好地适应时代的需要。企业主因刑事合规出入罪的依据在于,企业主是否履行了制度建设义务而构成管理过失犯。作为管理过失的不法核心,制度建设义务的实质依据在于,风险社会下企业主的主体集聚行为同时也是风险集聚行为,其不仅会使主体内部产生混乱,还会导致主体向外抵抗风险的能力减弱,此时就要求企业主建设并维持一种机制来压制主体集聚带来的风险。就具体的义务内容而言,可依据风险的现实化进程,将制度类型化为风险准入制度、风险疏散制度与风险阻却制度三种。

[**关键词**]刑事合规;管理过失;主体集聚;制度建设义务

Abstract: With the vigorous development of social economy, the development of criminal compliance is becoming higher and higher. However, the past research on how to explain the legitimacy of the crime of business owners in compliance construction is slightly weak. At present, on the basis of clarifying the connotation of management negligence theory, the introduction of this theory shows that the basis of criminal compliance can better meet the needs of the times. The essential basis of system construction obligation in management negligence is that the main agglomeration behavior of entrepreneur in a risk society is also a risk agglomeration behavior, which will not only cause confusion within the enterprise, but also decrease the ability of enterprises to resist risks. At this time, entrepreneur are required to build and maintain a mechanism to suppress the risks brought by main agglomeration. As far as the specific content of obligations is concerned, according to the process of risk realization, the system can be divided into three types: risk access system, risk evacuation system and risk deterrence system.

Keywords: Criminal Compliance; Management Negligence; Part Concentration; System Construction Obligation

〔中国刑法〕

论违法多元性的理论依据与归责原则

王秀梅[*]　戴小强[**]

目　　次

在整体法秩序的框架下，违法是一元的还是多元的，抑或缓和一元的，在刑法学界是一个争论已久的问题。在刑事司法中，如果要对不同法域交错的案件进行合理归责，违法性判断是一个不可绕开的问题。提出具体有效的规则解决因事实交错与规范竞合而产生的冲突，需要以厘清这一争论作为研究的起点。在认同违法多元性理论的基础上，本文最终将对如下问题作出回答：(1)行政违法行为和民

---

* 北京师范大学刑事法律科学研究院教授、博士生导师，G20 反腐败追逃追赃研究中心执行主任，中国廉政法治研究会副会长，国际刑法学协会副主席暨中国分会秘书长。

** 北京师范大学刑事法律科学研究院博士研究生。

事违法[①]行为,是否必然构成刑法上的违法行为?(2)行政法和民法认为合法的行为,是否必然不构成刑法上的违法行为?(3)对于同一违法事实,应当如何合理划定行政违法、民事违法与刑事违法的界限?

一、关于违法性判断的学说

(一)作为理论基石的法秩序统一原理

讨论违法一元性和多元性时,在解释学上通常立足于一个理论前提,那就是法秩序统一原理。所谓法秩序统一原理,是指宪法、民法、刑法、经济法等多个法律部门组成的法秩序内部不能存在相互冲突和矛盾。[②] 在传统意义上,法秩序统一原理被理解为在各个部门法的内部应当保持逻辑上的一致性。这种一致性主要体现在两个层面:(1)不同法律或者同一法律的不同条文使用同一概念时,应当作相同的解释;[③](2)不同法律对同一行为的违法性判断,应当保持一致性。

该原理的确立主要基于以下两个理由:一方面,法律作为国民的行为规范,发挥的一个主要的功能就是对国民的行为提供正确的指引,从而实现社会的有序运转。如果不同的法律确立的行为模式存在矛盾,一个行为则有可能在法律上同时受到合法与非法的评价,如此,就会使国民无所适从。一个行为在一个部门法中是合法的,而在另一个部门法中又是非法的,那么这一行为到底可为还是不可为,就会让国民进退两难,国民的行动毫无预测可能性可言,最终势必会导致自由萎缩。另

---

① 本文中的民事违法(不法)包括民事侵权和债的不履行,指任何违反民事法律应承担民事责任的行为。合同违约一般不涉及违法问题,是违反当事人意思一致的行为,也不能称之为违法行为,只有违反强制性规定的合同行为才是违法的。参见王利明主编:《民法》,中国人民大学出版社 2002 年版,第 386 页。

② 参见[日]松宫孝明:《刑法总论讲义》(第 4 版补正版),钱叶六译,中国人民大学出版社 2013 年版,第 107 页。

③ 参见[美]波斯纳:《法理学问题》,苏力译,中国政法大学出版社 1994 年版,第 331 页。

一方面,从马克思主义法哲学上来看,法律的诞生源于国家的意志,统治者"通过法律形式来实现自己的意志……由他们共同利益所决定的这种意志的表现,就是法律"[①]。既然法律反映的是统治阶级的意志,则对于同一个行为,在同一意志那里,似乎就不会出现既合法又非法的矛盾判断。我国学者指出:"所谓违法性,就是对于一定的事实由国家进行否定的价值判断,既然国家的意思本来就只有一个,对于同一事实,不能以法律目的等方面为不同为理由,在违法判断上采取相对的立场。"[②]概言之,倘若相信国家的意志是一致的,就没有理由反对法秩序统一原理。

(二)违法性判断的学说争讼

1. 严格的违法一元论

严格的违法一元论的理论精髓可谓与法秩序统一原理一脉相承,均主张不同部门法对违法的判断标准是统一的。[③] 该说认为,违法性是公法、私法等所有法领域中共通的东西,所以,有关法的违法性判断也应当从整体法秩序角度来进行。[④] 在民法和行政法上被认为是违法的行为,在刑法上也是违法的;而在民法和行政法上被认为是合法的行为,在刑法上也没有被认为是违法的余地;反之亦然。尽管承认不同法律领域存在各异的性质,而且规范内容和规范重点也各有不同,但也必须看到,所有部门法都共同具有建立与维系法秩序的目的,因此对于社

---

① 《马克思恩格斯全集》(第3卷),中共中央马克思恩格斯列宁斯大林著作编译局译,人民出版社1960年版,第378页。

② 童伟华:《日本刑法中违法性判断的一元论与相对论述评》,载《河北法学》2009年第11期。

③ 对于这一点,有学者甚至直接指出,"法秩序统一性"实质就是指违法的统一性或者违法的一元性。参见[日]松宫孝明:《刑法总论讲义》(第4版补正版),钱叶六译,中国人民大学出版社2013年版,第81页。

④ 参见[日]大谷实:《刑法总论讲义》,黎宏译,中国人民大学出版社2008年版,第221页。

会生活中的行为,在合法或违法的价值判断上,必须是一致而不相互矛盾的,这样才能发挥法律规范的规范功能,建立单一性的整体法秩序,故行为是否具有违法性必须就法律规范的整体价值而为判断,亦即是必须就法律规范的一体性而为违法性的判断。[①] 前田雅英教授形象地将整体法秩序比喻成一个“气球”,“破坏了法秩序这个‘气球’的民法部分也好,破坏了其刑法部分也罢,气球‘破裂了’这一点是相同的”[②]。这是严格违法一元论的核心要义。严格的违法一元论在德国属于多数说。

如果认同严格的违法一元论,则可合乎逻辑地得出如下结论:(1)某一行为在行政法或民法上是违法的,那么在刑法上也将被认为是违法的;若不存在责任阻却事由和可罚性阻却事由,即可认定为犯罪。(2)某一行为在行政法或民法上是合法的,那么在刑法上也将被认定为是合法的。

2. 缓和的违法一元论

从法律作为行为规范不应相互矛盾这一角度来看,违法一元论(法秩序统一原理)在整体上是应当被坚持的。但是细观各个部门法,其违法性之显见形式,确有不同之类型与轻重之程度。[③] 因此,可以说,违反任何部门法的行为都具有违反整体法秩序上的一般违法性,但是,不同部门法对自身的违法性又提出了具体的要求,民法所要求的违法性程度与行政法和刑法所要求的违法性程度有所不同。刑事违法与民事、行政违法存在量上的差异,[④]相对于民事和行政违法行为,刑事违法行为具有更大的社会危害性。据此,刑法虽然只能依附于民法等

---

① 参见林山田:《刑法通论》(上册),北京大学出版社 2012 年版,第 192 页。

② [日]前田雅英:《刑法总论讲义》,曾文科译,北京大学出版社 2017 年版,第 24 页。

③ 参见陈子平:《刑法总论》,中国人民大学出版社 2009 年版,第 168 页。

④ 在德国,对于刑事违法与其他部门法违法的区别,发展出“量的差异论”“质的差异论”“质量差异论”等不同学说,我们赞同“量的差异论”的观点,参见孙国祥:《行政犯违法性判断的从属性和独立性研究》,载《法学家》2017 年第 1 期。

其他部门法并作为其补充而存在,[①]在民法和行政法上违法的行为,在刑法上也具有违法性,但由于某些行为未达到刑法所要求的社会危害性,因而不具有刑事违法性。为了区隔刑事违法性和一般违法性,日本学者创设了可罚的违法性概念。可罚的违法性理论主张,犯罪的成立必须以有值得处罚的违法性为必要,刑事违法行为可以因欠缺值得处罚的违法性(可罚的违法性)而阻却违法。[②] 根据这一理论,刑法上的违法性实际上涵括了两个层面的内容,即刑事违法性的判断需要采取"一般违法性+可罚的违法性"的二重判断结构。缓和的违法一元论为日本的多数说。

根据缓和的违法一元论理论,可合理得出以下结论:(1)某一行为在民法或行政法上是违法的,在刑法上未必是违法的;得出肯定结论的前提是,该行为具备一般违法性的同时也具备了可罚的违法性。(2)某一行为在民法或行政法上是合法的,在刑法上也必然是合法的。

3.违法多元性论

违法多元论的基本观点是,各个部门法的违法判断标准是相互独立的,一个部门法对某种行为合法或不法的评价,不能给其他法律的违法性判断提供依据。这是因为,在各个不同的法律领域,目的、法律效果各不相同,作为推导出效果的要件,违法性判断标准存在差异也是理所当然的。刑法有其固有的目的与使命,这种目的与使命是其他部门法所不具备的。在刑法解释论中,在违法性之外还经常地、单独地考虑全体法秩序中的一般违法性,并无实际益处。鉴于此,刑法上的违法性必须完全以反映达到值得处罚程度的法益侵害性为核心,独自进行判断。在此意义上,仅把刑法上的违法性称作违法性就足够了。[③] 换言之,刑法上的违法性判断应融解在对行为事实和构成要件的实质性判

① 参见[意]杜里奥·帕多瓦尼:《意大利刑法学原理》,陈忠林译评,中国人民大学出版社2004年版,第3页。

② 参见[日]前田雅英:『可罰的違法性論の研究』、東京大学出版会、1982、頁354。

③ 参见[日]前田雅英:《刑法总论讲义》,曾文科译,北京大学出版社2017年版,第28页。

断中,这种判断无需其他部门法提供依据和参照。因为违法性判断是独立的,违法性就是指刑事违法性,在违法多元性理论看来,区分一般违法性和可罚的违法性实无必要。

根据这一理论,则可当然地得出如下结论:(1)某行为在民法或行政法上是违法的,在刑法上可能是违法也可能是合法的;(2)某行为在民法或行政法上是合法的,在刑法上可能是违法的也可能是合法的。

(三)对上述学说的评述

对于严格的违法一元论,我们认为存在内在缺陷。一方面,该说忽略了不同法规范在目的、价值和调整对象上存在的内在差异,认为不同法规范在违法性判断上具有一致性,实质是将不同法规范所追求的目的湮没在法秩序统一原理的要求中,这显然与各国的法制现实相抵牾。另一方面,严格的违法一元论存在逻辑上的矛盾。显而易见,现实中在行政法或民法上被认定为违法的事实,在刑法上未必被认为具有刑事违法性。比如,在食品安全领域,根据国家工商总局(现为国家市场监督管理总局)的统计数据,2011 年全国查处涉及食品安全违法的案件约 6.2 万件,2012 年约 11.1 万件,但 2011 年全国各级检察机关依法批捕危害食品安全的犯罪嫌疑人仅 1801 人,提起公诉的仅 1254 人,2012 年移送司法机关的食品安全犯罪案件仅 406 件。[①] 由此可见,严格的违法一元论既不符合法律原理,也与我国的司法现实相违背。

对于缓和的违法一元论,我们也难以赞同。其一,为了区分刑事违法和其他法规范上的违法,持该主张的学者在缓和的一元违法论中提出了可罚的违法性概念,但是,这一概念在解释学上存在逻辑上的矛盾。“在对犯罪科处法律效果即刑罚的可罚性,与作为前提条件的犯

① 参见《中国工商去年查处不符合食品安全标准案 11.1 万件》,载中国发展门户网,http://cn.chinagate.cn/health/2013-01-08/content_27622910.htm。

罪成立要件之一的违法性之间,逆转了法的条件和法的效果的论理关系。”[①]换言之,违法性和可罚性在犯罪论中分处于不同的阶段,可罚是违法的后果,违法是可罚的前提,而缓和的违法一元论却错置了因果关系,将刑罚的适用目的作为了违法性的认定要素,[②]这种“要件(违法性)与结论(处罚范围)的循环”的表述是没有说服力的。[③] 其二,构成要件本身具备违法推定功能,对符合构成要件的行为,在违法性阶层只需作消极的判断。这也充分说明构成要件该当性阶层已经对行为的违法性作了实质判断,换言之,具有符合构成要件的行为本身就是可罚的。既然构成要件该当性阶层中已经包含了可罚性的判断,则在犯罪论中再引入一个可罚的违法性概念,就显得多此一举。其三,该说认为,行为具备一般违法性但欠缺可罚的违法性时,虽然不具备刑事违法性,但在刑法的评价上依然是违法的。可是,从法理上讲,如果一个部门法对某行为未赋予相应的法律后果,则能认为该行为在该部门法上是不法的吗?换言之,在特定的部门法中,不法评价能够与法律后果相分离吗?我们对此持否定回答。正如凯尔森(Kelsen)认为,一定行为之所以是不法行为,就是因为法律秩序对这一作为条件的行为,赋予了作为后果的制裁。如果该行为具有刑事制裁后果,它便是刑事不法行为;如果具有民事制裁后果,则便是民事不法行为。[④] 据此,如果一部门法未对某行为赋予作为后果的制裁,它就不是该部门法上的不法行为。一般违法行为在刑法上是违法的但又阻却犯罪,这一命题难以成立。其四,有人可能会质疑,如果刑法上的违法或不法不包括一般的违法,则对于一般违法行为,受害人将无权对加害人实施正当防卫,这显然不利于受害人的权利保护。但我们认为,即便将《刑法》第20条中

---

① [日]木村龟二:《违法性的统一性的理论》,载《法学研讨》156号(1969年)。

② 参见陈少青:《法秩序的统一性与违法判断的相对性》,载《法学家》2016年第3期。

③ 参见郑泽善:《法秩序的统一性与违法的相对性》,载《甘肃政法学院学报》2011年第4期。

④ 参见[奥]凯尔森:《法与国家的一般理论》,沈宗灵译,中国大百科全书出版社1996年版,第56页。

的“不法”限定为刑事上的不法,也不意味着剥夺了受害人对一般违法行为正当防卫的权利。这是因为,《民法典》第 181 条第 1 款同样规定了正当防卫条款,对于一般违法行为,受害人当然可以该条为依据行使紧急防卫权。

二、实质法秩序统一原理下的违法多元论

本文所指的违法多元性,并不是对法秩序统一原则的彻底否定,而是主张挣脱机械的逻辑统一的局囿,引入不同规范间保护目的的比较,在实质上对法秩序统一原理进行解释。这就是说,刑法和其他法律在违法性判断上并不需要保持严格的一致性,在刑法和其他法律的规范保护目的不同的场合,不同法律就某行为合法与否得出不同结论,并不违背法秩序统一原理。

(一)法秩序统一原理应符合价值/目的统一性品质

有学者指出,法秩序的统一性存在三个层次:逻辑的统一性、体系的统一性和目的的统一性。所谓逻辑的统一性,是指构成法秩序整体的诸规范之间在逻辑上不存在矛盾;所谓体系的统一性,是指各规范所实现的功能、表征的价值与整个法秩序所构想的基本功能及所形成的客观价值秩序相互契合;而目的的统一性,是指各法域所追求的目的的多元性与整体法秩序所追求的目的统一性之间不相冲突。① 完全可以说,追求逻辑的统一性是一种形式的法秩序统一,追求体系与目的的统一性则是一种实质的法秩序统一。在良法的秩序体系内,各规范所追求的目的统一地实现了,也就相当于各规范之间的功能和价值实现了统一。可见,两者体现的是实质法秩序统一原理的不同阶段,非但不相冲突,而且在实现与否的判断上具有同一性。现在问题的焦点是,法秩序

---

① 参见于改之:《法域冲突的排除:立场、规则与适用》,载《中国法学》2018 年第 4 期。

统一的真谛是为了维护各规范形式逻辑上的统一性,还是力求保证实质上价值/目的的统一性？我们持后种观点,认为法秩序统一原理真正追求的不是形式上的逻辑统一性,而是实质上的价值/目的统一性。[①]

诚然,法规范在逻辑上保持一致性对维护法的安定性是有裨益的,然而,社会形势千变万化,不同的领域所追求的价值同样存在差别,站在不同的价值基点上,对同一事件进行不同角度的考察,同时得出合法与非法的结论,似乎也在情理之中。就此而言,甚至可以说,不同法规范作出的合法与非法的判断冲突,是社会存在内含的矛盾与不同部门法追求的价值差异所共生的必然结果。“现实社会中必然蕴含各种矛盾,这种社会矛盾也当然会反映于作为规制社会矛盾的法规范中,法规范存在某种矛盾或冲突,不仅有其社会存在论上的根据,更是法规范的宿命;而且,各个法规范的目的与法律效果各有不同,对违法性的程度的要求也不同,因而违法性判断的相对性又不可避免。”[②]社会矛盾的现实性存在,决定了作为社会反映的法规范不可能在逻辑上保持严格的统一,而应当转向于目的上统一的追求。

如果要在法哲学上寻溯,法秩序的目的最终会落脚到对正义价值的实现上。事实上,将不同部门法协调地统摄在正义价值之下,是完全可以实现的,因为从理想状态看,每一部成文法乃至每一个法条都是正义的宣言。正如美国学者指出:“正是正义的观念,把我们的注意力转到了作为规范大厦组成部分的规则、原则和标准的公正性与合理性之上……从最为广泛的和最为一般的意义上讲,正义的关注点可以认为是一个群体的秩序或一个社会制度是否适合于实现其基本的目标。”[③]立法者在制定任何一部法律时,其内心必须接受最普遍正义观的指导,最基本的要求,就是他们所制定的每一部法律,都不能与普遍的正义观

---

① 考虑到语境以及与具体理论的相关性,下文会将“价值”与“目的”有选择地进行使用。

② 王昭武:《经济案件中民刑交错问题的解决逻辑》,载《法学》2019年第4期。

③ [美]E. 博登海默:《法理学:法律哲学与法律方法》,邓正来译,中国政法大学出版社2017年版,第265页。

相抵触。法律“既然是由正义思想所推论而得,因此,它不是逻辑上的,而是评价上的、公理上的一致性”①。这里的评价上、公理上的一致性,就是不与正义目的相冲突,而这才应当是法秩序统一原理的核心内涵。这便意味着,在违法多元性理论下,不同部门法对同一行为的违法性作出独立判断,只要不违背目的的统一性,就不违背法秩序统一原则。

另外,从法律的终极目标审视,法秩序统一原理所维护的也应当是目的上的统一性,而不仅是逻辑上的统一性。立法者并不是为了立法而立法,而是为了通过立法实现特定的目的。法律体系不仅是规范的集合,更是目的的集合,人们遵守法律,不仅是因为“它是法律”,更是因为“法律能够实现目的”。② 换句话说,法律只是实现目的的工具或载体,而不是最终达成的目标。当然,我们并不否认法律逻辑性的价值,由法律体系的逻辑统一所表现出来的法安定性价值,在任何情况下都不应当被忽视。但是,在法律间的逻辑和目的发生不可避免的冲突时,前者应适当让位于后者,而不能为了片面追求形式上的逻辑,使法律的目的落空。例如,在民法理论上,由于金钱具有可替代性和高度的流通性,所有和占有通常是一致的。在委托他人保管金钱的场合,按照民法上的观念,就没有成立侵占罪的余地。但是刑法理论通说认为,这种情况依然可以构成侵占罪。对于被指定了用途的被委托保管的金钱,应当尊重委托人的意思,从法律上保证受托人必须按照预定的用途使用,因此被委托保管的金钱依然属于委托人。③ 可见,货币的权属问题,在刑法和民法上是不同的。其中最基本的考虑是:民法的目的是便利交易、保护交易的动态安全;而刑法则强调的是保护静态的权利关系,此外具体到侵占罪上,还在于维系社会赖以生存的根基的信任关系。两者在形式逻辑上显然存在矛盾,但是,这样的规定却完全符合刑

---

① [德]卡尔·拉伦茨:《法学方法论》,陈爱娥译,商务印书馆2003年版,第46页。

② 参见陈少青:《法秩序的统一性与违法判断的相对性》,载《法学家》2016年第3期。

③ 参见[日]大谷实:《刑法讲义各论》,黎宏译,中国人民大学出版社2008年版,第275页。

法和民法在该问题上所要追求的目的,且各自的目的在实现正义的终极价值上是共通的,因而具有合理性。

(二)违法多元性的主张

考虑到严格违法一元性和缓和的违法一元性的上述弊端,我们主张,对违法性的判断应当摒弃上述两个观点,而应当坚持违法多元性理论。当然,违法多元性理论也招致了不同程度的批评,在上述学说比较中,这种批评我们已经可见端倪。我们认为,这些批评意见都是难以成立的,违法多元性理论具有其他理论不具备的优势。

如果能够证明以下两方面事实,就能充分说明我们的结论是正确的:一方面,我们能够在抽象层面提出支持该理论的充分法理依据;另一方面,我们可以在具体层面阐明,严格违法一元性和缓和违法一元性理论能够合理得出的结论,以及违法多元性理论同样能够合理说明,而对于上述两理论不能说明的场合,违法多元性理论也能自圆其说。如果能够证明上述两点,我们的结论自然就得以证成。

1. 抽象层面的理论支持

第一,如上所述,每一部门法都有各自的立法目的,特定部门法若规定某行为是违法行为,必须遵循预先设定的目的作为指导。虽然各部门法的目的都统摄在正义价值之下,但是,彼此的目的却又是相对独立的。基于此,在违法的认定上,各部门法在确认某行为是否违法时,就没有必要提前以其他法律对某行为的态度作为参照或是依据,而应当根据自己预定的目的进行独立判断。当然,前提是这种判断不能违背具有终极意义的正义价值。相反,如果在立法时过分地关注其他法律,反而容易使该部门法失去其自身特有的品格甚至沦为其他法律的附庸,不利于利益的保护和自我目的的实现。

第二,在存在论上,每个行为事实都具有多个侧面。[①] 如果法规范

① 参见王骏:《违法性判断必须一元吗?——以刑民实体关系为视角》,载《法学家》2013 年第 5 期。

所关注的侧面不同,则作出不同的价值评价也在情理之中。正如一个骰子有六个面,任何不同的面,都会呈现不同的点数。在比赛中,以不同侧面的点数为准,所得出的比较结果可能是相异的(可能是赢,也可能是输)。再以上文委托保管金钱为例,基于同样一个委托事实,民法和刑法在金钱所有权归属的判断上就截然不同,进一步概括而言,在刑法上是否成立相应的财产犯罪,并不依赖民法上的所有权等权利、义务归属的判断。其中一个重要的缘由,就在于民法和刑法所处的“观测点”以及对行为的判断侧面不同。

第三,有学者提出,刑法前置化立法的结果是直接导致违法多元性理论的崩溃,并进而提倡应当追求违法一元论。[①] 可是,从根本上来说,刑法前置化立法与违法是几元的判断,实乃分属两个不同层面的问题。前者是在立法论上讨论,后者则通常是在解释论上讨论。两者无必然联系,也就不必遑论矛不矛盾的问题。刑法立法前置化使刑法保护的法益变得模糊和稀薄,这种立法模式是否科学,在立法论上确实有进一步讨论的空间。尽管刑事立法确实淡化了一般违法特别是行政违法与刑事违法的界限,但是,这绝不意味着它们之间没有界限而趋于一元,否则,我国就不存在刑法与行政法的区分,《治安管理处罚法》也就没有存在的余地。毋庸置疑,一旦立法者将某种行为确定为刑事违法,即便该行为的法益侵害或危险较小,在司法实践中也应当将这类行为认定为犯罪。既然立法承认了一般违法与刑事违法必须区别开来,在司法上就应当合理划定两者的界限。论及于此,问题其实又回到了一般意义上的违法一元论和违法多元论的理论选择上来,显然,这与刑法前置化立法的特定语境无关。

2. 实践层面的事实依据

首先,对于我国刑法和司法解释对某些行为的定性,违法一元论难以作出合理说明,然而,违法多元性理论却能很好地作出解释。

对于这一点,我们可以在法律规定和司法解释中找到诸多依据。

---

① 参见孙万怀:《违法相对性理论的崩溃——对刑法前置化立法倾向的一种批评》,载《政治与法律》2016 年第 3 期。

例如,最高人民法院《关于审理民间借贷案件适用法律若干问题的规定》第12条第1款规定:“借款人或者出借人的借贷行为涉嫌犯罪,或者已经生效的裁判认定构成犯罪,当事人提起民事诉讼的,民间借贷合同并不当然无效。人民法院应当依据民法典第一百四十四条、第一百四十六条、第一百五十三条、第一百五十四条以及本规定第十三条之规定,认定民间借贷合同的效力。”对于民事上认可的合法缔约行为,依据严格的违法一元性理论和缓和的违法一元性理论,在刑法上不可能将其认定为违法行为。但事实上,根据本条规定,即便存在合法的缔约事实,根据具体情况同样有可能认定为犯罪。这说明刑法对违法性的认定并没有依赖民法,在违法判断上具有独立性。再如,我国《刑法》第238条第3款规定,“为索取债务非法扣押、拘禁他人的”,不构成绑架罪,而是依照非法拘禁罪处罚。2000年7月13日,最高人民法院《关于对为索取法律不予保护的债务非法拘禁他人行为如何定罪问题的解释》进一步说明,《刑法》第238条第3款中的债务包括“高利贷、赌债等法律不予保护的债务”。对于赌债等法律不予保护的债务,“债权人”无权主张偿还,因此“债务人”不偿还债务,在民法上是正当合法的。基于此,坚持严格的一元论和缓和的违法一元论,为占有他人的合法财产而非法扣押、拘禁他人,理当构成绑架罪。但是,我国《刑法》明确规定这种情况应按照非法拘禁罪处理,显然,这坚持了违法多元性的判断。基于同样的理由,《关于审理抢劫、抢夺刑事案件适用法律若干问题的意见》规定“抢劫赌资、犯罪所得的赃款赃物的,以抢劫罪定罪,但行为人仅以其所输赌资或所赢赌债为抢劫对象,一般不以抢劫罪定罪处罚”,亦反映了违法多元性理论在实践中的适用,而这是违法一元论难以说明的。

此外,某些在我国民法领域认为合法的行为,虽然刑法没有明文规定,但根据刑法理论,却完全有可能认定为犯罪。比如:(1)我国《民法典》第184条规定:“因自愿实施紧急救助行为造成受助人损害的,救助人不承担民事责任。”显然,民法否定了自愿实施紧急救助行为造成受助人损害的不法性,在严格的违法一元论和缓和的违法多元论下,这种救助行为则当然不构成刑事上的违法。但是,在刑法上,倘若救助人在实施救助过程中存在重大过失,造成受助人重伤或者死亡的,则完全可能构成过失致人重伤罪或者过失致人死亡罪。[①] 这种结果,恐怕只有在违法多元性理论下才能作出合理解释。(2)我国民法并未对未遂侵害行为规定相应的民事责任,若依照违法一元论,刑法也应当认为未遂行为是合法的。但事实上,我国刑法对未遂行为采取的是原则上应予处罚的原则。显然,这种认定上的差异是违法一元论所不能解释的,而采取违法性多元论则能合理说明。(3)我国民法和《治安管理处罚法》均未类型化地将教唆、帮助自杀行为规定为违法行为,依照违法一元性理论的逻辑,所得出的结论应当是刑法也不认为这属于违法行为。通常,在刑法理论上,由于自杀行为不构成犯罪,根据共犯从属理论,教唆、帮助自杀行为原本也不应认定为犯罪行为。但若将教唆、帮助行为理解为先前行为,在行为人实施教唆、帮助行为后,理当负有阻止实行犯实施自杀行为的义务,若未履行这一义务,则存在构成不作为的故意杀人罪的可能。实际上,对于不具有间接正犯性质的教唆、帮助自杀的行为,我国司法实践通常也确实作为情节较轻的故意杀人罪处理。[②] 同样,违法一元论不能合理解释现实中的这种差异,而违法多元论却能很好说明。

其次,对于严格的违法一元性和缓和的违法一元性理论能够解释的情况,违法多元性理论同样能够合理解释。

必须承认,为了论证上述命题,将所有违法一元性理论能够解释的案件都用违法多元性理论分析一遍是不现实的。在此,我们只选择了一个经常被违法一元论提及的代表性案例——帅某骗保案[③]——展开分析。该案运用了持违法一元性论者力主的"在前置法上不违法的行

① 参见庄永廉、王莉等:《民法总则对刑法发展的影响》,载《人民检察》2017年第9期。

② 参见张明楷:《刑法学》,法律出版社2016年版,第851页。

③ 在该案中,帅某分两次为其母亲张某向某保险公司投保终身保险,张某于2003年3月因病去世后,保险公司向受益人帅某支付了保险金27万元。同年7月,帅某被人举报,经查,帅某在投保时故意隐瞒了张某年龄,将当时已77岁的张某年龄改小为54岁。根据我国《保险法》的规定,70周岁以下、身体健康者方能作为合格被保险人。

为,在刑法上当然也不认为是违法行为"的典型分析方式,因此,将本案的分析类比适用到其他类似案件上,在方法上也具有一般性。在严格的违法一元论和缓和的违法一元论看来,要将帅某骗保行为出罪,违法性多元论就显得无能为力。一般而言,违法一元性理论均以《保险法》规定的不可抗辩条款[①]为依据,认为既然存在合法的保险合同,即使在保险中存在欺诈行为,该行为在民法上也属合法的。进而根据违法一元论的逻辑,该行为在刑法上无论如何也不能认定为违法。但在此需强调的是,根据违法性多元论,同样能得出出罪结论。

其一,在保险程序中,实践中通常是对投保人提供的资料作形式审查,这种制度性的缺陷无疑为投保人造假提供了便利,大开方便之门。正如我国学者对本案的评论:"只要保险公司或其业务员略尽微薄的审查业务,就不会有今天的一地鸡毛。"[②]诚然,任何公民皆应在法律的约束下规范自己的行为,但也应当承认,追名逐利是人的天性,在面临诱惑时对法律的遵从出现摇摆,从人性的角度上是可以理解的。这种宽宥在普通法上也得到了呼应,如果住宅的门窗处于开启状态,行为人入户盗窃,就不能认定为夜盗罪,因为这"意味着对夜贼的公然邀请,以夜盗罪这样严重的犯罪对如此粗心大意的住宅主人提供保护是不适当的"[③]。当然,用人性这样抽象的事由绝对地排除行为人的责任是牵强的,我们只是为了强调,犯罪的发生是可以原谅的人性和制度的缺陷共同导致的。既然如此,似乎就没有理由让行为人完全承担犯罪的责任,不能让行为人为制度缺陷和保险公司的懒惰甚至过错"埋单"。基于此,对骗保人就有从宽处理的依据。

其二,《保险法》在设置不可抗辩条款时,毫无疑问对投保人可能出现的欺诈行为存在预期,只是为了平衡保险公司与被保险人之间的

---

① 根据我国《保险法》第 16 条第 3 款规定,"合同自成立之日起超过二年的,保险人不得解除合同;发生保险事故的,保险人应当承担赔偿或者给付保险金的责任"。这一条款被称为不可抗辩条款。

② 邓子滨:《仅有法律的"名义"是不够的》,载《南方周末》2005 年 4 月 14 日,第 A6 版。

③ 赵秉志主编:《英美刑法学》,科学出版社 2010 年版,第 394 页。

利益冲突,保护处于弱势地位的被保险人及受益人的合法权益以及改善社会对保险业务的负面印象,①才承诺保险公司在2年后对保险合同的有效性不可抗辩。不可抗辩条款的设立是立法者在权衡社会各方面利益冲突之后的理性决定,尽管存在风险,可立法者依然认为这种风险是保险公司可以也应当承担的。换句话说,这种风险是《保险法》自身可以调控的,大多数情况下根本不需要刑法强行介入。鉴于此,司法机关就应当慎重将采用欺诈手段骗取保险金的行为入罪。显然,以此作为出罪理由,不是基于严格的违法一元性和缓和的违法一元性理论,而是基于刑法谦抑性理论。

其三,典型的保险诈骗罪的规范构造是,行为人以非法占有为目的,违反保险法律、法规,采取虚构事实、隐瞒真相的方法骗取保险金额较大的行为。② 由此可见,在实施虚构事实或者隐瞒真相之前已经具备诈骗目的的,才符合保险诈骗罪的犯罪构成。但是,就本案来说,帅某并不是以骗保为目的而故意修改母亲张某的年龄。"母亲在乡政府的集体户口由于其他私人原因,在投保前已经修改过,她在第一次投保时曾经问过保险业务人员,业务员说按户口情况填就可以;第二次投保时她照样问过,业务员让她按照第一份保单的内容填。"③可见,帅某母亲的年龄在她心生诈骗目的之前已被修改过,若说该行为符合保险诈骗罪的犯罪构成要件,实在牵强。在投保过程中,帅某只是未履行主动告知义务,这种行为充其量只是违反了《保险法》上的相关规定,而不构成犯罪。

其四,如果将帅某骗保行为定罪,那么在其所在的达州市,很多类似的行为都将受到刑法的制裁。"这个案子影响很大,因为帅某这种情况在达州很多。1998年保险业务刚刚起步的时候,业务员发保单像

---

① 参见孙宏涛:《我国〈保险法〉中不可抗辩条款完善之研究——以〈保险法〉第16条第3款为中心》,载《政治与法律》2015年第7期。

② 参见高铭暄、马克昌主编:《刑法学》(第3版),北京大学出版社、高等教育出版社2007年版,第477页。

③ 《难倒法官的骗保案》,载道客巴巴2012年10月19日,https://www.doc88.com/p-143665501707.html。

发传单一样,不见被保险人也不审查。""我父母都是保同样的险,改小年龄 20 多岁,保险金比帅某的还多。"①从维护社会安定的刑事政策角度考量,成批地将这些骗保人定罪处罚,恐怕会得不偿失。如果仅将帅某定罪,以求发挥刑罚的预防效果,显然又违背了刑法面前人人平等原则,且使帅某完全沦为了威慑骗保行为的工具。相较之下,将帅某的行为出罪更合情合理。

由上面的论述可知,违法多元性所主张的独立判断,在"帅某骗保案"上与违法一元论的结论是一致的。违法一元性以前置法的判断为依据来确认刑法上的违法性,这种判断局限于形式。违法多元性主张的是对案件事实作实质性的判断,考虑得更为全面而具体,应当说,更符合正义价值。

(三)违法多元性须受宪法规范的限制

按照违法多元性理论的逻辑,不同法律对同一行为的违法性判断是相互独立的。然而,不可否认,倘若对这一原理不加限制,则可能出现对于同一行为在宪法上认为是合法的而在其他部门法上却认为是违法的情形。这是与法治原则相悖的,而且不利于维护宪法的权威。在这种情况下坚持违法多元性的判断,恐怕难以得到支持。为消解这一局限,我们的基本观点是:在其他部门法认定某行为是否违法与宪法的判断相抵牾时,则该部门法应当与宪法的评价保持一致;而在其他部门法之间对某行为的违法性判断不一致时,则应当保留不同部门法对违法性进行独立判断的权力。这是因为,宪法的规范保护目的比其他法律的规范保护目的层级更高,"当高层次的目的与低层次的目的发生冲突时,就应当考虑优先实现高层次目的,适当放弃低层次目的"②。而刑法、民法与行政法的保护目的不存在层级上的差别,所以这些部门

---

① 《难倒法官的骗保案》,载道客巴巴 2012 年 10 月 19 日,https://www.doc88.com/p-143665501707.html。

② 郑泽善:《刑法争议问题探索》,人民出版社 2009 年版,第 293 页。

法在违法性的判断上自然就不存在服从与被服从的关系，而是相互独立的关系。

就宪法与其他部门法的违法性判断关系而言，比如：出于维护交通秩序的目的，司法人员本应当将在公共道路上示威游行的行为认定为行政违法甚至犯罪；而为了保护国民的游行示威的宪法权利，司法机关不应当将在公共道路上示威游行的行为认定为行政违法或者是犯罪。在此，单纯考虑违法多元性，似乎将该行为视情节认定为行政违法行为甚至犯罪行为都没有问题。但是，惩罚示威游行以维护公共秩序是一般法所保护的目的，而示威游行则是宪法所保护的目的，属于公民的基本权利与自由的范畴，后者的层次显然高于前者。在各种考量中，人权和公民权利具有优先性，这是使人活得自由且有尊严的内在要求。如此，将行使宪法权利的行为认定为其他法律上的违法行为，恐怕是难以让人接受的，相权之下，理应认为示威游行在其他部门法上是合法的。

当然，这并不是说任何形式的示威游行都是受宪法保护的，也不是说任何形式的示威游行都没有被其他部门法认定为违法的可能性。宪法只保护正当的示威游行。我国《集会游行示威法》第 4 条明确规定："公民行使集会、游行、示威的权利的时候，必须遵守宪法和法律，不得反对宪法所确定的基本原则，不得损害国家的、社会的、集体的利益和其他公民的合法的自由和权利。"换言之，示威游行如果损害了国家、社会、公民的合法权益，有关部门应依法予以追究。但这不是一般法对宪法保护目的的违逆，而是因为不正当的示威游行在宪法上也是违法的。

所以，在刑事司法中处理某一案件时，在符合刑法规定的基础上，可先不顾忌其他法律对该具体行为的态度，对该行为的违法性作出独立判断。在这一步骤完成后，接着再考虑该行为在宪法上是否违法。当这些不同法律存在价值或目的上的冲突时，司法人员在具体规范之上的目的层面，就必须往返于不同法律之间，以妥善解决法律体系中的目的冲突。可以得知：宪法的保护目的高于刑法，因此刑法的违法性判断应当与宪法保持一致；而刑法与民法、行政法的保护目的不存在层级上的差异，所以，它们在违法性判断上也是相对独立的。

三、刑事司法对违法性的独立、实质判断

违法多元性理论要求各部门法对违法性作独立的判断,这表明,刑法对违法性的认定除了不能与宪法精神相违背外,与其他法律的违法性认定是互不干涉的。此外,法律是由语言构成的,同一概念和要素在不同法律中表征着不同程度的违法性,也是违法多元性的一个具体表现。

(一)刑事违法不以前置法对违法的认定为根据

前置法上的不法认定,不能直接传递给刑法,作为刑事不法的判断依据。不能认为在前置法上违法的行为,在刑法上也是违法的。相反,前置法规范对行为合法的认定,同样不能直接得出该行为不具备刑事违法性的结论。质言之,刑事违法性的判断必须独立于其他法律之外。正如我国学者正确地指出:"行政法的规定以及行政机关对案件事实与处理结论的认定,只具有作为认定犯罪线索的意义;刑事司法人员必须根据刑法的特点对构成要件要素、案件事实进行独立判断,独立作出处理结论,不得将行政责任的认定结论与根据直接作为刑事责任的认定结论与根据。"①根据这一论断,可合理得出以下结论:司法机关认定为行政违法的,刑事上可能认定为合法也可能认定为违法;司法机关认定为行政合法的,结论也是相同的。同样,对于民法与刑法对违法的认定关系也是如此。正确的解决方式是,根据案件的具体事实,对行为的社会危害性作实质性的分析。

在实践中,前置法认为合法的行为,在刑法上通常不具有违法性。这并不是基于违法一元论得出的结论,而是基于根据法律规定和具体事实所作的社会危害性判断得出的实质性结论。例如,全国人大常委

① 张明楷:《避免将行政违法认定为刑事犯罪:理念、方法与路径》,载《中国法学》2017年第4期。

会2013年12月28日通过《关于修改〈中华人民共和国公司法〉的决定》,将注册资本实缴登记制改为认缴登记制。在这种情况下,即便全国人大常委会没有通过《关于〈中华人民共和国刑法〉第一百五十八条、第一百五十九条的解释》,对于在认缴制公司虚报注册资本、虚假出资的行为,也不能认定为刑事违法。理由在于:(1)既然该行为被公司法所认可,就不存在社会危害性,因为该行为根本没有破坏这两个罪名所要保护的社会关系,即公司、企业的管理秩序。(2)虚假出资罪为行政犯,以"违反公司法的规定"为必要,因此认定该种行为不构成犯罪,是基于罪刑法定原则所得出的必然结论。但需要指出的是,上述情况并不是绝对的,前置法认为合法的行为,在刑法上同样可能是违法的。前置法上的认定只具有为刑事违法的认定提供线索作用,而决不能省去实质的判断,直接将其充当刑事违法认定的结论。如前所述,在借贷合同具有民事效力的场合,同样不妨碍相关犯罪的认定。这充分肯定了刑事违法不以一般违法为直接依据的基本命题。

(二)刑事违法应在规范保护目的指引下作独立、实质的判断

1. 对概念判断的独立性

刑法与其他部门法背后的规范保护目的的差异,决定了相同的术语或概念之于不同法律规范,具有不同的意义。若要正确把握刑法概念与其他法规范上相同概念的意义区别,必须对它们在规范保护目的的解释下作实质的解释和限定。

比如"占有",如前所述,民法理论对金钱采取占有即所有之观念。倘若将民法确立的金钱占有和所有关系直接引入刑法中来,就意味着受托人不能成立以金钱为对象的侵占罪,这显然是不合适的。刑法上对占有的解释不能离开刑法在整个法律体系中的地位和刑法设立侵占罪的目的,"刑法学说认为,与民法中将占有与所有权一致化相对,刑法为了保护寄托人与受托人之间的委托信任关系,应考虑

认可由委托人享有所有权"①。在这里,刑法和民法的规范保护目的并不冲突,在赋予占有概念不同意义的前提下,得出不同结果是顺理成章的。

再如"枪支",公安部2010年12月7日印发的《公安机关涉案枪支弹药性能鉴定工作规定》指出:"对不能发射制式弹药的非制式枪支,按照《枪支致伤力的法庭科学鉴定判据》(GA/T 718－2007)的规定,当所发射弹丸的枪口比动能大于等于1.8焦耳/平方厘米时,一律认定为枪支。"在实践中,正是依据这一规定,赵春华因摆设射击摊位被直接认定为非法持有枪支罪。但是,作出刑法违法判断的直接依据是行政法律法规,这种做法是有待商榷的。在某些场合,行政法与刑法的规范保护目的并不相同。就对枪支的认定标准而言,刑法应当比行政法严格得多。形成这种区别的根本理由就在于,行政法是为了加强对社会的管控,防止人们对枪支恐惧的蔓延,而且行政法规定的责任较轻,将致伤力较小的枪支纳入管制范围,也不违背国民的法情感。刑法规定的非法持有枪支罪,其本质目的是预防枪支对不特定人生命健康造成的威胁,这种威胁是实质的而不是出于惊恐幻想出来的,一旦发生,将不会像致伤力较小的仿真枪那样只是虚惊一场,而是实实在在的非死即伤。据此,从规范保护目的的角度出发,刑法在对枪支进行认定时,必须作出缩限解释。只有那些能对人的生命健康造成实质杀伤的,才能认定为枪支,持有那些仅具有1.8焦耳比动能的"远远不能击穿人体皮肤"②的枪支,则理当不能认定为刑法上的枪支,当然也不具有刑事违法性,然而,持有行为仍可被纳入行政法的管控范畴。

2.对整体的评价要素判断的独立性

如果不考虑罪量要素,我国刑法规定的很多犯罪行为与行政法

---

① ［日］佐伯仁志、［日］道垣内弘人:《刑法与民法的对话》,于改之、张小宁译,北京大学出版社2012年版,第9页。

② 李刚、姚利:《枪弹痕迹的法庭科学鉴定现状与未来》,载《警察技术》2008年第1期。

规定的违法行为，在行为模式上是一模一样的。我国刑法中大量存在将“情节严重”“情节特别严重”“情节恶劣”“情节特别恶劣”等情节要素作为构成要件的犯罪。在司法上如何辨别刑法中的情节要素和行政法上的情节规定，成为正确区分刑事违法和行政违法的必由之路。

我们的基本主张是，将规范保护目的作为指引，在刑法的特定框架下以社会危害性为标准，对行为的违法性作实质、独立判断。例如，我国《刑法》第 144 条规定了生产、销售有毒、有害食品罪，其构成要件设定为“在生产、销售的食品中掺入有毒、有害的非食品原料的，或者销售明知掺有有毒、有害的非食品原料的食品的”。我国《食品安全法》也明确规定了生产、经营有毒、有害食品的行政责任，并且根据情节一般和情节严重，分别配置了两个不同档次的行政处罚标准。[①]《食品安全法》预设的行为类型和对象完全覆盖了刑法设定的行为类型和对象，[②]在此场合，倘若认为情节一般和情节严重的生产、销售行为只具有行政违法性而不具备刑事违法性，那也就意味着只有情节特别严重的情形，才属于食品安全犯罪。但需指出的是，生产、销售有毒、有害食品罪是抽象的危险犯，抽象危险犯上的构成要件设置是一种保护法益前置的措施，[③]立法者的目的是通过这种立法技术来保证刑法的提前介入从而及时防范风险。仅将情节特别严重的生产、销售行为认定为刑事违法，显然违背了立法者的初衷。所以反过来，从立法目的出发，对于某些情节严重甚至情节一般的生产、销售行为，就应当认定为刑事违法行为。刑法将生产、销售有毒、有害食品罪规定为抽象的危险犯，给司法机关区分刑事违法和行政违法带来了困惑。对于生产、销售有毒、有害食品行为，刑法上没有以情节严重作为构成要件要素，而《食品安全法》却规定了情节严重的情形。这种立法上的交错带给人的错

---

① 参见《食品安全法》第 123 条。

② 在行为类型上，刑法规定的是生产、销售行为，《食品安全法》规定的是生产、经营行为，销售行为显然只属于经营行为的一部分。

③ 参见高巍：《抽象危险犯的概念及正当性基础》，载《法律科学》2007 年第 1 期。

觉就是,情节严重的生产、销售有毒、有害食品行为由行政法予以处罚,而情节一般的生产、销售有毒、有害食品行为,却升格到了犯罪的程度。这显然与刑法谦抑性原理和国民的法常识相违背。消解这种困惑和矛盾的途径是,将情节要素放置于特定的法规范中作独立、实质性的理解,而不能武断地认为,行政法上的情节严重就是刑法上的情节严重,更不能将行政法上的情节严重直接作为认定刑事违法的根据。

相同概念和要素在不同部门法中的含义不同,是由不同部门法所追求的目的不同决定的。行政法的首要目的是维护国家的秩序,就其惩治生产、经营有毒、有害食品行为而言,诚然不能否认它具有保护国民生命健康的功能。[①] 但是,对这一功能同样应当放在行政法律体系的整体目的中去理解。"行政意味着管理。"[②]在这个意义上,行政法实际上是一部管理法,其根本目标在于通过行政机关的依法管理活动实现良好的社会秩序。行政法惩治生产、经营有毒、有害食品行为,是为了保障国民健康、安全地享用食品的秩序,至于惩罚和预防这种行为带来的现实危险,则超出了行政法的功能范畴。这种更深层次的社会风险,在现实中是由刑法来调控的,这也是刑法作为二次违法规范应有的担当。申言之,《食品安全法》中的情节严重,应更侧重于对秩序的妨害,而刑法上的情节严重,则更侧重对国民生命健康权利的实质性侵害和危险。例如,某公司生产了大量有毒、有害食品,在投入市场之前,由于工商部门的严查,这种食品在市场上没有需求,该公司遂将这些食品存放在仓库中,并转型生产其他合法产品。在该案中,尽管该公司生产的有毒、有害食品数量庞大,但由于这些食品不可能进入市场,也就不可能具有危害国民身体健康的可能性,因此没有认定为刑事违法的必要。但是,生产数量庞大却可能成为行政法上认定情节严重的事实依据,因为这对食品生产秩序造成了严重破坏。所以,按照情节严重的情

---

① 我国《食品安全法》第1条规定了该法的目的:"为了保证食品安全,保障公众身体健康和生命安全,制定本法。"

② 姜明安主编:《行政法与行政诉讼法》(第5版),北京大学出版社、高等教育出版社2011年版,第70页。

形处以行政处罚是合理的。

再如，根据我国《反恐怖主义法》的规定，“强制他人在公共场所穿戴宣扬恐怖主义、极端主义的服饰、标志”，“情节轻微”的，应当承担相应行政责任。[①] 但问题在于，根据我国《刑法》第37条，“对于情节轻微不需要判处刑罚的”，只可以免予刑事处罚，而通常不能否认构成犯罪。于是，在面临“情节轻微”的强制穿戴宣扬恐怖主义、极端主义服饰、标志的行为的，到底是根据行政法的明文规定认定为行政违法，还是按照刑法的规定认定为刑事违法，司法机关就会陷入两难境地。实际上，破解这种矛盾的有效途径，就在于对行政法上的“情节轻微”和刑法上的“情节轻微”作在不同法域语境下的实质、独立的判断。基于行政法的管理性特征，所谓“情节轻微”的强制穿戴行为，不应包括足以压制反抗的暴力、胁迫以及其他具有相当严重程度的行为。相反，刑法将该罪放在“危害公共安全”这一章之下，显然是为了防止对不特定人的生命健康造成危险，这也就意味着对“情节轻微”作出了更高的要求，必须达到压制被害人反抗的程度。易言之，对于不足以压制被害人的强制，可以认定为《反恐怖主义法》上的“情节轻微”，但不足以认定为刑法上的“情节轻微”。

四、同一行为事实触犯不同法律的归责原则

在违法多元性看来，对于同一行为事实，既可能具有一般违法性，也可能具备刑事违法性。但问题在于，司法机关在处理刑法与其他法律交错的案件时，是只能判处行为人择一承担刑事责任或其他法律上的责任，还是可以让行为人聚合地承担刑事责任和其他法律责任？如果只能择一地承担某种责任，那么选择承担这种责任而抛弃另一种责任的判断标准是什么？对此有必要进一步研究。

① 参见《反恐怖主义法》第80条。

(一)同一行为事实违反规范保护目的不同的法律可判处聚合责任

1. 民刑交错案件

民法和刑法通常具有不同的保护目的,这是由刑法的公法性和民法的私法性决定。“民法‘向后看’的特征意味着民法注重对受损利益的补偿,而法益损害的事实在刑法中却成为探求事实行为刑法意义的出发点,强调在惩罚中维护社会共同信念和集体情感。”①质言之,民法的目的是对平等主体间的权利义务关系的调整,突出的是对交易的保护功能和对民法主体的救济功能。刑法调整的是国家与国民、国民与国民在互动纠缠中形成的社会关系,它基本以禁止性规范的面貌呈现在国民面前,这种最严厉的法规范一般赋予国民“不得为某种行为”的义务,其主要维护的是具有整体意义的社会关系、是一种普遍性的国民情感。这种“公”与“私”的目的可以互相协调,就决定了为了达到这种目的的刑事责任和民事责任能够并存。

在审判实践中,行为人针对同一行为事实而被提起刑事附带民事诉讼的情况并不鲜见。在法律规定上,针对同一类型的行为事实,我国刑法和民法也有较多同时规定刑事责任和民事责任的适例。例如,我国《民法典》第 181 条第 2 款规定了防卫过当的民事责任:“正当防卫超过必要的限度,造成不应有的损害的,正当防卫人应当承担适当的民事责任。”我国《刑法》第 20 条第 2 款亦对防卫过当的刑事责任作出了明确规定:“正当防卫明显超过必要限度造成重大损害的,应当负刑事责任,但是应当减轻或者免除处罚。”民法上的防卫过当的范围明显大于刑法上的防卫过当范围,满足刑法评价上的防卫过当,显然也满足民法上的防卫过当。因此,当行为人因防卫过当承担刑事责任时,被防卫人或其利益相关人有理由依法让防卫人承担相应的民事责任。此外,

① 刘凤科:《刑法在现代法律体系中的地位和特征》,人民法院出版社 2007 年版,第 8 页。

类似的立法还广泛存在于《民法典》侵权责任编和刑法规定的危害公民人身权利、民主权利犯罪中。之所以能够使行为人因同一侵害行为同时承担刑事责任和民事责任，依据就在于，民事侵权责任是为了救济而不是制裁，①而刑事责任的重要机能则包括制裁和威慑。在这个意义上说，让行为人同时承担刑事责任和民事责任，实现了体系上不同法律间功能的互补，两者不仅不相冲突，而且具备相当的必要性。

2. 行刑交错案件

能否让行为人就同一行为事实同时承担行政责任和刑事责任，在得出结论之前，首先成为问题的是，这是否违背一事不再罚原则？对此，我国有学者持肯定意见："坚持刑事处罚与行政处罚并重的原则，自然就存在将一个行为既评价为犯罪又评价为行政违法的重复评价问题。"②我们认为，对这一问题的回答不是绝对的，更科学的思路应当是根据行为所触犯的行刑法律条文背后的规范保护目的是否相冲突而定：如果两者所保护的目的是一致的，那么行为人承担一种责任即已足够；如果两者的保护目的存在差异，则令行为人同时承担两种责任则是合理且必要的，不存在重复评价的问题。鉴于刑法和行政法都具有公法的性质，若将公法与私法的界限划定为前者是以保护国家及社会利益为目的之法律，而后者是保护私益之法律，③则认为在通常情况下，刑法和行政法的保护目的具有一致性大抵是成立的。在公法上，由于同一行为类型一般指向的是同一国家和社会利益，故对同一利益存在的量上的区分，构成了刑事责任和行政责任的分野。所以，在终局意义上使行为人承担一种责任就能够充分实现保护国家和社会的使命。

但关键在于，法律上的行为有时候轮廓是不清晰的，一个犯罪行为从预备到完成完全有可能包含数个自然行为。例如，盗窃罪在预备阶

① 参见王利明：《我国〈侵权责任法〉采纳了违法性要件吗？》，载《中外法学》2012年第1期。

② 姜涛：《抽象危险犯中刑、行交叉难题的破解——路径转换与立法创新》，载《法商研究》2019年第3期。

③ 关于公法与私法的区分，相关见解参见车浩：《刑法教义的本土形塑》，法律出版社2017年版，第90页。

段就可能涉及违规配置钥匙的行为。这一行为在裁判时虽然置于盗窃罪的评价中,但是,盗窃罪重点保护的利益是处于国家整体秩序中的公民静态的财产权;而处罚违规配置钥匙则是为了防范可能在社会上出现的各种风险,维护社会稳定。从这个角度看,行政法基于其提前介入的特征,可以视为犯罪的预防法。由于一个行政条文所要预防的风险,最终可能演变成多种形式的犯罪,因此就这一意义而言,某些场合下刑法的保护目的与行政法的保护目的并不呈现严格的一一对应关系,而是一对多的关系。鉴于此,我们的修正观点是,原则上,"行政秩序法应不得与刑罚进行并罚,当实施其中一种处罚即可达目的时,就禁止再施以他种处罚"。

例如,我国《刑法》第 264 条将多次盗窃规定为盗窃罪的一种行为类型,按照 2013 年最高人民法院、最高人民法院联合公布的《关于办理盗窃刑事案件适用法律若干问题的解释》第 3 条第 1 款的规定,多次盗窃是指两年内盗窃三次以上。显然,若前两次盗窃已经受到刑罚处罚,则第三次未达起刑点的盗窃不应认定为犯罪。但是,前两次仅受到治安处罚的盗窃,仍然可以计算在内,因为行政处罚和刑法处罚的性质不同,对此不存在重复处罚的问题。① 探其根源,就在于两者的保护目的不同,行政法处罚盗窃行为主要是为了维护社会安定秩序,而刑法处罚盗窃行为是为了保护公民财产权和对盗窃犯罪形成有效预防。

(二)同一行为事实违反保护目的相同的法律只判处择一责任

对于同一行为事实同时触犯刑法和其他部门法,且不同法律规范背后的保护目的相同的,在能够实现保护目的的基础上,使行为人承担刑事责任即可。前文已经论及,如果某一部门法未对某行为赋予作为后果的制裁,那该行为就不是该部门法上的不法行为。有人或许会提出疑问:在同一行为同时触犯刑法和其他部门法时,在规范保护目的相

① 参见张明楷:《刑法学》,法律出版社 2016 年版,第 953 页。

同的情况下，只判令行为人承担刑事责任而免于其他部门法的处罚，是否等同于承认该行为在其他部门法上是合法的呢？事实上，这一说法是难以成立的。最终仅判处行为人承担单一的刑事责任，关键是考虑不同部门法的保护目的相同，对其择一重处理，完全可以一举两得实现不同法律的保护目的，这跟其他部门法没有对该类行为规定制裁后果是有明显区别的。

在说明了这一问题后，接下来最重要的问题是，对于同一行为事实，如何确定它是属于刑事违法还是只属于一般违法？

1. 界分刑事违法和一般违法的理论

关于如何区分刑事违法和一般违法，刑法学界有以下几种比较有影响力的学说。

（1）以法益侵害程度作为一般的标准。“犯罪行为从其本质上而言是侵害法益。”①当然，保护法益并不仅是刑法特有的功能，刑法基于最后保障法的定位，“并不处罚所有的法益侵害行为，只是处罚严重的法益侵害行为”②。换言之，对于形式上符合构成要件、实质上不值得科处刑罚的轻微法益侵害行为，应当排除在犯罪之外。因为对于这类行为，利用其他法律调整就足够了。

日本有学者认为，“应该如何开展刑民关系的实体性考察，取决于成为问题的犯罪的保护法益”③。进言之，刑事违法与其他法律违法的分野，关键落脚于行为侵犯法益的种类和程度上。但是，在当前我国刑事立法前置化的趋势下，以法益侵害理论作为区分刑事违法与其他违法的工具，也面临合理性的诘问。正如德国学者指出的，“随着对一种显著区别于刑法迄今所对付的所有危险和威胁的认识的不断增加，将刑法限制于保护可衡量的法益成为一种毫无希望的做法，因为这种威

① ［德］约翰内斯·韦塞尔斯：《德国刑法总论》，李昌珂译，法律出版社2008年版，第9页。

② 张明楷：《避免将行政违法认定为刑事犯罪：理念、方法与路径》，载《中国法学》2017年第4期。

③ ［日］佐伯仁志：《刑法与民法的对话》，于改之译。转引自于改之：《法域冲突的排除：立场、规则与适用》，载《中国法学》2018年第4期。

胁是由人类实施的、对现实生活基础不间断的毁灭"[①]。在风险社会中,法益理论在传统社会中被追捧的价值逐渐跌下神坛,当前的法益走向稀薄化、精神化,使刑事违法与其他违法特别是行政违法的界限变得越来越模糊。在很多情形下,法益理论由于不能提供明确的区分标准,司法人员在刑事违法与行政违法的过渡地带,对行为的定性将会踌躇不定。质言之,法益侵害理论在刑事违法和其他违法的区分上,在某些情况下也会失灵,也是不可靠的。

(2)以严重脱逸社会相当性理论作为界分标准。严重脱逸社会相当性是指行为脱逸社会相当性(违法性)的程度危及社会共同体的存续,从而达到了值得科处刑罚程度的质与量的违法性。在判断是否严重脱逸社会相当性时,应当综合考量侵害法益性质的重大性、法益侵害的程度、法益侵害的急迫性与盖然性、行为目的的正当性、行为手段的正当性以及行为样态的微异性。[②] 需要指出的是,该理论采取了质与量的二分判断法:所谓"量",意指行为在构成违法的基础上,侵害的法益以及行为样态危及社会共同体的生存,从而达到值得刑法惩罚的程度;所谓"质",是指行为虽在"量"上未达到值得刑罚的程度,但其违法内容与实质已危及社会共同体的存续,从而达到了值得惩罚的程度。[③]

我们认为,所谓的严重脱逸社会相当性理论本质上无异于法益侵害理论,只是对法益侵害理论在概念上的改造而已。前者提出的6个违法性考量因素,法益侵害理论在不同程度上同样会考虑。严重脱逸社会相当性理论并没有任何优越于法益侵害理论的地方。而且,这一观点自身也存在理论上的缺陷:其一,该理论与一般哲学原理相悖。该说认为,行为即使未达到"量"的要求,只要违法内容与实质危及社会共同体存续,就值得刑法惩罚。但是,这种说法显然人为地割裂了

---

① [德]冈特·施特拉腾韦特、[德]洛塔尔·库伦:《刑法总论Ⅰ——犯罪论》,杨萌译,法律出版社2006年版,第32页。

② 参见于改之:《刑民交错案件的类型判断与程序创新》,载《政法论坛》2016年第3期;于改之:《刑民分界论》,中国人民公安大学出版社2007年版,第228~238页。

③ 参见于改之:《刑民交错案件的类型判断与程序创新》,载《政法论坛》2016年第3期。

"质"与"量"的关系。违法内容与实质达到了危及社会共同体存续的程度,就意味着行为发生了质变,在这种情况下,该说却认为没有达到"量"的要求,就等于承认存在没有量变基础的质变。这显然违背了量变与质变的关系原理。如果换一种理解,即假如该说想表达的是,对于法益侵害严重、单个行为就足以威胁社会共同体的存续的行为,这种行为即使量很小,也可达到值得刑法处罚的程度。这种说法看似可以成立,但问题是,"量很小"跟"量未达到值得惩罚的程度"存在本质区别。在刑法上,杀害一个人就达到值得刑法惩罚的程度,一个人可以说量很小,但是,这绝不等于"没有达到值得惩罚的程度";恰恰相反,一个人完全达到了值得惩罚的程度。这也说明了质与量的关系是统一的。其二,该说中的"质"与"量"的关系似乎捉摸不定。该说认为,未达"量"但满足"质"的要求具备刑事违法性,达到"量"且满足"质"的要求也具备刑事违法性。据此,在满足"质"的条件下,有没有达到"量"的要求根本不影响违法性判断。所以,这一判断标准完全可以简化为行为在"质"上符合条件,就达到值得刑法惩罚的程度,"量"的要素在这个标准中就纯属多余。其三,以"危及社会共同体"作为刑事违法性的要素太过于严格。将这一特征用来描述自然犯的违法性不存在问题,但是,行政犯是否达到了"危及社会共同体"的危害程度,却不无疑问。若持否定答案,则必然得出行政犯不具有刑事违法性的结论,这显然与我国立法现实不符。

2. 以社会危害性作为区分标准

"衡量犯罪真正的标尺,即犯罪对社会的危害。"①我们认为,以社会危害性作为划分刑事违法和一般违法的界限是合理的。

其一,社会危害性理论与我国的刑法理论天然融合,不同于法益侵害性,它内生于我国的刑法理论,是我国刑法理论发展的基石,长期以来在我国形成了深厚的理论积淀。我国《刑法》第 13 条规定的混合犯罪概念,确立了社会危害性理论在犯罪认定中的地位,明确了社会危害

---

① [意]贝卡里亚:《论犯罪与刑罚》,黄风译,中国大百科全书出版社 1993 年版,第 25 页。

性、刑事违法性、应受惩罚性是犯罪的三大基本特征。我国刑法理论通说认为,社会危害性是犯罪的最基本、实质特征,任何犯罪都必须具备相当的社会危害性;行为不具备社会危害性或者只具备较小的社会危害性,则不能认定为犯罪。[①] 鉴于此,以社会危害性作为刑事违法与一般违法的界限是相对清晰的。行为具有相当的社会危害性,可认定为犯罪;反之,则至多认定为一般违法行为。

其二,学界目前对社会危害性理论的批评是站不住脚的。近年来,学界对社会危害性理论争论颇多,有观点甚至提出应将社会危害性概念驱逐出注释刑法学领域,以法益侵害性作为犯罪的本质特征并取代社会危害性。[②] 我们认为,法益侵害性与社会危害性没有本质上的区别,两者都是对犯罪实质的描述,社会危害性所有的不具规范性、缺乏实体性的缺陷,[③]发展到现在的法益理论也无法避免。两者的区别,说到底是不同的法学理论语境对术语的选择上的区别。事实上,任何实质性的概念都具有不同程度的抽象性和模糊性,它的适用有赖于尽量明确的理论构建,并在构建的理论下结合具体事实进行分析和判断。概言之,这些缺陷尽管存在,但这并不成为我们否弃它的理由,因为这些缺陷是任何理论都无法避免的,其他理论并没有在这方面超过它的优势。不过,细观我国的刑事立法、司法和刑法理论可知,社会危害性理论具有强大的生命力,就与我国实践的契合度而言,法益侵害理论与社会危害性理论是不可比拟的。这种现实的考虑,也成为我们支持以社会危害性理论作为刑事违法和一般违法的划分工具的依据。

还有学者主张,应以刑事违法性代替社会危害性作为犯罪的本质特征。否定社会危害性的基本依据是:刑事违法行为和一般违法行为

---

① 参见高铭暄、马克昌主编:《刑法学》(第3版),北京大学出版社、高等教育出版社2007年版,第51页。

② 参见陈兴良:《社会危害性理论——一个反思性检讨》,载《法学研究》2000年第1期。

③ 参见李海东:《刑法原理入门:犯罪论基础》,法律出版社1998年版,第8页。

都具有社会危害性,因此两者的本质区别不在于社会危害性的有无;以社会危害性为犯罪本质特征,在现实中造成的结果是,当刑事违法性与社会危害性不一致时,社会危害性会起决定作用,导致司法上背离罪刑法定原则随意入罪。但这种观点值得进一步商榷。一方面,诚然,任何违法行为都具有社会危害性,但是,刑法上的社会危害性应当放置于犯罪基本特征的整体框架下进行考察,而不是进行孤立的考察。换言之,刑法上的社会危害性必须与刑事违法性与应受处罚性互相印证,而不是孤立存在的。这里的社会危害性其实隐藏了限定词"相当的"、"严重的"或者"应受处罚的",刑法上的社会危害性,其实是"相当的社会危害性"、"严重的社会危害性"或"应受处罚的社会危害性"。① 另一方面,刑事违法性与社会危害性理论相冲突时社会危害性理论会起决定作用,这一批评纯属无中生有。即使在我国传统刑法理论视野下,也没有任何观点主张忽略罪刑法定原理而直接根据行为的社会危害性入罪。换言之,行为入罪必须同时经过三重过滤,即必须同时具备社会危害性、刑事违法性与应受处罚性。行为仅有社会危害性而不符合其他两个特征,当然不能认定为犯罪,这种批评无疑是对社会危害性理论的强加之罪。

其三,在当前我国刑法学界,主张以社会危害性理论作为区分刑事违法与一般违法的界限,也大有人在。例如,鉴于社会危害性理论在我国立法、司法实践中的广泛适用,我国有学者明确倡议:"在一个完美的界分犯罪与民事不法标准提出前,对社会危害性的立场应予坚持。"②可见,且不说学界主张"善待"社会危害性的呼声很高,③仅就作为区分刑

① 参见齐文远、周详:《社会危害性与刑事违法性关系新论》,载《中国法学》2003年第1期。

② 朱铁军:《刑民实体关系论》,上海人民出版社2012年版,第197页。

③ 比较有影响力的肯定社会危害性理论的观点,参见储槐植、张永红:《善待社会危害性观念——从我国刑法第13条但书说起》,载《法学研究》2002年第3期;赵秉志、陈志军:《社会危害性理论之当代中国命运》,载《法学家》2011年第6期;刘艳红:《社会危害性理论之辨正》,载《中国法学》2002年第2期;苏彩霞、刘志伟:《混合的犯罪概念之提倡——兼与陈兴良教授商榷》,载《法学》2006年第3期;等等。

事违法和一般违法的工具而言,社会危害性理论在我国也并未丧失理论根基。

概言之,将社会危害性理论作为界分一般违法和刑事违法的界分工具,在我国当前的刑法语境下,既保持了我国普遍接受的刑法理论内部体系的和谐与融洽,又没有丧失我们期待它发挥的界分功能,因此相对而言是合理的。

五、结　语

基于法秩序统一原理,刑法学界在违法性判断上通常赞同严格的违法一元论,或者对严格的违法一元论稍作修正的缓和的违法一元论。然而,事实证明,基于逻辑统一性的法秩序统一原理的传统理解,与社会矛盾的多样性的现实存在不可调和的矛盾,进而导致逻辑上的法秩序统一原理不可能在所有法律体系中贯彻到底。法秩序统一原理的着眼点应当从逻辑统一性转向目的或者价值的统一性。如此一来,违法多元性理论就不与法秩序统一原理相抵触,而是具有契合性。违法多元性的基本观点是,某行为是否具备刑事违法性,应在刑法视野下作独立实质的判断,并不以其他法律的判断为参照和依据。经过谨慎的论证,我们证明了违法多元性理论具有坚实的理论依据,一言以蔽之,它既可以合理说明严格违法一元论和缓和违法一元论可以说明的问题,也可以合理解释上述两个理论无法解释的复杂情况。

根据违法多元性理论,可以推出以下两个论断和要求:(1)刑事违法不以前置法对违法性的判断为依据;(2)在刑事司法中,应当对包括具体概念、情节等构成要件要素作实质、独立判断。在归责上,对于同一行为事实触犯刑法和保护目的相同的其他规范时,对行为人判处刑事责任即可;对于同一行为事实触犯刑法和保护目的不同的其他规范时,则可对行为人判处聚合责任。最后必须指出的是,对刑事违法性判断必须受到宪法精神和目的的限制。具体而言:当宪法认为是非法的行为,刑法依法不认为是犯罪不存在问题;但当在宪法上是合法的行为甚至是行使公民基本权利和自由的行为,而刑法通过独立判断本可认定为刑事违法时,刑法一般应放弃独立判断的权力,应与宪法评价保持一致,认为该行为是合法的。

Study on The Theoretical Basis and the Principle of Imputation of Illegal Diversity

Wang Xiumei & Dai Xiaoqiang

[**内容摘要**]在违法性判断的问题上,是坚持严格的违法一元论还是缓和的违法一元论,抑或违法多元论,在刑法理论上聚讼颇多。法秩序统一原理应当在目的层面作实质性理解,而不应仅停留在逻辑层面作形式性理解。在规范保护目的解释下的违法多元性理论并不违反法秩序统一原理。在司法实践中,应当对违法性进行合目的的实质、独立的判断,这意味着:在民法和行政法上具有违法性的行为,未必具有刑事违法性;而在民法和行政法上不具有违法性,在刑法上也可能具有违法性。对于同一行为事实同时触犯了刑法和其他部门法,若不同法规范保护目的是一致的,则在达成该目的的前提下,行为人只承担择一的责任;若不同规范保护目的不一致,则应兼顾不同保护目的,使行为人承担聚合责任。在前一种情况下,确定行为人是承担刑事责任还是其他责任,同样需要根据社会危害性标准对行为进行和目的的实质、独立判断。

[**关键词**]法秩序统一原理;违法多元性;违法一元性;规范保护目的

Abstract: On the issue of illegal judgment, whether it is to adhere to the strict illegal monism or to moderate the illegal monism, or the illegal pluralism, there are quite a lot of criminal law theory. The principle of unification of law and order should be substantively understood at the level of purpose, and should not be merely at the logical level for formal understanding. The theory of illegal pluralism under the interpretation of normative protection purposes does not violate the principle of unification of law order. In judicial practice, the substantive and independent judgment of the illegality should be made. This means that illegal behavior in civil law and administrative law may not be criminally illegal in criminal law; but in civil law and administrative law. There is no illegality in the law, and it may also be illegal in criminal law. If the same behavioral facts violate the criminal law and other departmental laws at the same time, if the purpose of the protection of the different laws and regulations is the same, then the actor will only assume the responsibility of choosing one if the purpose is achieved; if the purpose of the different norms is inconsistent, then Taking into account different protection purposes, the actor is responsible for the aggregation. In the former case, it is determined whether the perpetrator is criminally liable or otherwise responsible, as well as the substantive and independent judgment of the conduct and purpose of the act according to the socially harmful criteria.

Keywords: Principle of Unity of Law Order; Illegal Pluralism; Illegal Unification; Protection Purpose of Norm

轻重犯罪分离的标准研究*

刘传稿**

目　　次

近年来,我国刑法立法不断降低犯罪门槛,扩大犯罪圈,导致轻罪犯罪数量不断增加,犯罪结构已发生显著变化,即轻罪数量和轻刑比例不断上升,重罪数量和重刑比例不断下降,使我国犯罪结构已成为轻罪主导的模式。特别是2019年以来,全国检察机关起诉的刑事案件和一审法院审理的刑事案件中,危险驾驶罪已成为占比最高的犯罪,充分表明我国的犯罪治理已进入轻罪时代。在这种背景下,犯罪治理不宜继续沿用以前重罪主导的模式,刑法立法有必要对此进行及时的回应,以适应新时代犯罪治理的需求。2019年1月15日至16日,习近平总书记在中央政法工作会议上指出:"要深化诉讼制度改革,推进案件繁简分流、轻重分离、快慢分道。"①在轻罪时代,刑事诉讼制度改革的关键

* 本文系国家社会科学基金一般项目"轻罪背景下犯罪分类治理研究"(批准号22BFX172)的阶段性成果。

** 首都经济贸易大学法学院副教授,法学博士、博士后。

① 《习近平出席中央政法工作会议并发表重要讲话》,载《旗帜》2019年第2期。

在于刑事案件的繁简分流。刑事案件的繁简分流仅靠刑事诉讼法的快慢程序分道是难以实现的,需要刑法对犯罪进行轻重分离,二者形成合力才能实现刑事诉讼制度改革的目标。2018年修改的《刑事诉讼法》规定了不同的诉讼程序,基本实现了"快慢分道",但由于犯罪的轻重分离涉及的问题比较复杂,一直没有深入推进。刑法立法的缺位既加重了刑事诉讼法的负担,也影响了犯罪治理的效果。基于此,本文力图对轻重犯罪分离标准的相关内容进行探讨,以推动轻重分离理论的发展和刑法立法的践行。

一、轻重犯罪分离的必要性

(一)现有犯罪体系明显滞后

新中国成立后,我国在不法行为的治理方面一直坚持行政违法和刑事违法的二元制治理模式。在二元制治理模式下,刑法规定的犯罪大都是危害性较大的不法行为,与之相对应的刑罚也比较严厉。与域外刑法相比,我国刑法罪名偏少、刑罚偏重,导致刑法体系"小而重"、刑事法网"厉而不严"。近年来,随着社会的快速发展,刑法保护的范围渐呈扩张之势,致使新的犯罪(特别是轻微犯罪)不断增加,犯罪圈日益扩大。从刑法立法的视角分析,一种不法行为之所以被规定为犯罪,是因为该行为具有刑法上的社会危害性。随着时代的变迁,社会危害性的内涵也在不断变化,有的行为在某一时期会被认为不具有刑法上的社会危害性,但在另一个时期则可能会被认为具有刑法上的社会危害性,反之亦然。近年来,原来诸多社会危害性较小的行政不法行为已逐渐被升格为犯罪行为,这种犯罪化的立法趋势使我国传统"重罪重刑"的立法模式逐步向"轻罪轻刑"的立法模式演进。犯罪化和犯罪体系看似两个不相关的问题,实则具有紧密的关联性。犯罪化中出现的新罪名主要有三类:第一类是原有的行政不法行为,如醉驾型的危险驾驶罪;第二类是原来不具有刑法层面的社会危害行为,随着社会的发展有必要以犯罪来论处的行为,如非法引进、释放、丢弃外来入侵物种罪;第三类是新出现的危害社会的行为,如非法植入基因编辑、克隆胚胎罪。可见,犯罪化不仅具有罪与非罪的行为规制机能,而且具有轻重不同的法益保护机能。罪与非罪的标准和轻重犯罪区分的标准并非固定不变,随着社会的发展和犯罪治理的需要,罪与非罪的标准有时也会成为轻罪与重罪的标准,例如,在《刑法修正案(八)》实施以前,醉驾行为的危害性是罪与非罪的区分标准,而在《刑法修正案(八)》实施后,该危害性便成为轻(微)罪与重罪区分的标准。犯罪体系同时也涉及罪与非罪、轻罪与重罪的界分,因此,犯罪体系和犯罪化具有密切的关系。尽管我国现行刑法已经对犯罪进行了体系上的划分,依据社会危害性这一实质标准在分则部分将各种犯罪分为十类,但这种分类既不彻底也不精细。之所以不彻底,是因为分则的十类犯罪只是一个粗略的划分,而且没有贯彻严格的实质标准。根据实质标准,可将犯罪分为侵害国家法益、社会法益和个人法益的三大类犯罪,然后再根据法益的侧重点进一步细分,然而立法并未如此。例如,危害国家安全罪、危害国防利益罪、贪污贿赂罪、军人违反职责罪都是或者主要是侵害国家法益的犯罪,依照实质标准应当先后排列更为妥当,但却分散在了《刑法》分则中。之所以不精细,是因为没有在每类罪下面进行轻重的划分,轻重犯罪杂糅现象比较严重。例如,将醉驾型为主的危险驾驶罪放在了刑法分则第二章"危害公共安全罪"中,危害公共安全罪大多是危害性较重的犯罪,诸如放火罪、决水罪等,但醉驾型的危险驾驶罪是典型微罪,与同章的其他罪名相比,其社会危害性明显较小,致使第二章的体系不够协调。可见,刑法犯罪体系的分类总体上呈现粗线条的情形,这和当时"宜粗不宜细"的立法指导思想有关,①但和新时代"治理体系和治理能力的现代化"这一目标并不契合。从应然的视角出发,应当先根据一定的标准建立起犯罪体系,对犯罪进行精准分类,然后再进行犯罪化。犯罪化以后,根据已有的犯罪体系将新罪分到不同的类别内。

---

① 参见万其刚:《对"宜粗不宜细"的新思考》,载《法学杂志》1997 年第 6 期。

(二)刑事立法目标与刑事司法需求背离

尽管立法和司法是两个不同的话题,但二者相互影响,立法不精确会给司法适用带来困扰,司法中暴露出来的问题可以反证立法的不足。当前,我国的刑法立法目标是通过扩大犯罪圈、增设轻微犯罪罪名,实现刑法的轻罪化和刑罚的轻缓化,强化以宽缓的刑法参与社会治理。但司法实践却呈现轻罪化和重刑化的发展态势,与刑事立法目标背道而驰,这从我国的犯罪率和监禁刑适用率即可得到印证。犯罪率大致可以反映一个国家或地区的总体社会治安实况,犯罪率和监禁刑适用率应当大致成正比,即如果犯罪率比较高,就应当较多地适用监禁刑等重刑,反之亦然。笔者搜集了2014年至2018年部分国家和地区的犯罪数量和犯罪率,如表1所示。

表1 2014~2018年部分国家和地区犯罪人数和犯罪率

国家、地区	2014		2015		2016		2017		2018	
	犯罪数量/人	每10万人犯罪人数	犯罪数量/人	每10万人犯罪人数	犯罪数量/人	每10万人犯罪人数	犯罪数量/人	每10万人犯罪人数	犯罪数量/人	每10万人犯罪人数
加拿大	224, 136	628. 46	224, 051	621. 90	223, 375	613. 96	—	—	—	—
英国(英格兰和威尔士)	1, 211, 152	2109. 70	1, 241, 080	2144. 03	1, 231, 726	2109. 80	—	—	—	—
英国(北爱尔兰)	33, 051	1795. 76	31, 413	1696. 51	29, 912	1606. 33	23, 630	1263. 07	24, 921	1324. 43
英国(苏格兰)	1265	292. 04	1139	262. 42	828	190. 10	969	222. 04	759	173. 14
法国	642, 318	1000. 60	637, 490	989. 07	557, 075	861. 44	557, 762	860. 18	474, 515	730. 13
德国	748, 782	919. 31	739, 487	904. 16	737, 873	897. 72	716, 044	866. 27	712, 338	856. 95

续表

国家、地区	2014		2015		2016		2017		2018	
	犯罪数量/人	每10万人犯罪人数	犯罪数量/人	每10万人犯罪人数	犯罪数量/人	每10万人犯罪人数	犯罪数量/人	每10万人犯罪人数	犯罪数量/人	每10万人犯罪人数
日本	58,231	45.34	59,375	46.39	57,578	45.07	—	—	—	—
意大利	226,986	375.74	220,965	364.76	198,177	326.68	194,720	320.93	215,991	356.26
澳大利亚	307,003	1301.06	312,174	1304.39	315,367	1299.80	323,832	1317.21	312,337	1254.46
俄罗斯	719,305	497.22	734,581	506.66	740,380	509.64	697,054	478.98	658,291	451.71
中国内地	1,183,784	84.59	1,231,656	87.55	1,219,569	86.25	1,268,507	90.60	1,428,772	101.66
中国香港	—	—	—	—	—	—	13,835	189.36	11,942	162.00
中国澳门	3539	599.62	3824	635.12	3831	625.14	3629	582.90	2270	359.39

资料来源：联合国毒品和犯罪问题办公室，https://dataunodc.un.org/data/crime/Persons%20convicted。

从表1的数据可以发现，2014年至2018年我国内地的犯罪率明显低于欧美发达国家，仅微高于日本。例如，2014年至2016年，德国、法国的犯罪率是我国内地的10倍左右。低犯罪率说明该国家（或地区）的犯罪人数较少，基本可以反映国家的社会治理状况比较理想，相应地，刑罚也比较轻缓，以非监禁刑为主。根据我国司法部预防犯罪研究所的统计数据显示：2000年，世界上主要发达国家对罪犯适用缓刑和假释的比例在70%以上，形成了以非监禁刑为中心的刑罚适用模式和执行模式。① 如果按低犯罪率低监禁刑率的原则进行比较，我国的非监禁刑适用率比欧美国家应该更高，对此，笔者搜集了近年来我国监禁刑和非监禁刑的人数及适用率，监禁刑的范围包括死刑缓期执行、无期徒刑、有期徒刑（实刑）、拘役（实刑），非监禁刑的范围包括免予刑事处罚、缓刑、管制、罚金（单处附加刑）、剥夺政治权利（单处附加刑）和驱

① 参见王充：《构建轻罪治理模式　助力社会治理无“死角”》，载《人民论坛》2018年第11期。

逐出境(单处附加刑),具体数据见表2。

表2　2011～2019年我国监禁刑适用情况

年份	有罪宣告人数	监禁刑人数	非监禁刑人数	监禁刑比率/%	非监禁刑比率/%
2011	1,050,747	686,215	364,532	65.31	34.69
2012	1,173,406	762,675	410,731	65.00	35.00
2013	1,157,784	742,570	415,214	64.14	35.86
2014	1,183,784	760,225	423,559	64.22	35.78
2015	1,231,656	815,292	416,364	66.19	33.81
2016	1,219,569	799,960	419,609	65.59	34.41
2017	1,268,507	869,465	399,042	68.54	31.46
2018	1,428,772	993,675	435,097	69.55	30.45
2019	1,659,550	1,212,105	447,445	73.04	26.96

资料来源:2011～2019年的《中国法律年鉴》。

通过表2可以发现,我国的监禁刑人数和监禁刑适用率明显高于非监禁刑。和国外相比,我国的犯罪率明显偏低,但我国的监禁刑适用率明显偏高,多年来一直以监禁刑为主,导致部分行为过度犯罪化。[①] 可能有人认为,虽然我国刑法规定了若干轻罪罪名,但和国外相比,我国刑法规定的犯罪仍以重罪为主,所以量刑也偏重,较多适用监禁刑也就不足为怪了。对此疑问,本文收集了我国犯罪人所受刑罚的具体情况,即法院审理刑事案件被告人判决生效情况,详细数据见表3。

① 参见于改之、蒋太珂:《刑事立法:在目的和手段之间——以〈刑法修正案(九)〉为中心》,载《现代法学》2016年第2期。

表 3　全国法院审理刑事案件被告人判决生效情况统计

年份	三年以上(不含)至死刑/人	三年以下有期徒刑/人	拘役/人	缓刑/人	管制/人	单处附加刑/人	免于刑事处罚/人	宣告无罪/人	本年生效判决/人	非三年以上有期徒刑占比/%[1]
2011	244, 495	365, 037	76, 683	309, 297	14, 829	22, 125	18, 281	891	1, 051, 638	76. 67
2012	254, 335	395, 574	112, 766	355, 302	12, 853	23, 602	18, 974	727	1, 174, 133	78. 28
2013	204, 494	405, 032	133, 044	356, 523	14, 641	24, 819	19, 231	825	1, 158, 609	82. 28
2014	184, 475	430, 664	145, 086	368, 129	12, 226	23, 951	19, 253	778	1, 184, 562	84. 36
2015	189, 384	467, 993	157, 915	363, 517	11, 768	23, 059	18, 020	1039	1, 232, 695	84. 55
2016	167, 725	467, 074	165, 161	366, 321	9463	23, 859	19, 966	1076	1, 220, 645	86. 17
2017	294, 295	416, 310	158, 860	347, 989	7372	22, 997	20, 684	1634	1, 270, 141	76. 70
2018	223, 474	571, 693	198, 508	401, 127	7503	9756	16, 711	1319	1, 430, 091	84. 28
2019	267, 078	686, 734	258, 293	409, 103	5860	10, 889	21, 593	1685	1, 661, 235	83. 82

资料来源:2011 ~2019 年的《中国法律年鉴》。

〔1〕非三年以上有期徒刑占比,是指判处三年以下有期徒刑、拘役、缓刑、管制、单处附加刑、免予刑事处罚的人数总和在本年生效判决人数中的比例。

从表 3 数据可以发现,2011 年至 2019 年,在法院审理的刑事案件中,被判处 3 年以下有期徒刑、拘役、缓刑、管制、单处附加刑和免于刑事处罚的被告人平均占比为 81. 9%。换言之,尽管我国刑法的犯罪圈较小,但因大部分犯罪属于醉驾型危险驾驶、盗窃、诈骗等非暴力犯罪,整体刑罚适用并不重,问题是监禁刑比率太高,特别是 3 年以下有期徒刑、拘役这部分实刑适用率过高,导致整体监禁刑适用率居高不下,而短期自由刑的弊害已是众所周知的了。近年来,我国严重侵害人身安全的恶性犯罪人数持续下降而且在犯罪总人数中占比极低,绝大部分刑事案件是非暴力性犯罪。例如,2021 年,全国检察机关起诉人数最多的五个罪名是:危险驾驶罪 35. 1 万人、盗窃罪 20. 2 万人、帮助信息网络犯罪活动罪 12. 9 万人、诈骗罪 11. 2 万人、开设赌场罪 8. 4 万人。① 这些都是非

① 参见《2021 年全国检察机关主要办案数据》,载最高人民检察院网,https://www. spp. gov. cn/xwfbh/wsfbt/202203/t20220308_547904. shtml#1。

暴力性犯罪。司法实践中出现的轻罪占比高但轻刑率占比低的情形，不符合犯罪治理的规律，也不利于保障人权。究其原因，刑法立法没有进行轻重犯罪分离是重要原因之一。如果刑法立法实现了犯罪分离，在刑罚部分可以对分离后的轻重犯罪规定不同的刑事制裁措施，对于轻微犯罪，可以更广泛地适用缓刑或者其他非自由刑。可以说，刑事司法中出现的上述问题，恰恰证明了刑法立法亟须进行轻重犯罪分离。

二、轻重犯罪分离标准的评析

纵观当前各国的犯罪分层标准，主要是实体性标准，其中又可分为形式标准和实质标准。形式标准是根据刑罚的轻重，将犯罪分为不同层次；实质标准是根据犯罪行为本身的严重程度或社会危害性和社会危害程度，将犯罪进行分层。① 在立法实践中，多数国家选择形式标准，如德国、意大利等，也有国家选择实质标准，如法国、俄罗斯等。在理论层面，有形式标准、实质标准、兼顾形式标准和实质标准的综合标准。② 近期，又有学者提出包括立法标准与司法标准、实体性标准与程序性标准、应然性标准和实然性标准在内的体系性标准。③ 本文认为，我国现行刑事诉讼法已经确立了普通程序、简易程序、刑事速裁程序和认罪认罚从宽制度，基本确立了程序方面的“快慢分道”，但如果和轻重分离的多层次犯罪体系进行衔接的话，还有一些问题需要解决，立足于刑事一体化的角度和不同标准的功能差异，在确定实体性标准的同时，应该考虑程序性标准。

---

① 参见叶希善：《犯罪分层研究——以刑事政策和刑事立法意义为视角》，中国人民公安大学出版社 2008 年版，第 82 页。

② 参见沈玉忠：《犯罪分层理论的展开：梳理、价值与架构》，载《鄂州大学学报》2009 年第 6 期。

③ 参见孙道萃：《犯罪分层标准的理论体系续造》，载《江苏警官学院学报》2016 年第 3 期。

（一）实体性标准的考量因素

在实体性标准中，形式标准和实质标准历来存在争议。形式标准简单明了、易于把握和适用，故应用较多。但形式标准有个逻辑上的缺陷，即犯罪的严重程度不取决于刑罚的轻重，相反，刑罚的轻重源于犯罪的严重程度。尽管有学者对此回应称，“立法者在确定刑罚之前显然要对犯罪作出评判并且只能依据犯罪来进行评判”①。从罪刑相适应的视角考量，确实是重罪重刑轻罪轻刑，以刑罚轻重作为犯罪分类的标准似乎也讲得通，但倘若将犯罪分离的逻辑起点后推，我国《刑法》第13条关于犯罪的实质性定义所具有的区分功能将大打折扣。此外，在当前犯罪体系主要按照实质标准分类的背景下，以刑罚轻重为依据的形式标准不能实现犯罪体系的顶层设计功能。对于实质标准，从逻辑上分析，根据犯罪本身的性质即社会危害性的大小进行划分是更为可取的，但实质标准也面临一些疑问和批判：主要认为实质标准是以内容极不确定的价值判断为基础，难以提供一个明确的划分标准。② 还有观点认为，犯罪严重程度的评价是一个非常复杂的问题，甚至是一个无法完全解决的问题。③

从上述两种标准的内涵和争议可知，每一种标准都有其优缺点。在司法中，形式标准因易于确定而有生命力；在立法中，实质标准因能反映犯罪的本质而更有优势。可见，形式标准和实质标准并非完全对立，它们具有内在的相通性，只不过各自的作用有所侧重，实质标准重在解决犯罪体系问题，形式标准重在解决刑罚的适用问题。当前我国既需要解决犯罪的体系问题，又需要解决刑罚的适用问题，所以两个标

---

① ［法］卡斯东·斯特法尼：《法国刑法总论精义》，罗结珍译，中国政法大学出版社1998年版，第183页。

② 参见［意］杜里奥·帕多瓦尼：《意大利刑法学原理》，陈忠林译评，中国人民大学出版社2004年版，第86～87页。

③ 参见卢建平：《刑事政策与刑法变革》，中国人民公安大学出版社2011年版，第150页。

准都需要坚持。

选择形式标准未尝不可,但如果仅以形式标准划分轻重犯罪,那么我国刑法轻重犯罪杂糅一体的状态仍将继续,既不能实现犯罪体系的优化,也难以从根本上实现与刑事诉讼法的衔接。如果不坚持实质标准,则会导致刑法结构"又严又厉"。① 具体而言,我国《刑法》分则根据犯罪客体(法益)将犯罪分为十类,大致按照社会危害性大小进行排序。但是,对于日益增加的轻微犯罪,仍然放在现有犯罪体系框架内则明显不合适。例如,前文已提及的醉驾型的危险驾驶罪和高空抛物罪,都和现有的犯罪体系出现了明显的抵牾。之所以如此,是因为这类犯罪社会危害性明显较小,从严重程度而言,其社会危害性比传统犯罪明显要低,但又因为没有相应的微罪体系,只能相对拔高这类轻微犯罪的社会危害性,纳入现有的犯罪体系。这恰恰说明需要以社会危害性为基准重构我国的犯罪体系,单纯依靠形式标准不可能完成这一任务。现有犯罪体系是以传统的重罪为基础构建的,而大量轻罪、微罪的出现,说明社会危害性标准发生了变化。此时,应当立足于实质标准,对现行犯罪体系进行重构,将我国的犯罪按照社会危害性大小,分为重罪、轻罪和微罪。微罪的社会危害性达不到现行刑法所要求的程度,但设立微罪的目的有两个:一是限制行政权(警察权),提升司法权,将涉及人身自由的不法行为全部交由司法机关裁决,以此保障当事人的合法权利。二是强化刑法参与社会治理的作用,随着社会的发展,对社会法益的保护会更加重视,会有越来越多的轻微不法行为升格为微罪,纳入刑事治理的范畴。所以,犯罪体系的优化,应当坚持以实质标准重构犯罪体系。首先,按照实质标准将部分轻罪(如醉驾型危险驾驶罪)从现行刑法体系中剥离出来,结合未来犯罪化的趋势,划定微罪体系,微罪部分主要规定社会危害性较小、刑罚较轻的法定犯,其和现行刑法中重罪和轻罪的区别主要是社会危害性更小。其次,对现行刑法中的犯罪按照社会危害性大小,并结合刑事诉讼法中不同的诉讼程序规定,进

① 参见冀洋:《我国轻罪化社会治理模式的立法反思与批评》,载《东方法学》2021 年第 3 期。

行由重到轻的排序,实行轻重犯罪的二次分离。最后,根据程序性标准的要求,在总则部分对《刑法》第37条非刑罚性处置措施进行完善,增加检察机关的法律监督职能;根据分离后的犯罪体系,设置相应的刑事制裁措施。这种先实质标准、后程序标准的分类方法是全面的、彻底的,不仅从立法体例上进行分离,而且在刑罚适用和程序选择上都因分离而有所区别。

(二)程序性标准的考量因素

程序性标准是在实体性标准的基础上对轻重犯罪程序适用方面进行的区分。之所以考虑程序性标准,是因为刑法层面的轻重分离对应程序法层面的快慢分道,单独依靠实质标准实现轻重分离,难以和刑事诉讼快慢分道进行衔接,不能真正推进刑事一体化。程序性标准主要发挥以下功能:一是公平和效率。公平和效率主要是针对司法机关的职能而言的,公平是刑事诉讼重要的价值体现,也是司法机关行使司法职能的基本体现。公平要求司法机关在刑事诉讼过程中的每个程序以平等的姿态充分履行刑事司法权,而效率则要求司法机关在职权行使过程中注重司法资源的节约和职权运行期限的限制,保障被告人获得快速审判权,尽快结束刑事诉讼程序。公平和效率在一定程度上形成竞合,为了追求二者的平衡,有必要在轻重犯罪之间进行必要的倾斜,重罪更加重视公平,轻罪和微罪更加重视效率。二是权力限制与权利保障。在刑事诉讼过程中,司法机关和犯罪嫌疑人(被告人)在形式上是对立关系,基于双方力量的不平衡性和我国的职权性司法传统,需要对公权力进行必要限制,以确保犯罪嫌疑人(被告人)的合法权益不受侵犯。有观点认为,在轻罪刑事政策背景下,刑事速裁程序承载着刑事诉讼从两造对抗到全面合意、从调查裁量到审核确认、从实体从宽到全面从宽等价值走向。[①] 其实,刑事速裁程序、简易程序和认罪认罚从宽

① 参见叶青:《轻罪刑事政策背景下速裁程序构建之思考》,载《江淮论坛》2020年第6期。

制度都反映了上述诉讼价值。在司法层面逐渐形成的合意性、确认性和从宽性诉讼价值需要以立法的形式确立和引导,以程序标准优化快慢分道,保障实体标准的轻重分离能够适用各自的诉讼标准,顺利进入不同的诉讼程序。因此,轻重犯罪分离的实现和彻底贯彻,离不开程序标准的支持和协调,应当将程序标准纳入犯罪分离的视野,形成犯罪分离的综合标准。

三、轻重犯罪分离标准的具体展开

(一)实质性标准的展开

社会危害性是实质性标准的重要内容,但长期以来,实质性标准不断受到质疑和批判,主要原因是社会危害性比较模糊,可操作性差。但犯罪体系的确立主要依据社会危害性是一个不可否认的事实。而且随着犯罪门槛的降低,刑法意义的社会危害性的程度在逐步下降。此时,我们需要做的不应是摒弃社会危害性,而首先应当检讨刑法立法为什么在坚持社会危害性的同时却没有随着时代变化赋予社会危害性新的内容,然后根据刑事司法的需要和刑法立法的发展进一步革新社会危害性,使社会危害性的内容更加充实明确,使实质性标准更具有实用性。

社会危害性可以从客观和主观两方面展开,客观方面的因素有:(1)多层次的犯罪客体(法益)判断标准。法益是社会危害性的重要内容,也是划分轻重犯罪的重要因素。法益价值越大,罪行越严重;法益价值越小,罪行越轻。法益划分的越细致,越能体现从社会危害性的大小。基于此,可将法益分为宏观、中观、微观三个层次。第一,就宏观层面而言,可将法益分为几大类,对此有不同的分类标准,有分为国家法益、社会法益和个人法益的三分法,也有分为公法益和私法益的二分法,还有认为法益仅有个人法益的一分法。① 上述分类都是以法益主体为标准进行的分类。另外还有有形法益与无形法益、专属法益与一

① 参见张明楷:《法益初论》,中国政法大学出版社 2003 年版,第 240 ~ 242 页。

般法益之分。[①] “由于国家有着以统治组织为前提的国家法益,与没有这个前提的社会法益之间,有着本质上的差别,因此,三分法是妥当的。”[②]按照三分法的观点,法益可以分为个人法益、社会法益和国家法益,这是法益划分的第一个层次。尽管个人法益的实现离不开社会法益和国家法益的支持和保护,但立足于“以人民为中心”的发展观,个人法益应当作为优先保护的法益。基于此,对于现行犯罪体系可以进行优化排序,即首先将侵犯个人法益的犯罪即分则第三章侵犯公民人身权利和第四章财产权利的犯罪列在一起,置于刑法分则的前列;其次是危害国家安全和公共安全的犯罪,包括分则第一章、第二章,第七章至第十章的犯罪;最后是侵犯社会法益的犯罪,包括刑法第三章、第六章的犯罪。第二,就中观层面而言,个人法益、社会法益和国家法益需要进一步类型化。中观层面的划分可以避免法益的形式化、空心化,应从实质的层面对法益进行展开,以此为轻重犯罪的分离提供结构化的支撑。个人法益又可细分为生命权、健康权(生理健康和心理健康)、自由权、财产权、荣誉权、政治民主权、发展权等;国家法益可分为国家存立利益、国家安全利益等;社会法益可分为公共安全维护、经济发展、社会机构管理秩序、社会秩序等。就个人法益而言,生命权最重要,侵害生命权的犯罪行为应当属于重罪;侵害健康权的行为因为内容广泛,伤害程度差异较大,应以重罪为原则,以轻罪为例外;由于荣誉权相对生命权和健康权而言,价值相对低一些,应以轻罪为原则,以重罪为例外。就社会法益而言,随着社会的快速发展,社会法益也在不断发生变化,侵害与个人法益关系紧密的社会法益应当纳入重罪的范畴,侵害与个人法益紧密性较弱的社会法益、价值相对较小的社会法益以及刑法保护前置化的社会法益(如部分帮助行为、预备行为的正犯化犯罪)原则应当纳入轻罪的范畴。就国家法益而言,由于国家法益特别是国家

---

① 参加杨春洗、苗生明等:《论刑法法益》,载《北京大学学报(哲学社会科学版)》1996 年第 6 期。

② [日]木村龟二主编:《刑法学词典》,顾肖荣等译,上海翻译出版公司 1991 年版,第 101 页。

的存立法益事关国家的生存安全,犯罪性质往往较为严重,一般应归属于重罪。由于此类犯罪在司法实践中数量极少,归于重罪对我国的轻罪化和量刑的轻缓化不会产生明显影响。第三,就微观层面而言,法益起到在立法层面区分罪与非罪以及序列排列作用。微观的法益可以细密刑事法网,走向"严而不厉"。比如,在侵犯个人身体安全法益的犯罪中,可以根据法益的大小,分别认定为故意杀人罪、故意伤害罪(轻伤以上)、殴打罪(轻微伤以下)、非法拘禁罪、辱骂罪、跟踪罪、威胁罪等。另外,在单独成立微罪体系后,现行刑法犯罪体系则仅包含重罪和轻罪,而且其中部分犯罪如危险驾驶罪将纳入微罪的范畴。刑法的目的在于保护法益,一个行为是否规定为犯罪,主要考虑该法益是否值得刑法保护。立法机关是在实质的法益概念指导下制定分则条文,将来的刑事立法也只能将侵害了人们的重要生活利益的行为规定为犯罪。[①] 法益的内容并不是固定不变的,随着社会的变迁,需要刑法保护的法益日益增多,"犯罪的数量以及各种犯罪的严重程度会随着所涉及的环境在政治、宗教、社会与经济诸方面的变化而变化"[②]。随着社会的发展,人们的物质文明和精神文明程度逐渐提高,法益的范围会由基本的生命、健康安全扩大到生活环境、社会秩序的安全,再扩大到公平的发展权,乃至与世界和谐共存的命运共同体理想,这是一个不断扩大的过程。从我国的刑法立法也可以看出,国家先后将危险驾驶、冒名顶替、高空抛物、侮辱英烈、基因编辑等行为规定为犯罪,加强对自然环境资源的刑法保护,这说明刑法和我国社会发展的规律是同步前进的。同时也应该看到,尽管刑法立法有一定的超前性,但不会跨越社会发展的现状,盲目扩大法益的范围,如有的国家将虐待动物、夜间喧哗等行为都规定为犯罪,而我国刑法却没有将该类法益纳入刑法保护的范围,未来随着社会文明程度进一步提高,法益的范围进一步扩大,此类行为

① 参见张明楷:《论实质的法益概念——对法益概念的立法批判机能的肯定》,载《法学家》2021 年第 1 期。

② [法]卡斯东 · 斯特法尼等:《法国刑法总论精义》,罗结珍译,中国政法大学出版社 1998 年版,第 25 页。

在我国也可能纳入刑法治理的范围。(2)行为的危险程度。对行为的危险程度的判断有不同的分类视角。首先,从暴力性的维度进行区分。暴力是对法益的一种粗暴侵犯,暴力程度越高,法益被侵害的就越严重。纵观世界各国刑法,都将暴力犯罪视为最严重的犯罪,特别是和人身安全相关的暴力性犯罪。当然,暴力并不限于行为人自身的力量,也包括借助工具实施的暴力行为,如利用器械、枪支、易燃易爆物品实施的犯罪。根据暴力的危害程度,大致可以得出这样的结论:武装暴力犯罪 > 持械暴力犯罪 > 自身暴力 > 非暴力。基于暴力的客观危害性,如果一行为属于暴力犯罪,原则上应当纳入重罪的范畴。对于非暴力犯罪,则应结合侵犯或者危及法益的程度和犯罪对象进行判断。其次,犯罪的方式、方法。同样的犯罪,因为犯罪的方式方法不同,给被害人造成的后果也不同。例如,利用大数据、人工智能、网络技术等现代技术手段,通过计算机实施的诈骗、诽谤等犯罪,较传统的犯罪方式,危害性明显更大。(3)行为实现程度。行为实现程度主要是针对故意犯罪而言的,主要看犯罪所侵害的法益有没有实现。就完成形态而言,主要看行为处于什么阶段,看是犯罪预备阶段、实行阶段,还是既遂阶段,行为实现程度越高,说明对法益的侵害越严重,罪行就越重。如果该既遂的犯罪属于重罪,未完成形态可根据法益等因素,分别划入重罪或轻罪的范畴,如果该既遂的犯罪属于轻罪,未完成形态或者属于轻罪或者不罚。(4)犯罪主体。犯罪主体对于犯罪轻重的影响主要看该罪是个人犯罪、团伙犯罪、单位犯罪还是有组织犯罪。根据《反有组织犯罪法》的规定,有组织犯罪是指为组织、领导、参加黑社会性质组织犯罪,以及黑社会性质组织、境外黑社会组织、恶势力组织实施的具体犯罪。因为有组织犯罪属于涉黑涉恶犯罪,这类犯罪严重侵犯了人们共同的社会生活秩序,往往又兼具对人身权利、财产权利的侵犯,危害性比较大,所以应属于重罪。单位犯罪基本属于非暴力犯罪,根据法益的价值,可分别纳入重罪或者轻罪的范畴。团伙犯罪是指除了有组织犯罪以外的其他共同犯罪,同样的犯罪,团伙犯罪比单个自然人犯罪危害性更大。个人犯罪的范围比较广,而且个人犯罪的危害性在很多情况下并不比单位犯罪危害性小,此处主要是考虑对于同样的犯罪,团伙犯罪属于共同犯罪,形成的合力较个人更大,犯罪的严重程度随着组织性的增强而越发严重,给国家带来的治理难度也更大。

尽管犯罪的严重程度主要从客观进行判断,但客观行为是受主观方面支配的。因此,犯罪的轻重也应该考虑主观因素。在主观方面的第一个层次是划分故意和过失。故意犯罪根据法益不同,在重罪、轻罪和微罪中均有体现,而过失犯罪因重视犯罪结果,主要分布在重罪和轻罪之间,且应以轻罪为主。在主观方面的第二个层次是对故意和过失的内容进一步细分。在故意层面,主要考察行为人在犯罪前是否有预谋,犯罪时是否目标明确、认识清楚、意志坚定、情绪稳定,如果是肯定的,危害性就比较大,原则上应属于重罪;相反,如果行为人是临时起意、激情犯罪,甚至是不得已被迫犯罪,则应结合法益,分别划入重罪、轻罪或者微罪的范畴。在过失层面,重点分析行为人对可能出现的结果在主观上有没有作出努力,作出的努力多少,行为人所作的努力意志越少,则社会危害性越大。① 对于过于自信的过失,由于行为人对事态的认识相对清晰,对可能发生的结果的预料较为明确,因而在价值相当的法益中,过于自信的过失的社会危害性比疏忽大意的过失更大。

(二)程序性标准的具体展开

在国外,程序性标准的意义在于,轻重犯罪的管辖法院不同,预审程序的规定不同,陪审要求不同,直接传讯的规定不同,审理程序和判决的效力也不同。② 根据我国刑事立法现状和犯罪治理现代化的目标,程序性标准应当包括以下具体内容:

一是轻重分离和快慢分道的衔接。根据现行的刑事诉讼法的规定,刑事案件的快慢分道只在审判阶段才开始使用,在侦查和起诉阶段

---

① 参见卢建平:《刑事政策与刑法变革》,中国人民公安大学出版社 2011 年版,第 174 页。

② 参见卢建平、叶良芳:《重罪轻罪的划分及其意义》,载《法学杂志》2005 年第 5 期。

并无相关规定。这种滞后的、不彻底的繁简分流是在实体法缺乏轻重分离的前提下,不得已而为之的立法选择。这种快慢分道在整个刑事诉讼过程中仍然存在诉讼资源浪费、诉讼效率不高的问题。① 在刑法实行轻重犯罪分离以后,刑事诉讼法可以规定在公安机关侦查起诉阶段就实行快慢分道,即将简易程序和速裁程序的范围扩大到侦查和起诉阶段,实现诉讼全流程的快慢分道,并分别规定不同的侦查和移送审查的内容、方式和案件办理期限。

二是管辖部门的精细化。国外实行犯罪分层的国家一般有专门的法院审理轻罪(违警罪)案件,由于我国没有类似的轻罪法院或者治安法院,根据我国司法现状,刑事诉讼法可规定专门的法庭负责审判轻罪和微罪案件。同时,也可以弹性规定公安机关和检察机关内部专门负责轻罪和微罪机构的设置,考虑到各个地方的案件类型、数量差异比较大,且在诉讼程序已经前置的前提下,立法对侦查、起诉阶段的管辖不宜作“一刀切”式的统一规定。

三是证据证明标准的差异化。刑事证明标准的立法功能在于保障事实认定的准确性,其规范性功能在于分配裁判错误——既可以使裁判者免受其因主观判断导致错误裁判的负担,也可以防止其诉诸个人价值判断恣意裁判,滥用自由心证。② 鉴于轻罪和微罪的社会危害性较小,而且我国刑事诉讼法已经规定了带有协商性质的认罪认罚从宽制度,刑事司法权已由对抗转向一定程度的合意。因此,对于微罪和认罪认罚的轻罪,可以适度降低“排除合理怀疑”的现实难度。③ 以立法的形式使耗费司法资源较少的微罪案件和认罪轻罪案件进入快速办理通道,对重罪案件和不认罪认罚的轻罪案件投入更多的司法资源进行

---

① 参见陈瑞华:《论刑事诉讼的全流程简化——从刑事诉讼纵向构造角度的分析》,载《华东政法大学学报》2017 年第 4 期。

② 参见王星译:《刑事证明标准的规范功能与实践归宿》,载《环球法律评论》2021 年第 3 期。

③ 参见李小东:《认罪认罚从宽制度证明标准差异化的实证研究》,载《中国刑事法杂志》2019 年第 3 期。

证明。[①] 对前述两类案件,刑事立法可以通过适度缩小证据范围,简化证明程序等方式对刑事证据进行差异化处理,以提高轻微犯罪的诉讼效率。

四是细化程序规则,优化快慢分道。其一,现行刑事诉讼法对简易程序和速裁程序的适用界限规定不明确,呈现包容现象,致使简易程序和速裁程序在快慢分道时的作用不够突出。因此,刑事诉讼法应当明确,不再以形式标准作为适用速裁程序的条件,而改用实质标准。具体而言:对于微罪全部适用速裁程序;对于轻罪,原则适用速裁程序,例外适用简易程序;对于重罪,适用普通程序或简易程序。其二,进一步优化速裁程序和简易程序的相关规则。对于微罪,原则上不适用刑事拘留的强制措施;在案件办理期限上,进一步缩短移送审查起诉和提起公诉的时间。为了保障当事人的合法权利,对于可能判处拘役的微罪案件且犯罪嫌疑人(被告人)没有辩护律师的,司法机关应安排值班律师或者法律援助律师。另外,对于判处缓刑、单处管制和小额罚金的轻罪和微罪案件,在被告人认罪认罚的情形下,一审法院可探索适用书面审。

五是完善相对不起诉制度。目前,检察机关的主要职能是提起诉讼,相对不起诉比例太低,检察机关的法律监督职能没有得到充分发挥,例如,2019年,在认罪认罚案件中,法院判处缓刑、免除刑事处罚的比例在40%左右,但全国检察机关适用认罪认罚从宽制度作出相对不起诉的比例不到10%。[②] 相比之下,德国2015年由检察院处理的(区法院和州法院)刑事诉讼案件中,提起刑事公诉的案件占比仅为8.6%,检察院通过适用不起诉制度和向法院申请适用处罚令程序的比例分别为58.9%和10.9%。[③] 既然检察机关有权提出精准量刑建议,

---

① 参见杜邈:《“阶层式”刑事证明思维的司法运用》,载《法学杂志》2021年第5期。

② 参见岳向阳、吴波:《检察机关适用认罪认罚从宽制度实务研究》,载《中国检察官》2020年第5期。

③ 参见李倩:《诉讼分流背景下刑事速裁程序评判——以德国刑事处罚令为参照》,载《中外法学》2020年第1期。

而且绝大部分量刑建议最终被法院采纳,[①]那么,检察机关完全可以进一步提高相对不起诉的适用率。其实,刑事诉讼不应仅是有罪的认定过程,还应当是一个无罪的排除过程和犯罪情节轻微的宽恕过程。完善相对不起诉制度,提高相对不起诉率,是一个重要的出罪方式,可以有效解决我国刑事诉讼出罪难的问题。因此,对于微罪案件和认罪认罚的轻罪案件,特别是没有直接被害人或者已获被害人原谅的轻罪案件,原则上应全部适用相对不起诉制度。对此,可以在适用我国认罪认罚从宽制度的同时,比较借鉴域外诉辩交易中检察机关的权限和作用。辩诉交易在英美法系国家比较盛行,在大陆法系国家,也有国家通过制定法引入了协商式审判,如意大利、法国、西班牙和波兰等国,[②]即便是在起诉权受制于强制起诉的德国,辩诉交易在实践中仍然被广泛适用,例如,该国一半以上的白领犯罪适用了诉辩交易。[③] 在我国,2018 年修改的《刑事诉讼法》规定了认罪认罚从宽制度。检察机关应当充分利用这一制度优势,将提出宣告缓刑和免予刑事处罚的检察建议作为控辩协商的内容,[④]对于全部微罪和犯罪情节轻微,依照刑法规定不需要判处刑罚或者免除刑罚的轻罪,依法适用不起诉制度。当前,相对不起诉之所以适用较少,一个重要原因是缺乏不起诉的后续治理举措。尽管近些年最高司法机关一直强调"可诉可不诉的不诉",但现实中这一理念并未得到很好贯彻。对于情节轻微的犯罪行为,检察机关作出不起诉决定后,如果对被不起诉人需要给予行政处罚、处分或者需要没收其违法所得的,检察机关可以提出检察意见,如果法律没有规定行政处

---

① 例如,2021 年上半年,认罪认罚从宽制度适用率超过 85%,检察机关提出的量刑建议采纳率、一审服判率超过 96%。参见徐日丹:《认罪认罚从宽量刑建议采纳率超96%》,载《检察日报》2021 年 7 月 28 日,第 2 版。

② 参见[德]托马斯·魏根特:《德国刑事程序法原理》,江溯等译,中国法制出版社 2021 年版,第 211 页。

③ 参见[德]托马斯·魏根特:《德国刑事程序法原理》,江溯等译,中国法制出版社 2021 年版,第 215 页。

④ 参见黄京平:《认罪认罚从宽制度的若干实体法问题》,载《中国法学》2017 年第 5 期。

罚、处分或者没收违法所得的规定，则没有后续的矫正措施。基于此，应当建立不起诉的后续治理机制：对于不起诉的刑事案件，赋予检察机关相应的权限，如适用惩罚性赔偿制度；对于有一定人身危险性但不需定罪的行为，可以规定不起诉考验期，并规定考验的具体内容。这样有利于消除相对不起诉制度不敢用、不能用的隐患，最大限度发挥相对不起诉制度在刑事诉讼中的出罪作用，进而对犯罪嫌疑人的合法权利进行最大程度的保障。

Standard Study on the Separation of Misdemeanor and Felony

Liu Chuangao

[**内容摘要**]轻罪的立法化导致司法实践中轻罪数量不断增加，但犯罪体系并没有及时应变，明显影响了我国犯罪治理的效果。犯罪分离是一个体系性问题，根据治理的需要，可以将犯罪分为重罪、轻罪和微罪。在分离过程中，应当根据实际需要选择不同的标准。首先，采用实质标准确立犯罪体系，并且将微罪从其他犯罪中分离出来。其次，利用形式标准对重罪和轻罪进行划分。最后，采用程序性标准与实体法进行衔接，实现刑事一体化层面的呼应和衔接。实质标准和形式标准实现刑法层面的轻重分离，程序性标准实现刑事诉讼法层面的快慢分道，二者共同推进刑事案件的繁简分流。

[**关键词**]轻罪；重罪；实质标准；形式标准；犯罪分离

Abstract: The legalization of petty crimes leads to the increasing of misdemeanors in judicial practice, but the criminal system does not respond in time, which affects the effect of crime governance obviously. The separation of crimes is a systematic problem. According to the needs of governance, crimes can be divided into felony, misdemeanor and petty misdermeanor. In the separation process, we should choose different standards according to the needs. First of all, we should adopt substantive standard to establish the criminal system and separate petty crimes from other crimes. Secondly, we sue formal standard to classify felonies and misdemeanor. Finally, we use procedural standards to connect substantive law, which could distinguish different crimes in criminal procedure law. Substantive standard and formal standard realize the separation of the in criminal law, and procedural standards can realize the processing mode of criminal procedure law, they jointly promote the separation of complicated and simple criminal cases.

Keywords: Misdemeanor; Felony; Substantive Standard; Formal Standard; Separation of Crime

《刑法修正案(十一)》立法检视：类型归罪与保障进路*

莫洪宪** 罗建武***

目　次

从20世纪80年代开始，贝克(Ulrich Beck)在讨论自反性现代化过程中，提出“风险社会”的视野，通过具体考察现代性内部的连续性

* 本文系中国犯罪学学会研究课题一般项目“新时期涉黑涉恶犯罪生成机理及其长效治理研究”(批准号：FZXXH2022C06)的阶段性成果；广东省佛山市顺德区人民法院与武汉大学法学院合作项目“推动顺德率先高质量发展的政法工作实证研究(刑事法治部分)”的阶段性成果。

** 法学博士，武汉大学法学院教授、博士生导师，刑事法研究中心主任，中国刑法学研究会学术顾问。

*** 武汉大学法学院刑法学专业博士研究生。

与断裂性这一矛盾之间的对立与发展,[①]一方面,他认为"风险社会"是现代性的一个阶段,在这个阶段之中,工业化社会道路上所产生的威胁开始占主导地位,社会、政治、经济和个人的风险越来越多地避开工业社会中的监督制度和保护制度,由此也面临对已有标准重新制定的任务。[②] 另一方面,贝克还强调:"从总体上考虑,风险社会指的是世界风险社会,其轴心原则挑战的是无论在时间上还是空间上都无法从社会的角度进行界定的现代文明制造的危险。"[③]换言之,风险社会具有人类社会历史发展的必然性,而"工业社会的现代性并不是现代性的终结而是现代性的开端"[④],自然无法从原有传统社会阶段本身及其规则去界定并控制风险。并且,传统风险管理集中关注正常过程,重点是对不确定性实施一种能被社会接受且有效的管理。因而,要转而关注风险制造因果关系而不仅仅是对结果的处置。[⑤] 可见,风险社会已然到来,其影响并不局限于某一国家地区、某一具体领域,同时其从原因探索治理的整体应对思路也体现出了预防性理念。

当前"风险社会"理论也已被广泛应用到经济学、政治学、法学、管理学等学科理论构建与实践当中,尽管各学科对其内涵的理解深度与广度不尽相同,但似乎都已接受当前社会的变革性转变并试图将其应用到对诸多现象的解释及其应对之中。的确如此,当今社会的系统性、复杂性、多变性错综交织,社会治理的难度与日剧增,各种显性风险与潜在风险

---

① 参见[德]乌尔里希·贝克:《风险社会:新的现代性之路》,张文杰、何博闻译,译林出版社2018年版,"前言"第2~12页。根据译者的"中译本修订说明",《风险社会》中文译本是以英译本(*Risk society*, Sage, 1992, 译者为Mark Ritter)为基本参照,而原著德文本(*Risikogesellschaft*, Suhrkamp)早在1986年就已出版,因此,本文认为"风险社会"的提出始于20世纪80年代而非20世纪90年代。

② 参见[德]乌尔里希·贝克等:《自反性现代化:现代社会秩序中的政治、传统与美学》,赵文书译,商务印书馆2001年版,第8~11页。

③ [德]乌尔里希·贝克:《世界风险社会》,吴英姿、孙淑敏译,南京大学出版社2004年版,第19页。

④ [德]乌尔里希·贝克:《风险社会:新的现代性之路》,张文杰、何博闻译,译林出版社2018年版,"前言"第4页。

⑤ 参见贝克、邓正来、沈国麟:《风险社会与中国——与德国社会学家乌尔里希·贝克的对话》,载《社会学研究》2010年第5期。

也此起彼伏、交叉叠加,我们正面临一个机遇与挑战并存、革新与风险同步的社会。其中,风险社会理念对刑法控制机能的影响尤为明显。具体而言,是应对风险社会的预防性价值取向使刑法的控制机能由惩治已然之罪走向防患于未然,但此种理念本身并无根本不当性,乃是社会治理过度倚重促使刑事法治有逐步丧失谦抑主义而褪去保障法根本属性的风险。进一步来说,如何通过客观判定风险社会中的具体风险,以合理限定刑法参与社会治理的程度才是刑事法治迫切需要应对的挑战。鉴于此,本文以《刑法修正案(十一)》为对象,就刑法参与社会治理如何在立法层面进行有效的限制展开论证。

一、问题的提出:入罪式刑法治理的立法标准之困惑

第十三届全国人大常委会第二十四次会议于2020年12月26日表决通过了《刑法修正案(十一)》,并自2021年3月1日起施行。此次刑法修订,在回应社会关切的热点个案问题、保障群众的生命健康和财产安全、参与社会的司法治理上,体现得尤为明显。从《刑法修正案(十一)》由草案审议到表决通过的历程来看,①我国当前刑法

① 在《刑法修正案(十一)》第一稿草案当中,一方面,将高空抛物、妨害公共交通工具安全驾驶、非法人体基因编辑与克隆胚胎、非法利用人类遗传资源及其材料、非法处置外来入侵物种、非法食用野生动物等涉及社会公共安全和国家生物安全的严重危害行为纳入刑法规制。另一方面,也围绕食品药品安全、金融秩序稳定、优化营商环境、防范公共卫生安全等领域进行了行为罪状、刑罚配置方面的完善。此外,还将群众普遍关注的暴力催收非法债务、药品安全监管渎职、诋毁英雄烈士等严重影响社会秩序、生命健康、社会核心价值的行为犯罪化。《刑法修正案(十一)》(草案)二审稿,又进一步针对低龄未成年人犯罪、利用职责性侵未成年人、暴力袭警、冒名顶替上大学、强迫运动员使用兴奋剂等社会热点问题进行立法回应,有条件地或普遍地、独立地将前述行为加以刑法治理,并且对部分“自洗钱”行为、境外人员组织我国公民境外赌博等行为犯罪化。《刑法修正案(十一)》(草案)三审稿,更加有针对性地扩大了低龄未成年人犯罪、冒名顶替行为的处罚范围,进一步加大保护知识产权的处罚力度,以及对单位实施商业间谍犯罪、国家工作人员参与冒名顶替行为进行严厉惩治。

立法呈现回应社会热点、突袭式新增[①]等立法技术性倾向特征。然而,在回应性、单一化修订模式主导刑法立法的同时,也应当反思此次刑法修正案对于社会热点、难点问题进行犯罪化的依据和标准,是否符合刑法治理的内在精神和刑法立法发展的体系性要求。相应地,前者要求刑法保持谦抑性,但当前立法体现出来的是一种功能主义的刑法观,其强调积极介入、追求预防效果和注重灵活回应,[②]是刑法功能选择与社会风险治理相融合的产物;而后者则需要更加强调入罪的审慎,以避免刑法过早、过宽介入社会生活,从而为前置法治理及其发展留足空间,为减损具有不法行为公民利益设定合理限度。这二者之间实际上是刑法社会治理的参与程度之争。

刑法参与社会治理极其重要的前置环节就是犯罪化立法过程中对处罚必要性的判断。早在18世纪80年代,功利主义法学创始人边沁(Jeremy Bentham)就已提出,用较小的代价便可以达到有效地防止犯罪的目的,则惩罚无必要。[③] 从本质上来看,刑法的目的和任务之一就是要通过入罪的方式,适时、适当地介入社会生活,保护国家、社会及其成员的重要法益。在德日刑法理论中,涉及处罚必要性的相关概念主

---

① 根据《立法法》第29条(2023年修正后第32条)、第30条(2023年修正后第33条)的规定,原则上列入常务委员会会议议程的法律案,一般应当经3次常务委员会会议审议后再交付表决。例外情况是:(1)列入常务委员会会议议程的法律案,各方面意见比较一致的,可以经2次常务委员会会议审议后交付表决;(2)调整事项较为单一或者部分修改的法律案,各方面的意见比较一致的,也可以经1次常务委员会会议审议即交付表决。《刑法修正案(十一)》是对于犯罪和刑罚的调整,关乎公民基本权利,调整事项极其重要,在范畴上属于重要法律的修改,应当坚持《立法法》第29条(现为第32条)关于立法程序的原则性规定。进一步而言,在法律草案的技术形式上,《刑法修正案(十一)》也具有特殊性,可以排除《立法法》第30条(现为第33条)的适用,即在《刑法修正案(十一)》形成过程中,将二审稿、三审稿中新增的内容与一审稿一起交付表决,实际上全国人大常委会与会的各位委员不可能因为部分条文意见不一致而不同意通过整体的《刑法修正案(十一)》。因此,笔者认为,《立法法》第30条(现为第33条)的规定立法程序不能适用于内容重要、条文众多、过程中不断新增等特征的修正案式刑法立法。

② 参见劳东燕:《风险社会与功能主义的刑法立法观》,载《法学评论》2017年第6期。

③ 参见[英]边沁:《道德与立法原理导论》,时殷弘译,商务印书馆2000年版,第224页。

要包括“可罚性”、“当罚性”与“要罚性”等,但对于用语的具体含义及其用法则莫衷一是。尽管如此,已可见中外刑法理论对于以“是否值得处罚”为内容的犯罪化必要性的重视程度。从我国刑法理论与司法实践来看,犯罪化语境中的处罚必要性判断需要考虑两个方面:一是刑法治理价值理念上处罚必要性的宏观判断。这种整体性判断需要平衡当前实际社会治理需求和刑法现代化长远发展之间的关系,不可偏废。二是具体犯罪化环节上对入罪必要性的实质考量。换言之,并不是出现了某一危害行为甚至其具有严重危害性,刑法就必须立至,还必须考虑是否有前置法及其治理效果,以及危害行为的成因及发生频率,以贯彻刑法谦抑主义的内在要求。因此,对于功能主义刑法立法观,不仅要重视对处罚范围的限缩,也应当考虑刑法治理的刑罚手段选择。

在初步明确处罚必要性的影响因素基础上,需要进一步寻求其具体的实现手段。结合保证刑法谦抑性和刑法立法技术科学性的客观要求,类型化入罪是保证处罚必要性实现的重要保障。进一步而言,我们面临的更多疑惑是立法犯罪化的具体判断标准,即具有何种事实、达到何种程度才能上升到犯罪化的层次。对此,笔者认为需要重视以下三点:首先,要明确入罪的对象筛选,其本质上是刑法立法价值观的博弈——是保持谦抑性下的适时、适度犯罪化,还是单一功利主义刑法观下的社会治理极度刑法化?其次,须把握刑法入罪的具体内容,也就是如何判断某一行为是否达到了入罪的标准,对此要兼顾行为的发生频率和危险现实化程度。当然,这其中也包含了对行为的严重性要求。最后,还应当考虑立法入罪后是否需要适时非犯罪化,否则,犯罪圈只会越来越大,刑法治理的成本将不断提高,从而与刑法现代化的轻微犯罪非犯罪化等趋势背道而驰。

需要特别指出的是,本文并非从实质构成要件具体内容意义上质疑《刑法修正案(十一)》犯罪化立法及其对坚持类型化归罪的具体论证。贝林提出的“构成要件”概念尽管是以可罚性行为的类型化为目的,但其根本意义是担保司法适用上的罪刑法定主义的实现。笔者的入罪类型化是从犯罪化立法前期的处罚必要性考察和危害行为的整体上类型化规范描述的双重视角提出的。换言之,本文的问题意识在于刑法修订入罪时对处罚必要性的类型化程度考察不足而过早进行个别化归罪,由此提出刑法立法时应当坚持类型化的入罪标准,并进一步阐述了类型化入罪的理念和技术保障。可见,并不涉及对于极端个案或某类犯罪的“构成要件”内容的类型化具体设计。鉴于此,需要深入反思《刑法修正案(十一)》与此相关的立法趋势。

二、《刑法修正案(十一)》的非类型关联立法态势

对于《刑法修正案(十一)》是否坚持了类型化的入罪标准,有必要从其整体内容上进行宏观的、关联的立法特征梳理。目前刑法理论界对于《刑法修正案(十一)》的宏观问题也有一定的探讨,持积极肯定态度的学者中,有观点认为该修正案兼具立法的统一性、实用性、创新性、审慎性等特点,其中尤其强调将“现实危险”法定化和事后不可罚行为入罪两大立法创新。① 也有观点认为此次刑法修订在贯彻党中央决策部署、解决国家和社会治理难点问题的同时,也是坚持宽严相济刑事政策和问题导向立法的重要体现。② 保持反思态度的学者的观点,则主要集中在两点:一是认为从增设新罪的原则上,本次刑法修正案中的一些罪名的增设违反了必要性、类型性、明确性和协调性的原则。③ 二是对积极预防性刑法观的反思,认为既要避免因集体法益的抽象化与入罪标准的降低而导致法益保护原则的虚空,更要避免刑法成为单纯的社会控制手段而激进式立法。④ 可见,刑法学界对于《刑法修正案(十一)》的修订尚未形成一致评价。笔者认为,在肯定积极作用的同时,值得反思的是,此次刑法修订在社会治理导向的影响下所呈现的一系列立法特征,其不利于谦抑性原则下入罪类型化的实现。

---

① 参见赵秉志:《〈刑法修正案(十一)〉理解与适用》,中国人民大学出版社 2021 年版,第 26 ~ 30 页。

② 参见时延安、陈冉、敖博:《刑法修正案(十一):评注与案例》,中国法制出版社 2021 年版,第 9 ~ 12 页。

③ 参见张明楷:《增设新罪的原则——对〈刑法修正案十一(草案)〉的修改意见》,载《政法论丛》2020 年第 6 期。

④ 参见刘艳红:《积极预防性刑法观的中国实践发展——以〈刑法修正案(十一)〉为视角的分析》,载《比较法研究》2021 年第 1 期。

(一)极端个案的“类型化”

从《刑法修正案(十一)》的新增条文来看,主要涉及的是下调刑事责任年龄,惩治特殊职责人员性侵未成年人犯罪,将高空抛物单独入罪,单设袭警罪,规制妨害公共交通工具驾驶犯罪,将“冒名顶替”、侵犯英雄烈士名誉荣誉、非法编辑基因和克隆胚胎、非法利用人类遗传资源、非法处置外来入侵物种等行为入刑。其中,首先需立法反思的是将“冒名顶替”行为犯罪化,高考录取等领域中的“冒名顶替”并不具有普遍性,且通过招生招录规定、党纪政务处分规定完全可以达到有力应对、严厉处罚的效果,将其通过刑法立法予以犯罪化有待商榷。

其次,值得理性看待与深刻反思的是下调刑事责任年龄的立法修订。最高人民检察院公开的相关司法数据显示,从2014年至2020年,受理审查起诉未成年人涉嫌故意杀人、故意伤害致人重伤或死亡、强奸、抢劫、贩卖毒品、放火、爆炸、投放危险物质罪等八种严重暴力犯罪的降幅约为55.57%,其中,14周岁至16周岁未成年人犯罪人数,除在2019年小幅上涨外,一直呈下降趋势,降幅达到53.6%。① 若仅考虑涉及下调刑事责任年龄至12周岁的两类犯罪,则未成年人相应犯罪案件量及低龄未成年人所占比例,都是明显减少和下降趋势。以上是负刑事责任未成年人涉罪的情况,若具体到14周岁以下更低龄未成年人实

① 参见最高人民检察院分别于2020年6月1日、2021年6月1日发布的《未成年人检察工作白皮书(2014—2019)》《未成年人检察工作白皮书(2020)》中披露的实证数据。值得注意的是,因统计口径关系,将全部故意伤害、走私贩卖运输制造毒品犯罪均统计在内。因此,前述两份白皮书中有关未成年人八类严重暴力犯罪的数据量大于法定意义上年满14周岁不满16周岁的未成年人应当负刑事责任的八类重罪的实际发生案件量。具体而言,从2014年至2020年,未成年人在八类严重犯罪的涉案人数上,分别为35,414人、28,061人、22,028人、19,954人、17,936人、18,172人、15,736人,其中涉及下调刑事责任年龄的两个罪名中,以2014年至2019年的涉嫌故意杀人为例,则降幅达44.34%,即由733人下降到408人。在14周岁至16周岁未成年人涉八类重罪的人数上,分别为11,335人、8312人、5890人、5189人、4695人、5445人、5259人。同样,若以涉及下调刑事责任年龄的两个罪名为限制,则14周岁至16周岁未成年人犯罪人数还会大幅下降。

施前述两类特定犯罪,则人数将会更加大幅降低。之所以社会公众会认为低龄未成年人严重暴力犯罪(仅指故意杀人、故意伤害致人重伤或死亡)形势严峻,很大原因在于网络时代新闻媒体集中报道,包括自媒体的无序传播,所产生的心理学上的"孕妇效应",使极端个案关注度提升而被不当放大影响,[①]以致公众安全感的心理性降低。

概括而言,应当坚持普遍个案的类型化。把不具有典型性的极端个案进行立法入罪上的个别"类型化",将会产生三个方面的问题:其一,对刑法立法而言,立法技术无法保证刑法条文内容的实质规范化和类型化适用,从而导致相应罪名在整个刑法体系中的地位不适当和刑罚配置的不协调,以及与前置法的立法衔接不顺畅。其二,对社会及其成员而言,极端个案的入罪个别"类型化"并不利于营造稳定的、可期待的、安定性的社会行为规范作用环境,尤其是对于可通过前置法应对的社会问题,将不利于公民对于自我救济权的选择、行使,不能够使其获得最大化的合法权益恢复,也不利于纠纷化解的多元化和彻底性。其三,对刑事司法而言,条文内容无法达到实质类型化,将不利于司法适用的标准统一,需要通过司法解释进行"二次立法"以深入地规范解释,对于无法一次性解释的问题,甚至还会带来"以司法解释来解释司法解释"的循环悖论,从而会造司法成本的大幅度提升,并且严重僭越国家立法机关的刑法立法权。可见,缺乏普遍个案为基础的极端个案个别归罪"类型化"并不符合刑法的谦抑精神,还可能产生一系列的负面效应。

(二)犯罪认定的危险化

尽管风险社会带来的究竟是一种抽象危险还是具体危险,各方莫衷一是,但无可否认,风险理念已经在诸多领域被应用于理论研究。当社会中的风险逐渐增多并质变,立法尤其是刑法立法的态度则至关重要,但容易出现两种极端倾向:一是固守刑法谦抑主义。刑法立法过于

---

① 参见姚建龙:《未成年人法的困境与出路——论〈未成年人保护法〉与〈预防未成年人犯罪法〉的修改》,载《青年研究》2019 年第 1 期。

滞后,惩治严重危害行为于法无据,社会出现混乱,公民权利无法得到保障。二是贯彻激进的刑法功利主义。刑法立法过于频繁,广泛介入社会生活各层面,社会行动受限,公民自由被压缩。我国刑法立法从发展历程来看,整体上属于相对积极但可控的范围。但《刑法修正案(十一)》中的犯罪认定危险化有以下几点值得商榷:

一是"现实危险"类型化不足。例如,新增的危险作业罪将"现实危险"作为入罪的重要条件,而该危险的属性如何?从与结果的关系来看,抽象危险是具备构成要件的行为所蕴含的立法推定结果,具体危险则是脱离行为而存在的造成实害结果的现实可能性,还并不是结果本身。[①] 由此可见,这里的"现实危险"属于具体危险犯的范畴。但存在的问题是,高度危险作业本身具有潜在的严重危险性,因而,其行为方式应当具有具体化、紧迫性、类型化的特征,如此次刑法修正案新增中表述为"未经依法批准或许可",则较为笼统,处罚范围较广。再如,作为新增的妨害药品管理罪入罪条件之一的"足以严重危害人体健康"仅仅对危险程度高低作了要求,并没有限制危险实现的进程,损害的可能性还不是现实性,[②]也存在扩张处罚的风险。此外,其他一些罪名也需要增强"危险"的现实性要求。

二是刑法介入金融风险过早。本次刑法修正案对操纵证券、期货市场罪进行完善,新增了"蛊惑交易""抢帽子交易""幌骗交易"等三种具体情形,[③]而 2019 年对《证券法》进行修订时,不仅借鉴欧美规制操纵市场的"行为犯"立法模式,还对前述三种行为的行政手段规制进

---

① 参见陈兴良主编:《刑法总论精释(上)》(第 3 版),人民法院出版社 2016 年版,第 196~197 页。

② 参见喻伟主编:《中国刑法学新教程》,武汉大学出版社 1988 年版,第 91 页。

③ 根据《刑法修正案(十一)》完善的《刑法》第 182 条第 1 款之新增的三种情形是:(1)不以成交为目的,频繁或者大量申报买入、卖出证券、期货合约并撤销申报的;(2)利用虚假或者不确定的重大信息,诱导投资者进行证券、期货交易的;(3)对证券、证券发行人、期货交易标的公开作出评价、预测或者投资建议,同时进行反向证券交易或者相关期货交易的。

行了相应调整优化。[①] 实际上,《刑法修正案(十一)》的补充只不过是对《证券法》相应修改的重申,所以,刑法过早地介入有相应行政规制的金融秩序风险,可能违背其“最后保障法”的法律属性。

三是著作权保护的风险认定外延化。客体是刑法直接保护的法益,危害行为对其直接产生了实质损害或危险(包括抽象危险和具体危险)。但本次刑法修订对于侵犯著作权罪的调整却表现出了法益保护外延化的倾向,即将故意避开或破坏著作权及有关权利的技术保护措施的行为犯罪化。换言之,刑法保护的并非著作权及有关权利本身而是保护其的外在手段,规制的是距离本体被侵犯尚有距离的外在危险。

从上述论证来看,不论是“现实危险”的类型化不足,还是刑法介入金融风险过早和著作权保护的风险认定外延化,共同体现出来的趋势是刑法扩张下处罚范围的扩大化,归根结底是风险社会下犯罪认定的风险化表征。如若,不当的犯罪认定危险化会导致类型化入罪时对象选择的过于抽象化,从而犯罪认定的门槛过低,不恰当地介入日常生活中的危险行为,对此也需要加以警惕。

(三)刑罚配置的重刑化

刑罚配置的调整趋势是犯罪预防理念与刑罚功能选择的结果。贝卡里亚在谈到犯罪预防时,强调刑罚要与犯罪相称,同时必须保持刑罚的必然性与及时性。[②] 刑法修订对新罪名刑罚的配置及原有罪名刑罚轻重的调整,也应当考虑整体刑罚体系的适应性与个罪罪刑的轻重。并且,类型化的刑罚配置对于刑法罪名体系的调整优化具有积极的反作用。从《刑法修正案(十一)》对于新增或修改罪名的刑罚的配置及调整来看,整体上呈现了重刑化的趋势。

---

① 参见时延安、陈冉、敖博:《刑法修正案(十一):评注与案例》,中国法制出版社2021年版,第178~188页。

② 参见莫洪宪主编:《犯罪学概论》(修订本),中国检察出版社2003年版,第32~33页。

首先,取消一些罪名相对确定的比例罚金刑,调整为笼统表述的罚金刑。[①] 由于原有一些罪名罚金刑相对较轻,不能适应经济社会的发展而需提高犯罪成本,但以笼统罚金取代比例罚金,存在自由裁量权过大,导致罚金畸重的风险,尽管可以通过司法解释予以统一,但又容易带来司法权僭越立法权、缺乏民主性等问题。

其次,大幅度提高一些罪名自由刑的刑度,[②]维护金融市场、知识产权、营商环境等领域秩序。从这一刑法修订倾向来看,刑法对于前述

---

① 根据《刑法修正案(十一)》的相关内容,以下罪名取消了原有相对确定的比例罚金刑:(1)生产、销售劣药罪取消了“销售金额百分之五十以上3倍以下”的罚金幅度;(2)违规披露、不披露重要信息罪取消了“二万元以上二十万元以下”的罚金幅度;(3)洗钱罪取消了“洗钱数额百分之五以上百分之二十以下”的罚金幅度;(4)集资诈骗罪取消了“二万元以上二十万元以下”“五万元以上五十万元以下”的罚金幅度。

② 根据《刑法修正案(十一)》的相关内容,以下罪名的自由刑进行了较大幅度调整:(1)欺诈发行股票、债券罪新增了“五年以上有期徒刑”的加重刑(罚金也由“非法募集资金金额百分之一以上百分之五以下”改为“非法募集资金金额百分之二十以上一倍以下”);(2)违规披露、不披露重要信息罪的基本刑由3年调整为5年,且增加了“五年以上十年以下有期徒刑”的加重刑;(3)集资诈骗罪的法定刑由三档变为两档,即从5年以下有期徒刑、5年以上10年以下有期徒刑分别调整为3年以上7年以下有期徒刑和7年以上有期徒刑到无期徒刑;(4)非国家工作人员受贿罪的法定刑由两档调整为三档,即3年以下有期徒刑、3年以上10年以下有期徒刑和10年以上有期徒刑或无期徒刑;(5)非法吸收公众存款罪的法定刑由两档调整为三档,罪名最高法定刑为10年以上有期徒刑;(6)假冒注册商标罪的最高法定刑由7年有期徒刑调整为10年有期徒刑;(7)销售假冒注册商标的商品罪的最高法定刑由7年有期徒刑调整为10年有期徒刑;(8)非法制造、销售非法制造的注册商标标识罪的最高法定刑由7年有期徒刑调整为10年有期徒刑;(9)侵犯著作权罪的最高法定刑由7年有期徒刑调整为10年有期徒刑;(10)销售侵权复制品罪的最高法定刑由3年有期徒刑调整为5年有期徒刑;(11)侵犯商业秘密罪的最高法定刑由7年有期徒刑调整为10年有期徒刑;(12)提供虚假证明文件罪新增“五年以上十年以下有期徒刑”作为第二档法定刑;(13)职务侵占罪的法定刑由两档变为三档,即由5年以下有期徒刑调整为3年以下有期徒刑、5年以上有期徒刑调整为3年以上10年以下有期徒刑,并新增10年以上有期徒刑或无期徒刑;(14)挪用资金罪的法定刑由两档变为三档,即第二档法定刑由3年以上10年以下有期徒刑调整为3年以上7年以下有期徒刑,并新增“七年以上有期徒刑”作为第三档法定刑;(15)开设赌场罪的两档法定刑分别由3年以下有期徒刑调整为5年以下有期徒刑、3年以上10年以下有期徒刑调整为5年以上10年以下有期徒刑。

领域介入程度加深,而由此也产生以下问题:(1)刑罚配置的原则是根据法益保护的重要性,再结合具体犯罪罪刑的轻重进行排序。以妨害传染病防治罪为例,刑法配置的最高法定刑为7年有期徒刑,而此次修订中诸多侵犯知识产权犯罪的法定最高刑已调整至10年有期徒刑。(2)本次刑法修正案中对自由刑的调整有多处表述为"7年以上有期徒刑""10年以上有期徒刑",未确定自由刑上限,容易形成过大的司法自由裁量权。

最后,新增罪名自由刑的起点较高,①重于比其重要保护法益罪名的刑罚。《刑法修正案(十一)》新增的众多新罪名中一些行为的入刑实际上是存在争议的。而且,一些新增罪名的刑罚配置也有不协调之处,如为"负有照护职责人员性侵罪"配置的第一档法定刑为3年以下有期徒刑,而新增的猥亵儿童罪的四项情形则配置了5年以上有期徒刑,然而,性侵的危害性的严重程度显然重于猥亵。再如,新增的污染环境罪中的四种情形配置的是7年以上有期徒刑,而新增的"破坏自然保护地罪"的法定最高刑仅5年以上,然而二者保护的法益具有相同属性。② 刑罚配置的重刑化会进一步加剧刑罚的严厉性,不利于"严而不

① 根据《刑法修正案(十一)》,这里涉及的新增罪名如下:(1)新增"为境外窃取、刺探、收买、非法提供商业秘密罪",第一档法定刑的上限为5年有期徒刑,第二档的法定刑为5年以上有期徒刑;(2)新增"冒名顶替罪",其最高法定刑为3年有期徒刑;(3)新增"高空抛物罪",不产生法条竞合时最高法定刑为1年有期徒刑;(4)新增"催收非法债务罪",其最高法定刑为3年有期徒刑;(5)新增"侵害英雄烈士名誉、荣誉罪",其最高法定刑为3年有期徒刑;(6)新增了污染环境罪的4种情形,并配置7年以上有期徒刑的法定刑;(7)新增的"破坏自然保护地罪"的最高法定刑为5年有期徒刑;(8)新增的"非法引进、释放、丢弃外来入侵物种罪"的最高法定刑为3年有期徒刑;(9)新增的"妨害兴奋剂管理罪"的最高法定刑为3年有期徒刑;(10)新增的猥亵儿童罪的4项情形配置了5年以上有期徒刑的法定刑;(11)单设的"袭警罪"的最高法定刑为7年有期徒刑;(12)新增的"欺诈发行证券罪"的加重刑为5年以上有期徒刑,此外,该罪名的罚金金额也由非法募集资金金额1%以上5%以下调整为非法募集资金金额20%以上1倍以下。

② 通过新增的不同类别的罪名对比,也可看出新罪刑罚配置的重刑化倾向,又如新增的"冒名顶替罪"的法定最高刑为3年有期徒刑,而新增的"高空抛物罪",在不产生法条竞合的情况下,其法定最高刑仅1年有期徒刑,显而易见,后者保护的法益更加重要于前者。

厉”的刑法结构的稳定性与刑法的现代化发展。

类型化入罪的基本要求是类案化。从深层次而言,类型化立法涉及入罪理念的指引、法律概念的描述等复杂、抽象、重要的理论问题,正如考夫曼[①](Arthur Kaufmann)所言:“类型是我们取为标准的模范,类型一直比理念更优良,更遑论是比概念。”坚持类型化在立法实践及其理论技术保障上具有重大价值,而作为指引规范,入罪类型化的意义不仅在于为一般公众提供规范化的行为指引,而且能够为刑事司法统一裁判指引,有利于促进刑法立法及其现代化。《刑法修正案(十一)》在强烈的社会治理理念与回应性立法模式下,呈现以上的立法特点,容易在入罪类型化的对象选择、处罚范围的界定、刑罚体系的协调等方面产生不利效果。因此,理性的入罪类型化,应当是坚持危害行为的较大频率现实化及严重性、以“危险”定罪的相对具体化和刑罚配置总体上的轻缓化,才能够保证类型化理念下处罚的必要性和刑罚适度性、协调性的实现。

三、立法导向调适:对“严而不厉”的新理解与应用

要实现上述入罪类型化的三个方面的要求,从根本上来看,需要树立科学的刑法立法指导理念。从1979年《刑法》制定施行至今,我国现行有效的刑法规范体系包括了1部刑法、11个刑法修正案和1个单行刑法。就内容而言,我国刑法立法的重点任务还在于不断犯罪化、进行罪名及刑罚的调整和刑罚制度的完善,所体现的是刑事法网的严密,

---

① 我国台湾大学法律学院吴从周教授在其1999年的译著《类推与“事物本质”——兼论类型理论》中将考夫曼的全名译为“亚图·考夫曼”,而我国台北大学刘幸义教授等人在2011年的译著《法律哲学》中则将其全名译为“阿图尔·考夫曼”。通过向曾在德国弗莱堡大学法学院留学,现为武汉大学法学院副教授的敬力嘉老师求证,前述两本译著的原文作者为Arthur Kaufmann,译为阿图尔·考夫曼。为了明确本文中所涉及的“考夫曼”均为“阿图尔·考夫曼”,故而特此说明,并向敬力嘉副教授表示感谢。

但在"刑罚趋轻且合理"依有改进空间。要实现"严而不厉"①的刑法结构,不仅要考虑世界各国刑法的发展趋势,即轻微犯罪行为的非犯罪化、自由刑的社会化和罚金刑的广泛适用,②亦要结合我国国情,使刑法在保持谦抑主义精神下承担起"最后保障法"的角色作用。刑事法网严密、刑罚趋轻且合理是"严而不厉"刑法理念的基本面向,从长远来看,刑事法网的严密程度会随着我国犯罪状态的变化而调整,在相当一段时间内的现实层面,刑罚也需要体现其威慑作用,合理地进行轻重配置。因而,对"严而不厉"刑法理念的理解与贯彻应当全面、动态、切实调整。

(一)前置法调整优先于犯罪化

前置法调整优先于刑法调整是贯彻刑法谦抑主义的基本要求。当前,中国特色社会主义法律体系已经形成并正逐步完善,改革开放初期特定背景所形成的立法思路和"重刑轻民"的传统法制理念,均应当予以纠正和摒弃。不论是从法制历史维度,还是从法治未来方向,都应当坚决落实前置法调整优先于刑法调整,避免一味强调犯罪化式的社会治理。可见,坚持前置法调整优先于犯罪化是类型化入罪的基本要求和重要前提。

犯罪化的本质是将具有严重法益侵害性的行为规定为犯罪并处以刑罚,其正当性基础在于保护法益,但法益重要性程度与犯罪化并不成正比,还应当考虑前置法保护的效果,若前置法能够进行有效地保护,就没有必要动用刑罚。在这一过程中,实际上是行政权与刑法权的调整对象之争,对此,应当看到行政权的管理属性和介入的广泛性,以及由此所带来的调整方式的个别化、多样性和高效性。如果刑法立法广

---

① 参见储槐植:《刑事一体化论要》,北京大学出版社 2007 年版,第 60～67 页。储槐植教授在书中提出了"刑事一体化"理论,即惩治犯罪的相关事宜有机整合,刑法和刑法运行内外协调;在范畴上,不仅包括作为刑法运作的刑事一体化,还包括作为刑法研究方法的刑事一体化。在此基础上进一步提出刑法改革的基本一路是向"严而不厉"的刑法结构发展,其具体含义是刑事法网严密,但刑罚趋轻且合理,以推动中国的刑法现代化。

② 参见《马克昌文集》,武汉大学出版社 2012 年版,第 159～162 页。

泛地、个别地介入社会生活,则会使刑法规范规定得过于详细而带有经验主义色彩,[①]从而面临不断修改甚至无法统一适用的难题。因而,对于社会生活中新出现的侵害行为,并不是刑法介入的越早越好,而应当坚持最有效规制原则和治理效果的长效性,并衡量治理手段所需要的成本。否则,刑法将沦为基础性社会治理的"重器",失去与其他前置法共同治理的协调性,不利于形成有机衔接的国家权力体系和统一法秩序。

为了防范刑法过早介入前置法能够调控的社会领域,贯彻前置法调整优先于犯罪化需要坚持以下几点要求:(1)在有前置法充分调整或者能够及时作出完善的情形下,不宜进行犯罪化立法,尤其是不能仅仅对前置法的规制进行简单重申而入刑。(2)在前置法出现漏洞或立法空白的情形下,刑法介入程度必须保持克制。一方面,不能以前置法社会治理的功能为限度入刑,而必须固守犯罪之危害行为严重性的基本特征;另一方面,在刑罚的配置上,应避免重刑化,坚持轻刑化,以防止挤占前置法完善后的治理空间。(3)在刑法入罪后而前置法亦完善、填补空白的情形下,会面临"两法"衔接的问题。对此,应当避免双重评价危险带来的处罚过重问题。对于涉嫌犯罪的违法案件,应当直接、及时移送公安司法机关,不能行政处罚后再移送追究刑事责任。

(二)刑罚"该轻则轻、该重则重"

在具备犯罪化的条件之后,需要着重考量的是如何配置刑罚。刑罚兼具对个人、社会和国家三个方面的功能,从现阶段我国刑法的历次修订来看,还是在强调刑罚威慑、保障公民权益。实际上,选择何种刑罚功能及其程度,受制于对刑罚目的的选择,不论是报应主义,还是功利主义,都无法独自完全充当刑罚的目的,历次刑法修正案的形成也不例外。"作为一种制度,惩罚的总体正当目标完全可以是威慑,但不能

---

① 参见[德]黑格尔:《法哲学原理》,范扬、张企泰译,商务印书馆1961年版,第316~317页。

就此得出结论说,威慑应当成为个案中惩罚分配的理由。”①换言之,对于刑罚结构,“刑罚趋轻且合理”符合刑法现代化的改革要求,但基于中国的刑法实践需要,我国刑法原有罪名及新增罪名的刑罚配置,还是应当以罪刑的严重性为基础,结合犯罪治理的需要,实行动态调整,局部该轻则轻,局部该重则重,朝着整体趋轻的方向不断发展。

入罪类型化不仅包括了立法入罪对象选择的类型化,还涵盖了以刑罚为内容的法定刑的类型化。法定刑类型化对于入罪类型化具有重要意义:一方面,刑罚本身所具有的类型属性(包括刑种和刑度),能够促进刑法条文中刑罚部分的类型化、规范化配置,促进整个刑罚体系的协调性。同时,刑罚对罪名具有积极反作用,能够对刑法规范的罪状部分的层次性描述产生积极效果。另一方面,借鉴刑法司法解释论上“以刑制罪”思维模式,可以通过“刑”来认识“罪”,②看是否有必要犯罪化,即借助不同罪名的类型化刑罚之间的横向对比与纵向对比,来认识将要立法入罪之行为的侵害性的“质”与“量”,以慎重归罪从而考量采取其他治理方式。此外,值得特别注意的是,处理好刑罚配置与刑事政策之间的关系,对于刑法立法的类型化入罪也具有重要促进作用。法益确定的政策依赖性过度,以及由此带来的法益关联性的弱化甚至丧失,③使刑法立法呈现社会治理工具主义、犯罪认定抽象危险化等相对不理性的立法倾向。对此,需要通过保障刑罚的类型化,并借助其能够产生的系列积极效应来减少刑事政策过度刑法化对刑法立法的不良影响。

具体而言,刑罚类型化从宏观上,需要坚持以下两个基本方向:一是要从刑法种类上保持刑罚体系的整体协调性。二是从刑罚幅度上保

---

① [美]乔治·弗莱彻:《反思刑法》,邓子滨译,华夏出版社2008年版,第299~306页。

② 参见裘霞、李佑喜:《论以刑制罪及其司法运用》,载游伟主编:《华东刑事司法评论》第6卷,法律出版社2004年版。作者在其文中指出:“刑事司法是罪与刑交互作用的过程,既要重视罪对刑的决定作用,也不能忽视刑对罪的制约作用,即通过对法定刑的领会和考量来加深对法定犯罪构成要件的理解,以准确定罪。”这是我国刑法研究领域学者对于“以刑制罪”理念的最早阐释和概括。

③ 参见劳东燕:《刑事政策与刑法解释中的价值判断——兼论解释论上的“以刑制罪”现象》,载《政法论坛》2012年第4期。

持个罪法定刑的合理性,以避免不同个案和相似法益罪名的刑罚差距过大。因此,在类型化归罪过程中,刑罚的配置不仅需要整体上符合"趋轻且合理"的长远发展特征,并且在短期内的刑法修订之时,也有必要根据犯罪的具体情况调整或配置较重的刑罚。当然,不应当配置重刑的罪名不能因社会治理需要而辅以重刑,而由于社会变迁和犯罪变化需要将较重刑罚进行幅度降低时,也必须适度加以调整优化。

(三)犯罪化后应适时非犯罪化

轻罪的非犯罪化是刑法现代化的发展趋势,也是世界各国刑法实践的重要内容。早在 20 世纪 50 年代,各主要资本主义国家都进行了非犯罪化立法实践。① 纵观我国刑法立法发展历程,也有着非犯罪化的实践传统,即 1997 年《刑法》对于 1979 年《刑法》的全面修改及其后刑法修正案的部分修改,取消了反革命罪(修改为危害国家安全罪)、投机倒把罪(修改为非法经营罪)、流氓罪(分解为聚众斗殴罪,寻衅滋事罪,聚众淫乱罪,强制猥亵、侮辱妇女罪)、套汇罪等罪名。② 当然,最突出的特征还是对死刑废除的立法实践。③ 刑罚的轻缓化对于非犯罪化具有积极意义,能够从刑罚的整体协调性上反作用于罪名的增、改、废,推动立法层面的"以刑制罪"实践。

犯罪化意味着行为具有可罚性,在这里它作为实质意义上的概念而使用,其是形式(现行法)意义上的可罚性的前提和根据。那么,如何判

① 参见黎宏、王龙:《论非犯罪化》,载《中南政法学院学报》1991 年第 2 期。文中列举了德国取消了决斗、堕胎、通奸、男子间单纯的猥亵等罪名,瑞典等北欧国家缩小了卖淫和亲属相奸等罪的范围,英国、美国等国家也取消了醉酒、色情书画、卖淫、通奸、自杀等一些传统的罪名。此外,非洲和拉丁美洲的一些国家、日本等,也进行了非犯罪化的实践。

② 参见陈兴良:《回顾与展望:中国刑法立法四十年》,载《法学》2018 年第 6 期。

③ 近 40 年间我国累计废除 22 个罪名的死刑,保留配置死刑的罪名还剩 46 个,刑罚改革取得显著成效。从 1979 年《刑法》制定后到第 11 次刑法修订,我国两次取消死刑法定刑配置:第一次是 2011 年 5 月 1 日起施行的《刑法修正案(八)》取消了 13 个罪名的死刑;第二次是 2015 年 11 月 1 日起施行的《刑法修正案(九)》取消了 9 个罪名的死刑。

断行为有无可罚性? 较为典型的观点是将可罚性的内容分为当罚性(行为本身值得处罚的无价值判断)与要罚性(科刑必要性的目的论判断),并将二者对置。然而,日本学者松原芳博认为并无对置的必要性,犯罪成立要件已经包含了"要罚性"的判断,且无价值评价与处罚的合目的性考察统一于刑罚目的之中,二者无法割裂。因此,"可罚性"概念得到积极认可的价值在于刑罚关联性,其最理想的体系性地位是纳入"犯罪"概念内部作为实质违法性或者责任的领域。① 相应地,随着作为刑罚目的重要内容的特殊预防和一般预防的必要性降低,相关行为的刑罚关联性也会随之减弱。由此可见,某一行为的犯罪化标签并非一成不变,需要进行可罚性的判断,从而适时进行非犯罪化立法调整优化。

在适时非犯罪化时,应当考虑两个影响因素:一是社会及民众对其容忍性和防范能力的提高。这是刑法立法与时俱进所必然包含的要求,即刑法应当满足民众对行为自由扩张的天然预期。二是从刑法发展来看,将其非犯罪化能够提升刑法体系的科学性,符合刑法现代化的世界趋势。立法技术并非从始至终毫无缺憾,立法技术层面的暂时性不足会随着立法技术科学性的不断提高而消弭,从而在刑法立法理念和刑事政策的指导下,罪名体系和刑罚体系也会随之更加优化,对于某些罪名的非犯罪化也在预料当中。就我国当前来说,一方面,对于原有罪名要适时进行非犯罪化;另一方面,在新增罪名时也要考虑到犯罪化后非犯罪化的必要性和紧迫性的程度而限制最初的犯罪化。② 如对于行政犯而言,要用尽"以行政责任代替违反行政法规的刑事责任"③才考虑犯罪化。此外,也不能停止对于死刑的废除步伐和不合理刑罚的

① 参见[日]松原芳博:《犯罪概念和可罚性:关于客观处罚条件与一身处罚阻却事由》,毛乃纯译,中国人民大学出版社2020年版,第2~10页。

② 就原有罪名而言,可以考虑在短期内废除的罪名有聚众淫乱罪,赌博罪,盗窃、侮辱尸体罪,重婚罪等,对于前2个罪名,如果没有当众和使用欺诈手段,实际上不会具体造成任何法益的损害或危险,而后2个罪名所规制的行为,则完全可以通过民事诉讼程序加以解决。就《刑法修正案(十一)》的新增罪名而言,尤其值得非犯罪化的是冒名顶替罪,因其通过教育行政手段和党纪政务处分亦可以达到规制的目的。

③ [美]保罗·罗宾逊、[美]迈克·卡希尔:《失义的刑法》,谢杰等译,上海人民出版社2018年版,第203页。

调整,以便从罪名和刑罚两个方面推动非犯罪化。

为了确保类型归罪的理性化和刑法的未来发展,刑法修订必须在犯罪化和刑罚配置上强化"严而不厉"的刑法理念,在严密刑事法网过程中,要注重三大原则:一是前置法调整优先于犯罪化;二是刑罚"该轻则轻、该重则重";三是犯罪化后的适时非犯罪化。只有这样,才能严把类型化入罪关、刑罚体系类型化优化关和刑法现代化发展关。当然,这也需要价值理念指导下立法技术层面的科学保障。

四、类型入罪的技术维度:开放结构与类型化的展开

正如前述所言,入罪类型化的实现,除了要坚持贯彻全面、动态的"严而不厉"的刑法理念,还需要从立法技术上予以保障,目的是围绕类型化刑法条文结构的规范描述,从入罪对象的选择上、处罚范围的限定上、刑罚轻重的协调上进行限缩,以达到刑法立法与刑事司法上的"以型制罪",从而限制刑罚权无限扩张倾向。刑法条文结构到底是开放的,还是封闭的,对于入罪时刑法条文规范描述的类型化及其程度至关重要。"从对某一类社会关系的法律规制出发,刑法规范结构具有开放的、不完整的特征;而从刑法条文出发,则刑法规范结构呈现封闭、完整的形象。"①但事实上,"类型是早已存在于立法者与法律形成之前的事物,而立法者的任务是描述各种类型"②。换言之,对于社会关系的类型化归属是立法入罪的重要基础,具体刑法条文只是将某类社会

---

① 时延安:《刑法规范的结构、属性及其在解释论上的意义》,载《中国法学》2011 年第 2 期。在该文中,时延安教授指出:"刑法典作为条文体系却是以刑法规范体系为内容的,如果从刑法条文出发去看待具体犯罪所依据的罪刑规范,刑法规范的结构是封闭的、完整的。如果将法律规范视为对一类社会关系调整的规范,而刑法规范只充当制裁的角色,刑法规范就不可能再是封闭的,因为制裁前提是以行为人对特定义务的违反,在很多情况下也是对权利的侵犯,而特定的义务来源和内涵、权利主体和内容并非在刑法规范中予以规定,而是在刑法规范之前规范中予以规定,这些规范主要包括国家法、民法、行政法和军事法中所确立的规范。"

② [德]亚图·考夫曼:《类推与"事物本质"——兼论类型理论》,吴从周译,台北,学林文化事业有限公司 1999 年版,第 111 页。

关系下具体的严重危害行为进行规范化描述。因此,刑法条文的结构是开放的、不完整的,以此才能够避免刑法立法以少数个案入罪而带来的刑罚权过度扩张和统一刑事司法适用标准及其后刑法条文的修订。进一步而言,类型化归罪是一个从危害行为的选择到刑法条文的规范描述,再到其立法修订完善的完整链条。因此,在立法技术层面,最初的犯罪化就应当将目光往返于犯罪化的整个环节,避免盲目地应急性、突袭式刑法立法。

(一)危害行为现实化与类型化

从入罪立法的环节来看,首先要确定入罪的对象,即犯罪学意义上犯罪行为的刑法化。法律现实化的过程分为法律理念、法律规范和法律判决三个阶段,且法律概念是不断封闭与开放,又封闭的过程。[①] 危害行为的现实化仅涉及前两者,即在理性的法律理念指导下形成结构化的罪刑规范。同时,需要重申的是,立法者进行立法并不是在定义而是在描述"类型"。这一过程是客观见之于主观的活动,即当具有严重法益侵害性的危害行为现实地、较为普遍地发生后,立法者的任务就是在立法理念的指导下将犯罪学意义上的犯罪立法化,描述为类型化的刑法规范供公众遵守和刑事司法适用。

在将危害行为犯罪化时,应当重视危害行为量变的类型化与罪刑规范的类型化。类型化,是"规范类型,而非平均类型或频率类型,是法律理念与生活事实的中间点,立法成败依赖于能够正确掌握类型,公众的不安定性、法律的不安定性,主要是不能确切无误地掌握位于法律概念背后的类型"[②]。但是,"规范类型"应当是法律规范形成阶段在规范结构、规范语言方面的类型化要求。实际上,本文所提倡的"类型

---

① 参见[德]亚图·考夫曼:《类推与"事物本质"——兼论类型理论》,吴从周译,台北,学林文化事业有限公司1999年版,第29、119页。

② [德]亚图·考夫曼:《类推与"事物本质"——兼论类型理论》,吴从周译,台北,学林文化事业有限公司1999年版,第111~112页。

化”分为两个阶段:一是刑法立法入罪论证时期。在此阶段,要充分发挥类型的意义性,即评价观点上的同义性,①其实质乃是入罪价值见之于客观危害行为的判断活动。二是罪刑规范设计的形成时期。对于安定性的要求集中体现在第二个阶段。在该阶段当中,法律本身的安定性要求制定法具有实证性、实用性、不变性。换言之,制定法应当尽可能的精准、尽可能得以无错误地认识、不应轻易得以改变。② 因此,为了满足上述要求,在第一个阶段刑法立法入罪伊始,首先应当在入罪对象的选择上进行初步的类型化评估及筛选,也就是要比较地考察某一行为在社会生活中发生的频率、行为方式及其因果关系的惯常性,而在考察过程中归类时,则自然地融入了立法者的价值取向。由此可见,立法者类型化地选择入罪对象,正确地描述规范类型对于合理限定处罚范围、保持法律的安定性与民众的可期待性具有重要价值。

需要强调的是,本文中类型化的含义,侧重的是方法论指导意义兼具规范动态构建过程的概念范畴,并不涵摄刑法总则或是刑法分则的类型化构建具体规则。③ 至于前述对《刑法修正案(十一)》非类型化关联立法态势,如极端个案的“类型化”、犯罪认定的危险化、刑罚配置的重刑化等分析,其意义也并非对刑法总则类型化的论述,而是旨在动

---

① 参见齐文远、苏彩霞:《刑法中的类型思维之提倡》,载《法律科学(西北政法大学学报)》2010年第1期。

② 参见[德]阿图尔·考夫曼:《法律哲学》(第2版),刘幸义等译,法律出版社2011年版,第209~211页。

③ 参见胡先锋:《解构与重构:刑法分则类型化研究》,中国政法大学出版社2018年版,第59~79页。文中作者总结了刑法学界关于刑法类型化的六种观点,并对刑法类型化进行了六种分类,前者包括:把类型化视为构成要件或者罪名、把类型化作为一种思维方法、把类型化与模糊化等同、把类型化与明确性等同、把类型化作为规范动态的构建、把类型化用于具体构成要件的分类和分型的场合;后者则是指:初次类型化与再次类型化、构成要件类型化与犯罪类型类型化、解构主义视角下的类型化与建构主义视角下的类型化、适度类型化与过度类型化、低度类型化与高度类型化、刑法总则类型化与刑法分则类型化。进一步,作者还提出类型化具有本体论价值的观点,即通过类型化来实现类型化,换言之,罪名是类型或类型的结合,类型或者类型的结合就成为罪名,构成要件的结合就产生罪名。

态地检视刑法立法应对新生犯罪现象的过程及其内容,以进一步阐发动态的类型化内涵的具体方法论启示。以《刑法修正案(十一)》犯罪认定危险化为例。从其立法特征来看,在立法技术上应当避免两种非理性倾向:(1)要避免无限适用“危险犯”理论,应当注重危害行为的现实化。这里的现实化包含两层含义,即已存在危害行为的类型化地发展和将来可能发生危害行为的类型化预测。前者的作用在于合理确定处罚范围,后者的效果在于赋予立法适度的前瞻性。(2)要避免简单的回应性立法,将极端个案入罪造成刑法过早、过多介入前置法调整领域,架空前置法的立法空间和适用空间,应当注重危害行为的类型化。具体而言,要从个案中获得新的普遍性原则以适用于相同案件,就必须着重分析“个案”所具有的“典型”特征以类型化,从而达到相同适用的目标。[①] 由此可见,不论是理论上还是立法实践上,都需要类型化作为重要的技术保障。在此基础上,基于作为法律理念与生活事实中间点的规范类型,其法律规范(包括刑法条文)结构所具有的开放性,为类型归罪的规范化提供了技术前提和现实可能性。

(二)刑法条文结构化与规范化

类型化归罪时的“类型化”是要求危害行为具有可以归纳为类型的条件,而在立法文本形成阶段的“类型化”则是将具体的危害行为现实地抽象为犯罪类型。但是,这两种层面的“类型”并不完全等同,“抽象概念能给予法律建构所需要的外形,并担保其法律的安定性,但这种描述只能不断接近类型,而无法掌握其最终的精细性”[②]。可见,法律的结构是开放的、类型化的,而非封闭、个别化。立法无论如何都会碰到适用问题而带来不确定性,这源于它们有着所谓的开放性结构。目

① 参见[德]卡尔·拉伦茨:《法学方法论》(全书·第6版),黄家镇译,商务印书馆2020年版,第319页。

② [德]亚图·考夫曼:《类推与“事物本质”——兼论类型理论》,吴从周译,台北,学林文化事业有限公司1999年版,第113页。

前为止,开放文本特别是在立法这种传播形式中被视为人类语言的普遍特征。[①] 开放结构固然具有“词语使用边界的模糊”[②],但并不是排斥结构化和规范化,反而结构化和规范化是弥补立法开放性结构的类型化不足的重要手段,以实现刑法立法的目的。而且,开放文本实际上是从语言学的角度,赋予了立法文本解释的条件和空间。刑法条文结构化是要求尽可能使用叙明罪状,确保法定刑相对确定;而规范化则是强调为了保证刑法条文结构化的实现,刑法立法在描述罪刑规范时,应当使用类型化的规范语言,既要避免过于笼统不利于限制处罚范围,也要警惕过于极端个案化、规制行为早期化而压缩前置法的治理空间,以及不利于刑法立法的类型化发展,而过早介入社会生活层面,压缩公民纠纷解决方式的选择权。

从结构化的角度,法律条文具有规范性和普遍性两大特征,不论是案件事实、构成要件的描述,还是法律后果的描绘,都以普遍化的方式进行。进一步而言,“法律后果之所以发生,是因为它是有效的法条所赋予的;将规范构成要件描述的实际事件与法律适用范围内的法律后果相联结,由此,随着构成要件的实现,法律后果即‘得到适用’,这恰好是法条作为规范的语言表达形式的特征”[③]。要使上述状态得以实现,就必须首先借助规范化语言(文字语言)来加以建构。对此,应当处理好法律语言与有关日常语言之间的关系。一方面,法律语言不能脱离有关日常语言的含义,否则将会失去实用性;另一方面,法律语言必须具有普遍解释与适用的特征,才能将社会生活事实类型化地纳入法律规制。可普遍化原则实际上是一个双向适应的过程:“必须鉴于个案的相关特征将它向着规范来‘构造’‘抽象化’‘普遍化’,使其‘适应规范’;而抽象规范又必须向着个案‘解释’和‘具体化’,使其‘适应

① 参见[英]哈特:《法律的概念》(第3版),许家馨、李冠宜译,法律出版社2018年版,第191~192页。

② [美]布赖恩·H.比克斯:《牛津法律理论词典》,邱昭继等译,法律出版社2007年版,第167页。

③ [德]卡尔·拉伦茨:《法学方法论》(全书·第6版),黄家镇译,商务印书馆2020年版,第319~322页。

实然'。"[①]并且,这一双向过程是同时地、持续地进行着的,尤其体现在刑法立法环节之中。需要强调的是,该过程中的核心是个案的比较,准确地说是类案的比较,以获取刑法条文普遍化和规范化的基础,以保证适用可重复性,从而保障立法入罪的理性和科学性。[②] 类型化入罪既要来源于社会生活事实,又要能够适用于当前及今后可能的社会生活事实。其中,法律语言起到了关键性的联结介质作用。

应当看到,法律语言对于法律确定性的保障,语言(包括文字和口语)具有开放性特征,这为刑法条文规范结构的开放性及其适用过程中合理扩大解释提供了基础前提。可见,语言的开放性与法律的确定性之间并不对立,相反,语言的结构开放保障了法律的确定性,以适用于立法者立法时已经发生、已经预见、没有预见和不可能预见的危害行为。同时,语言也具有确定性,这"依赖于共享的判断,而共享的判断要以共享的训练、文化和生物本性的结合为基础"[③]。简而言之,语言既具有开放性又具有确定性,在保障法律确定性尤其是刑法确定性的过程中,实际上也使得法律的确定性具有两种面向:归罪类型的确定性和规范解释的扩大性。"法律确定性问题是规范性话语的性质引起的,而权威性是法律的基本性质。"[④]因此,法律语言所蕴含的确定性,本质上是在保障法律的权威性,对于刑法立法尤其如此。需要强调的是,不论是法律语言的确定性,还是法律条文的确定性,均具有相对化的属性特征,由此才能够满足刑法规范的概括性需求,但"相对明确性所能够接受的概括性并不等于模糊性,因为模糊和明确是相

---

① [德]阿图尔·考夫曼:《法律获取的程序——一种理性分析》,雷磊译,中国政法大学出版社2015年版,第54页。

② 参见[德]阿图尔·考夫曼:《法律获取的程序——一种理性分析》,雷磊译,中国政法大学出版社2015年版,第50~53页。

③ [美]布赖恩·比克斯:《法律、语言与法律的确定性》,邱昭继译,法律出版社2007年版,第191页。

④ [美]布赖恩·比克斯:《法律、语言与法律的确定性》,邱昭继译,法律出版社2007年版,第193~194页。

互排斥的"[①]。因此,刑法条文的具体规范描述应当兼顾明确性与概括性,相应地对法律语言的结构化、规范化构建提出了这两个方面的要求。

与此同时,还应当区别看待概念思维与概念的不同特征。概念思维的思维逻辑是穷尽式的、封闭式的囊括,因而在方法论意义上过于抽象、概括;[②]而概念基于定义本质,具有相对的明确性与客观性,能够起到保障刑法的安定性与可预测性的作用。[③] 实际上,在类型化法律语言的形成过程中,概念的构建尤其重要,它是联结社会生活事实与法律秩序的重要媒介。"类型没有概念是盲目的,法律的专业语言的概念必须向行为人的日常语言开放,从其封闭的、抽象的分类概念中变成开放的、具体的类型。"[④]换言之,法律专业语言对于概念的界定不能脱离社会生活中日常用语的一般含义,否则,刑法立法将与社会生活事实相脱离,刑法适用将超出社会和公众的合理预期。例如,陆勇假药案中对于"假药"[⑤]的界定,赵春华非法持有枪支案中对于"枪支"的界定,均存在法律专业术语适用过程中脱离社会生活日常用语而造成社会公众包括理论界学者无法接受的司法判决的问题。因此,类型化过程中对于抽象概念的界定应当在考虑专业性的基础上融入日常用语的相关理

---

① 付立庆:《积极主义刑法观及其展开》,中国人民大学出版社2020年版,第60页。

② 参见杜宇:《再论刑法上之"类型化"思维——一种基于"方法论"的扩展性思考》,载《法制与社会发展》2005年第6期。

③ 参见杜宇:《类型思维与刑法方法》,北京大学出版社2021年版,第156页。

④ [德]阿图尔·考夫曼:《法律哲学》(第2版),刘幸义等译,法律出版社2011年版,第149、151页。

⑤ 需要指出的是,虽然《刑法修正案(十一)》已经对生产、销售假药罪和生产、销售劣药罪作出了修改,即删除了第141条第2款"本条所称假药,是指依照《中华人民共和国药品管理法》的规定属于假药和按假药处理的药品、非药品"和第142条第2款"本条所称的劣药,是指依照《中华人民共和国药品管理法》的规定属于劣药的药品"这两款规定,但是,这也不能否认此前对于"假药""劣药"等概念认定存在的不合理之处,且此次修改也从一个侧面说明了法律语言要与日常用语相贴近,不能超出其应有的、基本的含义。

解,使概念在类型的规范化描述中起到正确、合理归责的作用。由此可见,运用好语言开放性下刑法条文上的开放结构,对于构建犯罪化与非犯罪化良性互动的类型化刑法规范体系及其司法适用效果,具有极其重要的理论价值和实践意义。

就我国的刑法立法而言,《刑法修正案(十一)》并没有同时完全满足刑法条文结构化和规范化的要求:(1)在罪状描述方式的使用上,由于使用叙明罪状时缺乏类型化的规范描述,一些罪名"个案立法"的特征明显,造成行为规制容易出现漏洞。① (2)在新罪或新增款、项的刑罚配置上,对相对确定刑的原则有所突破。② 实际上,即便刑罚无上限也不一定能够达到严惩目的。(3)对于非暴力性的经济类犯罪配置无上限的刑罚有违罪刑相适应原则。因此,在进行刑法条文的描述设计时,定型判断先于个别判断,也就是对行为的系统性构成要件的判断先于对个别的违法性与有责性的判断,③从而有利于刑法条文罪状描述时的全面性与类型化。但并不代表罪行的描述应当高度抽象化,换言之,类型化并不等于高度抽象化,因为"刑法禁止所指向的应当是社会事实而不是法律、抽象概念或观念"④。此外,还应当重视刑法条文与司法解释之间的协调性,不能让刑法条文的类型化描述的司法适用,都

---

① 例如,根据《刑法修正案(十一)》新增的第 330 条第 1 款第 4 项所描述的"危害行为",不仅没有抓住妨害传染病防治罪的实质,而且也未把该罪名进行出罪化的规范设计。再如,新增的《刑法》第 341 条第 3 款中的"以食用为目的"并无法规制"以牟利为目的"的相同危害行为。可见,在采用叙明罪状进行立法时,必须要对危害行为进行类型化、规范化描述。

② 如新增的猥亵儿童罪的 4 项情形配置了 5 年以上有期徒刑的法定刑。当然,对于严惩猥亵儿童的严重犯罪行为是正确的,但不设置刑罚上限实际上并没有赋予最高刑罚的选择权,可能会造成"不设上限反而不如设置上限重"的立法悖论。再如,新增的欺诈发行证券罪的加重刑为 5 年以上有期徒刑,而对于经济犯罪,配置无上限刑罚本身就值得反思。

③ 参见陈兴良主编:《刑法总论精释》(上)(第 3 版),人民法院出版社 2016 年版,第 134 ~ 135 页。

④ 刘仁文主编:《刑法修正评估与立法科学化》,社会科学文献出版社 2018 年版,第 234 页。

需要通过司法解释来实现,也要避免再通过“司法解释来解释司法解释”的奇怪现象。

(三)刑法修订前瞻性与回溯性

刑罚的社会威慑与保障公民权利的功能决定了刑法立法的功利主义,当然这种功利主义并不仅仅是着眼于当前,更加突出的是对犯罪化立法后相同或相似行为的威慑与预防。这也再次明确了归罪类型化,以及刑法条文结构化与规范化的重要意义。唯有如此,才能使刑法条文从功利层面上适用前瞻性的要求。就整体上而言,只要形成了刑事法律,对于相应行为的规制自然会起到前瞻性预防的作用,但实际上,刑法条文的描述设计是否类型化、规范化,对于预防作用所产生的范围及司法适用效果都会产生影响。科学的刑法条文描述设计能够在最大程度上发挥刑法的前瞻性预防效果。

那么,又该如何检验刑法条文的类型化,以保障刑法规范的前瞻性,从而避免短期内频繁修改呢？拉兹(Joseph Raz)认为,基于信念用规范性的语言去陈述(描述)更加接近真理,而这种陈述依据的是一种观点或一套价值,并且能够用于包括道德在内的实践理性的所有领域。① 通俗地讲,拉兹所提到的“价值”具有普遍性,在法律与道德领域拥有基础一致性。更进一步来说,刑法所禁止的类型化行为首先应当是道德所不允许的。根据日本刑法学者佐伯千仞的观点,只要存在能够产生并成长的合乎自身的新的道德情感,②即便是行政犯,也会因为“新的道德因素”而呈现行政犯的自然犯化倾向。由此可见,能够适用于包括道德在内的价值观念是最基本的类型化入罪考量,也是检验刑

① 参见[英]约瑟夫·拉兹:《实践理性与规范》,朱学平译,中国法制出版社 2011 年版,第 195~203 页。当然,拉兹所谓的“陈述(描述)”具有时效性,即便在一定时期内是有效的,也会与时俱进产生新的有效的陈述(描述)。

② 参见黄明儒:《也论行政犯的性质及其对行政刑法定位的影响》,载《现代法学》2004 年第 5 期。

法条文类型化的总体标准。具体而言,对规范类型的基本检验标准可包括三个方面,即规范内在逻辑的“论理性”检验、置于刑法规范体系中的“协调性”检验及立足实际功效的“目的性”检验。[①] 概言之,在刑法修订的前瞻性上,应当坚持总体标准与基本标准相结合的保障路径。

与此同时,基于犯罪是一定时期的一种社会现象尤其是轻罪立法倾向,极其有必要结合社会经济的发展及犯罪治理的效果,对已有罪名进行调整,以促进刑法体系的完善和刑法现代化的发展进程。正如李斯特(Franz Von List)的“整体刑法学”理念的基本框架:犯罪—刑事政策—刑法,[②]刑事政策的调整优化对于犯罪化后的回溯性的非犯罪化具有导向性价值。我国长期以来坚持的是一种理论上兼具犯罪化与非犯罪化的“宽严相济”刑事政策,只不过从我国犯罪治理的实际出发,主要呈现的还是一种严密刑事法网的犯罪化的主要导向。而且,立法的结构开放性也为非犯罪化提供了可能路径。概括而言,完整的刑法立法包括三个环节,即危害行为现实化后类型化的犯罪化对象的选择、刑法条文结构的类型化与规范化描述、犯罪化的回溯性审查后的非犯罪化。“制定法的特性在于,即便它被颁布时是带有某个目的的,它在运用时也不完全是为了实现这一目的(只要它服务于这一目的),而毋宁是要求得到无条件的服从。”[③]也就是说,在刑法立法领域,立法者制定文本时的立法目的并不需要得到固化,根据犯罪治理的效果及社会生活的变迁,立法应当适时进行调整优化,以便适应新情况、新问题,最终目的是,既要以刑法的权威性发挥其“最后保障法”作用,也要发挥刑法以非犯罪化方式保障自由的功能。

入罪类型化的标准确定应当以法益保护类型化与现实化为基本准则,即只有当所出现的危害行为能够被类型化、规范化地描述为保护法

---

① 参见杜宇:《刑法规范的形成机理——以“类型”建构为视角》,载《法商研究》2010年第1期。

② 参见储槐植:《刑事一体化》,法律出版社2004年版,第491页。

③ [德]古斯塔夫·拉德布鲁赫:《法哲学入门》,雷磊译,商务印书馆2019年版,第114页。

益,且较为普遍地发生而严重侵犯法益时,才能够运用立法将其犯罪化。需要强调的是,类型化是“罪刑一体”的,既包括罪状的类型化,也包括刑罚的类型化。这二者之间具有相互促进的作用,即侵犯同类或相似客体下的罪状配置的刑罚应当相当,而通过刑罚的横向对比(不同法益)和刑罚的纵向对比(同类法益)又可以起到优化罪名体系的反向作用。因此,在类型归罪过程当中,为了确保处罚范围的合理限定,需要“严而不厉”刑法理念的指导,限缩类型化归罪的对象范围和刑罚配置的合理性,也需要从刑法技术上围绕类型化刑法条文结构的规范描述,在入罪对象的解释上、刑罚轻重的协调上进行类型化、规范化限缩,以达到刑法立法与刑事司法上的“以型制罪”和回溯性立法必要性审查下的非犯罪化实践。最终形成入罪有理、犯罪化有度、刑罚有紧、罪名有弛的刑法社会治理的理性机制。

此外,应当明确的是,本文的类型化有两层含义:一是类型归罪时的类型化。具体是指严重危害行为发展的类型化考察,以便选择立法入罪的对象。二是刑法条文形成的类型化。这需要结构化和规范化予以保障,目的是在惩罚犯罪与保障自由之间达到一个相对的平衡。前者为后者的形成提供了立法基础,后者为公民个人或司法适用提供类型化指引。概括而言,类型化贯穿于入罪的全过程、全要素,不论是入罪立法初期的入罪对象的类型化考察,还是立法(或修改)草案过程的刑法条文(主要包括罪状和法定刑)形成阶段,都应当坚持类型化思维及立法技术保障,通过“以型制罪”达到立法上的合理限制处罚范围的效果。

五、余论:“以型制罪”乃刑法善治的重要立法保障

科学的刑法立法是刑法善治的根本前提,而类型化是保持刑法立法科学性的重要保证。类型化的实现方式,需要在全面的“严而不厉”刑法理念的导向下进行立法技术优化,即三项技术维度下的原则:坚持入罪对象选择时的危害行为现实化与类型化、坚持立法文本形成中的刑法条文结构化与规范化、坚持刑法发展上的刑法修订前瞻性与回溯

性,以确保刑罚权的合理范围,避免刑法成为社会治理的基本方式,压缩前置法或其他纠纷解决方式的适用空间。以上就是本文所提倡的"以型制罪"理念,即通过归罪的类型化来制约立法入罪的无序扩大化,使刑法介入社会生活保持在合理的限度之内,从而保障刑法立法的理性化。

当然,通过类型化入罪理念下形成的类型化刑法规范,也能够在刑事司法层面起到理性、规范适用刑法条文的效果。此外,需要明确两个概念的区别:"以型制罪"和"以刑制罪"。前者是指以立法层面入罪类型化为主,以及入罪类型化下类型化刑法条文的司法适用,兼具立法和司法两个层面的制约效果;后者则是指对于严重危害行为的定罪,通过刑罚的比较来选择适当的罪名,仅涉及刑事司法层面的制约作用。由此可见,从刑法的完善发展角度而言,"以型制罪"乃是科学的、理性的刑法立法最直接的基本理念保障。

需要再次强调的是,刑法立法并不是单向的犯罪化,也应当做到适时非犯罪化,以避免刑事法网过密,侵占前置法适用空间,甚至是对公民个人自由形成高压态势。因此,应当为刑法善治寻找既坚守刑法谦抑性,又满足犯罪治理实践需求的可行之道。对于有前置法规制的现象或行为,应当始终坚持前置法优先、穷尽的原则,让刑法起到"最后保障法"的作用。对于没有前置法规制的违法现象,刑法应当坚持"可进可退"原则,即以适时、适度的犯罪化应对法律空白带来的潜在或已有危险,到前置法出台(包括修改原有法律或制定单行法)后,刑法应当以非犯罪化的方式退出,继续坚持刑法谦抑主义精神。这也正是"以型制罪"思路下"严而不厉"理念的应有之义,也是刑法立法技术应当作出调整之处,即兼顾刑法发展的前瞻性与回溯性。在利益博弈下刑法立法无法实现一蹴而就式地科学、系统立法,回应性(应急性)立法、前瞻性立法与回溯性立法是刑法立法模式的当然实践,唯有"可进可退"理念下的科学、理性地动态调整是实现刑法善治,推动刑法现代化的必由之路。

Reflection of Amendment XI to Penal Code of China: Typed Imputation and Guaranteed Approach

Mo Hongxian & Luo Jianwu

[**内容摘要**]立法完善是促进刑法理论研究与提升刑事司法效能的关键动因。为了应对新的社会问题,《刑法修正案(十一)》在完善原有罪名条文的同时,也新增了诸多新罪名。通过其具体内容发现,此次刑法修订呈现极端个案类型化、犯罪认定危险化、刑罚配置重刑化等非理性立法特征,并且进一步引出对刑法参与社会治理过程中以立法入罪的判断标准的命题探讨。对此,一方面,应当树立理性的刑法参与社会治理机能观,作为刑法立法的价值导向。不仅要求刑事法网严密、刑罚趋轻且合理,还必须贯彻前置法调整优先于犯罪化、刑罚轻重配置的适时协调及犯罪化后适时非犯罪化的谦抑、动态的刑法治理品质。相应地,为了保障刑法的谦抑性,必须以法益保护的现实化与类型化为标准进行立法犯罪化的初步考察。另一方面,在刑法立法技术上,应当以"以型制罪"思路限缩处罚范围为手段,利用开放结构以建构犯罪化与非犯罪化互动的类型化规范体系,从而形成刑事法网严密、刑罚趋轻且合理、罪名体量"可增可减"、刑罚配置"有轻有重"的刑法立法发展进路,最终实现入罪有理、犯罪化有度、刑罚有紧、罪名有弛的社会治理刑法参与良性机制和理想效果。

[**关键词**]《刑法修正案(十一)》;社会治理刑法化;严而不厉;以型制罪;回溯性立法

Abstract: Legislative perfection is the key motivation to promote the theoretical research of criminal law and enhance the efficiency of criminal justice. In order to deal with new social problems, the amendment XI to penal code of china improved the original provisions of accusations, and added many new accusations. Through the specific content, it can be found that the amendment to penal code presents irrational legislative characteristics such as extreme case typing, dangerous crime identification, heavy punishment allocation, etc. And further leads to the criminal law to participate in the process of social governance by legislation in the judgment of the standard of the proposition. In this regard, on the one hand, we should establish a rational view of criminal law participating in social governance as the value orientation of penal code legislation. It is not only required that the penal code net should be strict, the penalty should be lighter and reasonable, but also that the pre-law adjustment should take precedence over the criminalization, the timely coordination of the disposition of the severity of the penalty, and the modesty and dynamic quality of penal governance should be carried out. Accordingly, in order to ensure the modesty of penal law, we must make a preliminary investigation on the legalization of criminalization by making the protection of legal interests realistic and typicalized. On penal code legislation technology, on the other hand, shall be based on "with type" thinking narrowed the scope of punishment as the means, use open structure to build a criminalized and decriminalized of interactive typed standard system, thus forming the penal code, strict, the penalty is light and reasonable accusations volume can increase can decreases, the penalty configuration "has light is heavy" of the penal law legislation development approach, Finally, the benign mechanism and ideal effect of social governance of penal participation, such as rational incrimination, degree of criminalization, tight punishment and relaxation of charges, will be realized.

Keywords: Amendment XI to Penal Code of China; Criminalization of Social Governance; Strictness but Unseverity; Charge Subjecting to Type; Retrospective Legislation

醉驾入刑10年治理模式反思

——以重庆市A区数据分析为蓝本*

梅传强**　梁选点***

目　次

2011年2月出台的《刑法修正案(八)》将在道路上醉酒驾驶机动车的行为作为犯罪入刑,标志着我国对醉驾的治理从单一行政处罚方式转变为行政处罚和刑罚相结合的"双轨"治理模式。醉驾入刑的最初几年,因酒后驾车导致的交通事故数和死亡人数大

---

* 本文系最高人民检察院2021年度检察理论研究课题"醉驾治理中的困境与破解"的阶段性研究成果。

** 西南政法大学博士、博士生导师、教授、法学院院长,中国刑法学研究会副会长,重庆市刑法学科学术带头人,重庆市高校哲学社会科学协同创新团队"国家毒品问题治理研究创新团队"负责人。

*** 西南政法大学博士研究生,国家毒品问题治理研究创新团队研究人员。

幅降低,[①]有车的城市居民饮酒次数明显减少,[②]酒驾案件和醉驾案件大幅下降,[③]"喝酒不开车,开车不喝酒"逐渐成为社会共识。醉驾入刑取得了良好的法律效果和社会效果。但是,近几年来,醉酒驾驶案件数量大幅上升,2019 年全国检察机关办理醉驾案件的数量首次超过盗窃案件,涉案人数多达 392,557 人,2020 年全国起诉的危险驾驶犯罪人数多达 290,625 人,是盗窃犯罪的 1.42 倍,[④]成为名副其实的"第一大刑事案件"。然而,值得深思的是,我国醉驾入刑已有 10 年之久,为什么醉驾犯罪数量每年不断攀升,甚至有"越打越多"之势?本文立足我国法治语境和社会语境,基于对重庆市 A 区关于醉驾入罪的实证分析,重点考察我国醉驾入刑 10 年后所面对的双重治理困境及其成因,在合理借鉴域外醉驾治理有益经验基础上,尝试对我国醉驾治理方向调整提出针对性建议,以期对我国醉驾治理体系的完善有所裨益。

一、客观评估:醉驾入刑 10 年来的双重治理困境

通过对重庆市 A 区检察机关 2012 年至 2020 年共办理的 2609 件醉驾案件进行分析,笔者发现我国现行治理醉驾模式面临两大困境:其一,醉驾入罪人数及因醉驾被贴上罪犯标签的人数过多,打击面过宽;其二,醉驾犯罪数量急剧增长,犯罪预防效果差。因此,我国现行治理醉驾模式的困境可以概括为"打击面过宽"和"对潜在违法者威慑力不

① 公安部统计数据显示,从 2011 年 5 月至 2014 年 10 月,全国因酒驾、醉驾导致的交通事故数和死亡人数较"醉驾入刑"前同比分别下降 25% 和 39.3%。参见向阳、邹伟:《公安部:"醉驾入刑"三年,酒驾事故数下降 25%》,载《新华每日电讯》2014 年 1 月 20 日,第 5 版。

② 参见王维维、吴晓露:《"醉驾入刑"对居民饮酒行为的影响——基于 CFPS 的实证研究》,载《浙江学刊》2017 年第 5 期。

③ 2011 年 5 月 1 日至 2012 年 4 月 20 日,全国公安机关共查处酒后驾驶 35.4 万起,同比下降 41.7%,其中,醉酒驾驶 5.4 万起,同比下降 44.1%。参见焦轩:《全国酒驾醉驾降幅均超四成》,载《人民公安报·交通安全周刊》2012 年 5 月 3 日,第 1 版。

④ 参见张军:《2021 年最高人民检察院工作报告(审议版)》,载微信公众号"最高人民检察院"2021 年 3 月 8 日,https://mp.weixin.qq.com/s/aJHku4EoZR8mcT3PlNOrjw。

足”的双重困境。

(一)困境之一:打击面过宽

刑罚是通过对犯罪人定罪处刑实现刑罚的预防效果,如果刑罚适用范围过宽,效果就会弱化,最终会侵蚀其威慑力,进而使刑法呈现“打击面过宽”的表征。在我国醉驾治理中,“打击面过宽”主要表现为两个方面:一是因醉驾入罪的人数过多;二是因醉驾被贴上罪犯标签的人数过多。近年来,各地虽然反映醉驾犯罪案件体量过大、增速过快,但数据显示,这些案件中醉驾者醉酒状态严重的不多,造成交通事故的案件占比也不高,大多数醉驾者具有较为稳定的工作,醉驾行驶距离较短,主观恶性不大。以重庆市 A 区的情况为例。2012 年至 2020 年,A 区检察院共办理醉驾案件 2609 件,其中,醉驾者血液中酒精含量在 200mg/100ml 以上的案件仅占 12.2%,血液中酒精含量在 150mg/100ml 以下的案件占 61.3%,造成交通事故的仅占 15%。过多情节轻微的醉驾案件入刑,不仅会耗费大量的司法资源,还会影响社会公众对“醉驾入刑”的认可度。在我国,醉驾者一旦被定罪处刑,将会面临诸多不利的社会评价,如从事国家公职的醉驾者会因此面临党纪处分、开除公职,从事特殊职业的醉驾者会丧失执业资格,醉驾前科记录甚至可能影响本人及其家人今后的入伍、就业和升学。据统计,自醉驾入刑以来,累计 200 余万人因醉酒后驾驶机动车被贴上罪犯的标签,近千万人(含醉驾者的家人)因醉驾前科在入伍、就业、升学、征信等方面受到影响。因醉驾入刑而被推向社会对立面的人员如此之多,从社会治理的角度看效果并不理想。因此,应当严格把握醉驾的适用范围,否则,当民众对醉驾犯罪司空见惯之后,刑罚的预防功能就会大打折扣。

为了解民众对我国醉驾治理中打击面问题的态度,2021 年 6 月,笔者在重庆市部分区县进行了问卷调查,共有 23 名法官(含法官助理)、60 名检察官(含检察官助理)、21 名交警、24 名律师接受问卷调查。从问卷调查情况来看,有 43.5% 的法官、55% 的检察官、57.1% 的交警、45.8% 的律师认为,我国醉驾治理中存在打击面过宽的问题。

(二)困境之二:对潜在违法者威慑力不足

我国醉驾治理中尽管打击面宽,但犯罪预防效果并不理想,醉驾案件数量急剧增长,司法投入与社会治理效果不成正比。有论者认为,影响危险驾驶案数量走势的因素有很多,除立法上危险驾驶行为的犯罪化对潜在违法者可能产生的威慑作用外,还包括社会的汽车保有量、拥有驾驶资格证的人数、经济和社会生活的活跃程度等因素。因此,在逻辑上还无法将一段时间内危险驾驶案发案数的增加归因于醉驾入刑对于醉驾型危险驾驶行为规制作用的无效。[①] 该观点有一定的道理。理论和实践上,醉驾案件数量固然会受到拥有车辆人数和社会经济、社会生活等因素的影响,但是,随着我国经济社会发展,有驾驶资格的人数和车辆拥有人数都在不断增长,醉驾案件量明显增多,但醉驾犯罪率未必大幅提高。据统计,自2011年"醉驾入刑"至2020年,全国机动车增加1.81亿,驾驶人增加2.59亿,年均增长1800万辆、2600万人。2020年醉驾比率(每排查百辆车的醉驾比例)比"醉驾入刑"前减少70%以上。[②] 此外,醉驾案件数量也会受公安机关查处力度的影响。公安机关对醉驾犯罪查处的力度越大,查获的醉驾犯罪就越多;反之,查获的醉驾犯罪案件就越少。

危险驾驶犯罪之所以成为"第一大刑事案件",原因是多方面的。从表面上来看,醉驾案件增多是因为饮酒后抱有侥幸心理,敢于以身犯险者增多,其背后的深层次原因与现有醉驾治理体系所起威慑作用难以满足抑制醉驾犯罪的现实需要是密不可分的。

重庆市A区的情况某种程度上也印证了我国醉驾治理体系在抑制醉驾犯罪方面的乏力与醉驾犯罪率的提升之间存在正向关联性。例

---

① 参见沈海平:《反思"醉驾入刑":从理念、规范到实践》,载《人民检察》2019年第15期。

② 参见刘宇鹏:《"醉驾入刑"十年成效显著　治理酒驾醉驾任重道远》,载《人民公安报·交通安全周刊》2021年4月30日,第4版。

如,A 区近几年随着醉驾案件的增多,醉驾再犯率逐年升高,2020 年醉驾再犯率已由 2012 年的 2.3% 提高到 11%。

在重庆市部分区县就醉驾治理相关问题进行的问卷调查情况表明,76.2% 的交警、55% 的检察官认为,我国醉驾治理中存在对潜在违法者威慑力不足的问题。

二、理性透视:醉驾治理双重困境多维分析

在我国醉驾治理中,“打击面过宽”必然存在失之于严,“对潜在违法者威慑力不足”必然存在失之于宽。从表面上来看,二者似乎存在一定的矛盾,但仔细分析不难发现,“宽”与“严”的具体表现不同,背后的原因也各有归因,实质上二者并不矛盾。相反,我国醉驾治理中的“双重困境”,主要是宽严失衡所致。

(一)“打击面过宽”的原因

我国醉驾治理中打击面过宽的主要原因,可以归纳为“入罪容易,司法出罪难,起诉人数多,前科影响大”。具体有以下表现:

一是醉驾入罪门槛低。2004 年国家质量检验检疫总局发布的《车辆驾驶人员血液、呼气酒精含量阈值与检验》是我国最早对“醉驾”认定标准作出明确规定的规范性文件。根据该文件规定,机动车驾驶人员血液中的酒精含量大于或等于 20mg/100ml、小于 80mg/100ml 的驾驶行为是“饮酒驾车”,血液中的酒精含量大于或等于 80mg/100ml 的驾驶行为是“醉酒驾车”。2010 年国家质量检验检疫总局对该规定作出修改,继续沿用了“血液中的酒精含量大于或等于 80mg/100ml”的醉驾认定标准。在醉驾入刑之前,公安交警部门将其作为对驾驶人员处以有别于一般的饮酒后驾驶机动车的行政处罚措施的标准。醉驾入刑后,司法机关则直接采用该标准作为认定驾驶人员醉酒的依据,即对醉酒驾驶行为不加区分,一律入刑。严格意义上讲,该标准系法律意义上的“醉酒”认定标准,而非医学意义上的“醉酒”标准。从医学角度

看,每个人对酒精的耐受度是不一样的,判断醉酒的标准应当有所区别。对于很多人而言,血液中酒精含量在80mg/100ml的情况下,并不影响安全驾驶。

二是司法出罪机制不完善。如果没有"漏斗式"司法出罪机制的配套适用,轻罪立法难免会导致惩罚的过度化。一般而言,犯罪门槛越低,轻罪数量越多,对于司法出罪机制的需求就越强。① 我国现行司法出罪机制主要有两种,即微罪不起诉制度和附条件不起诉制度。我国附条件不起诉制度仅适用于未成年人犯罪案件,而醉驾人员通常是成年人,因此我国醉酒驾驶案件司法出罪的主要途径是微罪不起诉处理,司法出罪途径较为单一。在司法实践中,微罪不起诉制度适用于醉驾案件通常陷入"两难"境地:一方面,我国醉驾入刑门槛低,因醉驾而入刑的人数过多,客观上存在扩大醉驾案件不起诉范围现实需要;另一方面,微罪不起诉对醉驾者带来的不利后果较轻,不能使醉驾者感受到"痛感",对潜在违法者起到的震慑作用有限,如果在醉驾案件中微罪不起诉制度适用范围过宽,则不利于醉驾犯罪的预防。鉴于此,除了一些醉驾案件特别多的省市以外,多数地方检察机关在对醉驾案件的司法出罪上持较为审慎的态度。例如:浙江检察机关规定对醉驾者血液中的酒精含量在170mg/100ml以下的,可以作微罪不起诉处理;重庆、四川检察机关以血液中酒精含量在130mg/100ml以下的作为可以微罪不起诉标准;天津、湖北检察机关则以血液中酒精含量在100mg/100ml以下的作为可以微罪不起诉标准。②

三是未确立轻罪案件前科封存制度。为了促使有前科人员更好地回归社会,预防其实施新的犯罪,许多国家针对未成年人犯罪案件或者轻罪案件建立了犯罪前科消灭制度③,如法国、英国、俄罗斯、越南等国

① 参见何荣功:《我国轻罪立法的体系思考》,载《中外法学》2018年第5期。

② 参见《各省市醉驾的不起诉、免罚、缓刑标准(最新整理)》,载律政头条2020年11月16日,https://weibo.com/ttarticle/p/show?id=2309404571933856628974。

③ 所谓前科消灭制度,是指对于有犯罪前科者,在符合法定条件时,法院经过法定程序,将其犯罪记录予以注销,恢复其正常法律地位的一种刑事制度。

家。自 2011 年《刑法修正案(八)》出台以来,我国犯罪圈不断扩大,轻罪案件数量不断增多,然而,至今仍未确立轻罪前科消灭或者轻罪前科封存制度。尽管 2013 年《刑事诉讼法》确立了未成年人犯罪前科封存制度,而未成年人醉驾案件在实践中极为少见,绝大多数成年人醉驾者,不能通过适用现有前科封存制度避免醉驾在其就业、入伍等方面造成的负面影响。从我国刑事立法来看,我国《刑法》非但没有确立轻罪前科封存或前科消灭制度,反而在第 100 条第 1 款中规定了前科报告制度,即依法受过刑事处罚的人在入伍、就业时应当如实向有关单位报告自己曾受过刑事处罚的情况,不得隐瞒。再加上我国有严格的政审制度,醉驾前科不仅会对行为人本人造成影响,还会对其直系近亲属产生影响。这就导致醉驾入刑将相当一部分人推向社会的对立面。

(二)"对潜在违法者威慑力不足"的原因

我国醉驾治理体系对潜在违法者威慑力不足,主要表现在刑事立法、刑事司法、行政执法、醉驾犯罪成本的不确定性等方面:

一是刑事立法上对法定刑规定不够严厉。刑罚的主要目的是预防犯罪,其需要通过发挥刑罚的威慑功能来实现。一般而言,刑罚的威慑力大小与其严厉程度成正比。刑罚越严厉,通常对潜在违法者的威慑力就越大;反之,则威慑力越小。我国《刑法》规定,危险驾驶罪的法定刑为拘役,并处罚金。在我国《刑法》规定的 400 多个罪名中,对危险驾驶罪所处的刑罚无疑是较轻的。从比较法的角度看,我国对醉驾犯罪所处的刑罚也比日本、美国、德国等国家刑罚要轻。例如:在美国,初次醉驾可判 1 年至 7 年有期徒刑,第二次醉驾从重处罚,造成交通事故的,可判 10 年以上有期徒刑。[①] 在德国,将处以 1 年以下自由刑或者罚

---

① 参见孟君:《危险驾驶行为的刑法规制》,载《湖北警官学院学报》2010 年第 2 期。

金。[①] 在法国，可以处2年以下监禁或4500法郎以下罚金。[②] 在韩国，将处3年以下徒刑或1000万韩元以下罚金。[③] 在新加坡可以对醉驾再犯者处以高于初犯者一倍的刑罚。无论是与国内的其他罪名相比，还是与国外醉驾犯罪的刑罚相比，我国对醉驾犯罪的处刑都显得偏轻。在定罪量刑时，正是由于对醉驾确定的刑罚幅度太小，无法自如地根据醉驾的不同情节、醉酒程度处以相适应的刑罚，其警示效果和预防效果无法得到充分体现。另外，刑法在立法上对案件从重、从轻情节并未作出必要限制，难以发挥宽严相济刑事政策的作用。

二是对醉驾者的刑事司法处置较为宽缓。总体而言，各地公安司法机关对醉驾案件的处理经历了一个"前期严厉，后期宽缓"的过程。在醉驾入刑之初，公安司法机关对醉驾案件的处理过于严厉，主要表现为"两个一律"，即构罪的一律刑事立案，事实清楚，证据确实、充分的一律起诉，[④]在缓刑的适用上也相对严格。近年来，随着醉驾案件的增多，公安司法机关对醉驾案件的处理越来越宽缓。其一，刑事处罚中的拘留有所弱化。实践中，相当一部分醉驾者虽然被公安机关刑事立案，但因法定拘留期限内变更刑事强制措施为取保候审，许多人实际拘留少于15日，达不到醉驾入刑前行政处罚规定的行政拘留时间，导致在限制人身自由方面出现刑事处罚与行政处罚倒挂现象。其二，不起诉的案件范围逐步扩大。一般认为，危险驾驶罪属于危险犯，以存在危害公共安全的可能性为入罪条件，"一刀切"地作不起诉处理并不恰当。目前，虽然各地检察机关对醉驾起诉标准可能有所不同，但均不再奉行

---

① 参见最高人民法院研究室、最高人民法院刑法修改工作小组办公室编著：《〈刑法修正案(九)〉条文及配套司法解释理解与适用》，人民法院出版社2015年版，第111页。

② 参见魏汉涛：《危险驾驶刑法规制之比较与省思——〈兼评中华人民共和国刑法修正案(八)〉》，载《江汉大学学报(社会科学版)》2011年第4期。

③ 参见郝艳兵、王常青：《危险驾驶行为的刑法规制》，载《山东警察学院学报》2010年第5期。

④ 参见沈海平：《反思"醉驾入刑"：从理念、规范到实践》，载《人民检察》2019年第15期。

"构罪即诉"的处理原则,而通过自由裁量加大了对醉驾案件的司法出罪。以重庆市A区为例。2018 年至2020 年,A区检察院办理醉驾案件作微罪不起诉处理的案件占比逐年上升,2018 年醉驾案件微罪不起诉率为25.5%,2019 年上升至41.2%,2020 年则进一步上升至53%。其三,缓刑适用条件较为宽松。由于醉驾案件是较为轻微的案件,实践中法院对其判缓条件的把握较为宽松,血液中酒精含量在200mg/100ml 以上的被判缓刑的有之,甚至有酒驾前科的行为人被判缓刑也并不少见。以重庆市A区为例。2015 年至2020 年,A区检察院共对998 名醉驾者提起公诉,法院最终对3 人判处免予刑事处罚,对654 人判处缓刑,缓刑适用率为65.5%。在我国,虽然作出犯罪评价一般都会对人产生重大影响,但醉驾对非公职人员而言,如果没有被判处实刑,其刑罚后果与一般违法行为的代价并无太大差异。其四,判刑普遍较轻。从理论上讲,对醉驾者最高可判处拘役6 个月,但实际上只有极少数醉驾者被判处拘役6 个月,绝大多数醉驾者只是被判处拘役1 个月至3 个月。以重庆市A区为例。2015 年至2020 年,A区检察院起诉的醉驾案件中,被判处拘役1 个月至3 个月的占80.6%,被判处拘役4 个月的占12.3%,被判处拘役5 个月的占6.5%,被判处拘役6 个月的只有0.3%。其五,对醉驾再犯者和造成交通事故的惩处力度不大。对醉驾者的处刑主要以醉驾者驾车时的血液酒精含量为依据,检察机关在决定是否起诉时,一般会将酒驾或者醉驾前科作为一个重要考量因素,但决定起诉后,上述两个情节对醉驾者量刑上的影响不大,难以体现对醉驾再犯者和造成交通事故的醉驾者的严惩力度。① 刑罚设置过轻,再加上司法处置较为宽缓,以至于未能使醉驾者感受到醉驾的"痛",导致犯罪预防效果不佳。

三是醉驾行政处罚与刑事处罚衔接断层。在醉驾入刑之前,对醉驾者的处理主要依靠行政处罚措施。依照2003 年《道路交通安全法》

① 有检察官称:"醉驾案件是轻刑刑事犯罪案件,基准刑较低,而酒驾或醉驾前科只是作为一个酌定从重处罚情节,从重量刑幅度不高,再加上醉驾者一般都认罪认罚,以至于醉驾再犯等情节对量刑影响不大。"

的规定,醉酒后驾驶机动车的,处15日以下拘留和暂扣3个月以上6个月以下机动车驾驶证,并处500元以上2000元以下罚款。一年内因醉酒后驾驶机动车被处罚两次的,吊销机动车驾驶证,5年内不得驾驶营运机动车。醉驾入刑以后,2011年修订的《道路交通安全法》取消了对醉驾者行政拘留和罚款的规定,仅保留了关于"吊销机动车驾驶证,五年内不得重新取得机动车驾驶证"的规定。直至2021年4月修订的《道路交通安全法》分别对醉驾情况作出"吊销机动车驾驶证,五年内不得重新取得机动车驾驶证""吊销机动车驾驶证,依法追究刑事责任;十年内不得重新取得机动车驾驶证,重新取得机动车驾驶证后,不得驾驶营运机动车""吊销机动车驾驶证,终生不得重新取得机动车驾驶证"等处罚规定。换言之,在过去10年时间里,《道路交通安全法》对与刑罚衔接的罚款、行政拘留处罚未予明确,导致对该类案件作出不起诉决定后无法配套适用较重行政处罚。如若检察机关以犯罪情节轻微对醉驾者作出微罪不起诉处理,醉驾者面临的唯一的不利后果只有"吊销机动车驾驶证,五年内不得重新取得机动车驾驶证",公安交警部门不能再依据其醉酒驾驶的事实对其处以罚款和行政拘留。实际上,对于从事营运活动的醉驾者而言,吊销机动车驾驶证的处罚措施的确能够起到威慑作用;但是,对于不从事营运活动的醉驾者而言,吊销机动车驾驶证并不会对其带来太大的影响,该处罚措施就显得较轻,不能起到威慑作用。另外,实践中,还存在醉驾案件不起诉后无法适用行政处罚措施问题。依据《人民检察院刑事诉讼规则》的规定,对被不起诉人需要给予行政处罚、政务处分或者其他处分的,经检察长批准,人民检察院应当提出检察意见连同不起诉决定书一并移送有关主管机关处理,并要求有关主管机关及时通报处理情况。然而,实践中这一规定并未得到很好执行。对醉酒驾驶的行政处罚、刑事处罚的衔接不畅,一定程度削弱了司法防控的效力。

四是醉驾查处具有随机性和偶然性。基于成本收益理论,对醉驾者而言,并非每一次醉酒驾驶都会被查处,其醉驾行为的惩罚成本具有或然性;就醉驾治理而言,该类案件体现明显地域特征,不同地区对符合血液酒精含量标准的醉驾案件严格执行办案指导方针程度可能有差异,对醉驾行为的查处在实践中也具有局部性、随机性、偶然性(比如,某一时段设了卡的地方或路段就会查处),应用现代科技手段查处醉驾的水平还不高,这导致被查获的醉驾者可能依然只是"其中的少数"。对于检察机关作微罪不起诉处理的醉驾者,由于其无须付出罚金刑惩罚成本,无须付出被追诉后留下犯罪前科这一不良影响,也无后续的跟进措施考察其是否真诚认罪悔罪,犯罪成本较低。这将激发犯罪嫌疑人的侥幸心理,影响醉驾犯罪的预防效果。

三、破解路径:以宽严相济寻求系统化治理出路

破解醉驾治理"双重困境"是一项复杂的重大系统性课题,总体思路在于完善宽严相济的醉驾治理体系,促进依法合理有效治理。笔者的初步设想是:在从宽方面,适当提高醉驾入刑门槛,同时加大司法出罪力度,减少进入审判阶段的醉驾人员数量,尽量降低醉驾前科对醉驾者及其家人在工作、生活方面的影响;在从严方面,提高被不起诉醉驾者的违法成本,加大对再犯、连续犯以及造成严重后果的醉驾者的惩处力度,规范缓刑的适用。具体来说,可以从以下四个方面进行优化和完善。

(一)完善刑事立法

1. 适当提高醉驾入罪门槛

从比较法的角度来看,我国醉酒驾驶的认定标准相对较低。比如:日本根据机动车驾驶人能否正常走直线来判断是否属于醉酒。① 德国关于醉酒状态的判断有相对不能和绝对不能两个标准,机动车驾驶人在血液中酒精含量达到1.1‰(相当于110mg/100ml)时为绝对驾驶不能,即不论身体状况如何均应当认定为醉酒;而血液中的乙醇含量在此

① 参见[日]川本哲郎、王昭武:《日本的交通犯罪》,载《上海政法学院学报(法治论丛)》2020年第6期。

之下的,则需要根据行为人身体的具体情况判断是否属于醉酒。① 相比于日本与德国的判断标准,我国对醉驾的判断显得比较单一。

为了缩小打击范围,实现刑法规制性与谦抑性之间的平衡,有必要适当提高醉驾入罪门槛。对此,理论界与实务界都有一些主张,近两年就有多名全国人大代表建议提高醉驾的入罪门槛。比如:周光权代表建议将醉驾入刑标准修改为“醉酒后不能安全驾驶机动车”②。韩德云代表建议公安机关移送审查起诉标准可以提高至酒精含量130mg/100ml,醉驾案件的起诉标准可以提高至酒精含量200mg/100ml。③ 贺恒扬代表建议醉驾入罪条件中增加“情节严重”。④ 以“醉酒后不能安全驾驶机动车”作为醉驾入罪标准,考虑到驾驶人员的身体情况的个体差异,但“不能安全驾驶”的判断标准较为主观,实践中可能导致公安交警部门拥有较大的自由执法裁量权,极易滋生腐败。不可否认,虽然血液酒精含量不是唯一决定因素,但从醉驾犯罪构成考量,目前认定醉驾的标准还是以酒精含量为主。因此,笔者认为,贺恒扬代表提出的“血液中酒精含量+特殊情节”认定模式体现了对主客观因素的考量,

---

① 参见最高人民法院研究室、最高人民法院刑法修改工作小组办公室编著:《〈刑法修正案(九)〉条文及配套司法解释理解与适用》,人民法院出版社2015年版,第126页。

② 周光权代表认为,除发生交通事故以外,执法人员可以通过多种方式查验行为人是否因醉酒达到无法安全驾驶,如让醉酒者在规定时间、规定距离走直线,让醉酒者辨认有一定图案的图画,让醉酒者阅读一段文字等。参见刘嫚:《每年30万人醉驾入刑,人大代表周光权呼吁修法提高入罪门槛》,载微信公众号“政法说事”2021年3月9日,https://mp.weixin.qq.com/s/yfMhZdhuPBgI8pjrubh0Ww。

③ 参见《【全国两会时间】韩德云代表:建议统一“醉驾入刑”执行标准》,载微信公众号“重庆检事儿”2021年3月6日,https://mp.weixin.qq.com/s/6JdKWBqYhQZOafi81ZAwhQ。

④ 贺恒扬代表认为,在血液酒精含量达到80m/100ml的基础上,有下列情形之一的可以认定为“情节严重”:血液酒精含量达到120毫克/100毫升以上的;造成交通事故且负事故全部或者主要责任的;曾因酒后驾驶机动车受过行政处罚或者刑事责任追究的;等等。参见《【全国两会时间】贺恒扬代表:建议醉驾入罪条件中增加“情节严重”》,载微信公众号“重庆检事儿”2020年5月6日,https://mp.weixin.qq.com/s/u4A1319gk7dOKJO-Xcm1fA。

更具有可操作性。正如有论者提出的,“对醉酒型危险驾驶罪的构成要件符合性进行判断时,不能停留在法条的字面含义上,而是要进行法益侵害的实质性解释或判断”①。需特别强调的是,在提高醉驾入罪门槛时,应当把握好度,避免“矫枉过正”,给醉驾犯罪预防带来较大损害。在当前我国司法语境与社会语境下,可以适当提高醉驾入刑门槛,但不宜大幅度提高入刑标准,应当更多通过司法出罪方式灵活把握醉驾犯罪的打击范围。总体上,笔者建议参考德国醉驾认定标准,以血液酒精含量为 110mg/100ml 为醉驾入刑标准。驾驶人员血液中酒精含量在 80 ~ 110mg/100ml 的,一般可以作为行政违法行为处理,但具有特殊情节的可以认定为情节严重,以醉驾犯罪追究刑事责任,比如,曾因饮酒后驾驶机动车受过刑事处罚或者行政处罚的,造成交通事故的,无证驾驶的,等等。

实际上,对于不同情节醉驾行为的处罚,应当逐步精细化,但如何拟定一个合法合理的区分标准,目前争议还较大。从 2012 年至 2020 年重庆市 A 区醉驾案件血液中酒精含量分布的情况看,血液中酒精含量在 80 ~ 110mg/100ml 的占 25.5%,110 ~ 150mg/100ml 的占 35.8%,150 ~ 200mg/100ml 的占 26.5%,200mg/100ml 以上的占 12.2%。一方面,这表明酒精含量在 80 ~ 110mg/100ml 的案件占比不低,这一情况应引起足够重视,不能单纯为了缩小打击面而大幅提高入罪门槛。对于此类情况,可以主要通过强化行政处罚手段的方式。比如,对于醉酒驾驶造成交通事故后逃逸尚不构成犯罪的或醉酒驾驶违反交通管制规定强行通行不听劝阻等的行为,严格依照相关规定罚款并从重处以 15 日以下拘留,以公安交警部门加大严格查处力度的高压态势遏制醉酒驾驶违法犯罪行为。另一方面,大部分案件的酒精含量集中在 110 ~ 200mg/100ml,这表明在加大处罚的前提下也有必要适当提高入刑标准,关键在于如何细化和区分。笔者认为,在立法条件尚不成熟的情况下,可以考虑在一段时间内以司法解释的形式予以规定:对于

① 周磊、秦波:《醉驾案件定罪问题与出罪路径研究》,载《法律适用》2018 年第 11 期。

血液中酒精含量在110~130mg/100ml,认罪悔罪,无从重处罚情节,社会危害程度和主观恶性较小的,可以认为犯罪情节轻微,一般作微罪不起诉处理;对于酒精含量在130~150mg/100ml的,认罪悔罪,无从重处罚情节,社会危害程度和主观恶性较小,可以作微罪不起诉处理;对于酒精含量在150mg/100ml以上的,原则上应当排除微罪不起诉(具有法定自首或立功等情节,需要综合衡量社会危害程度和主观恶性大小的,以及下文提到的可以适用暂缓起诉的部分犯罪嫌疑人除外)。

2. 提高法定刑

刑罚的威慑力不在于刑罚的严酷性,而在于其不可避免性。在国外,如日本也曾出现醉驾案件持续增长现象,其通过修改法律加大刑罚力度,以增强对潜在违法者的威慑力。2001年,日本通过修改法律将酒后驾驶的处刑范围由"2年以下惩役或者10万日元以下罚金"提升至"3年以下惩役或者50万日元以下罚金",2007年通过再次修改法律将处刑范围提升至"5年以下惩役或者100万日元以下罚金",并对"提供车辆""提供酒""要求或者请求同乘"等共犯形态的行为予以独立处罚。2017年,日本警方查处的酒后驾驶案件从2009年的51,557件大幅减少至27,970件。[①] 日本的醉驾治理经验表明,即便是在驾驶资格人数和车辆拥有人数都在不断增长的情况下,只要刑罚对潜在违法者能够起到足够的威慑作用,依然可以起到抑制醉驾犯罪案件上涨趋势的效果。

鉴于我国刑法对危险驾驶犯罪规定的法定刑偏轻,对潜在违法者的威慑力不足等特点,可以借鉴国外立法经验,提高危险驾驶罪的法定刑,以增强犯罪预防效果。对此,笔者认为,综合考量行为的危害性和危害程度,对于醉驾再犯者,以及造成严重危害后果的醉驾者,法定最高刑提高至1年有期徒刑较为妥当。所谓"醉驾再犯者",是指曾因酒后驾驶机动车受过行政处罚或者刑事惩罚的人员。所谓"造成严重危害后果",是指造成交通事故,致使1人以上轻伤、3人以上轻微伤或者

① 参见[日]川本哲郎、王昭武:《日本的交通犯罪》,载《上海政法学院学报(法治论丛)》2020年第6期。

给他人造成5万元以上30万元以下财产损失的情形。与醉驾初犯人员相比,醉驾再犯者的主观恶性较大,悔罪态度较差,实施新的醉驾犯罪的可能性较大,提高对此种醉驾情形的法定刑有助于增强犯罪特殊预防效果,这也符合我国宽严相济刑事政策以及国际上关于醉驾犯罪的立法趋势。危险驾驶罪是抽象危险犯,造成严重后果的醉酒驾驶行为是将对公共交通安全危险转为现实危害,但危害结果严重程度尚未达到交通肇事罪的追诉标准,对醉驾者仅处以拘役的刑罚显然偏轻,适当提高法定刑更符合罪刑相适应原则。司法机关在具体量刑时,应摒弃过分依靠醉驾者血液中酒精含量的量刑方式,而须提高醉驾再犯和造成交通事故等情节在量刑中的影响。比如,对具有醉驾再犯情形的,无论血液中酒精含量高低,判处的刑罚不得低于拘役3个月。

3. 建立轻罪前科封存制度

目前,前科消灭制度已成为世界各国刑法研究的重要课题,英美法系、大陆法系国家及以俄罗斯、越南、阿尔巴尼亚为代表的新兴国家,均通过立法形式确立了犯罪前科消灭制度。[①] 从德国等法治国家设立前科消灭制度的立法司法实践看,犯罪人在有罪宣告或服刑完毕之后,并不立即引起先前犯罪记录的前科消灭,而是要经过一定的考察时期对犯罪人的相关行为表现进行考察。从前科封存制度的初衷出发,前科封存考验期的长短应以实际执行的刑罚为依据。制度建构上,醉驾前科封存制度应当在合理吸收未成年人前科封存制度优点的基础上进行再优化再设计,尤其是醉驾前科封存条件应当考虑包括情节条件(如主观恶性、人身危险性、酒精含量等)和时间条件(考验期)。建议将醉驾封存考验期设为1年至3年,与刑法规定的一般累犯条款及缓刑制度形成衔接,犯罪人刑罚执行完毕或免予刑事处罚后经过1年至3年考验期,如果没有再次故意犯罪、严重违法,适用前科封存制度。

具体就醉驾犯罪而言,大体上有三种情形可适用前科封存制度:一是对于血液中酒精含量在150~180mg/100ml,初犯、偶犯,无从重处罚

---

① 参见刘伟、伍晋:《我国前科消灭制度的构建思考》,载《云南大学学报(法学版)》2015年第2期。

情节,主观恶性较小,因有法定自首或立功情形,认罪认罚,被判处免予刑事处罚或者拘役或罚金,已经执行完毕刑罚的,在经过3年之后;二是对于血液酒精含量在130~150mg/100ml,初犯、偶犯,主观恶性较小,认罪认罚,被判处免予刑事处罚或者拘役或罚金,已经执行完毕刑罚的,在经过2年之后;三是对于血液酒精含量在110mg~130mg/100ml,初犯、偶犯,主观恶性较小,认罪认罚,被判处免予刑事处罚或者拘役或罚金,已经执行完毕刑罚的,在经过1年之后。除前述可以适用前科封存制度外,其他血液酒精含量在110mg/100ml以上的情形,无论被判处何种刑罚,原则上排除适用轻罪前科封存制度。上述情形中,行为人醉驾前科被封存后,在入伍、升学、就业时可以免除前科报告义务,任何单位和个人不得查询。但是,对于具有上述情形再次被作起诉处理的行为人,其醉驾前科仍可作为对其不利评价的证据使用。此外,建议对刑法规定的前科报告制度进行修改完善,建立相应配套档案制度等制度机制安排,使之能够与犯罪前科封存制度有机衔接、配套和协调。为了避免醉驾前科对醉驾者的子女产生影响,还有必要完善我国政审制度,即无论醉驾前科最终是否封存,均不应成为影响其子女在入伍、升学、就业政审的因素;近亲属犯罪前科对子女政审活动的影响,应仅限于行为人犯危害国家安全罪和子女从事警察、国安、军人等特殊职业的情况下。

(二)规范、创新刑事司法和刑事执行

1. 建立醉驾案件暂缓起诉制度

暂缓起诉是一种附条件的暂时停止起诉程序,如果犯罪嫌疑人在考验期内履行法定义务,则检察机关可以作出不起诉处理,否则仍要追究其刑事责任。[①]《德国刑事诉讼法典》第153条规定了暂缓起诉制度,检察机关可以要求被追诉人在考验期内履行以下义务:(1)作出一定给付,弥补造成的损失;(2)向某公益设施或国库交付一定款额;

---

① 参见毛建平、段明学:《暂缓起诉若干问题研究》,载《人民检察》2004年第6期。

(3)作出其他公益给付;(4)承担一定数额的赡养义务。与微罪不起诉制度相比,暂缓起诉制度在对被追诉人司法出罪的同时,也使其承担一定的不利后果,更有利于预防犯罪,同时也可以促进公益事业的发展。我国可以通过暂缓起诉的方式扩大醉驾案件司法出罪。暂缓起诉制度的引入可以弥补我国相对不起诉制度在犯罪预防中的不足,破解我国醉驾案件司法出罪中的"两难困境"。①

在醉驾案件中,暂缓起诉制度应仅限适用于醉酒程度不深的初犯,对于具有造成交通事故、无证驾驶等从重处罚情节的不得适用。在条件设置上,可以要求醉驾者在一段时间内向公益事业或者国库支付一定款额,或者参与一定次数的公益活动,如协助维护交通秩序、参与醉驾预防法制宣传活动等。对于在考察期间履行义务且没有再犯罪的,可以作微罪不起诉处理。在具体适用中,暂缓起诉制度和微罪不起诉制度可以结合适用,对于醉酒程度不深,情节较轻的可以直接作微罪不起诉处理,血液中酒精含量稍高,但系初犯、没有其他从重情节,且认罪认罚的,可以决定暂缓起诉。比如,醉驾者血液酒精含量在150~180mg/100ml的初犯,没有其他从重情节,且认罪认罚的,可以作暂缓起诉处理。

2. 规范醉驾案件缓刑适用

在醉驾案件中,对于犯罪情节轻微、确有悔罪表现的初犯适用缓刑,既能体现宽严相济的刑事政策,也有利于刑罚特殊预防功能的实现。但是,缓刑如果被不当适用或滥用,则会削弱刑罚对潜在违法者的威慑力,反而不利于预防醉驾犯罪。建议统一缓刑适用标准,避免出现只要被告人提前缴纳罚金就可以判处缓刑等现象,有必要对适用缓刑作出限制,防止缓刑的不当适用或滥用。在醉驾案件中具有下列情形之一的,原则上不得适用缓刑:(1)曾因醉驾受过刑事责任追究的;(2)曾因饮酒后驾驶机动车受过行政处罚,且血液中的酒精含量在

① 需要说明的是,我国当前建立的附条件不起诉制度实质上也是一种暂缓起诉制度,但其当前适用范围仅限于未成年犯罪嫌疑人,因此并不能适用于醉驾案件中的成年犯罪嫌疑人。

160mg/100ml以上的;(3)血液中酒精含量在200mg/100ml以上的;(4)在取保候审期间再次醉驾的;(5)造成交通事故后逃逸的;(6)被查处时抗拒检查,拒不配合的。对具有醉驾再犯等情形的案件,行为人的主观恶性较深,社会危害性较大,只有对其予以严惩,才能对潜在违法者产生足够威慑作用。

3.健全刑事执行及检察监督制度

对于醉驾犯罪而言,拘役是刑罚设置中最严厉的自由刑。如前所述,实践中,醉驾被判处拘役的刑期多为1个月至3个月,刑期较短,主要在公安看守所执行;而血液酒精含量在200mg/100ml以下的大部分醉驾者,被判处的是拘役缓刑,实行社区矫正,加大了执行成本。一段时期以来,短期自由刑的社会实效遭到怀疑。① 短期自由刑的替代措施成为当前紧迫的任务,一些学者提及易科罚金刑。② 笔者认为,可以考虑建立"易科罚金刑"制度,代替拘役缓刑。所谓"易科罚金刑"制度,是在自由刑执行效果不佳或难以执行时立法设置的一种救济方法,是以罚金代替执行所宣告的自由刑制度。这一制度,既顺应国际刑罚轻缓化的趋势,也是推进国家治理体系和治理能力现代化的题中之义。易科罚金制度的适用有着严格的条件,并非"以钱赎刑""以钱换刑",相反是对短期自由刑受刑者的一种认可与激励。基于易科罚金制度在适用时可能导致权钱交易与权力滥用,在条件上须加以严格规范。制度设计上,尤其需要解决好以下几个方面:其一,应建立以审前追查与事后追踪相结合对犯罪人进行风险评估和综合研判的机制。③ 以醉驾犯罪人为例。评估研判的事项应当包括犯罪情节、收入来源、工作表现、社区评价、一贯作风品行等,以此确定醉驾者人身危险性较低及无再犯可能性,释放后对现有社会关系不会造成破坏时,才可对其适用罚

---

① 参见陈文昊:《再探易科罚金与罚金刑易科的适用》,载《山西警官高等专科学校学报》2016年第2期。

② 参见郑帆:《短期自由刑易科罚金刑分析》,载《黑龙江省政法管理干部学院学报》2019年第1期。

③ 参见郑帆:《短期自由刑易科罚金刑分析》,载《黑龙江省政法管理干部学院学报》2019年第1期。

金刑。其二,适用易科罚金刑前,决定机关应当充分告知并征求醉驾犯罪人意见,向醉驾犯罪人讲明适用易科罚金刑的实体与程序要求,以及在易科罚金考验期内有再犯罪或其他社会危害行为时所应承受的相应后果,使双方在自愿基础上达成协商一致。其三,需要考虑被害人与社会民众的可接受程度。对易科罚金制度适用的数量需要从制度设计上加以控制,避免被害人受到"二次伤害",同时对社会关注度高、舆论争议大的案件要谨慎适用。其四,建立"易科罚金刑"制度撤销机制。如果犯罪人在易科罚金考验期内有再犯罪或其他社会危害行为,可以撤销易科,执行原判刑罚。如此,"易科罚金刑"制度才可以收到易科罚金考验期应有的效果,达到有效缓解执行机关压力、降低国家司法成本的目的。

无论是英美法系还是大陆法系,对微罪不起诉中的相对人附加一定义务或者条件,已经成为通行做法。对于被检察机关作微罪不起诉处理的醉驾者,可以建立醉酒型微罪不起诉案件社区帮教、回访考察机制,给被不起诉人增加必要的负担义务,以补偿其犯罪行为造成的实际损害和消除不良影响,提高被不起诉人的犯罪成本。其一,建立社区帮教机制。在检察机关监督下,以司法行政机关社区矫正机构为依托,联合被不起诉人单位及其所在社区成立帮教组织,要求被不起诉人参加一定期限的社区服务,建立被不起诉人帮教档案,检察机关根据矫正情况出具评估意见。其二,建立回访考察机制。检察机关在一定期限内对被不起诉人进行回访考察,了解其回归社会后的思想动态和现实表现。

(三)严格行政执法

我国醉驾治理采取的是行政处罚与刑罚相结合的"双轨"治理模式。醉驾入刑后,尽管《道路交通安全法》取消了对醉驾者的行政拘留和罚款,但仍然保留了吊销机动车驾驶证的处罚措施。其实,对于未被起诉至法院的醉驾者而言,所面临最大的不利评价就是行政处罚。在醉驾治理方式大的改革趋势和框架背景下,一方面,加大醉驾案件的司法出罪力度,必然会导致相当一部分醉驾案件最终只能通过行政处罚的方式处理;另一方面,在适当提高醉驾入罪标准以后,一部分醉驾案件又重新回到行政处罚的范围之中。为确保醉驾预防效果的实现,应加大对醉驾者的行政处罚力度,以增强对潜在违法者的威慑力。具体应做好以下几点:其一,在具体执行上,可以采取先予行政处罚的处理方式,即交警部门对查获的醉驾者一律先处以行政拘留、罚款等行政处罚,后又启动刑事追诉程序的,其行政拘留期限可以折抵所判处的刑期,罚款金额可以折抵罚金。其二,检察机关作微罪不起诉处理时,如果公安机关交警部门确定醉驾者的行为违反了《道路交通安全法》以及其他行政法规定,应当作出行政处罚决定。依据不同的情形,可以依法处以行政拘留、罚款和吊销驾照。其三,建立常态化制度化查处机制,突出查处重点,加大对醉酒驾驶易发时段、路段的查处力度,做到应查尽查、严查严处,坚决防止发生被定罪后未被吊销机动车驾驶证或违法重新取得机动车驾驶证等脱节情形。值得注意的是,在司法实践中,需要重点加大对以下醉驾人员的行政处罚力度,即醉酒程度不深,情节较轻,未达到入罪门槛的醉驾者,如血液中酒精含量在80mg/100ml以上110mg/100ml以下,且没有其他从重处罚情节的。

(四)构建完善相关衔接机制

一是建立完善醉驾与交通肇事罪衔接机制。醉驾与交通肇事犯罪都属于交通型犯罪,二者有密切关系,在法律适用上有必要加强衔接。一方面,醉驾行为造成交通事故且负事故全部或者主要责任,或者造成交通事故后逃逸,尚未构成交通肇事罪的,应当以醉驾论处,此时发生的交通事故作为醉驾的从重处罚情节。由于立法没有明文规定,为了避免"醉驾发生交通事故的与醉驾没有发生交通事故的处罚上没有区别",应当把交通肇事作为醉驾犯罪的从重量刑情节予以考虑。另一方面,因醉驾行为发生重大交通事故,构成交通肇事罪的,此时交通肇事罪是醉驾的结果加重犯。[①] 由于立法没有对醉驾构成交通肇事罪的犯罪行为作出新规定,只能根据法律关于醉驾犯罪"同时构成其他犯罪的,依照处罚较重的规定定罪处罚"规定,以交通肇事罪追究刑事责任。此时,醉驾作为特殊情形下的交通肇事罪的入罪或量刑情节应予以充分考虑。

二是建立完善公检法醉驾惩罚有效衔接机制。公安、检察院、法院应当在各自诉讼环节对醉驾惩罚加强有机、无缝衔接,确保最大优化配置司法资源。对于情节显著轻微危害不大等情形,公安机关从源头上予以把控和处理,或者不予刑事立案,或者立案后以不作为犯罪论处而撤案,但都应根据醉驾的实际情况作出相应的处理,确保醉驾者受到教育和警醒。对检察机关作出不起诉或法院判处免予刑事处分,公安交警部门未作出行政处罚的,人民检察院或者人民法院应当建议公安机关对醉驾者作出相适应的行政处罚处理,公安机关应当接受建议并依法对醉驾者作出行政处罚,确保把公检法执法司法环节惩治醉驾的"前门"堵好。检察机关应当加强对醉驾案件刑事诉讼活动和行政处罚情况的法律监督,防止醉驾行政处罚的缺位。对作出起诉处理的醉驾行为,检察机关与法院之间应当就精准量刑、缓刑等司法适用标准加强沟通衔接,确保醉驾者罚当其罪。

三是建立完善公安司法机关、发案单位、纪检监察机关之间衔接机制。畅通线索移送渠道,公安交警部门在查获酒驾醉驾案件后,应当及时进行身份核查,将党员干部或国家公职人员酒驾醉驾问题线索移送纪检监察机关,确保刑事司法与纪检监察执纪执法的有机衔接。公安、司法机关在各司其职办结案件后,应当主动联系醉驾者的原发案单位、所在(村)社区、社会公益组织等,加强案后多元化教育矫正、社会化服务管理、法治宣传教育;纪检监察机关应当联合醉驾者原发案单位开展诸如"以案四说""以案四改"等警示教育。

四是建立完善多元化、全方位、全覆盖酒后驾驶治理模式。办案机

---

① 参见戴玉忠:《醉酒驾车犯罪的立法协调与法律适用研究》,载彭东主编:《刑事司法指南》第3集,法律出版社2011年版。

关应加强全社会法治宣传教育，相关部门应共同规范代驾行业和服务标准。健全交通安全信用制度，将酒驾醉驾行为记入个人不良信用记录，及时公开曝光“黑名单”。健全失信人员联合惩戒机制，设置从业禁止制度，对酒驾醉驾当事人的就业、信用贷款等经济、生活行为进行约束。大力弘扬社会主义核心价值观，引导全社会培养适度饮酒、健康文明生活方式，积极破除传统“酒文化”糟粕影响。总之，要让醉驾者明白只要醉驾就要受到名誉、尊严、学习、生活、职业和劳动就业等方面的影响，付出相应代价，确保让酒驾醉驾者受到警醒、教育和震慑，最终实现酒驾醉驾行为的不敢、不能、不想。

四、结　语

我国醉驾入刑10年来的立法效果评估和治理现状评价，可以归纳为“打击面宽，但威慑力不足，耗费司法资源多，但犯罪预防效果不理想”。在醉驾治理方向调整时，应当朝两个方向努力：其一，缩小打击范围，节约司法资源，尽量降低醉驾入刑在社会治理上造成的消极影响；其二，提高对潜在违法者的威慑力，增强对醉驾犯罪的预防效果。因此，在具体实施时，一味地从宽或一味地从严，都不可能从根本上解决目前醉驾治理所面临的问题，唯有宽严相济才能有效破解当前醉驾治理中面临的困境。当然，对醉驾犯罪的治理应当综合施策，在加大对醉驾犯罪惩治力度的同时，还应注重犯罪预防，摒弃以往“重打击轻预防”做法，加大对醉驾犯罪法治宣传力度，只有促进人们从交通安全意识转化为法治意识，真正让“喝酒不开车，开车不喝酒”成为自觉，才能有力破除传统“酒文化”糟粕影响。① 此外，在处理酒驾案件时还应防

① 在我国，受“酒文化”的影响，人们聚餐喝酒成为一种极为常见的交际方式。当前，“喝酒不开车，开车不喝酒”虽然已成社会广泛共识，但多数人对饮酒的认识主要还是基于交通安全层面的考虑，而非基于避免触犯刑律的考量。许多人认为，对于那些未造成交通事故的醉驾行为，并不构成普通刑事犯罪明显的反道德性、反伦理性、严重社会危害性，部分人甚至将其视为可以被理解的行为。实践中，对于未造成交通事故的醉驾者，并未能引起社会公众太大的道德谴责，醉驾前科也没有给行为人带来严重的耻辱感。

范司法裁量权的恣意行使。公安司法机关在处理醉驾案件时,应尽量做到"同案同判,类案类判",严格执行防范干预司法"三个规定"①,避免醉驾案件成为违反"三个规定"的"重灾区",力争让人民群众在每一起醉驾案件的处理中都能感受到公平正义。

Reflection on the Model of Drunk Driving Governance

—Based on Data Analysis of A District in Chongqing

Mei Chuanqiang & Liang Xuandian

[**内容摘要**]醉驾入刑10年来,社会影响与日俱增,对抑制严重醉驾行为、保护人民生命财产发挥了重要作用。实证数据显示,因醉驾入罪门槛低、出罪机制不完善、前科封存制度阙如、刑罚严厉性不足等,导致当前我国醉驾治理面临着打击面过宽和对潜在违法者威慑力不足的双重困境。破解双重困境的总体思路,在于健全宽严相济的醉驾治理体系。具体而言,在刑事立法上,适当提高醉驾入罪门槛,加大刑罚规制力度,确立轻罪前科封存制度;在刑事司法上,建立醉驾案件暂缓起诉制度,规范缓刑适用;在刑事执行上,建立"易科罚金刑"制度,完善检察监督;在行政执法上,加大严格执法力度。在此基础上,形成危险驾驶罪与交通肇事罪相互衔接、公检法工作相互协调、公安司法与发案单位及纪检监察机关间协作配合的多元化、多层次的立体型醉驾治理机制,最终实现醉驾行为的有效治理,助推我国治理体系和治理能力现代化进程。

[**关键词**]醉驾治理;危险驾驶罪;易科罚金;暂缓起诉;轻罪前科封存

Abstract: Since drunk driving was criminalized by legislation, it has played an important role in protecting people's lives and property for ten

① "三个规定"是指《领导干部干预司法活动、插手具体案件处理的记录、通报和责任追究规定》《司法机关内部人员过问案件的记录和责任追究规定》《关于进一步规范司法人员与当事人、律师、特殊关系人、中介组织接触交往行为的若干规定》。

years. Empirical data show that low threshold for criminalization of drunk driving, the inadequate criminal record systemas well as the inadequate severity of penalties result in the dual dilemma of overly wide range of attacks and insufficient deterrence against potential offenders. The key to the dilemma is to improve the drunk driving governance system with both leniency and strictness. Specifically, the law enforcement agencies should appropriately raise the threshold for criminalization of drunk driving, strengthen penal regulations and establish a minor criminal record sealed system in criminal legislation, establish deferred prosecution system for drunk driving cases, strictly regulate the application of probation in criminal justice, establish Converting Imprisonment into Fine system and strengthen the supervision of procuratorial organs in terms of criminal execution, intensify strict law enforcement in administrative law enforcement. And then, a diversified and multi-level drunk driving governance mechanism will be formed that connects the crime of dangerous driving and the crime of traffic accidents, strengthening the cooperation between the judicial organs and the discipline inspection organs. Finally realizing the effective management of drunk driving, and promoting the modernization of my country's governance system and governance capabilities

Keywords: Drunk Driving; Dangerous Driving; Converting Lmprisonment into Fine System; Deferred Prosecution; Minor Criminal Record Sealed

再论信用卡诈骗罪之“恶意透支”*

刘跃挺**

目　次

1997 年《刑法》在 1996 年《最高人民法院关于审理诈骗案件具体应用法律的若干问题的解释》(已失效)的基础上将恶意透支型信用卡诈骗罪完善为:“恶意透支,是指持卡人以非法占有为目的,超过规定限额或者规定期限透支,并且经发卡银行催收后仍不归还的行为。”随着中国特色社会主义市场经济与相应银行金融业务的迅速发展,与信用卡有关的犯罪逐年猛增,2009 年 12 月 16 日最高人民法院、最高人民检察院联合颁布了《关于办理妨害信用卡管理刑事案件具体应用法律若干问题的解释》(以下简称 2009 年《解释》)。2018 年 11 月 28 日,最高人民法院、最高人民检察院联合颁布《关于办理妨害信用卡管理刑

* 本文为德意志联邦洪堡基金会科研资助项目《现代中国法治体系建设与实践正义研究》(项目编号:Ref 3. 5 – CHN – 1164467 – HFST – P)。

** 法学博士,西北政法大学刑事法学院教授、德国哥廷根大学法学院犯罪学研究中心教授。

事案件具体应用法律若干问题的解释(2018 修正)》(以下简称 2018 年《解释》)。从“恶意透支”型信用卡诈骗行为入罪及其刑罚规定的历史沿革来看,“恶意透支”型信用卡诈骗罪似乎有着与其他三类信用卡诈骗罪不同的特质。

一、何为信用卡诈骗罪中的“恶意透支”

(一)司法解释中的“恶意”概念之发展

我国司法实践第一次明确将恶意透支信用卡行为归为“诈骗罪”的文件是最高人民检察院、最高人民法院于 1995 年 4 月 20 日联合颁布的《关于办理利用信用卡诈骗犯罪案件具体适用法律若干问题的解释》(已失效)。该解释第 3 条规定:“行为人恶意透支构成犯罪的,案发后至人民检察院起诉前已归还全部透支款息的,可以从轻、减轻处罚或者免予追究刑事责任。”后 1997 年《刑法》在此基础上进一步完善相关罪状与刑罚规定,但没有在立法层面明确何为“恶意”,而这致使人们就这种“恶意”与“诈骗”的关系产生了各种学术性的猜测与联想。①

直至 2009 年《解释》才明文规定要通过“明知没有还款能力而大量透支,无法归还的;肆意挥霍透支的资金,无法归还的;透支后逃匿、改变联系方式,逃避银行催收的;抽逃、转移资金,隐匿财产,逃避还款的;使用透支的资金进行违法犯罪活动的;其他非法占有资金,拒不归还的行为”这六个客观方面的行为表现方式来间接证明行为人主观上

① “据统计,2006 年 1 月至 2008 年 12 月,上海市检察机关审查起诉信用卡诈骗罪案件共 868 件,占审查起诉的金融诈骗案件总数的 79.9%。2009 年上海市检察系统受理信用卡诈骗案件就有 735 件 782 人,分别占金融诈骗案件受案数量的 87% 和 80.9%,同比上升 80.2% 和 66.3%。2010 年二季度上海市检察系统共受理审查起诉的信用卡诈骗 192 件 207 人;三季度信用卡诈骗案件高发,共受理审查起诉的信用卡诈骗案件 328 件 346 人,与 2009 年同期相比,上升 98.79% 和 97.71%。可见,信用卡诈骗罪已成为金融犯罪中的高发类型。”王春丽:《上海市信用卡诈骗犯罪实证调查与对策研究》,载《上海政法学院学报(法治论丛)》2011 年第 5 期。

存在“恶意”,即“只要行为人透支后无法归还银行资金,有其中规定之一的,就可以推定其透支之前的主观目的究竟是善意还是恶意,本质上是一种‘事后证据主导性’事由”①。

2018 年《解释》将 2009 年《解释》的内容做了如下修改:“持卡人以非法占有为目的,超过规定限额或者规定期限透支,经发卡银行两次有效催收后超过三个月仍不归还的,应当认定为刑法第一百九十六条规定的‘恶意透支’。对于是否以非法占有为目的,应当综合持卡人信用记录、还款能力和意愿、申领和透支信用卡的状况、透支资金的用途、透支后的表现、未按规定还款的原因等情节作出判断。不得单纯依据持卡人未按规定还款的事实认定非法占有目的。具有以下情形之一的,应当认定为刑法第一百九十六条第二款规定的‘以非法占有为目的’,但有证据证明持卡人确实不具有非法占有目的的除外:(一)明知没有还款能力而大量透支,无法归还的;(二)使用虚假资信证明申领信用卡后透支,无法归还的;(三)透支后通过逃匿、改变联系方式等手段,逃避银行催收的;(四)抽逃、转移资金,隐匿财产,逃避还款的;(五)使用透支的资金进行犯罪活动的;(六)其他非法占有资金,拒不归还的情形。”较之 2009 年《解释》,2018 年《解释》不再仅依据客观方面的行为表现形式,而是更强调司法实践中相关刑事证据的事实因素与立法层次的技术性规范两方面综合性考量并考量所有证据链条的整体证明效力。

虽然上述司法解释一直强调从行为的客观方面推定何为“恶意”,但从其字面意义上来理解,“恶意”指的是不正当的、不道德的主观意愿,②即主观上存有违反规则的意图。值得注意的是,2018 年司法解释的相关规定是主要针对“非法占有目的”作出,而非直接针对“恶意”。犯罪目的或者动机即行为人为什么要追求“违规”,就字面含义而言,

① 刘宪权、庄绪龙:《“恶意透支”型信用卡诈骗罪若干问题研究——兼评“两高”〈关于办理妨害信用卡管理刑事案件问题的解释〉之有关内容》,载《当代法学》2011 年第 1 期。

② 参见《现代汉语词典》,中国大百科全书出版社 2016 年版。

本不属于“恶意”之范畴。那么,问题是,2018 年司法解释为什么要将两者合二为一,即通过犯罪目的来间接界定主观恶意?

(二)“恶意”的法教义学之内涵

“财产罪保护的法益应当包括:民法的合法所有权、其他本权(含他物权、合法债权)以及特别予以强调的拟制所有权、拟制债权。”①一般意义上的财产类犯罪,尤其是诈骗罪,其典型意义上侵害的是他人之所有权。这种“合法所有权是财产罪保护法益中的‘最高阶层’,而在这之下,即第二阶层:刑法占有而拟制的所有权和以事实之债而拟制的债权”②。然而,现代信用经济体系中,基于市场之诚实信用原则,信用卡之发行、消费、取现与还贷通过合同之债的方式实现货币之所用权的转移,即体现债权与物权转移的合一性。③ 这种合一性说明了信用卡之透支行为本身就是双方订立与履行信用卡协议的一部分,且通过这种行为最终获得相关透支金额的所有权。因此,“透支”行为本身不存在占有“他人财产”之含义,即这种透支(俗称“赊账”)至少在行为人主观上是一种对拖欠他人款项行为的默认,但不能直接说明其意欲非法占为己有。既然如此,那么,“恶意透支”又何以说明自身具有“非法占有他人财产”的特征?

其实,最高司法部门从 1996 年将“恶意透支”信用卡行为归入信用卡诈骗罪起,就没有进一步诠释其司法解释的本意,这或许与当时适用的 1979 年《刑法》无直接相关性规定以及立法规范与司法实践准予适用“罪刑类推”制度有关。然而,有的学者认为,“尽管恶意透支型信用卡诈骗罪与传统型诈骗罪均系使用信用卡进行的犯罪行为,但两者

---

① 黄桂武、刘跃挺、孟媛媛:《新论财产罪法益——与张明楷教授商榷》,载《学术交流》2007 年第 1 期。

② 黄桂武、刘跃挺、孟媛媛:《新论财产罪法益——与张明楷教授商榷》,载《学术交流》2007 年第 1 期。

③ Eugen Klunzinger, *Einführung in das Bürgerliche Recht: Grundkurs für Studierende der Rechts-und Wirtschaftswissenschaften*, Vahlen, 2011, p. 98.

之间有明显的不同——恶意透支型信用卡在犯罪主体(系合法持卡人)、犯罪的行为方式和本质(没有虚拟事实、隐瞒真相的诈骗特征)、行为的社会危害性、定罪量刑的数额标准方面均有其特殊性"①,即刑事立法上将恶意透支信用卡之犯罪行为统一归入信用卡诈骗罪,是不妥当的。这种形合神不合的情况将必然导致一种情况,即相关司法解释用事后证据主导型评价模式(明文规定的"六类行为")"推定"透支行为人主观上具有"恶意",即通过"一种法律拟制对于相关透支行为推定具有'非法占有目的',但是这些均需要辅以大量事实证据证明、认定,在事实证据不能完全及时被掌握、司法认定有可能被推翻的情况下,《解释》第六条第二款第五项的规定是否成为会沦为'空文'也就不得而知"②。对此,笔者不敢苟同。如前所述,信用卡透支行为是指持卡人在发卡行或发卡公司信用卡账户上资金不足或已无资金的情况下,经发卡行或发卡公司的批准允许其以超过信用卡上预留资金的额度使用信用卡进行消费。③ 在本质上,信用卡透支行为属于涉信用卡的合同行为。"行为人虽然在订立合约时没有欺骗被害人,但是在事后履行合约时却对被害人进行欺骗,没有根据约定履行自己的债务,或者造成被害人超过约定的范围履行了债务;此时认定被害人是否遭受了财产损失,要在行为人实际履行的与其按照合约应当履行的债务之间,或者是在被害人应当履行与其实际履行的债务之间进行比较。"④换言之,如果行为人实际履行在交易价值上少于其应当履行,则可以认定其故意违反了相关协议致使被害人财产遭受损失。这样看来,由于持卡人未能按照事先签订的涉信用卡协议的要求,"明知没有还款能

---

① 李小文、张亮:《恶意透支与传统型信用卡诈骗行为并存之罪刑辨析》,载《犯罪研究》2010年第3期。

② 刘宪权、庄绪龙:《"恶意透支"型信用卡诈骗罪若干问题研究——兼评"两高"〈关于办理妨害信用卡管理刑事案件问题的解释〉之有关内容》,载《当代法学》2011年第1期。

③ 参见赵秉志主编:《金融诈骗罪新论》,人民法院出版社2001年版,第462页。

④ 王钢:《德国刑法诈骗罪的客观构成要件——以德国司法判例为中心》,载《政治与法律》2014年第10期。

力而大量透支,无法归还的;肆意挥霍透支的资金,无法归还的;透支后逃匿、改变联系方式,逃避银行催收的;抽逃、转移资金,隐匿财产,逃避还款的;使用透支的资金进行违法犯罪活动的;其他非法占有资金,拒不归还的行为”,则可以认定其在主观上具有履约之“诈骗”。

换言之,行为人单纯的透支行为及其主观上对行为的相关认识或默认,只能说明行为人主动违反规则,但都无法直接证明行为人具有非法占有他人财产之目的。但当行为人的违约行为在时间、方式甚至是数量上达到一定程度时,司法机构根据通行市场经济之惯例,认定凡具有上述六个方面内容的透支行为均为“违约型诈骗类”行为,即行为人已具有非法占有他人财产之犯罪目的。简言之,信用卡之透支可以分为善意透支与恶意透支。其中,恶意透支是因行为人故意违反其事先所签订之涉信用卡协议,致使被害人丧失对其基于该协议之规定所形成的信赖关系而自愿交付之财产的所有权或者占有,从而导致恶意透支行为则具有明显的“诈骗性”。值得强调的是,这里的“诈骗”是一种客观上非法占有他人财产的手段与方法。

简言之,虽然“恶意”在字面意义上应理解为主观上故意且不正当违反法律或者社会惯例及其通行规则;在内涵上,亦远大于或超越于“非法占有他人财产”之目的或动机。但是,中外立法惯例或司法解释上仅将“诈骗型非法占有他人财产”的恶意透支信用卡之犯罪行为纳入刑法检视范围,即归入信用卡诈骗罪,这已在2018年《解释》中明确予以规定。可以说,与其他传统型诈骗罪相比,该犯罪行为中的恶意透支在主观上必然体现“非法占有他人财产”之犯罪目的或动机。

二、如何理解“恶意透支”型信用卡诈骗罪之主观方面

据前所述,主观上的“以非法占有为目的”是一切财产性犯罪的共通之处,“恶意透支”型信用卡诈骗罪也不例外。但是,“以非法占有为目的”这一特征虽然体现出一切财产性犯罪的主观方面之共性,然而,诈骗罪及其同类别犯罪却仍另有别的特征,即“实施欺诈之故意”。

2018年《解释》第6条第2款规定:“具有以下情形之一的,应当认

定为刑法第一百九十六条第二款规定的‘以非法占有为目的’,但有证据证明持卡人确实不具有非法占有目的的除外:(一)明知没有还款能力而大量透支,无法归还的;(二)使用虚假资信证明申领信用卡后透支,无法归还的;(三)透支后通过逃匿、改变联系方式等手段,逃避银行催收的;(四)抽逃、转移资金,隐匿财产,逃避还款的;(五)使用透支的资金进行犯罪活动的;(六)其他非法占有资金,拒不归还的情形。"

对此,有的学者提出异议,譬如:"虽司法解释已尝试尽量详尽、明确地说明行为人具有‘非法占有目的’的种种情形,但司法实践是复杂鲜活的,任何追求绝对明确的立法都是徒劳的。"[①]"不能仅因为客观后果中出现了不能还款的情况就直接推定,而需要将行为人申领行为、透支行为、还款行为等各种因素综合起来,加以比较研究。"[②]有的学者更进一步认为,这六种情况只是对恶意透支之"非法占有"的法律推定,并进一步认为"既然持卡人非法占有目的靠的是推定,则对非法占有目的的认定就必须非常严格和谨慎,因为推定毕竟不同于直接证明,其可靠性要弱一些,如果把关不严,就有可能出现错误"[③]。甚至有的学者认为,这六种情形尤其是第一种情形与第五种情形,基于刑法行为论之必然要求,即透支行为发生之过程中皆存在"非法占有"的主观目的,但在司法实践中,对于第一种情形与第五种情形而言,在透支过程中,未必存在"恶意",进而没有"非法占有"这一主观目的之可能,即"从刑法解释的角度考虑,原本没有任何法律否定性评价性质的‘透支’行为要逆转为‘恶意透支’,必须在透支行为发生前后主观上存有‘非法占有的目的’。对于这种司法中不区分具体情况唯以不具有确定性的‘或然结果’为定性标准的理念恐怕是一种‘事后价值倾向性评价’。

---

① 高保京主编:《刑事案例诉辩审评票据诈骗罪　信用卡诈骗罪　保险诈骗罪》,中国检察出版社2014年版,第20页。

② 毛玲玲:《恶意透支型信用卡诈骗罪的实务问题思考》,载《政治与法律》2010年第11期。

③ 肖晚祥:《恶意透支型信用卡诈骗罪认定中的新问题》,载《法学》2011年第6期。

而这种事后价值倾向性的评价模式有违现代法治理念”①。

虽然对于通过客观行为是否存有六方面的特征来倒推行为人主观方面是否存有“非法占有之目的”的司法解释,在学理上存有争议,但面对上述之评价结论,笔者认为:

第一,在刑事司法实践中,刑法上所有犯罪之主观方面的司法证明皆由客观证据加以证明。“我们可以更加准确地说,犯罪构成四个要件,尤其是‘主观要件’,是体现了‘主客观统一性’的客观实在。而这为刑事诉讼程序,尤其是证据收集与认定过程中所要求的‘实事求是’原则,奠定了哲学基础和提供了哲学依据。”②换言之,犯罪之“主观方面”理所当然是由客观证据加以证明,这是司法实践、更是人类逻辑认知过程的当然实践,故这不存在所谓的“法律推定”。

第二,上述部分学者观点显然已将“恶意”与“非法占有”混为一谈。如前所述,“恶意”概念之内涵本身大于“非法占有”。但是,作为信用卡诈骗罪的构成要件之主观特征,刑事司法解释中的“恶意”内涵范围自我缩限,即仅作为诈骗型非法占有他人财产的恶意透支信用卡之犯罪行为的主观要件:因行为人故意违反其事先所签订之涉信用卡协议,致使被害人丧失对其基于该协议之规定所形成的信赖关系而自愿交付之财产的所有权或者占有,从而,此时之恶意透支行为则具有明显的“诈骗性”。譬如,“明知没有还款能力而大量透支,无法归还的”“肆意挥霍透支的资金,无法归还的”“透支后逃匿、改变联系方式,逃避银行催收的”“抽逃、转移资金,隐匿财产,逃避还款的”“使用透支的资金进行违法犯罪活动的”“其他非法占有资金,拒不归还的行为”皆为行为人故意违反其与发卡机构事先所签订之涉信用卡协议。简言之,从行为人与发卡机构签订涉信用卡协议时起至“超过规定限额或者规定期

① 刘宪权、庄绪龙:《“恶意透支”型信用卡诈骗罪若干问题研究——兼评“两高”〈关于办理妨害信用卡管理刑事案件问题的解释〉之有关内容》,载《当代法学》2011年第1期。

② 刘跃挺:《论犯罪与犯罪构成之若干基础问题》,载《法制与社会》2006年第5期。

限透支,经发卡银行两次有效催收后超过三个月仍不归还"时止,行为人主观方面之"欺诈"一直存在于透支行为发生之过程中,故这六种法定情形不属于所谓的"事后价值倾向性评价"。这种履约诈骗,无论是缔约阶段还是协议履行阶段,只要行为人故意违反承诺并由其引起对方认识错误而履约过程中致使被害人因协议所获利益之价值低于协议所约定之价格的,就可以认定行为人具有主观"欺诈性"。

第三,主观上之违约欺诈性,直接表明行为主观上具有"恶意"。行为人未必在具体持卡阶段就具有"非法占有"之目的,譬如,行为人使用透支的资金进行违法犯罪活动的情形。在该情形中,若行为人在具体使用资金进行其他违法犯罪活动时没有"非法占有之目的"并按时、按量归还其所透支款息的,无法直接说明行为人主观上具有非法占有之犯罪目的,而是"以法律拟制的规定认定其'具有非法占有目的',这在本质上是一种事后价值倾向性评价"。其实,对于这种情况,从涉信用卡协议之缔约、签订与履行之整个过程来看,或许上述问题会迎刃而解。详言之,从行为人与发卡机构签订涉信用卡协议时起至"超过规定限额或者规定期限透支,经发卡银行两次有效催收后超过三个月仍不归还"时止,行为人早已具有了"使用透支的资金进行违法犯罪活动"之犯罪目的,也许其没有实际主张对该笔透支金额所有权并按时、按量归还其所透支款息。然而,其通过违约行为造成了发卡机构可能丧失财产利益的危险,即使在客观上没有造成实际损害,"根据德国司法判例和学界的多数见解,特定情况下,当行为人导致被害人的财产陷入紧迫的具体危险时,就已经可以认定被害人财产受到了损失,行为人构成了诈骗既遂"①。换言之,因为行为人虽然没有将所透支款息占为己有之主观目的,但是其却具有利用"被害人财产利益可能遭受损失"之风险来帮助自身之违法犯罪活动实现其财产利益,故而,这部分之财产利益才是"非法占有"目的之所在。不过,需要说明的是,反观2009年《解释》第6条规定,确实不免令人有过于简单、模糊之感。

---

① 王钢:《德国刑法诈骗罪的客观构成要件——以德国司法判例为中心》,载《政治与法律》2014年第10期。

总而言之,无论是企图违约占有发卡机构之财产利益,还是企图通过信用卡之透支行为来帮助相应违法犯罪活动实现其本身之财产利益,都体现了行为人之“非法占有”之主观目的。当然,2018 年《解释》第 6 条也明确规定了“有证据证明持卡人确实不具有非法占有目的的除外”的要求,这一点也再次说明了诈骗型透支信用卡行为之“恶意”与“非法占有他人财产”之对应关系。在这种对应关系中,客观证据之证明效力对司法实践中证据链之构建尤为重要。其中,当属“银行催收”这一客观事实之司法认定最具特点。

三、如何理解恶意透支型信用卡诈骗罪之“两次催收”

2018 年《解释》第 6 条第 1 款明确将“银行催收”作为构成恶意透支型信用卡诈骗罪的必要条件。值得一提的是,刑事立法及司法解释虽然早已明确“银行催收”的法律地位与定罪意义,但是由于刑法理论界对催收的含义、方式、种类、效力认定等方面均没有予以明确,因此,司法实践对相关议题皆有争议。譬如:有的学者主张“为何是两次催收? 难道不能三次催收?”①“持卡人透支后通过改变联系方式来逃避催收时,发卡银行是否有必要催收?”②“催收一定需要得到持卡人的收到回复,否则该催收无效。”③

对此,笔者认为,刑法学界之所以会出现此等问题,是因为受到刑法父爱主义思想的严重影响。④ 加上我国市场经济发展正处于空间阶

---

① 刘宪权、庄绪龙:《“恶意透支”型信用卡诈骗罪若干问题研究——兼评“两高”〈关于办理妨害信用卡管理刑事案件问题的解释〉之有关内容》,载《当代法学》2011 年第 1 期。

② 高保京主编:《刑事案例诉辩审评票据诈骗罪 信用卡诈骗罪 保险诈骗罪》,中国检察出版社 2014 年版,第 21 页。

③ 王春丽、曹冬敏:《信用卡诈骗罪实务难点及应对》,载《政治与法律》2011 年第 9 期。

④ 参见刘跃挺:《医疗事故法律责任中区域与职业差异性实证研究(英文)》,载《China Legal Science》2020 年第 4 期。

段,对真正商品经济意义上的市场规则与习惯认识不足,使上述对刑法中"银行催收"的含义、方式、种类、效力认定等方面学术观点与认识均未能妥当把握相关问题的民刑分界点,即是否能尊重"刑法谦抑性"之基本原则的问题。

第一,"'催收'的本质含义,是发卡银行向持卡人主张信用卡债权的一种民事行为"①。这种民事行为发生、变更与消灭之基础均建立在成熟发展之市场经济的诚实守信原则之上。详言之,一是基于诚实守信原则,行为人与信用卡双方自愿签订涉信用卡协议;在双方协议规定"催收"问题时,行为人应该事先知晓"银行催收"的含义、方式、种类、效力认定等问题,并结合自身实际情况,诚实表明自己所愿意接受的银行催收之方式与种类。二是基于诚实守信原则,发卡机构会按照行为人自己事先所同意或者列举的催收之方式与种类来完成相应催收行为。三是基于诚实守信原则,社会第三者尤其是司法机关应当认同这种按照持卡人自己事先同意或者列举的催收之方式与种类来完成的催收行为,即无需再得到持卡人的收到回复。这一方面是诚实守信原则的要求,另一方面更是市场经济快速发展的要求。因此,这就要求持卡人必须事先诚实且认真地报告自己所能接受的催收之方式与种类,否则,在没有证据证明发卡机构催收行为存在错误的情况下,即使持卡人没有收到催收,也要承担相应催收不能的责任,因为这源于持卡人所签订的涉信用卡协议之必要义务,即持卡人必须诚实且认真地报告自己所能接受的催收之方式与种类。基于此,有的学者认为"行为人因出国、疾病或出差等客观原因确实无法收到或知晓银行的催收,则不能认定发卡银行已经完成了《解释》规定的'两次催收'行为"的观点是错误的。因为这种观点没有建立在或者说是无视甚至是在破坏市场经济之诚实守信原则及其相关确保机制。若行为人真的要出国、出差或者生病,也得有义务必须提前或适时地向发卡银行报告,这同样源于其所签

① 樊辅东:《恶意透支型信用卡诈骗罪中"催收"问题研究》,载《河北法学》2012年第3期。

订的涉信用卡协议之必要义务的履行。[①] 因此，银行催收行为只是行为人恶意透支之司法认定的前提必要条件之一，其本身无法决定“恶意”概念的内涵与外延。

第二，如何理解催收效力？“在民商事活动中，催收的效力只具有一次性。”[②]换言之，债务催收只对其所表明的具体债务价值之数量有效：一方面，即使债务人仍在透支过程中，但当接到银行催收时，其只须按照该催收通知单所列明数值进行还债，其实际多透支部分，不必列入此次催收范围。另一方面，持卡人在收到第一次银行催收时并未在催收单所列明的时间段内、没有完全或者完全没有按照该催收单所列数字进行还贷且仍然在透支中，若该发卡机构重新发出催收且改变相应还贷数量，那么，第一次的银行催收行为即为无效。基于此，2018 年《解释》第 6 条中的“两次催收”不能解释为：只要银行作出两次催收行为，无论两次催收行为的关系，都可以直接认定持卡人已符合恶意透支型信用卡诈骗犯罪构成要件之“两次催收”的要求。而必须解释为：第一次催收依然有效的情况下，持卡人在收到第一次银行催收时并未在催收单所列明的时间段内、没有按照该催收单所列数值进行还贷，银行在第一次催收无果后，即在第一次催收所列还款宽限期过后，向持卡人作出第二次催收行为且银行所作的第二次催收没有改变第一次催收单所列金额数值。[③]

为什么要作出这样的理解？原因在于刑法谦抑性与罪刑均衡原则的要求。这里通过两个极端型案例对该问题予以解释。

案例一：银行第一次向持卡人发出银行催收，但是持卡人并未在催收单所列明的时间段内、没有完全或者完全没有按照该催收单所列数字进行还贷且仍然在透支中，银行并未在第一次催收宽限期内进一步

---

① 参见陈辉：《恶意透支型信用卡诈骗罪的合宪性疑虑及控制路径》，载《南海法学》2021 年第 6 期。

② Eugen Klunzinger, *Einführung in das Bürgerliche Recht: Grundkurs für Studierende der Rechts-und Wirtschaftswissenschaften*, Vahlen, 2011, p. 355.

③ 参见刘跃挺：《对大陆法系刑法中犯罪过失理论的整体性反思》，载《北京理工大学学报(社会科学版)》2016 年第 3 期。

采取降低信用额度等提前预警措施,而是任由持卡人继续透支下去,直到持卡人所欠金额进一步扩大,银行再发出第二次催收。此时,若我们坚持对此不加以限缩解释,势必会将恶意透支型案件是否进入刑事程序之主动权完全交给银行,使得银行本身之未能采取“提前预警等措施”的失职责任完全转嫁给了持卡人,从而令我们的刑事法律之规定可能进一步地沦为银行的“讨债工具”。

案例二:银行第一次向持卡人发出银行催收,但是持卡人并未在催收单所列明的时间段内、按照该催收单所列数值缴清而只偿还其中一部分且没有继续透支,银行并未在第一次催收宽限期内进一步采取降低信用额度等提前预警措施,而是直到该宽限期届满,银行才直接发出第二次催收。此时,若我们坚持对此不加以限缩解释,直接认定该持卡人已符合恶意透支型信用卡诈骗犯罪构成要件之“两次催收”的要求,那么,对持卡人显失公平。因为此时持卡人毕竟在客观上已经降低了银行的损失风险。若对此继续追究持卡人的刑事责任,本身亦违背了刑法之罪刑均衡原则。何况,目前我国大部分银行对信用卡发行及监管之实际操作中,普遍存在“重规模、轻质量,忽视信用风险防范,缺乏必要的防范意识以及有效的资信评估制度”等问题,①若此时再不对“二次催收”进行限缩解释,则会使刑法及刑罚适用范围更加非理性扩充并进一步模糊法治国家之民刑分界“临界点”,从而破坏市场经济之正常的民商事活动及其相关机制。

因此,可以说,基于市场经济诚实守信原则,有的学者所主张的“应当将此处的催收理解为‘有效性催收’而非仅仅‘程序性催收’”②是不必要的。

第三,如何理解催收次数、时间间隔与催收方式?自1997年《刑

① 参见王春丽:《上海市信用卡诈骗犯罪实证调查与对策研究》,载《上海政法学院学报(法治论丛)》2011年第5期。

② 刘宪权、庄绪龙:《“恶意透支”型信用卡诈骗罪若干问题研究——兼评“两高”〈关于办理妨害信用卡管理刑事案件问题的解释〉之有关内容》,载《当代法学》2011年第1期。

法》颁布,直至2018年《解释》,我国最高司法机构接连两次明确催收次数与时间间隔,即“持卡人以非法占有为目的,超过规定限额或者规定期限透支,经发卡银行两次有效催收后超过三个月仍不归还的,应当认定为刑法第一百九十六条规定的‘恶意透支’”。值得注意的是,2009年《解释》是在1997年《刑法》实施约12年后,将催收次数由一次扩展为两次,并将两次催收之时间间隔规定为3个月。对此,有的学者认为,“在一定意义上,正是体现了刑法谦抑性的要求”①。不过,笔者不敢苟同。

刑法所规制的信用卡诈骗罪源自民商事法律关系,前后两者的区别在于被害者财产利益以及相应国家信用卡安全机制之受侵害范围大小。但无论大小如何,民商事法律关系中的信用卡诈骗行为对被害者财产利益以及相应国家信用卡安全机制之受侵害范围都要明显小于刑事法律关系,这是毋庸置疑的。但是,“德国民法典没有明确规定信用卡催收此事以及相应后果。但银行可以依据涉民商事司法实践、尤其是依据双方协议,来明确催收不能的效果”②。因此,即使是在市场经济体制发达的国家,其民事立法也没有明确规定催收不能之次数与后果,更何况位于法律惩罚体系最高层次的刑法呢?这些市场经济体制发达的国家将催收不能的效果之评价建立在早已被市场所接受的实践性规则或是习惯之上,这是尊重市场自由原则的体现。然而,我国在刑事司法领域预先明文规定了催收不能的次数及其效果。虽然可以明确催收不能的次数及其效果并向社会表明刑法的态度,即可达到刑罚之一般预防目的,较快满足国家信用卡安全机制健康稳定发展的要求,但是,由于其本身规定之僵硬化趋势,也必将会使自己过早地被市场所能接受的实践性规则或是习惯所取代。③

---

① 张伟新、于书峰:《恶意透支型信用卡诈骗罪“两次催收”及相关问题研究——以宋某某信用卡诈骗案件为研究对象》,载《河北法学》2013年第11期。

② Bernhard Jakl, *Grundstrukturen des Zivilrechts*, Vahlen, 2014, p. 121.

③ 参见刘跃挺:《新论近现代技术进步与哲学和刑法学发展之辩证唯物关系》,载《社会科学论坛(学术研究卷)》2007年第8期。

另外,关于催收方式,虽然我国法律及司法解释没有明文限定具体银行催收方式,但是笔者依然坚持并强调由市场所能接受的实践性规则或是习惯来决定何时采用适格的催收方式。譬如,有的学者主张:"虽然催收方式包括信函催收、电话催收、手机短信催收、当面催收,但发卡银行应当首先按照约定方式实施催收,当持卡人逃避催收,或按约定无法催收时,才能使用其他合法方式实施催收。"[①]然而,现在的问题却是:何为目前中国市场所能接受的银行催收方式?笔者认为,我国社会整体诚信意识不足。[②] 譬如,"在已发生的一些信用卡诈骗案例中,一些行为人有稳定的收入和比较体面的工作,但依然使用信用卡透支或欠款过期不还,他们根本没有意识到自己的行为是侵犯金融信用违法或犯罪行为,对于银行的欠款催收也根本不重视,反而一味拖欠导致犯罪行为的发生"[③]。加上现有银行等金融机构自身没有完善催收机制及其预先预警措施,现实中有不少的情况说明持卡人已经无力还款时,银行为了满足扩大业务等工作要求而仍然核准该人办理信用卡的申请。因此,出于刑事诉讼证据效力合理维持的缘故,我国目前司法实践应当普遍采用"邮政或快递信函催收"的方式。这是因为这样的催收方式在取证、举证方面困难较少,较之传真催收、电话催收、手机短信催收,这一点尤其对于金融机构自身尚未完善相应预警措施的我国而言,这种证据效力优势显得格外突出与实用。至于其他的催收方式,只能作为"邮政或快递信函催收方式"的补充措施。

四、结　　语

自 1996 年《最高人民法院关于审理诈骗案件具体应用法律的若干

---

① 樊辅东:《恶意透支型信用卡诈骗罪中"催收"问题研究》,载《河北法学》2012 年第 3 期。

② 参见罗猛:《刑法立法论与司法论的关系探讨》,载《中国政法大学学报》2012 年第 3 期。

③ 王春丽:《上海市信用卡诈骗犯罪实证调查与对策研究》,载《上海政法学院学报(法治论丛)》2011 年第 5 期。

问题的解释》明确将恶意透支型信用卡诈骗行为规定为诈骗罪时起,迄今恶意透支型信用卡诈骗罪明文规定已有二十多年的历史。随着我国社会主义市场经济的不断快速发展,信用卡诈骗罪中恶意透支的方式、种类以及银行催收之时间间隔、催收不能之责任认定等诸多方面的法律规定、尤其是相应的刑事立法与司法解释或者市场上普遍接受的、成常态化了的实践性习惯皆会因市场的这种高速发展而显得不够完善,无法满足这种市场高速发展的要求。我们必须接受这种现实。进言之,既然事实如此,"我们不应该是'垂头丧气'或是'亢奋反击',而是应该理性地予以摸索、探究,直至认识并消除新的危机。而在这个过程中,人类社会应当具备一种理性的品质,即尤其在刑事立法与司法实务中,尊重法的中立与均衡性"①。换言之,无论市场如何发展,刑事法之理论及实务均应持守刑法的基本原则。而在一点,在涉及信用卡诈骗犯罪时,特别值得尊重的是刑法之谦抑性与罪刑均衡原则。

On the Intentional Overdraft of the Credit Card Fraud Crime

Liu Yueting

[**内容摘要**]自1996年《最高人民法院关于审理诈骗案件具体应用法律若干问题的解释》明确将恶意透支型信用卡诈骗行为规定为诈骗罪时起,迄今恶意透支型信用卡诈骗罪明文规定已有二十多年的历史。信用卡诈骗罪中恶意透支的方式、种类以及银行催收之时间间隔、催收不能之责任认定等诸多方面的法律规定、尤其是相应的刑事立法与司法解释或者市场上普遍接受的、成常态化了的实践性习惯皆会因市场的这种高速发展而显得不够完善,无法满足这种市场高速发展的要求。无论在概念内涵,还是在司法认定之实践经验方面,均存有学术研究视角下的意见分歧。本文与以往学者之部分学术主张的不同点在于,应从刑法之谦抑性与罪刑均衡原则之视角,讨论该罪之内涵构建与司法认定。

① 刘跃挺:《论信赖原则的法社会学根基》,载《天府新论》2015年第4期。

[**关键词**]恶意透支;诈骗罪;催收;非法占有

Abstract: Since 1996, the Supreme Court has defined clearly the intentional overdraft of the credit card fraud crime more than 20 years in "On Specific Application of the Law in the Fraud". In the ways, kinds, intervals, responsibility of demand of return, many laws, especially corresponding criminal legislation and judicial interpretation, cannot generally meet the Market with the rapid development and the requirements of this booming market. Different with other professors, it is argued that we should adhere to the principle of Modesty of Criminal Law and Crime balance. There are differences of opinion from the perspective of academic research in terms of conceptual connotation and practical experience of judicial determination. The difference between this paper and some academic propositions of previous scholars is that the connotation construction and judicial determination of the crime should be discussed from the perspective of the modesty of criminal law and the principle of balance between crime and punishment.

Keywords: Intentional Overdraft; Credit Card Fraud; Demand of Return; Illegal Possession

平台数据爬取行为的刑法规制*

李雪健**

目　　次

一、问题的提出

大数据时代下，数字经济的崛起对社会发展产生了重大影响，而数字经济的基础便是数据。《经济学人》曾指出，数据就是新时代的石油。党的十九届四中全会明确将数据同劳动、资本、土地等传统生产要素相并列。近日中共中央、国务院更是发文明确指出数据是数字时代

* 本文系2019年度国家社会科学基金项目"刑法学司法逻辑化语境中的定罪论研究"（项目编号：19BFX094）、2018年度国家社会科学基金青年项目"我国预防刑法的法治限度研究"（项目编号：18CFX043）的阶段性研究成果。

** 南京师范大学法学院刑法学博士研究生。

的重要生产要素,具有基础性和战略性地位。[①] 数字经济为法律领域带来了诸多新难题,在公民个人信息保护日益受到重视的同时,平台数据保护也日渐受到关注。

由于运营、财务等数据一般储存于公司内部的私人服务器之中,且不接入信息网络,仅在公司局域网范围内访问,对于此类数据,学理上一般评价为商业秘密并无争议。本文所讨论的平台数据,是指平台企业(以下简称企业)在信息网络中实际控制和使用的包括合法收集并脱敏的用户数据,经过加工、计算、聚合而成的可读取、具有使用价值的衍生数据以及其他储存于公共服务器中、可为社会公众访问的数据。[②] 在近年来发生的"晟品公司、侯某等爬取数据案"[③]"邵凌霜等非法爬取数据案"[④]等轰动一时的爬虫案件中,涉案数据皆为此类数据。由于法律对此类数据的法律性质留有空白,故而此类数据是本文讨论的重点。

作为大数据时代的高效、快捷的数据获取方式,网络爬虫技术为平台数据保护带来了巨大的挑战。网络爬虫(web crawler),又称浏览器蜘蛛(web spider),是一种持续"浏览"网站、以网络索引(web index)为目标的网络机器人,其功能在于自动遍历浏览器链接,通过"访问—响应—储存"的基础数据传输模式进行数据收集。[⑤] 尽管对于互联网的历史而言,网络爬虫并不属于新生事物,但得益于多核处理与超线程技术,如今的网络爬虫可以实现多线程、高频次的访问,故而网络爬虫所爬取的平台数据往往具有规模化特点。在平台数据已经成为企业重要生产要素的今天,划定网络爬虫合法与非法的边界,以有效防止非法网络爬虫不当损害企业利益已经成为域内外理论与实践的重要命题。因

---

① 参见中共中央、国务院《关于构建更加完善的要素市场化配置体制机制的意见》。

② 参见石丹:《企业数据财产权利的法律保护与制度构建》,载《电子知识产权》2019年第6期。

③ 参见深圳市南山区刑事判决书,(2017)粤0305刑初153号。

④ 参见北京市海淀区人民法院刑事判决书,(2017)京0108刑初2384号。

⑤ See Christensen J E, *The Demise of the CFAA in Data Scraping Cases*, 34 Notre Dame JL Ethics & Pub. Pol'y 530(2020).

此，厘定被爬取平台数据的法益，确定需保护的平台数据的范围，研判平台数据爬取行为的不法内涵，明确平台数据爬取行为的不法判断规则以实现刑法对平台数据保护的“不偏不倚”是本文的写作思路。

行为对象是法益的载体，确定刑法评价的行为对象是厘清刑法法益的前提。显然，企业仅是掌握数据并享有利益的主体，但对这种利益的理解离不开数据本身。尤查·本科勒(Yochai Benkler)的通信层级理论认为，计算机通信系统可在物理层、代码层与内容层三个层面理解。物理层是指计算机、网线等具有数据运行、储存等功能的硬件设备；代码层是指以0/1二进制比特形式储存在系统、网络，且无法为人体感官直接感知的数据；内容层是承载于数据之上，具备特定内容，且具有一定结构和层次并为人所感知的信息。[①] 平台数据主要涉及代码层与内容层，故而其既可以被理解成为计算机所储存、加工、传输的标准化、可再处理的数据，又可以被理解成为表示一定内容的信息。由此，刑法评价对象到底是企业所掌握的“数据”还是“信息”的分歧，直接导致学理上衍生出信息法益与数据法益两种不同路径。

二、平台数据信息法益路径的检讨

信息法益路径坚持以信息作为刑法评价对象，以信息内容为核心，通过提炼企业信息的典型特征，进而利用既有信息犯罪形成对平台数据的有效保护。由于企业需对收集而来的海量个人信息进行脱敏处理，平台数据已无同个人直接关联，蕴含其中的人格因素亦不复存在，故而学理讨论重点皆集中于企业对脱敏后的大数据享有何种非人格性利益。[②] 平台数据在信息法益路径下，存在信息财产、商业秘密两种不

① See Yochai Benkler, *From Consumers to Users: Shifting the Deeper Structures of Regulation Toward Sustainable Commons and User Access*, 52 Federal Communications Law Journal 562(2000).

② 参见彭诚信、杨思益：《论数据、信息与隐私的权利层次与体系建构》，载《西北工业大学学报(社会科学版)》2020年第2期。

同观点,下文分别予以评析。

(一)对信息财产路径之检讨

信息财产路径视平台数据为信息财产。企业在信息主体授权的法定范围内,以生产经营为目的,对处理原始数据所获得的信息享有占有、使用、收益、处分权利,即信息财产权,网络爬虫所侵犯的是平台信息占有权,理应适用非法获取计算机信息系统数据罪予以规制。[①] 然而,这一观点在权利客体、价值层面、体系解释上皆存在问题。

1.“数据处理目的”未必能定型企业信息

平台数据的明确化、类型化不但是罪刑法定的要求,更是财产权这一法益的前提。财产权作为一项专有且排他的绝对权,必须建立在一个外在的、可归属的权利客体之上,唯有如此,他人的自由才不会受到无限度的限制。[②] 然而,信息显然无法承担这一重任。《剑桥哲学词典》将“信息”定义为“一种客观且独立于心灵的实体”,是蕴含于消息或其他解释者结论中的“意义”。信息缺乏如有体物一样的物质基础,更缺乏稳定的外在表现形式。正因如此,论者试图比照个人信息的“目的限定”原则,以客观的生产经营目的限定信息范畴,进而为财产权寻找稳定的锚定物,但这一做法存在实践与理论的双重缺陷。

一方面,对平台数据施加“目的限制”缺乏实践可能。作为市场主体,企业目的多样且复杂,严格的“目的限定”往往会为信息处理者所规避,[③]且我国互联网行业“寡头化”严重,在资本的加持下,企业涉猎行业广泛,欲求明确且有限制的数据处理目的较为困难。另一方面,对平台数据施加“目的限制”缺乏学理支撑。为支持数字经济发展,“加工

---

① 参见敬力嘉:《论企业信息权的刑法保护》,载《北方法学》2019 年第 5 期。

② 参见杨芳:《个人信息自决权理论及其检讨——兼论个人信息保护法之保护客体》,载《比较法研究》2015 年第 6 期。

③ 参见阳雪雅:《论个人信息的界定、分类及流通体系——兼评〈民法总则〉第 111 条》,载《东方法学》2019 年第 4 期。

风险"同"目的限制"成正比的"风险原则"已成为企业加工个人信息的基本原则。① 在企业采取有效脱敏措施的前提下,平台数据鲜受或不受目的限制,以促进数据潜力释放几乎已成共识,将企业所控制的加工目的之外的数据置于法秩序荫蔽之外缺乏学理支撑。② 因此,这种实践与理论的缺陷将导致"目的限制"原则不但难以起到定型行为对象的功能,反而会导致平台数据外延宽窄两难。

2. 赋予平台数据以财产权缺乏价值论基础

从信息自由出发,物质、能量、信息是人类活动必备的三个要素,是人类交往行动的产物与前提,信息的分享是常态,在法律上拟制信息的稀缺性,无异于禁锢思想,严重损害信息自由这一基本价值。无论是民法一般的私法,还是如刑法一般的公法,对信息进行法律上的控制需要充足的理由,这种理由往往源于基本法中的重要价值。例如,个人信息立基于人格尊严与自由,国家秘密立基于国家安全等,而除此之外的信息一般被置于公共领域流通而鲜为法律规制。③ 当前,公众对企业所分享的信息已产生了极大的依赖性,手机、电脑等电子设备已成为人类的"第二大脑",5G 网络的普及与发展更为"万物互联"提供了技术保障,网络世界早已渗透并融合于生活世界之中,将早已融入生活世界、为企业所分享且成为社会公众生活一部分的信息纳入专有且排他的绝对权范畴显然缺乏正当性与合理性。

从竞争秩序正当性出发,同传统工业社会的企业竞争秩序不同,在企业市场竞争中,围绕平台数据,上下游竞争者产生了巨大的利益冲突,上游企业期望通过控制信息攫取经济利益,而下游企业基于互联网

---

① See Demetzou K, *GDPR and the Concept of Risk*, IFIP International Summer School on Privacy and Identity Management Springer, Cham 142 - 143(2018).

② 参见洪延青:《解锁 GDPR 的正确姿势:风险路径》,载《中国信息安全》2018 年第 7 期。

③ 参见梅夏英:《企业数据权益原论:从财产到控制》,载《中外法学》2021 年第 5 期。

“互通互联”精神要求信息开放共享。[①] 赋予企业以专有且排他的绝对权将极大提高下游企业的经营成本及其他市场参与者的市场准入门槛,极易造成竞争秩序失衡。在美国 NFL v. Governor of Delaware 案[②]中,法院认为,尽管原告对信息产生投入了商业活动成本,但不应阻止他人通过原告产出信息所附随的其他商业机会获益。[③]

3. 存在对非法获取计算机信息系统数据罪过度解读的嫌疑

尽管法律的生命在于解释,但是正如艾柯所言,“不能随心所欲地使用敞开的文本,而只能随文本所欲;敞开的文本无论有多么‘敞开’,也不可能任意读解”,否则就是“过度解释”。[④] 信息财产路径视平台数据为承载信息财产权的信息财产,但在具体规范上却适用非法获取计算机信息系统数据罪予以保护,这无疑造成了刑法体系上的解释谬误。非法获取计算机信息系统数据罪隶属于我国《刑法》“妨害社会管理秩序罪”章中的“扰乱公共秩序”节,其保护法益为数据安全,是一种公共秩序法益。该观点利用公共秩序法益去保护企业的信息财产权,二者并不匹配。有学者归纳总结出我国《刑法》对数据保护的四种模式,分别为经济秩序保护模式、人格权保护模式、物权保护模式与公共秩序保护模式。[⑤] 若将平台数据以信息财产论,适用以盗窃罪、诈骗罪为代表的物权保护模式岂不更为合适?但作者并没有给出明确的理由,这不禁让人怀疑是否存在对非法获取计算机信息系统数据罪的过度解读的嫌疑。

---

① 参见李安:《人工智能时代数据竞争行为的法律边界》,载《科技与法律》2019 年第 1 期。

② 特拉华州政府下设有彩票机构,该机构针对美国国家橄榄球联盟比赛,推出了一种叫“记分牌”的游戏,该游戏类似于我国足彩中针对大型赛事所设计的预测双方胜负、具体进球数量的彩票形式。美国国家橄榄球联盟认为其使用联盟赛事的赛程、比分、公众知名度等信息已构成对联盟财产的盗窃,进而向法院提出了侵权诉讼。See NFL v. Governor of Delaware, 435 F. Supp. 1372(D. C. Del. 1977).

③ See Radin M. J., *A Comment on Information Propertization and Its Legal Milieu*, 54 Clev. St. L. Rev. 26(2006).

④ 参见田宏杰:《刑法法益:现代刑法的正当根基和规制边界》,载《法商研究》2020 年第 6 期。

⑤ 参见劳东燕:《个人数据的刑法保护模式》,载《比较法研究》2020 年第 5 期。

(二)对商业秘密路径之检讨

另有观点认为,平台数据拥有非公知性、保密性、价值性、实用性的法律特征,可以涵摄为“商业秘密”,在规范上适用侵犯商业秘密罪。① 这一观点的理由在于:第一,平台数据一般储存于平台服务器,对其获取需符合特定条件,故仅限于一定范围的人知悉而具有非公知性。第二,企业往往采取技术措施对平台数据加以保护,致使他人大规模获取较为困难,故具有保密性。第三,平台数据能为企业带来现实或潜在的经济利益或竞争优势,因此具有价值性。第四,平台数据能够提升社会主体生产活动效率,故而具有实用性。② 本文认为,除实用性外,平台数据难以满足商业秘密的其他法律特征。

1. 平台数据是否具有非公知性存疑

信息网络促进了“分享世界”的形成,网络生态环境从按照对价理论收费的传统市场规律转化为不计报酬地分享与心安理得地享受,免费成为大多数消费者获取信息的默认方式。在这样的网络生态环境下,以免费信息服务捆绑忠诚用户,通过向第三方提供广告服务已经成为域内外包括百度、腾讯、谷歌、MSN 等互联网企业的盈利模式,社会公众可以极低或无成本获取平台数据。此外,平台数据还会以多种方式、途径由他人共享,如平台间会签订《数据互通协议》进行数据共享,根据政策要求,平台数据会根据法定程序交由政府审查。因此,平台数据并不满足商业秘密非公知性的前提。③

2. 平台数据是否具有保密性存疑

保密性要求保密措施设置的直接目的在于保护商业秘密不为人知

① 参见刘双阳、李川:《衍生数据的财产属性及其刑法保护路径》,载《学术论坛》2020 年第 3 期。

② 参见崔国斌:《大数据有限排他权的基础理论》,载《法学研究》2019 年第 5 期。

③ 参见孙晋、钟瑛嫦:《互联网平台型产业相关产品市场界定新解》,载《现代法学》2015 年第 6 期。

晓。当前,采取防火墙、代码加密等技术措施已成为企业保护服务器、防止黑客非法入侵的主流做法。但问题在于,我国《数据安全法》第27条亦赋予企业以采取相应技术措施与必要措施的数据安全保护义务。在技术加密措施的实施本身属于企业对数据安全保护义务履行常态化、日常化的前提下,上述技术措施能否专系为保护商业秘密、防止商业秘密为他人所知晓值得推敲。

3. 平台数据是否皆具有价值存疑

有学者已指出,平台数据所蕴含的信息非常庞杂,并不是所有的信息皆对企业经营和发展具有实质价值,作为典型的"时效品",老数据不如新数据值钱,且前者价值随着时间会最终归零。[①] 出于数据储存成本与空间的考量,定期清除平台数据已经成为企业的惯常做法。[②] 因此,平台数据对于企业而言,是否具有稳定且可计算的价值亟须进一步论证。

综上所述,平台数据既难以评价为承载财产权的信息财产,又无法评价为承载正当竞争秩序及企业经济利益的商业秘密。究其根本原因在于:在信息层面,基于企业的免费盈利模式,企业对平台数据所承载的信息本身并没有限制与控制的需求,甚至希望信息广为人知,进而增加、提升自身流量与热度。因此,无论是将平台数据当作信息财产还是商业秘密,都无法为企业常态化的信息分享寻找合适的解释理由,当论及具体特征时,无论是信息财产的绝对权基础,还是商业秘密的非公知性皆会不约而同地受到影响而难以成立。

三、平台数据数据法益路径的证成

相比于缺乏稳定外观表现形式的信息,数据本身具有物理载体和

---

① 参见许可:《自由与安全:数据跨境流动的中国方案》,载《环球法律评论》2021年第1期。

② 参见梅夏英:《在分享和控制之间　数据保护的私法局限和公共秩序构建》,载《中外法学》2019年第4期。

数据处理技术,完全可以被界定、分析与控制,进而实现明确化与类型化。在民法学界,亦有不少持财产权观点的论者主张以数据作为权利客体。① 但近年来,刑法学界对以数据作为刑法评价对象观点的批判却日益增多,主要认为数据仅具有载体意义,缺乏独立的法益侵害,围绕数据难以构建刑法规范与评价体系。② 但这一观点明显忽视了数据问题的独立意义,未能结合信息网络的技术特点,从整体、动态视角对数据进行有效评价。基于信息网络特性、社会需求及立法导向三点理由,以数据作为独立刑法评价对象具有必要性,爬取平台数据行为侵犯的法益是平台数据的保密性,理应适用非法获取计算机信息系统数据罪予以规制。

(一)评价对象:数据而非信息

1. 信息网络赋予数据以独立意义

若从静态视角观察单个数据,技术层面的二进制代码形态使得数据同质化,单个数据仅作为信息的载体而从属于信息法益,这对刑法而言确实没有任何类型化意义。然而,若摆脱固有的技术理解,并将数据置于信息网络环境下,则可以发现,数据无时无刻不处于"运动(运输)"之中。在信息网络中,数据从来都是以动态的数据流(data stream)而非静态的单个数据存在,依赖于物理层所提供的"高速公路",数以百万计的数据在服务器与客户端之间双向传输。正如车流于公路行驶需要交通秩序一样,数据流通需要合法的访问与传输的秩序以确保数据安全。在此意义上,数据不再同所承载信息的来源、内容、公开直接相关而具有独立意义,所有数据皆被规划于指定代码空

① 参见龙卫球:《数据新型财产权构建及其体系研究》,载《政法论坛》2017 年第 4 期;徐汉明等:《数据财产权的法律保护研究》,载《经济社会体制比较》2020 年第 4 期;石丹:《企业数据财产权利的法律保护与制度构建》,载《电子知识产权》2019 年第 6 期。

② 参见杨志琼:《非法获取计算机信息系统数据罪"口袋化"的实证分析及其处理路径》,载《法学评论》2018 年第 6 期;敬力嘉:《论企业信息权的刑法保护》,载《北方法学》2019 年第 5 期。

间,流转于特定传输渠道,并受到平等保护。①

2. 社会需求赋予数据以独立意义

数据问题缘起于数字技术与信息网络的兴起,是数据传输高速化、集中化、多渠道化后的新问题,反映了信息时代社会公众的社会需求。网民数量的急剧增加提升了社会公众的入网数据被访问的频次,信息网络开放性的技术底色②放大了入网数据被任意访问的可能,社会中非数据主体对入网数据的访问自由同数据主体对入网数据的控制自由之间的矛盾紧张,使数据主体对储存于计算机之上的数据保持控制访问能力的需求剧增,而这种需求同信息的内容无关。增强数据主体于其控制数据的安全感,进而减少数据主体为保护数据的社会成本支出使得数据作为刑法的评价对象具有独立意义。③

3. 立法导向赋予数据以独立意义

首先,前置法针对信息与数据分别采取了不同的规制理路。以《民法典》中个人信息与数据为例。我国《民法典》第111条确立了个人信息的人格权保护进路,并将私密信息纳入隐私权的保护模式之中,而第127条则将"数据"同"网络虚拟财产"相并列,侧重于对"数据"的财产性保护。可见,数据在规范目的与规制方式上皆独立于信息。

其次,《数据安全法》揭示了数据安全的独立意义。不同于《个人信息保护法》对人格要素的信息内容进行保护,《数据安全法》更侧重于"风险—安全"的社会控制,核心是对未经授权的访问、使用、披露等行为进行控制。《数据安全法》第7条要求"数据依法有序自由流动",其中"有序"表明数据流动理应符合数据流动秩序,即在保护个人、组织与数据有关的权益,鼓励数据依法合理有效利用的前提下,确保数据流动的一致性、连续性与确定性,防止出现失控的数据攫取现象。

---

① 参见梅夏英:《企业数据权益原论:从财产到控制》,载《中外法学》2021年第5期。

② 根据RFC1945、RFC2616协议,服务器与客户端之间的数据传输协议HTTP(Hyper Text Transfer Protocol)是"通用、无状态且面向任何对象的协议"。

③ See Clough J., *Data Theft? Cybercrime and the Increasing Criminalization of Access to Data*, 22 Criminal Law Forum 160(2011).

(二)法益确定:平台数据的保密性

1. 平台数据法益是企业对平台数据的控制

1975 年,德国学者萨尔泽(Saltzer)和施罗德(Schroeder)面对日益发展的信息化技术,预见性地提出了“数据安全”的概念。2001 年,欧洲及其他国家共同签署了《欧洲网络犯罪公约》(Convention on Cybercrime),围绕“数据安全”构建了数据犯罪体系。具言之,数据安全包括数据保护的三个面向(CIA triad):数据的保密性(confidentiaity),即数据主体对数据排他的控制,防止数据为无授权人所访问获取;数据的完整性(integrity),即防止数据为无授权人所篡改;数据的可用性(availablity),即防止数据遭受到不正当破坏,使权利人无法访问。[①] 与之相对应,我国亦围绕“数据安全”构建了罪名体系,其中非法获取计算机信息系统数据罪所保护的法益是数据的保密性,而破坏计算机信息系统罪保护的是数据的可用性与完整性。网络爬虫作为一种“非法获取平台数据”的行为,所侵犯的法益是平台数据的保密性。数据的保密性蕴含数据主体对数据专有的享用与控制利益,是相对于非法第三方的一种纯粹的排他权,更是针对数据控制和限制的自足可能性的新利益。[②]

2. 企业对平台数据的控制具有有限性

值得注意的是,平台企业对平台数据的控制具有有限性,刑法对企业数据的保护不能阻碍信息网络中正常数据的流动与分享。在大数据时代,数据的流动是常态,数据分享是实现数据价值的渠道所在。有学者指出,人类对物质世界的依赖、开发和调整时间数以千计,因而“物以稀为贵”已然成为一种惯性思维。然而,数字时代下社会形态正在从私权社会向有机社会转变,互惠共享是信息时代不同于传统工业社

---

① 参见徐育安:《资讯风险与刑事立法》,载《台北大学法学论丛》2014 年第 91 期。

② 参见[意]劳伦佐·彼高狄:《信息刑法语境下的法益与犯罪构成要件的建构》,吴沈括译,载赵秉志主编:《刑法论丛》第 23 卷,法律出版社 2010 年版。

会的主要特征。正如莱斯格(Lessig)所言,对于用途不明的资源,我们应当将其保留在共有领域,以供人们试验各种使用方式,对资源用途的无知是保持资源对所有人开放的最好理由。①

因此,数据主体于数据之上的控制利益无法如财产权绝对排他,对数据法益的理解需考量数据控制与数据分享的平衡。刑法需要通过对控制实现方式限缩解释为事实性控制,为数据控制与数据分享划出界线,以实现对数据保护的不偏不倚。换言之,数据的保密性表现为数据主体通过身份认证、应用程序端口(Application Programming Interface, API)等技术措施"圈划"数据储存、运行的密闭空间,规划数据流通运输的特定渠道,实现数据的事实性控制。一旦数据主体将数据公开,明示放弃或默示不利用技术措施对数据进行控制,任由数据流通至公共领域,则视为数据主体主动放弃或推定其放弃了数据法益,适用被害人承诺理论而成立法益阙如。因此,公开数据缺乏刑法上的需保护性。美国网络犯罪学者克尔(Kerr)将平台企业与数据的关系隐喻为公共集市上的商贩与蛋糕。互联网犹如物理世界中的开放的公共集市,互联网企业犹如在公共集市上售卖蛋糕的人一样,公开数据犹如摆在桌子上的试吃蛋糕,任何人都可以索取。禁止他人获取公开数据,就像出版报纸,而后禁止某人阅读,这显然缺乏正当性。②

(三)方法支撑:司法判断个别化与要件解释常人化

根据刑法理论通说,法益具有构成要件解释功能,即解释者需根据法条所保护的利益种类和范围,将抽象的构成要件在个案中具体化。③由于本文将平台数据法益锚定于动态而非静态的数据之上,故而对平

---

① 参见[美]劳伦斯 · 莱斯格:《思想的未来:网络时代公共知识领域的警世喻言》,李旭译,中信出版社 2004 年版,第 94 页。

② See Orin S. Kerr, *Norms of Computer Trespass*, 116 Columbia Law Review 1163 (2016).

③ 参见李波:《规范保护目的:概念解构与具体适用》,载《法学》2018 年第 2 期。

台数据法益的理解除从企业于平台数据的权益出发外，仍需结合数据流通的一般特征，进而为具体构成要件解释提供方法论上的支撑。

1. 数据流通的情境性要求司法判断个别化

数据流通的情境性源于海伦·尼森鲍姆(Helen Nissenbaum)所提出情境完整性理论(Contextual Integrity Thory)。该理论基于沃尔泽(Walzer)情境化与动态化的多元正义观指出，数据正义需要在具体场景中予以实现，法律规范应当在具体情境中适用。① 具言之，不同情境下，数据主体与访问者的合理期待、数据参数、数据储存空间性质不同，一成不变的规则难以规制变化多端的情境，法律规范不应当用一个推定来管辖全部资源获取问题。② 正如下文所述，网络爬虫行为不法的本质在于"未经或超越授权"。然而，"授权"本身便具有语义上不可避免的模糊性。具言之，对授权"有无"的判断较为容易，对授权"多少"的判断却十分困难，其内容需要法官根据具体案情进行推定与补强。例如，若雇主同雇员在《劳动合同》中未约定数据获取的授权内容及范围，拥有技术访问权限的雇员违反雇主意愿获取数据，此时对于雇员是否"超越授权"便需要结合具体情境进行判断，同一行为完全可能因不同情境而得出完全相反的结论。

因此，数据流通规则的情境化特征将会要求司法判断个别化，即司法机关需要对平台数据及数据爬取行为作个别化、情境化判断，力求将数据爬取时具体情境中影响对象及行为违法性的多重客观因素与数据主体的合理主观预期予以周全考虑，在经过充分的利益衡量后，确定行为人的行为是否成立犯罪，而非自始一味地承认平台数据具有需保护性以及爬虫行为的违法性。

2. 数据流通的生成性要求要件解释常人化

所谓数据流通的生成性，是指数据流通规则的形成是由多中心之

① See Nissenbaum H., *Privacy As Contextual Integrity*, 79 Washington Law Review 138(2004).

② See MacLeod A. J., *Cyber Trespass and Property Concepts*, 10 IP Theory 15 (2021).

间相互调和,进而形成的一种动态而均衡的状态。① 纵观信息网络及其立法历史可知,信息网络法律的颁布一直滞后于信息网络的发展,数据流通规则的产生及其变化从不依赖于法律规范。作为一种全球性资源,数据流通规则是共同使用互联网的人在行动中逐渐产生与形成的,这表现为冲突产生后,数据主体基于实际理由来解决问题,并且得到大家的同意与认可,而后形成特定权利与义务。②

因此,数据流通规则具有典型的主体间性特征,在对数据罪名构成要件解释时,理应回到具体情境下社会公众对数据流通规则的共识。在构成要件的具体解释中,数据流通规则的生成性主要表现为补全解释空白与验证解释结论。一方面,当行为不法的判断依据出现空白时,社会公众共识可以为行为不法提供具体标准;另一方面,当行为不法的判断依据仅存有企业对数据的单方预期时,社会公众共识可以判断这种单方预期的合理性。

四、爬取平台数据行为不法及其判断规则探析

正如上文所述,非法获取计算机信息系统数据罪作为"唯一纯正数据罪名",其法益为数据保密性,即保护数据主体对数据的事实控制,防止数据为他人非法获取,这同平台数据所承载的法益具有同一性,适用非法获取计算机信息系统数据罪以保护平台数据亦成为司法实践的通行做法。在事实层面,网络爬虫的行为样态为对浏览器加载数据的自动化访问、收集与储存。根据现行立法,非法获取计算机信息系统数据罪的行为方式为"侵入"或利用其他"技术手段"获取数据。然而,这一立法仅是出于罪刑法定明确性要求的类型化,后续最高人民法院、最高人民检察院《关于办理危害计算机信息系统安全刑事案件

---

① 参见夏纪森:《自由·法治·秩序——哈耶克的"自生自发秩序"思想研究》,上海三联书店 2017 年版,第 55 页。

② See Winn P. A., *The Guilty Eye: Unauthorized Access, Trespass and Privacy*, 62 Business Lawyer 1402(2007).

应用法律若干问题的解释》第 2 条[①]揭示了该罪名构成要件行为的实质:所谓“侵入”即“未经授权或超越授权访问”。因此,爬取平台数据的行为是否获得企业授权成为判断爬虫行为违法性的关键。

(一)企业授权的基本方式:事实授权与技术授权

根据字面含义,所谓授权,即授予对象以完成某项工作所必须的权限。在技术层面,授权即表明访问者的访问将不会受到具备阻止访问功能的技术措施的干涉。对于企业而言,授权即表明对特定主体放弃其基于平台数据之上的事实控制,因而属于违法阻却事由。企业授权的主要方式有两种:事实授权与技术授权。

1. 事实授权与技术授权的内涵

事实授权,是指企业就是否允许获取数据、获取何种范围数据等问题同访问者所达成的真实意思表示,其主要产生于特定契约关系,通过企业同访问者之间签订契约而形成。事实授权往往同技术授权存在先后关系,访问者获得数据主体的事实授权后,数据主体往往会赋予访问者以技术授权。在实践中,访问者所赋予的技术授权一般同事实授权在范围、内容上一致,但亦存在因技术等原因导致技术授权大于事实授权的情形。例如,基于《劳动雇佣合同》,根据合同需要,数据主体会在技术层面授予一般员工以相应技术授权以方便履行职务,但企业内技术人员往往拥有企业数据的无限技术授权。基于《数据开放协议》,数据主体会向相对方开放 API,并为合同相对方开放相应授权范围内的代码空间及渠道,但对于缺乏数据清洗能力的数据主体(多为机关或事业单位),往往会全部开放 API。在构成

---

① 根据《关于办理危害计算机信息系统安全刑事案件应用法律若干问题的解释》第 2 条的规定,“专门用于侵入、非法控制计算机信息系统的程序、工具”是指“具有避开或者突破计算机信息系统安全保护措施,未经授权或者超越授权获取计算机信息系统数据的功能或对计算机信息系统实施控制的功能的;其他专门设计用于侵入、非法控制计算机信息系统、非法获取计算机信息系统数据的程序、工具”。

要件涵摄方面,两种非法网络爬虫的行为形态分别对应了这两种授权类型:网络爬虫突破或避开数据主体的技术授权措施属于“未经授权”,超越双方合意所达成的事实授权的范围、方式、时间等内容属于“超越授权”。

所谓技术授权,是指企业事先设定技术规则,而后由服务器代替企业,按照事先设定的技术规则,对访问者所作出的自动化授权。一般而言,若访问者按照企业事先设定的技术规则访问并获取了数据,便认为其访问行为为企业所授权。由于用户众多,企业不可能亲自同每一个用户签订契约,故而技术授权是企业最为常用的授权方式。在技术授权中,企业同访问者缺乏磋商,亦难以达成如事实授权一般的合意。

2. 事实授权与技术授权的判断根据不同

值得注意的是,事实授权与技术授权在判断根据上存在不同。事实授权双方皆为具有真实意思表示能力的主体,故而是否存在授权仅取决于双方的真实意思表示,即便企业因技术受限等给予访问者以超过约定的技术授权,事实授权的判断根据仍然是契约。技术授权的判断根据是社会公众对访问规则的一般理解,这一判断根据主要是由技术授权的事前性与预期性与数据流通的生成性所决定的。具言之,服务器的自动化特征决定了举凡访问请求符合机主事先设定的技术规则,访问者即被视为授权访问,行为人在访问时所征求的实际上是服务器的授权,机主对于访问者的身份、方式等信息皆为事后知晓。[①] 因此,机主对于访问者的技术授权具有事前性与预期性。然而,软件功能的多样性决定了机主所设计的技术规则在实际运行中存在多种可能,其运行方式可能违背机主预期,此时便出现了事前的技术授权同企业单方预期的偏离。对此,从实用主义出发,法律一般承认具有预期性的技术授权的有效性而不再承认机主事后单方意思表示的回溯力。究其根本,原因在于防止访问者的技术授权在事后为机主所任意撤销,减少社会公众进入网络世界、享受网络生活时的违法成本。在法律上,这种

① See Grimmelmann J., *Regulation by Software*, 114 Yale L. J. 1733(2004).

预期性使服务器作出的技术授权逐渐脱离企业而具有独立意义。因此，在技术授权尤其是技术授权措施的判断上，不能完全根据企业的单方预期仅作技术判断，而是需要结合平台数据的法益作符合社会共识的规范判断。①

（二）"未经授权"：突破或避开企业的技术授权措施

1. 技术授权措施应当限定为身份认证措施

当前，平台企业所采取的常用反爬虫措施主要包括 IP 识别、UA 识别、Cookies、以账户密码、U 盾为代表的身份认证措施。然而，这些反爬虫措施是否皆可评价为"技术授权措施"，仍需在社会公众对访问规则的一般理解下，结合平台数据法益来确定。正如上文所述，平台数据的保密性表现为平台对平台数据的排他性控制，即数据主体通过技术措施将数据"圈划"在数据主体私人空间之内，若技术授权措施未能有效隔绝数据，使数据流通于公共领域，则数据主体就会失去对数据的控制。因此，理解信息网络中公共领域与私密领域的划分是判断技术授权措施的关键。

不同于物理空间依据登记划分公共领域与私密领域，网络空间自始即具有公共性与开放性的"公地"，网络空间中的私密空间需要数据主体自行"圈划"。信息网络的技术底色②预设了数据的开放访问规范，任何加入互联网的人都需要以同意该规范为前提。根据互联网的开放访问规范，接入互联网中的服务器欢迎所有的人，所有的访问者原则上皆可通过"访问—回馈"的方式获得数据，这种访问是默认授权的，这种数据开放访问规范并不对访问者作出身份的要求，就如《纽约客》所画的漫画一样，"谁又知道坐在电脑前的是人还是狗呢？"（On

① 参见杨春然：《最后手段原则规则化研究》，人民出版社 2020 年版，第 198 ~ 199 页。

② 根据 RFC1945、RFC2616 协议，服务器与客户端之间的数据传输协议 HTTP（Hyper Text Transfer Protocol）是"通用、无状态且面向任何对象的协议"。

the Internet, nobody knows you're a dog.)因此,数据主体犹如"公共广场上的商店",只要大门敞开且正常营业,任何路过的人都可以进入以购买商品。此外,虽然"商店"设置了"台阶、门帘、减速带"(延缓访问措施),但访问者依然可以获取数据,除非数据主体给"商店"上锁,将其完全封闭而形成一个"私人空间",进而赋予这种控制以排他性。因此,评价"技术授权措施"的实质标准为该技术措施是否具备"圈划"数据主体私人空间的功能。

笔者认为,在既有的众多技术措施中,符合"技术授权措施"实质标准的技术措施为身份认证措施,原因在于:当用户访问某个网站的数据,且网站要求用户提供账号、密码、U 盾等身份识别时,访客必须注册并取得身份认证凭据,提供身份识别信息,没有身份认证凭据的人将会被阻止访问,这意味着除了账户持有人以外的一切访问者都会被阻挡在这一"封闭空间"之外。① 可见,身份认证措施是打开数据主体在信息网络这一"公共领域"所圈划的"封闭空间"的"门钥匙"。因此,突破或者绕过身份认证措施的行为属于"未经授权"访问获取数据。

事实上,我国不正当竞争案件的司法实践亦支持这一标准。在"新浪微博诉超级星饭团 App 不正当竞争纠纷案"中,法院认为,微博用户可以设置"黑白名单"(封闭空间)要求或排除特定身份人访问微梦公司数据,而复娱公司的行为绕开或破坏了"登录规则"(身份认证措施)这一技术授权措施,因此,"登录规则"系判断行为人是否存在不正当竞争行为的标准,复娱公司的行为具有违法性。② 在实践中,常见的突破或绕过身份认证措施的爬虫技术有 SQL、DOS、URL 攻击,"撞库"以及利用 BUG。其中,SQL、DOS、URL 攻击犹如在现实生活中"撬锁""砸窗",而"撞库"类似于"猜密码",利用 BUG 获取数据犹如从"烟囱"入室盗窃。

① See Orin S. Kerr, *Norms of Computer Trespass*, 116 Columbia Law Review 1168 (2016).

② 参见北京市海淀区人民法院民事判决书,(2017)京 0108 民初 24512 号。

2. 延缓访问措施不属于技术授权措施

在司法实践中,IP 识别、UA 识别亦在司法判例中被法官认定为技术授权措施。例如,在"上海晟品网络科技有限公司、侯某等非法获取计算机信息系统罪"一案中,主审法官认为,被告人使用伪造 device_id 绕过服务器的身份校验,使用伪造 UA 及 IP 绕过服务器的访问频率限制进而爬取数据,这一行为属于绕过或突破受害单位采取的技术安全措施。[①] 笔者认为,法官并没有结合平台数据的法益对 UA、IP 识别作规范判断。这些措施虽然具有访问阻碍的功能,但仅能起到延缓访问速度的效果,无法真正圈划"封闭空间",故而不属于技术授权措施。

首先,IP 识别并不能圈划"封闭空间"。在现实生活中,IP 地址仅代表计算机端接入网络时所分配的随机的逻辑代码,同访问者缺乏直接对应关系。国外学者认为,"限制 IP 地址仅仅影响访问速度,其并非具有身份认证功能,绕过 IP 地址限制同绕过前方阻挡视线者并无本质区别"[②]。

其次,UA 识别亦不能圈划"封闭空间"。UA 是记录浏览器类型及版本、浏览器内核等信息的字符串,其仅能判断访问者是否使用了特定浏览器,而无法识别访问者身份。[③] 访问者只需更换相应类型浏览器便可以正常访问。因此,UA 识别宜视为延缓访问速度而非身份识别措施。

最后,值得一提的是 Cookies。Cookies 是一种用户行为操作记录文件,其记载了用户的身份认证信息、访问次数等信息。Cookies 的功能有二:其一,免除用户输入账号、密码流程,自动认证登录;其二,将记录的用户行为数据发送回服务器,服务器根据行为数据进行个性化推送或订阅限制。在实践中,司法机关需要仔细区分 Cookies 的具体功能。我国杭州市余杭区发生过利用淘宝店网站漏洞,获取淘宝店铺

① 参见北京市海淀区人民法院刑事判决书,(2017)京 0108 刑初 2384 号。

② Orin S. Kerr, *Norms of Computer Trespass*, 116 Columbia Law Review 1168 (2016).

③ MDN Web Docs, *The Definition of UA*, MDN(Aug. 12, 2015), https://developer.mozilla.org/zh-CN/docs/Web/HTTP/Headers/User-Agent.

Cookie,而后获取淘宝店铺内淘宝用户的交易订单数据的案件①,这种Cookies具有免除账号登录的功能,因此应当被认定为身份认证措施。但在域外亦出现过部分网站为增加订阅,利用Cookies以记录用户行为数据,在免费访问超过一定次数后锁定Cookies,用户为继续免费浏览,自行删除Cookies文件的案件。对于该类Cookies,不应当认定为"身份识别措施",理由在于:一方面,Cookies作为储存在用户自己电脑中的文件,用户有权予以删除,用户并没有帮助网站限制自己的义务;另一方面,这类Cookies并不属于在公共领域圈划"封闭空间",用户只需要换一台电脑甚至浏览器软件即可继续访问。

(三)"超越授权":超越企业的事实授权

判断爬虫行为"超越授权"的关键在于判断爬虫的数据访问范围、方式时间等内容是否超越了访问者同数据主体之间所达成的合意,该行为类型以契约关系为前提,以契约作为判断依据。域外学者将实践中所出现的契约关系划分为"合同型"(contract paradigm)与"政策型"(policy paradigm)。② "合同型"多产生于企业内部或同企业具有明确商事合作关系的企业外部,行为人多为"内鬼"或"不忠伙伴",如最高人民检察院第36号指导性案例、张某某非法爬取医院数据案③便是如此。"政策型"则是指企业单方针对允许访问的数据范围、方式等内容设定的访问政策。近年来,无论实务界④还是理论界⑤,坚持以网页中

---

① 参见杭州市余杭区人民法院刑事判决书,(2014)杭余刑初字第1231号。

② See Bellia P. L., *A Code-Based Approach to Unauthorized Access Under the Computer Fraud and Abuse Act*, 84 Geo. Wash. L. Rev. 1451(2016).

③ 参见广东省珠海市香洲区人民法院刑事判决书,(2017)粤0402刑初1879号。

④ 参见游涛、计莉卉:《使用网络爬虫获取数据行为的刑事责任认定——以"晟品公司"非法获取计算机信息系统数据罪为视角》,载《法律适用》2019年第10期。

⑤ 参见杨志琼:《数据时代网络爬虫的刑法规制》,载《比较法研究》2020年第4期;郭玮:《网络数据爬取行为的刑法规制研究——以非法获取计算机信息系统数据罪为视角》,载《新疆社会科学》2020年第3期。

的 Robot. txt(爬虫协议)、ToS(用户服务协议)、告知函等技术合约为“超越授权”判断基准的观点日盛,故而使一般访问者的爬取行为亦存在成立犯罪的可能。下文拟讨论两个问题:第一,技术合约能否直接成为“超越授权”的判断基准。第二,司法机关应当如何判断技术合约的合理性。

1. 技术合约不能直接成为“超越授权”的判断基准

技术合约内容的单方任意性使得技术合约难以直接成为“超越授权”的判断基准。数据流通的生成性决定了“授权”是一种具有规范性的集体实践,产生于主体间的交互与协商,取决于公众认知与文化承认,表达了社群对“权力来源”(power source)与“允许”(permission)的共同理解。① 事实上,Robot. txt、ToS、告知函等虽称为“技术合约”,但因内容、对象皆由网站方单方决定,访问者只能被动的接受,无法就具体问题同企业协商,故而难以称为契约。因此,技术合约并不能直接成为“超越授权”的判断基准,而必须经过法院的实质审查。由于 ToS 较为特殊,出于行文方便,有必要提前予以说明。

从域内外司法实践出发,ToS 一般难以成为“超越授权”的判断基准,原因在于企业在网页中所规定的 ToS 在授权规定上往往具有不可接受的模糊性。在 Sandvig v. Sessions 案②中,法院就认为,企业异常模糊的“授权”条款具有违宪风险。若将企业所列的每一条款皆认定为“授权”条款,则该理解会因语义范畴过广而违反明确性原则。ToS 的模糊性使访问者难以获得访问规则的预期,赋予 ToS 以刑法意义,无异于给予企业以生杀予夺的大权,破坏作为信息网络基础的公开

① See Madison, M. J., *Authority and Authors and Codes*, 84 Social Science Electronic Publishing 1622(2016).

② 原告 Sandvig 等人包括四位教授和一家媒体组织,从事调查各种网站采取的算法与智能广告推送是否存在算法歧视,利用网络爬虫抓取网站的自动数据记录以分析网站是否存在种族或性别歧视。他们认为 CFAA 构成违宪,CFAA 将服务条款认定为“授权”依据的行为违反了《第一修正案》的言论自由条款,且违反《第五修正案》的明确性条款。See Sandvig v. Sessions 315 F. Supp. 3d 1 (D. D. C. 2018).

与信任。[①]

2. 合理期待标准对技术合约的二次实质审查

尽管上文否认技术合约能够直接成为“超越授权”的判断依据,但这并不意味着访问者获得了企业的“无限授权”。事实上,司法机关可以借鉴隐私法领域的合理期待标准,进而对授权内容是否合理进行判断。换言之,技术合约需要接受司法机关对技术合约内容作实质的“二次审查”。

合理期待标准是美国最高法院总结出用于判断隐私主体在特定情境下所享有具体的隐私内容的裁判方法,其要求法官在隐私主体提出利益诉求的前提下,将自身置于社会一般人立场,看待社会是否愿意承认隐私主体利益。[②] 在域外刑事司法实践中,最早适用此标准的案件为Mitchum案[③]。在该案中,法院从社会一般人的角度对店家决定摆放火柴的合理预期进行了推定,并经过充分的利益平衡后,认定行为人的行为构成盗窃。具言之,该理论由企业的主观利益诉求与社会一般人的客观判断两部分构成。

第一步为判断企业的主观利益诉求。在网络爬虫案件中,最能表现企业主观利益诉求的现实载体分别为事前公示的Robot. txt以及事后企业向访问者发出的警告函。Robot. txt是记录爬虫爬取文件范围的文本文件,其中明确规定了允许/禁止爬取的页面、目录、文件格式等内容,网络爬虫在实施爬取前能够获得该文件。除事前的Robot. txt外,事后企业向访问者发出的警告函亦已成为企业处理异常访问时的常用手段。当前,各企业的技术后台多设置了技术预警系统。当某一IP访问范围、频次等内容异常时,技术预警系统会向技术人员报警反

---

① See Goldfoot J. & Bamzai A., *A Trespass Framework for the Crime of Hacking*, 84 Science Electronic Publishing 1491 (2016).

② See Sacharoff L., *Criminal Trespass and Computer Crime*, 62 Wm. & Mary L. Rev. 624 (2020).

③ 该案发生于一个商店之中,店主出于好心为抽烟的顾客提供火柴。米切姆没有按照店主事先的合理期待去使用火柴,而是将火柴整盒拿走,法院以此认定其成立盗窃罪。See Mitchum v. State, 45 Ala. 29 (1871).

馈。当访问者的访问在企业看来已超越其容忍范围时，企业会向特定IP发函或技术通知，要求访问者停止超越授权的访问并明确告知企业对访问的合理预期。

第二步为司法机关从社会一般人角度对企业的主观利益诉求进行考量。这一步既是由数据流通的情境性所决定，更是司法机关对司法个别化方法的贯彻。司法机关应当在具体案件中力求穷尽考虑一切影响授权范围的因素。一般而言，司法机关需判断企业的主观利益诉求是否违反了在社会习俗、行业惯例及价值观中形成的数据流通规则。具体而言，司法机关需要考察爬虫访问频次、访问数据属性、访问时间、利用目的以及真实损失等因素，对企业的主观利益诉求进行合理性考察。

在司法实践中，合理期待标准已为司法机关所实践。在我国最高人民检察院发布的第36号指导案例①中，法院认为，龚某因工作需要而掌握了访问公司数据系统的账号、密码、Token令牌，虽然不属于通过技术手段侵入计算机信息系统，但内外勾结擅自登录公司内部管理开发系统下载数据，明显超出正常授权范围。这一论证表明，法院从社会一般人的角度，结合双方的雇佣关系，认定龚某不具有因工作需要以外的下载企业数据的公司授权。

在域外，合理期待标准已成为法院审理相关案件的重要方法。在Craigslist Inc. v. 3Taps Inc.案②中，法院基于以下三点理由认定了爬虫行为的违法性：首先，3Taps所抓取数据几乎覆盖Craigslist网站的大部

① 卫某系某公司前员工，龚某系某公司在职员工，二者系前同事关系。龚某因工作需要，拥有访问公司数据管理系统的账号密码及令牌。后二人合谋，卫某利用龚某的账号密码及令牌，多次爬取该公司储存的电子数据，并通过互联网销售牟利。参见检例第36号。

② Craigslist是美国著名的广告运营商，3Taps是一个以图表、统计图等方式提供可视化的市场交易信息的数据平台，该平台分析而来的数据大部分源自对Craigslist网站广告、交易等数据的爬取。2013年，Craigslist平台对3Taps提起反不正当竞争诉讼以及CFAA诉讼，要求3Taps承担不正当竞争与非法获取他人数据的民事与刑事责任。See Craigslist Inc. v. 3taps Inc., 942 F. Supp. 2d 962 (N. D. Cal. 2013).

分数据,致使 Craigslist 受到实际损失。其次,Craigslist 在向 3Taps 发函后,后者仍然长时间实施不法行为,对 Craigslist 正常运营造成影响。最后,Craigslist 本身亦存在可视化市场交易信息服务,二者存在竞争关系。可见,法院从访问数据数量、访问频次、利用目的等多方面因素,认定 Craigslist 所发警告函在客观上符合社会一般人的合理预期,故而 3Taps 的行为成立超越授权。

五、结　　语

随着大数据时代的来临,平台数据日益成为企业赖以生存的"血液"。积极刑法观下,国家希冀刑法能够同其他部门法有机、协调、最优地参与社会治理。网络爬虫问题仅是信息时代刑法所面临新问题中的"冰山一角"。随着数字经济的深入发展,信息网络将会为刑法带来一个又一个新的挑战。厘清平台数据承载的法益,以更为精细化的裁判规则去应对变化多端的数据问题是未来的解决方向。本文厘清了平台数据承载的法益,分析了非法网络爬虫行为的不法内涵,确立了对象与行为不法的判断规则,希望能够为司法实践提供有益帮助。

Criminal Regulations and Boundaries of Platform Data Crawling

Li Xuejian

[内容摘要]网络爬虫技术为平台数据保护带来了巨大的挑战,厘清平台数据承载的法益、明确非法网络爬虫的不法内涵,进而划定网络爬虫合法与非法的边界、防止非法网络爬虫不当损害企业利益已经成为刑法的重要命题。平台数据法益在理解路径上存在信息法益与数据法益的分歧。信息法益路径下,无论是将平台数据评价为信息财产还是商业秘密皆不足取。基于信息网络特性、社会需求及立法导向三点理由,以数据作为独立刑法评价对象具有必要性,数据法益路径具有可行性。平台数据承载法益为平台数据的保密性,即平台企业对平台数据的排他性控制,公开平台数据缺乏需保护性。基于数据流通的情境

化与生成性特征,司法机关在解释构成要件时需注意司法判断的个别化与要件解释的常人化。平台数据爬取行为的不法内涵为“未经或超越授权访问数据”,司法机关需结合平台数据法益,对“未经授权”及“超越授权”访问平台数据的爬虫行为进行精准认定。

[**关键词**]网络爬虫;平台数据;信息数据;非法获取计算机信息系统数据罪

Abstract: Web crawler technology has brought great challenges to the protection of platform data, clarifying the legal interests carried by platform data, specifying the illegal connotation of illegal web crawlers, and then delineating the boundary between legal and illegal web crawlers and preventing illegal web crawlers from improperly damaging the interests of enterprises have become important propositions of criminal law. There is a divergence between information legal interest and data legal interest in the path of understanding the legal interest of platform data. Under the path of information legal benefit, it is not enough to evaluate the platform data as information property or trade secret. Based on the characteristics of information network, social needs and legislative guidance, it is necessary to take data as an independent criminal law evaluation object, and the data legal benefit path is feasible. The legal interest of platform data is the confidentiality of platform data, that is, the exclusive control of platform data by platform enterprises, and the lack of protection of public platform data. Based on the contextualized and generative characteristics of data circulation, the judiciary needs to pay attention to the individualization of judicial judgment and the normalization of element interpretation when interpreting the constitutive elements. The illegal connotation of platform data crawling is "accessing data without or beyond authorization", and the judiciary needs to combine the legal benefits of platform data, and make a precise interpretation of "unauthorized" and "beyond authorization" access to platform data. The judicial authorities need to accurately determine the crawling behavior of "unauthorized" and "over-authorized" access to platform data in the light of the legal interests of platform data.

Keywords: Web Crawler; Corporate Data; Data; Crime of Illegally Obtaining Computer Information System Data

窃取虚拟物品行为定性问题研究

杨　钊*

目　　次

一、问题的提出

学界关于虚拟物品的研究多采用“虚拟财产”的表述，但学者们关于虚拟财产的内涵至今未达成一致。早期的文献中，虚拟财产专指网络游戏中的“游戏货币”“游戏装备”，有部分观点认为虚拟财产还包括了“游戏账号”“QQ 号码”。① 虽然也有观点区分了虚拟财产和虚拟物品，并进一步认为虚拟物品是自然属性意义上的概念，虚拟财产是社会

* 吉林大学法学院刑法学博士研究生，法学硕士。

① 参见赵秉志、阴建峰：《侵犯虚拟财产的刑法规制研究》，载《法律科学（西北政法大学学报）》2008 年第 4 期。

属性意义上的概念,[①]但这种区分仅仅是从不同意义上的区分,实际上指向的还是同一个事物,在社会意义或是自然意义上的概念,不能决定其是否具有财产属性。近年来,支持者众多的观点将虚拟财产分为账号类虚拟财产、物品类虚拟财产、货币类虚拟财产三类。[②] 这种对物品类虚拟财产和货币类虚拟财产的区分并不恰当,物品类虚拟财产应包含货币类虚拟财产。一方面,在虚拟经济系统中,充当一般等价物的不一定是预付款性质的代币或者根据系统设定用于交易的虚拟货币,在特殊情况下,一些产量比较固定的虚拟种类物也可以成为一般等价物[③],货币类虚拟财产和物品类虚拟财产之间的界限实际上很模糊;另一方面,区分物品类虚拟财产和货币类虚拟财产只有程序设计上的意义,并没有法律适用上的意义。账号类虚拟财产概念的问题在于,账号的价值是虚拟物品赋予的,将虚拟物品从账号完全剥离后,账号便失去了价值。账号也体现着强烈的人身属性,网络服务提供商提供的账号的申诉服务比较完善,即便是安全保护资料遭到他人修改,用户仍可以通过申诉系统,根据注册信息、常用设备及其登录地点、消费记录等证据证明自己是服务合同的一方,以重新取回账号。因此,本文中虚拟物品仅指以某些网络游戏中可在不同账号或虚拟角色间交易的"虚拟货币"等道具为代表的,在各类程序、应用或网站中可交易的并不指向金钱债权的虚拟物品。

对虚拟物品的窃取[④]行为,除极少数论者主张无罪说[⑤]之外,主流

---

① 参见王志祥、袁宏山:《论虚拟财产刑事保护的正当性——与侯国云教授商榷》,载《北方法学》2010年第4期。

② 参见江波:《虚拟财产司法保护研究》,北京大学出版社2015年版,第31~33页。

③ 如《暗黑破坏神2:狱火重生》(Diablo 2:Resurrected)中具有一定道具功用但同时作为一般等价物的"gem""rune"等道具。

④ 本文中"窃取"一词一般为日常生活用语,为了区别于"非法获取"中包含的技术手段生成而使用,与盗窃罪中的占有转移无关。

⑤ 参见张弛:《窃取虚拟财产行为的法益审视》,载《政治与法律》2017年第8期;侯国云:《论网络虚拟财产刑事保护的不当性——让虚拟财产永远待在虚拟世界》,载《中国人民公安大学学报(社会科学版)》2008年第3期。

的有罪说早已把争议焦点集中在这类行为是符合财产犯罪还是计算机犯罪的构成要件,以及这些构成要件之间的竞合问题上。而晚近司法实践中出现的部分窃取虚拟物品案件,有罪的处理值得商榷。如服务提供商根据失窃用户的请求将丢失的虚拟物品恢复,失窃用户同时向公安机关报警,公安机关以财产犯罪立案,嫌疑人被抓获后向失窃用户退赔。[①] 失窃用户既拿回了虚拟物品,又得到了嫌疑人或被告人的退赔,获得了双重偿还。但根据填平原则和"任何人不因不法行为获利"的法理,被害人也不能因为他人的犯罪行为获利。《刑法》第 64 条的特别没收程序规定违法所得应当责令退赔,退赔是义务;同时赔偿损失又是嫌疑人、被告人取得被害人谅解的原因,影响刑事和解程序和刑罚裁量。这些义务、制度与填平原则在具体适用上产生了矛盾,被害人可能因犯罪人的不法行为获利。同时,实践中也出现了不同的做法,即不认为窃取虚拟物品的行为构成犯罪,处罚事后的转卖虚拟物品行为,规避了被害人因不法原因获利的可能。[②]

面对这两份处理截然相反的判决,我们有必要让讨论重新回到窃取虚拟物品是否构成犯罪的问题上。

二、窃取虚拟物品的行为不构成财产犯罪

窃取虚拟物品的行为要符合某一财产犯罪的构成要件,虚拟物品这个概念就需要归入财产犯罪的行为对象——(公私)财物中。李某诉北极冰案引起了各界对虚拟物品性质的讨论,民法上出现了物权说、债权说、知识产权说、双重属性说等学说。有观点认为,李某诉北极冰案确认了虚拟物品是民法上的"物",[③]而该案的案由是娱乐服务合同

---

① 参见张某诈骗案,河南省淅川县人民法院(2020)豫 1326 刑初 212 号刑事判决书。

② 参见储某诈骗案,山东省东营市东营区人民法院(2020)鲁 0502 刑初 277 号刑事判决书。

③ 参见梅夏英:《数据的法律属性及其民法定位》,载《中国社会科学》2016 年第 9 期。

纠纷而不是物权纠纷,债权说似乎更有根据。尽管《民法典》第 127 条规定了“法律对数据、网络虚拟财产的保护有规定的,依照其规定”,但《民法典》并未对“网络虚拟财产”下定义,究竟何种“网络虚拟财产”受民法保护不得而知,至今也未有相关保护“网络虚拟财产”的法律生效。在“网络虚拟财产”概念属性明确前,应充分遵循物权法定原则和意思自治原则,根据用户与服务提供商之间的合同关系,将虚拟物品作为债权更为妥当。

根据虚拟物品在民法上的属性论争,刑法上产生了对于财物的两种解释路径:一种是在物权说的基础上,将刑法中的“公私财物”解释为包括无体物,并认为虚拟物品是一种无体物;①另一种则以债权说为根据,将“侵犯财产犯罪”中的财物解释为包括财产性利益,再借助财产性利益这个模糊的中间概念,使虚拟物品归入财物概念中。②

(一)物权说:不存在占有转移与财产损失

在物权说的解释路径中,除虚拟物品是民法上的物权客体这一观点受怀疑外,虚拟物品作为物在刑法上也难以成为某个财产犯罪的行为对象。由于他人占有的物和占有的转移是理论上被建构的取得型财产犯罪的构成要件要素,所有权人则是受到侵害并且有权作出同意的被害人,因此首先需要明确谁拥有对虚拟物品的所有权和谁在占有虚拟物品。

各大网络游戏服务提供商均在用户协议中约定了虚拟物品归服务

---

①　参见姚万勤:《盗窃网络虚拟财产行为定性的教义学分析——兼与刘明祥教授商榷》,载《当代法学》2017 年第 4 期;李齐广:《刑民对话视野下窃取虚拟财产刑事责任的认定》,载《武汉大学学报(哲学社会科学版)》2017 年第 2 期。

②　参见张忆然:《“虚拟财产”的概念限缩与刑法保护路径重构——以数据的三重权利体系为参照》,载《湖南科技大学学报(社会科学版)》2021 年第 2 期;田宏杰、肖鹏、周时雨:《网络虚拟财产的界定及刑法保护》,载《人民检察》2015 年第 5 期。

提供商所有,用户只有使用权。[①] 有观点认为,虚拟物品应归用户所有,用户协议中的数据归属是无效的格式条款,[②]也有观点从规范服务提供商行为和保护用户权益的角度,主张游戏装备等虚拟物品应归用户所有。[③]《民法典》第 497 条[④]第 1 项规定了民事法律行为的效力和免责条款的效力对格式条款效力的影响,约定虚拟物品归属则可能涉及的是第 2 项与第 3 项中限制或排除对方主要权利的规定。尽管此处的主要权利缺少评价标准,但从合同内容来看,服务提供商和用户订立的服务协议是《民法典》明文规定的合同类型之外的服务合同,若认为用户的主要权利包括取得原本为服务提供商所有的虚拟物品,那么合同类型应该是买卖合同,与合同内容不符。

此外,数据归属应取决于存储位置。基于防止修改本地数据、反作弊的需要,数据存档鲜有置于客户端的情形。服务提供商在拥有数据存储设备的所有权的前提下,约定数据归自己所有,并未限制用户的权利。因此,用户协议中双方对虚拟物品的归属约定,是提示性的,即使不存在约定,数据也是存储设备不可分割的一部分,归存储设备的所有人所有。虚拟物品的所有与占有是一体的,服务提供商通过对存储设备的安保管理,事实上既支配着数据载体,也支配着数据。因此,即使认为虚拟物品是一种物,既不占有虚拟物品也不拥有虚拟物品所有权的用户不是"他

---

① 参见《腾讯游戏许可及服务协议》,载腾讯游戏 2022 年 12 月 23 日,https://game.qq.com/contract.shtml;《暴雪战网最终用户许可协议》,载战网,https://www.battlenet.com.cn/zh/legal-cn/eula;《网易游戏使用许可及服务协议》,载网易 2022 年 11 月 8 日,http://update.unisdk.163.com/html/latest_v5.html;《米哈游通行证用户服务协议》,载米哈游 2023 年 3 月 29 日,https://user.mihoyo.com/#/agreement。

② 参见孙山:《网络虚拟财产权单独立法保护的可行性初探》,载《河北法学》2019 年第 8 期;李遐桢:《论盗窃虚拟财产的定性》,载《河北法学》2012 年第 11 期。

③ 参见李富强、陈蔚:《网络虚拟财产应该成为盗窃罪的对象》,载《中国检察官》2006 年第 8 期。

④ 《民法典》第 497 条规定:"有下列情形之一的,该格式条款无效:(一)具有本法第一编第六章第三节和本法第五百零六条规定的无效情形;(二)提供格式条款一方不合理地免除或者减轻其责任、加重对方责任、限制对方主要权利;(三)提供格式条款一方排除对方主要权利。"

人占有之物”中的“他人”,占有人和所有人统一于服务提供商,而窃取服务提供商所占有的虚拟物品,由于以下两方面原因无法构成财产犯罪:

一是服务提供商的占有无法被排除。[①] 即便认为用户可以占有虚拟物品相关数据,用户取得的是规范的占有,占有方式是规范化的,用户根据其与服务提供商的合同权利,请求服务提供商为一定的行为,享受自己使用虚拟物品带来的便利。这种规范化的占有的取得或者转移,不能打破事实上的支配,服务提供商事实上支配服务器和存储设备,也就事实上支配着数据,在事实上的支配没有被排除,也无法被排除。根据理论上对取得型财产犯罪的构成要件的共识,打破一个占有再建立一个占有才是取得行为,没有打破原本存在的占有则不符合以占有转移为要素的取得型财产犯罪的客观构成要件。

二是服务提供商利用自己对数据的完全、彻底的支配可以轻松地完成数据恢复,窃取虚拟物品的行为难以对服务提供商造成财产损失。在关于虚拟物品的价值的讨论中,有观点认为数据可被复制而不具有稀缺性,同时稀缺性是民法上财产的属性,不具备稀缺性便不是财产。[②] 反对观点指出服务提供商不能任意地复制虚拟物品,服务提供商为了自身的利益,会控制虚拟物品的复制数量。[③] 民法上财产的稀缺性能否决定刑法上财物的概念暂且不谈,数据客观上是具有可复制性的,网络游戏中虚拟物品的有限的“不可复制性”源于开发者的设定。也正如后者所言,开发者为了在游戏世界内建构一套经济体系,尽可能地模拟现实生活中的交易流程。在生成虚拟物品时,服务提供商要考虑虚拟物品的稀缺性,用以延迟用户的满足从而提高用户在线时间的问题,因而不会任意生成虚拟物品;而恢复原有的虚拟物品、原有的虚拟经济秩序时,服务提供商便没有这样的顾虑,也完全有技术手段

---

① 参见孙文杰:《网络虚拟财产刑法保护路径的反思与补充》,载赵秉志主编:《刑法论丛》第64卷,法律出版社2021年版。

② 参见侯国云:《论网络虚拟财产刑事保护的不当性——让虚拟财产永远待在虚拟世界》,载《中国人民公安大学学报(社会科学版)》2008年第3期。

③ 参见王志祥、袁宏山:《论虚拟财产刑事保护的正当性——与侯国云教授商榷》,载《北方法学》2010年第4期。

和能力进行恢复。[1] 在基本构造与取得型财产犯罪或有不同的诈骗罪中,包含了财产损失的客观构成要件要素,由于数据恢复的任意性,财产损失的事实难以出现,因此也不能认为窃取虚拟物品是对机器实施诈骗而构成诈骗罪。

(二)债权说:法秩序统一原理的限制

债权说的解释路径首先遭受的怀疑是债权"不能够以打破并建立占有的方式进行侵害"[2],债权可以发生财产转移,因财产转移产生财产损失,但不能转移占有。如果承认占有对象的规范化,认为有体物以外的东西可以作为占有对象,会导致任何利益都能被占有的后果,面临的批评与盗窃财产性利益相同,"(不处罚利益窃盗)最具决定性的原因是,如果将利益盗窃作为犯罪的话,民法上的债务不履行就变得很容易成为犯罪"[3]。但这种反对的声音针对是占有要素的,仅意味着窃取虚拟物品的行为不构成盗窃罪、抢劫罪、抢夺罪等取得型财产犯罪,具有局限性。

债权说在所有财产犯罪中面临的困境是,若侵害债权的行为构成财产犯罪,可能会违反法秩序统一原理。现已废止的《侵权责任法》曾在第2条第2款[4]列举了其保护的对象——民事权益的类型,条末以"等人身、财产权益"结尾,"等"字既可以表示列举未尽,也可以表示列举后煞尾。如果表示列举煞尾,则不在所列举权利之中的债权不是《侵权责任法》的保护范围;如果表示列举未尽,未能列举的权利也应该与前面所列举出的权利具有相同性质,而所列举的权利均为绝对权,

---

① 参见仲某非法获取计算机信息系统数据案,辽宁省高级人民法院(2017)辽刑再9号刑事判决书。

② 徐凌波:《虚拟财产犯罪的教义学展开》,载《法学家》2017年第4期。

③ 井田良:『講義刑法学 各論』、有斐閣、2016、頁192。

④ 《侵权责任法》第2条第2款规定:"本法所称民事权益,包括生命权、健康权、姓名权、名誉权、荣誉权、肖像权、隐私权、婚姻自主权、监护权、所有权、用益物权、担保物权、著作权、专利权、商标专用权、发现权、股权、继承权等人身、财产权益。"

不包括相对权。因此,无论对"等"字作何解释,"侵权法保护的对象应以绝对权为限,不包括相对权"①。尽管《民法典》的侵权责任编不再列举民事权益的类型,但在理论上,侵犯第三人债权也难以被纳入侵权行为中。债权作为相对权,在存在相对人侵害时,可以通过民事手段救济。若主张相对人侵害债权也具备违法性,应以其构成财产犯罪处罚该相对人,那么所有到期未履行债务的债务人也都是应受刑罚处罚的。在第三人侵害债权时,一方面,债权作为相对权有封闭性,难以被第三人侵害;另一方面,债权受到侵害的债权人也可以直接向债务人请求债务人损失,债务人无力赔偿时,债权人可以直接向次债务人主张权利。②

由于侵害债权不构成侵权,根据法秩序的统一性原理,符合民法规范、没有民事违法性的行为,也不违反刑事规范,不具有刑事违法性。第三人妨碍用户行使债权的行为不是民法规范所禁止的,自然也应不构成犯罪。

(三)特征归入法在方法和内容上的瑕疵

在物权说和债权说为基础的解释之外,另一个被广泛接受的观点回避了虚拟物品的民法属性,采取了特征归入法。例如,三特征说认为刑法上的财产具有价值性、管理可能性和转移可能性的特征,当一个概念同时具备以上特征时,就可以归入财产概念中。③ 一个对特征归入法的批评从方法论的角度指出"把虚拟财产解释为财物属于类比而不是涵摄"④。类比和涵摄严格来说并不是一组概念,与类比对应的应该是演绎,只是涵摄自身也是一个三段论演绎,这个三段论可以被写作"所有的具有价值性、管理可能性和转移可能性三个特征的事物都是

---

① 梁慧星:《我国〈侵权责任法〉的几个问题》,载《暨南学报(哲学社会科学版)》2010年第3期。

② 参见魏盛礼:《第三人侵害债权理论:理论创新还是法学歧途?》,载《河北法学》2005年第9期。

③ 参见张明楷:《非法获取虚拟财产的行为性质》,载《法学》2015年第3期。

④ 欧阳本祺:《论虚拟财产的刑法保护》,载《政治与法律》2019年第9期。

刑法中的财物,虚拟财产具有这三个特征,虚拟财产是财物”。这个三段论的 AAA 式在形式上是有效的。但三段论结论是否为真,还取决于前提是否为真,这个三段论的大前提并不一定为真,因为特征只是必要条件,而非充分条件。不具备必要条件一定不是财物,具备必要条件不一定是财物。三特征说、四特征说、五特征说都是在尝试寻找财物概念的更多的必要条件,而非全部要素。如果认为财物的全部要素包括有体性这一要素,则无论如何虚拟物品也不能归入财物。

特征说中对具体特征的论证也存在疑问。有研究从劳动价值论的角度阐释虚拟物品的价值属性,认为劳动与时间的付出或货币的投入是一个生产商品的过程,产品因此凝结了劳动成为商品,因而具有价值。① 这个论证存在的问题是:一方面,劳动价值论中的商品,以私有制的发展,商品经济形成为前提,而在游戏中,用户使用“生产资料”“生产”“商品”之前,“商品”已然由开发者完成“生产”,并设定了一定条件,当用户符合条件后取得使用权。另一方面,在劳动价值论中,劳动力也是一种商品,若认为一个事物是商品便可以成为刑法上的财物,那么在拒不支付劳动报酬案件中也需要考虑雇主对劳动力的盗窃、诈骗或侵占的问题,强迫劳动的行为则由于强迫者抢劫或者盗窃了劳动者的劳动力,若此时再将劳动价值论中的劳动力作为刑法上的财物,就会出现拒不支付劳动报酬与强迫劳动罪、诈骗罪、抢劫罪的竞合问题。

网络游戏中虚拟物品的价值并非源于所谓的用户的“劳动”,这种在网络游戏中投入的时间或金钱不会产生任何价值。软件开发商通过研发创造了虚拟物品,服务提供商为了促进消费而限制了不同虚拟物品的存量,用户为了享有“动态扩张”的债权②沉迷其中。尽管虚拟物品可以帮助玩家在对抗、合作、社交中建立优势地位或者满足玩家自身审美需要,无论是通过游戏机制投入时间与精力获取或是直接向服务

① 参见彭清燕:《论网络虚拟财产的刑法保护》,载《山东行政学院山东省经济管理干部学院学报》2004 年第 4 期。

② 参见皮勇、张晶:《论盗窃网络虚拟财产行为的性质——以网络虚拟财产的法律属性为视角》,载《信息网络安全》2006 年第 10 期。

商购买,抑或通过现实金钱交易获得,其都是服务商所提供服务的一部分,由于客观上能被交易而在特定的群体中产生了价值。以现实中的棋牌类游戏为例,一方抽到一副好牌,另一方表示愿意出价购买,我们也难以认同抽牌的“劳动”产生了价值。现存的网络游戏与现实中简单的棋牌游戏并无质的区别,只是随着电子游戏产业的发展使得游戏类型更加丰富,游戏规则更为复杂,计算机硬件的升级增强了音画表现,电子游戏更有沉浸感,用户更愿意为电子游戏规则埋单,把观念上的东西和现实存在的财物等同视之。

综上所述,无论是借助无体物或者财产性利益将虚拟物品归入刑法中的财物,还是通过列举财产特征,以特征归入法将虚拟物品归入财物,由于解释方法和结论上存在瑕疵,最终只能得出虚拟物品不是财产犯罪中的财物,窃取虚拟物品不构成财产犯罪的结论。

三、窃取虚拟物品的行为不构成计算机犯罪

(一)不符合破坏计算机信息系统罪的影响系统安全运行要素

认为窃取虚拟物品的行为构成破坏计算机信息系统罪的观点,从虚拟物品的虚拟性出发,认为虚拟物品效用的实现依赖于计算机信息系统,而虚拟物品在计算机信息系统中由数据组成。行为人取得了虚拟物品,同时也不正当地修改了存储于计算机信息系统中的数据,便可能符合破坏计算机信息系统罪的客观构成要件。①

《刑法》第286条第1款和第3款分别要求行为须“造成计算机信息系统不能正常运行”和“影响计算机系统正常运行”,第2款要求对“数据和应用程序进行删除、修改、增加的操作,后果严重”。对于第2款是否同样要求造成或者影响计算机信息系统正常运行的问题,司法

① 参见陈云良、周新:《虚拟财产刑法保护路径之选择》,载《法学评论》2009年第2期。

解释和相关解读也与刑法规定保持一致，认为《刑法》第286条第2款的“后果严重”不包括造成或影响计算机信息系统正常运行这一结果。[①] 但随着我国计算机信息技术近10年的飞速发展，作为一种计算机信息系统的智能手机的存量，已经远超立法者的预想，普通人修改计算机信息系统数据的可能也极大地增加了。有研究者指出，对计算机信息系统实施的行为，都会修改一定的数据，破坏计算机信息系统罪已成为信息时代的新生口袋罪。理论界也出现了应限制《刑法》第286条第2款适用的观点：“……后果必须与计算机信息系统具有关联性。尽管不需要‘造成计算机信息系统不能正常运行’，但是至少要影响到计算机信息系统安全。”[②]或者直接主张《刑法》第286条第2款也应存在计算机信息系统不能正常运行这一结果要素。[③] 为了避免破坏计算机信息系统罪进一步“口袋化”，根据《刑法》第286条第1款和第3款规定，对第2款应作有利于被告人的类推，修改数据至少仍需影响到计算机信息系统安全。

在窃取虚拟物品的行为中，行为人转移虚拟物品的行为修改了计算机信息系统的数据，这种程度的数据修改发生在为不特定用户公开使用的用户面板层面，不会影响到该计算机及其配套设备本身的正常运行。但是，若认为计算机信息系统是利用根据一定目的（如公平地按照设定和约定参与交易）设计出的虚拟经济系统，违反约定将虚拟物品转移的行为是一种修改数据的行为，同样破坏了计算机信息系统中重要使用功能。[④] 这种观点中的计算机信息系统已经不再是物质层

---

① 参见喻海松：《〈关于办理危害计算机信息系统安全刑事案件应用法律若干问题的解释〉的理解与适用》，载《人民司法》2011年第19期。

② 俞小海：《破坏计算机信息系统罪之司法实践分析与规范含义重构》，载《交大法学》2015年第3期。

③ 参见王华伟：《破坏计算机信息系统罪的教义学反思与重构》，载《东南大学学报（哲学社会科学版）》2021年第6期；项谷、朱能立：《利用计算机技术窃取虚拟财产如何定性》，载《检察日报》2018年9月2日，第3版。

④ 如虚拟货币的发行机制。参见王华伟：《破坏计算机信息系统罪的教义学反思与重构》，载《东南大学学报（哲学社会科学版）》2021年第6期。

面的计算机信息系统,而是计算机信息系统的具体功能,或者说是系统所服务的系统。最高人民法院、最高人民检察院《关于办理危害计算机信息系统安全刑事案件应用法律若干问题的解释》第11条中,计算机信息系统被定义为“具备自动处理数据功能的系统,包括计算机、网络设备、通信设备、自动化控制设备等”。计算机信息系统只能是物质层面上的设备,制度层面的(以计算机为工具的)服务于一定目标的系统终究不是计算机信息系统本身。因此,窃取虚拟物品的行为由于没有影响物质层面的计算机信息系统正常运行,而不构成破坏计算机信息系统罪。

(二)欠缺非法获取计算机信息系统罪的侵入手段

实践中还存在一些案件被定性为非法获取计算机信息系统数据罪,①支持这一处理的观点认为虚拟物品的本质属性是数据,需要时可以按照非法获取计算机信息系统数据罪定罪。② 但非法获取计算机信息系统数据罪的构成要件限定了行为方式,只有采取侵入或其他技术手段获取能构成该罪。③“侵入”一词意味着行为人需要采取某种绕过计算机安全防护措施的技术手段获取被系统禁止的权限。最高人民法院研究室《关于利用计算机窃取他人游戏币非法销售获利如何定性问题的研究意见》认为:“采用技术手段非法获取包括虚拟财产在内的计算机信息系统数据的行为,应当以非法获取计算机信息系统数据罪论处。”④部分研究误读了该意见,认为只要是实施了窃取“游戏币”的行

---

① 参见王某非法获取计算机信息系统数据案,北京市第一中级人民法院(2017)京01刑终364号刑事裁定书;杨志琼:《非法获取计算机信息系统数据罪“口袋化”的实证分析及其处理路径》,载《法学评论》2018年第6期。

② 参见胡云腾、周加海、周海洋:《〈关于办理盗窃刑事案件适用法律若干问题的解释〉的理解与适用》,载《人民司法》2014年第15期。

③ 参见刘明祥:《窃取网络虚拟财产行为定性探究》,载《法学》2016年第1期。

④ 喻海松:《最高人民法院研究室关于利用计算机窃取他人游戏币非法销售获利如何定性问题的研究意见》,载张军主编、最高人民法院研究室编:《司法研究与指导》总第2辑,人民法院出版社2012年版。

为就应该以非法获取计算机信息系统罪追究刑事责任。[①] 该意见是在窃取虚拟物品行为的基础事实上,增加了技术手段侵入的事实,适用法律的事实前提已经不同。窃取虚拟物品的行为本身并非侵入手段,当用户使用账号和密码登录网络游戏时,实现所谓的"软件模块的影像"的美术文件,在登录前的下载和更新客户端的过程中,已经被保存于本地客户端文件之中。显示设备展示出的获取特定的虚拟物品的影像只是通过客户端与服务器端数据交互验证后,调用本地客户端文件产生的。客户端与服务器端的数据交互是合法的,登录他人账号也非入侵或技术手段,因此拿走虚拟物品不构成非法获取计算机信息系统数据罪。

窃取虚拟物品的描述不包括侵入服务器的手段,而当存在侵入服务器的事实时,就有必要考虑是否构成非法获取计算机信息系统数据罪。实践中,一些侵入服务提供商的服务器窃取虚拟物品的行为被人民法院认为构成盗窃罪,[②]这些判决把重点放在了服务提供商的损失上,以出现财产损失作为成立盗窃罪的标准,而忽视了对占有转移的审查。行为人入侵服务器后以代充值的方式转卖虚拟物品,在行为人处充值的用户,享受了服务提供商的服务,却未支付相应对价,若代充值的每一笔订单都有迹可循,服务提供商完全可以以非正规渠道充值为由拒绝向这些用户提供服务。给服务提供商带来的损失是查明这些订单需要的经济成本,若达到非法获取计算机信息系统数据或非法控制计算机信息系统的情节严重的标准,应当以相应罪名追究刑事责任。

---

① 参见程闯:《再论非法获取虚拟财产的行为性质——从舒某某等人非法获取计算机信息系统数据案说起》,载《法律适用(司法案例)》2017 年第 8 期;臧德胜、付想兵:《盗窃网络虚拟财产的定性——以杨灿强非法获取计算机信息系统数据案为视角》,载《法律适用(司法案例)》2017 年第 16 期。

② 参见刘某、徐某盗窃案,上海市第一中级人民法院(2013)沪一中刑终字第 792 号刑事裁定书;章某等盗窃案,北京市第一中级人民法院(2013)一中刑终字第 115 号刑事裁定书;田某等盗窃案,四川省成都市中级人民法院(2010)成刑终字第 232 号刑事裁定书。

四、对现有实质解释的反思

在以财产犯罪和计算机犯罪的构成要件审查完窃取虚拟物品的行为之后,单纯窃取虚拟物品的行为或者不符合构成要件,或者受到违法性原理限制不具备违法性,从而应得出无罪的结论。但现有的有罪论对构成要件要素的解释问题上,无论是对“财物”还是对“计算机信息系统”概念的扩张,可能多是基于处罚必要性的实质化解释。实质解释论认为“解释的实质性的容许范围与实质的正当性(处罚的必要性)成正比,与和法律条文的一般语义之间的距离成反比”[①],当处罚的必要性增长时,处罚的范围也可以相应地扩大。实质解释理论的正当性与合理性暂且不谈,即便站在实质解释的立场,应否扩张处罚范围也需要考虑处罚的必要性是否存在和扩张的结果是否妥当这两个问题。

(一)作为解释前提的处罚必要性不存在

从论者对侵害虚拟财产的“危害性”的强调[②],对虚拟财产以刑法保护的必要性前提的描述[③]可以看出,窃取虚拟物品的行为存在处罚必要性在于行为人非法地获得了财产利益,投入了时间、精力、金钱的虚拟物品的失窃人遭受了财产损失。这里的财产损失不同于物权说解释路径中服务提供商的财产损失,更多地被认为是用户的财产损失。

窃取虚拟物品的场合,行为人在登录关联有该虚拟物品账号时,通过客户端设备取得了对相关数据的不完全支配,顶替了真正的债权人接受了暂时的增值服务,后续的转移虚拟物品起到了延长服务的时间

① ［日］前田雅英:《刑法总论讲义》,曾文科译,北京大学出版社2017年版,第52页。

② 参见赵秉志、阴建峰:《侵犯虚拟财产的刑法规制研究》,载《法律科学(西北政法大学学报)》2008年第4期。

③ 参见陈兴良:《虚拟财产的刑法属性及其保护路径》,载《中国法学》2017年第2期。

的作用。所延长的时间取决于服务提供商经过多久检查到异常的数据并采取相应措施。在这个期间内,行为人获取的是短暂的精神享受而非财产利益,债权人遭遇了接受服务的障碍而未出现财产损失,作为债务人的服务提供商则没有损失。

从相关研究的案件统计可以看出,在针对服务提供商的生成虚拟物品行为或者针对用户的转移虚拟物品行为的有罪判决中,均同时包含另一个“兑换”或者“出售”的行为。①《关于利用计算机窃取他人游戏币非法销售获利如何定性问题的研究意见》也写明了窃取他人游戏币后需“非法销售获利”。现实中行为人往往不是为了支配虚拟物品关联的数据而拿走虚拟物品,拿走的虚拟物没有债权作为使用根据随时可能被追回,止于接受服务提供商提供的与虚拟物品相关联的增值服务是不理性的行为。早期的一些研究也认识到了虚拟物品不同于其他内容为财物给付的债权,要实现虚拟物品的财产利益,必须与第三人(往往是其他用户)进行现实金钱交易。② 反对盗窃或诈骗虚拟物品无罪说的论者曾举例:“甲将乙的高级游戏装备盗卖给不知情的丙,丙向甲支付了1万元人民币。乙发现自己的游戏装备被盗后,联系游戏公司,游戏公司将游戏装备发还给了乙。可是,游戏公司不可能救济丙的财产损失。”③甲所窃取虚拟物品无法即时兑换为金钱,仍需要通过现实金钱交易将利益转化为金钱,因此窃取虚拟物品本身没有非法地获得利益。同时,遭受损失的是购买虚拟物品的丙,对甲处罚的必要性是甲对丙实施了诈骗行为:甲在转让虚拟物品时,隐瞒了所转让的虚拟物品存在权利瑕疵——道具是通过不当行为(妨害第三人的债的利益)取得的,这种瑕疵有导致虚拟物品被服务提供商收回的可能,丙基于对所购买虚拟物品的错误认识,通过交付现金或者以债权转让的方式处分了金钱后,服务提供商选择恢复乙的合同利益,追回“赃物”,丙因受

---

① 参见徐凌波:《虚拟财产犯罪的教义学展开》,载《法学家》2017年第4期。

② 参见许富仁:《关于盗窃虚拟财产的价值及其行为本质的分析》,载《学术交流》2006年第5期。

③ 张明楷:《非法获取虚拟财产的行为性质》,载《法学》2015年第3期。

骗处分财物而受到损失,甲因丙的损失获利。

至于服务提供商不是必然帮助用户恢复虚拟物品的问题,李某诉北极冰案的判决已经给出了答案,服务提供商的拖延和推辞与其在用户协议中约定管辖法院为服务提供商所在地法院一样,只是为了提高用户起诉的时间和金钱成本,减少诉讼纠纷,以降低运营成本,而这些成本是服务提供商根据合同义务应当承担的。服务提供商不履行自己的合同义务导致的双方服务合同纠纷如何处理,在法律上没有疑问。尽管服务提供商会认为自己尽到了安全保障义务,用户的过错导致虚拟物品失窃,服务提供商不应当承担恢复虚拟物品的责任。① 但这种主张和双方协议中服务提供商对虚拟物品的所有权的约定相冲突。既然虚拟物品的所有权归服务提供商,也由服务提供商直接控制,风险就应该由其承担,却又要求用户对他人的物尽安全保障义务,有在格式条款中加重一方义务,导致该条款无效之嫌。因此,对用户协议中的用户的安全保障义务,应作用户应保障账号不被他人非法利用侵害自己或他人权益的解释。用户的使用权则是协议约定的内容,虚拟物品丢失时,用户可以无条件主张服务提供商排除其使用权行使的障碍。

因此,行为人窃取虚拟物品的行为可能是非法的(至少是违反用户协议的),但行为人并未因此获得财产利益,用户也未因此遭受财产损失,只有当行为人出售给第三方时,出售行为使获益成为可能,也使购买虚拟物品的第三人成为了潜在的遭受损失的人。作为实质解释的前提的处罚必要性是后续的出售虚拟物品的行为带来的,但出售虚拟物品的客观行为或者以出售为目的窃取虚拟物品的主观目的,都不是窃取虚拟物品行为这个事实原本包含的内容,不能作为窃取行为的处罚必要性根据。

---

① 参见王某诉深圳市腾讯计算机系统有限公司网络服务合同纠纷案,广东省深圳市南山区人民法院(2020)粤0305民初22125号民事判决书。

（二）作为扩张后果的刑事处罚的不协调

"以很高的处罚必要性为由，通过解释来扩大可罚的范围时，虽然看上去只是解决了眼下的问题，但实际上对其他问题也会有所影响。"①若认为虚拟物品属于财物，对窃取虚拟物品的行为以盗窃罪追究行为人的刑事责任，则会出现同样取得了他人虚拟物品或者毁坏虚拟物品的行为，按照该解释结论应当追究相应的刑事责任，但未受追究刑事责任并且难以追究刑事责任的情形。

在一些大型在线角色扮演游戏中，角色死亡惩罚规则是一种常见的设定。当角色在游戏中被击败时，会损失一部分属性值、掉落一部分虚拟物品，而其他用户可以拾取掉落的虚拟物品。若某用户的角色进入可以被攻击的区域时受到其他用户的角色攻击死亡后，掉落的物品被攻击者捡走，攻击者利用自己在虚拟空间的优势地位，取走他人财物的行为，可能至少符合盗窃罪的客观构成要件。有观点曾指出，"玩家参与游戏，说明他已经认可了游戏规则并愿意接受游戏行为的后果，因此刑法不必对这种相互认可的虚拟游戏行为加以干涉"②。这里的"认可"若是被害人同意，便可能存在同意的效力问题：并非所有用户在选择登录时都充分了解该游戏的角色死亡惩罚规则，部分用户可能作出了一个有瑕疵——对承诺的法益有错误认识的无效同意。不充分了解规则的客观现象是普遍存在的，用户在"掠夺"其他用户的战利品时，可能对其他用户的同意的无效的可能性有认识，有存在放任故意的可能从而可能构成盗窃罪。

此外，服务提供商也时刻在毁坏用户的财物。在网络游戏的运营需要下，虚拟物品的数量总是在增加，而用户人数不能持续增长。当供

---

① ［日］前田雅英：《刑法总论讲义》，曾文科译，北京大学出版社2017年版，第52页。

② 邢志人、刘雅婷：《抢劫网络虚拟财产行为的定罪分析》，载《辽宁大学学报（哲学社会科学版）》2010年第6期。

过于求,整体上虚拟物品价格是呈下降趋势的。另外,服务提供商的网络游戏内容更新也会给网络游戏内部经济系统带来冲击。大型在线角色扮演游戏的开发商为了刺激用户不断投入金钱和时间,在网络游戏中会设置成长系统。当用户群体到达一定成长阶段,服务提供商便会放出新的版本或开新服务器,用户在前期获取的虚拟物品因新版本内容更新会被逐渐淘汰,或者新服务器稀释了用户数量,供需关系被打破,原本存在的虚拟物品出现贬值。

服务提供商由于代理合约到期等停止服务,关停服务器时,虚拟物品赖以存在的硬件系统将不复存在,虚拟物品也随之消逝。甚至在更早的时间点,服务提供商发布公告公布停止服务时,虚拟物品的使用期限便从长期缩短至固定的短时期限,用户不再愿意投入与之前相同的现金去购买虚拟物品,因此虚拟物品的现金交易价格会大幅下降,"持有"这些虚拟物品的用户的价值因此降低。按照故意毁坏财物罪中同样基于实质解释论并且影响力日趋增强的效用侵害说,毁坏是使财物的效用丧失或者减少的行为,[①]虚拟物品的价值降低即符合故意毁坏财物的客观构成要件。主观构成要件上,服务提供商停服的理由或目的也不会影响其对毁坏财物的认识和放任的推定。若虚拟物品是用户的财物,内容更新和停止服务的行为均应构成故意毁坏财物罪。但自从 20 世纪 90 年代,我国互联网企业涉足网络游戏业务,停止运营的网络游戏成百上千,涉及的故意毁坏财物案件数量至少以亿为单位,而从未有哪个服务提供商的负责人因为故意毁坏财物被追究刑事责任。更恶劣的情形真实地发生在 2007 年搜狐公司所代理的网络游戏《骑士 online》的停止运营风波中。[②] 搜狐公司给出的解决方案是将《骑士 online》的剩余点数转至旗下运营的另一款网络游戏《刀剑 online》中,

① 参见张明楷:《刑法学》,法律出版社 2021 年版,第 1342 页。

② 搜狐公司与韩国游戏开发商关于网络游戏《骑士 online》的代理运营合同于 2006 年 11 月 15 日到期,不但未及时发布是否续约的公告,反而欺骗玩家不会停止运营,开启鼓励玩家充值的活动,直到 2006 年 11 月 7 日才发布公告,宣布《骑士 online》于 2007 年 3 月 20 日停止运营。参见于松:《搜狐停运网络游戏骑士遭玩家讨伐》,载新浪科技,https://tech.sina.com.cn/i/2006-11-13/07491233169.shtml。

并未对《骑士 online》用户账号上的虚拟物品折现补偿，造成大量用户数万元损失，最终也无人因此承担刑事责任。

或许会有观点认为取得型财产犯罪的财物概念和毁弃型财产犯罪的概念不同，所以窃取虚拟物品可以构成盗窃罪，而毁坏虚拟物品不能构成故意毁坏财物罪。但只有故意毁坏财物中的财物概念比盗窃罪中的财物概念要素更多才可能存在这种情况。事实上不仅很难找出故意毁坏财物罪中的财物概念存在的额外要素，而且盗窃罪中的财物概念受到占有的限制，反而要素会更多，内涵更大，外延更小。故意毁坏财物罪中的财物概念可能包含了盗窃罪中的财物概念，一个行为对象不属于故意毁坏财物罪的财物，更不可能属于盗窃罪的财物。

五、结　　语

在虚拟物品诞生初期，面对新生事物，服务提供商在安全技术和纠纷处理经验上的不足、用户安全意识和维权意识的欠缺，共同导致社会中出现了大量虚拟物品的诉讼外纠纷。刑事司法为了回应这种社会现象，扩张了刑法中财物的概念，但这种扩张导致了不同法域之间的冲突。在网络游戏服务提供商对虚拟物品的保护逐渐完善、虚拟物品权属纠纷已能相对妥善解决的今天，我们在解释财物概念时，已不需要以窃取虚拟物品的行为有处罚必要性而不断扩大财物的外延，或者寻求适用其他犯罪的权宜之计。

Qualitative Study on the Act of Stealing Virtual Objects

Yang Zhao

[**内容摘要**]在物权说的解释路径下虚拟物品未发生占有转移，被害人没有财产损失，债权说的解释路径受到法秩序同一原理的限制，特征归入法在方法和具体特征论证上均存在问题，因此窃取虚拟物品不构成财产犯罪。破坏计算机信息系统罪第2款包括系统安全要素，窃取虚拟物品不会影响系统安全运行；只有侵入方式获取数据才可能构

成非法获取计算机信息系统数据罪。窃取虚拟物品不构成犯罪。有罪论是以处罚必要性扩张处罚范围的实质解释,但实际上作为前提的处罚必要性不存在,扩张的后果也有处罚不协调的妥当性问题。

[**关键词**]虚拟财产;虚拟物品;盗窃;破坏计算机信息系统罪;非法获取计算机信息系统数据罪

Abstract:The virtual object do not transfer possession and the victim has no property loss under the interpretation path of the right in rem theory, the interpretation path of the claim theory is limited by the uniform theory of legal order, and the characteristic subsumption method has problems in both the method and the specific characteristic argument, so the theft of virtual object does not constitute a property crime. The second section of the crime of damaging computer information system includes the component of system security, and stealing virtual object will not affect the safe operation of the system; only using intrusion may constitute the crime of illegally obtaining computer information system data. Stealing virtual object does not constitute a crime, and the theory of guilt is a substantive interpretation that expands the scope of punishment by the necessity of punishment, but in practice there is no necessity of punishment as a prerequisite, the consequences of the expansion also has the problems of the appropriateness of the incompatibility of punishment.

Keywords: Virtual Property; Virtual Object; Theft; Crime of Sabotage of Computer Information System; Crime of Illegally Acquiring Data from Computer Information Systems

消防责任事故罪的困境与出路
——基于419个刑案的实证研究

张　华*

目　　次

一、问题的提出

刑法是最严厉的法律,是国家打击犯罪行为的利剑。在公共安全领域,若实施危害公共安全行为,将会造成不特定多数人伤亡或者使公私财产有遭受重大损失的危险,危害公共安全罪便与之匹配。作为危害公共安全的罪名之一,消防责任事故罪承担了在消防安全领域威慑与保护公众人身安全及公私财产的使命,是惩治违反消防管理法规以致严重后果的行为人的法律依据。1997年《刑法》修订,消防责任事故罪自此登上历史舞台。在最初的几年里,学术界与实务界更多的是探

* 华东政法大学法学理论专业博士,广东省梅州市消防救援支队一级指挥员。

讨消防责任事故罪的构成认定和如何区分适用本罪与他罪问题。但是,关于消防责任事故罪的学术探讨与实践研究产生的成果较少,研究不深不细,少数学者对消防责任事故罪的适用提出了问题,至今仍未在实证研究方法上加以运用。消防安全渗透到社会各领域,于某种程度来说,消防无刻不在、无时不有,涉及面如此之广,消防责任事故罪使命重大,运用效果却不尽如人意。

2021年3月1日正式实施的《刑法修正案(十一)》对安全生产领域的犯罪条款作了不少修订①,符合新形势下公共安全领域犯罪行为惩治的需要。然而,纵观几十年,我国社会发展变迁快,消防安全形势也随之发生了重大变化,与之对应的行政管理领域已在不断改革推进,唯独在刑事领域未能跟上步伐。自消防责任事故罪立法至今,历经二十余年未曾修订②,这与学术界对消防责任事故罪的研究论证不充分有关,从某种程度上说,也与实务界对于消防责任事故罪的实践研究与

---

① 2020年12月26日表决通过的《刑法修正案(十一)》针对强令违章冒险作业罪,以及关闭生产安全设备设施和数据信息,拒不整改重大事故隐患,未经审批擅自开展高危生产作业活动,以及提供虚假证明文件等涉及生产安全等突出问题对刑法作出修改完善,该修订案于2021年3月1日起施行。

② 2008年,最高人民检察院、公安部《关于公安机关管辖的刑事案件立案追诉标准的规定(一)》颁布,其第15条规定:"违反消防管理法规,经消防监督机构通知采取改正措施而拒绝执行,涉嫌下列情形之一的,应予立案追诉:(一)造成死亡一人以上,或者重伤三人以上;(二)造成直接经济损失五十万元以上的;(三)造成森林火灾,过火有林地面积二公顷以上,或者过火疏林地、灌木林地、未成林地、苗圃地面积四公顷以上的;(四)其他造成严重后果的情形。"2015年,最高人民法院、最高人民检察院《关于办理危害生产安全刑事案件适用法律若干问题的解释》颁布,其第6条对该罪的立案追诉作出了详细规定,第7条对"后果特别严重"的情节进行了详细司法解释。该解释第6条第1款规定:实施《刑法》第139条规定的行为,因而发生安全事故,具有下列情形之一的,应当认定为"造成严重后果"或者"发生重大伤亡事故或者造成其他严重后果",对相关责任人员,处3年以下有期徒刑或者拘役:"(一)造成死亡一人以上,或者重伤三人以上的;(二)造成直接经济损失一百万元以上的;(三)其他造成严重后果或者重大安全事故的情形。"第7条第1款规定:实施《刑法》第139条规定的行为,因而发生安全事故,具有下列情形之一的,对相关责任人员,处3年以上7年以下有期徒刑:"(一)造成死亡三人以上或者重伤十人以上,负事故主要责任的;(二)造成直接经济损失五百万元以上,负事故主要责任的;(三)其他造成特别严重后果、情节特别恶劣或者后果特别严重的情形。"

立法推动不无关系。刑法罪名的设立需严肃谨慎,罪名设置最忌虚置,否则成为僵尸法条,不能发挥罪名惩治犯罪的应有效能。消防责任事故罪适用效果不理想,其立法与司法实践现状理应受到足够重视,亟待从法学理论视角加以论证,从实证研究分析的角度不失为一种最佳路径。

二、样本选取:基于合法性与合理性的基本假设

(一)研究样本的选取

本研究的样本为消防责任事故罪的刑事案件文书,文书时间期间为:1997 年 10 月 1 日(1997 年《刑法》正式生效时间)至 2020 年 12 月 31 日,共获取消防责任事故罪案例文书 69 份,其中,一审判决 49 份,其他文书 20 份(二审判决 1 份,二审裁定 13 份,刑更裁定 5 份,驳回申诉通知书 1 份)。因消防责任事故罪于 1997 年设立,至今全国案例数量极为有限,加上需要一定的案例量才能有利于实证分析,因此,对于消防责任事故罪的实证分析,以目前能够获取的上述 49 份判决书作为研究样本。此外,基于本研究基本假设需要,有必要再获取重大责任事故罪的样本,此研究样本为重大责任事故罪的刑事案件判决文书,共选取了重大责任事故罪一审判决文书 370 份,同样是基于横向对比的考虑,为保证分析的质量,故选取的重大责任事故罪案例的文书时间期间同样为:1997 年 10 月 1 日至 2020 年 12 月 31 日。对上述所有一审判决,经过筛选确定,均为终审判决,排除了其他二审判决、裁定的干扰因素。概而括之,本项研究的样本为消防责任事故罪与重大责任事故罪案件的一审判决文书,共计 419 份。[①] "研究者必须时刻牢记:数据不等于绝对的真实真理,即纯粹且毫无掩饰的真相隐藏在我们所观察到的现象之下。换言之,数据是真相真理的表现,而世间无人能瞻仰真相本

① 案例来源:"小包公智能类案检索系统",参见 https://www.xiaobaogong.com/fanwen/case.html。

身,无人能够直窥真理。"①我们通过对以上案例进行研究,寻求的是掩盖在案例之下的真相。

(二)研究样本的价值性

此次样本的选取重在客观性、典型性、代表性。一方面,消防责任事故罪自写入刑法以来,审判的案例极其有限。经过筛选,我们仅能够对49例消防责任事故罪案例进行研究。另一方面,对消防责任事故罪的研究,离不开对危害公共安全罪中的重大责任事故罪、失火罪、工程重大安全事故罪、重大劳动安全事故罪等罪名的区分,而对于法学研究领域及司法实践界来说,将消防责任事故罪与失火罪、工程重大安全事故罪、重大劳动安全事故罪等罪名区分开来,应当说障碍并不大,毕竟上述罪名在各自犯罪构成要件上具有较为明显的区分。但是,在实践中,消防责任事故罪与重大责任事故罪却极易混淆。在发生有火灾的安全生产领域,无论是在学理解释、司法解释,还是在犯罪侦查、提起公诉与裁判实务中,均存在一定的干扰因素。加之,基本假设要求需要将重大责任事故罪纳入研究样本范畴。重大责任事故罪样本的选取时间期间与消防责任事故罪样本时间期间一致,以保证研究样本的典型性、代表性,有利于从中发现规律性。为保证样本选取的客观性、典型性、代表性,在特定时间范围内,以"火灾"作为搜索限定词加以限缩,共选取出370份一审判决文书,即是说这370个案件均是与"火灾"有关的案件。上述消防责任事故罪与重大责任事故罪研究样本,几乎涵盖了目前所有的基础案例,对于开展下一步实证研究提供了可行性。

(三)消防责任事故罪适用问题的初步判断

刑法罪名的适用频率与程度存在差异性,倘若一个罪名的适用频

① [美]保罗·D.利迪、[美]珍妮·埃利斯·奥姆罗德:《实证研究:计划与设计》,吴瑞林、史晓晨译,机械工业出版社2015年版,第65页。

率与程度过小,不外乎以下几种原因:一是犯罪构成要件苛刻。现实中犯罪现象不多,犯罪主体、行为、犯罪后果出现少,或者是犯罪构成要件与现实情况存在不一致。二是立法存在缺陷。立法不明晰,构成要件标准不统一,妨碍了侦查立案,以至于后续司法程序无法从应然层面正常开展。三是司法认定实践存在难题。罪名设置与其他罪名之间存在不明晰之处,容易与他罪相混淆,最终导致司法适用不统一。四是司法回应性反应。在新形势下,基于政治导向、社会政策等客观形势的影响,司法实践本能地对罪名适用作出现实回应。与此相对,消防责任事故罪就可能存在犯罪构成要件门槛高、立法存在缺陷、司法认定实践难题与司法回应性反应的问题。

"我们或许可以得出结论说,法律制度乃是社会理想与社会现实这二者的协调者。根据一般社会经验,我们可以说它处于规范与现实之间难以明确界定的居间区。"①合法性问题与合理性问题共同构成法律适用的两个面,它们是法律适用正当性与正确性的评判标准。"合理与合法问题是法律适用的基本问题,它往往代表着法律原则、理念与法律适用之间的差距。这个差距在现实中的张度,直接影响着我们认定一种行为的合法性和合理性。"②如此,上述研究样本所有一审判决,即为终审判决,按照司法确认制度,从法律意义上讲,判决的作出即是对事实的认定。一方面,我们有理由相信这些判决是基于法律与事实作出的正确判决,毕竟判决是经过公诉机关与被告人(辩护人)双方的激烈博弈所产生。另一方面,我们也不无理由怀疑上述判决在合法性与合理性之间所存在的疑难问题。因为基于消防责任事故罪适用频率与程度过小的现实,这仍然是我们所要思考的问题。消防责任事故罪法律适用存在的现实问题的背后终究是合法性还是合理性问题,正是我们下一步就要分析论证的点。

---

① [美]E. 博登海默:《法理学:法律哲学与法律方法》,邓正来译,中国政法大学出版社 2017 年版,第 259 页。

② 王璐:《合法性与合理性:关于微博谣言法律规制问题的实证研究》,载《河北法学》2013 年第 4 期。

三、实证分析:身处迷宫中的消防责任事故罪

(一)消防责任事故罪入罪门槛高

所谓入罪门槛,即是一个犯罪的构成所需要的各项条件,符合犯罪构成要件各项要素即可构成犯罪。入罪门槛实则指犯罪构成要件,这也是犯罪构成的最基本要素。对于消防责任事故罪,《刑法》第 139 条的规定是:"违反消防管理法规,经消防监督机构通知采取改正措施而拒绝执行,造成严重后果的"行为。

从该规定可以直接判断,消防责任事故罪在客观方面的入罪门槛包含三个方面:一是违反消防管理法规;二是经消防监督机构通知采取改正措施而拒绝执行;三是造成严重后果。当然,按照犯罪构成四要素理论,该罪名后面还隐藏了主体、客体、主观方面的入罪门槛。除客体方面的要素无争议外,在此,我们仅仅讨论主体与主观方面的要素。该罪的犯罪主体是自然人还是单位,在学术界存在争议,大致有三种观点:一是认为是个人;二是认为是单位;三是认为是个人和单位。纯正的单位犯罪只能由单位作为犯罪主体,反之,除单位能作为犯罪主体之外,自然人也能作为犯罪主体的单位犯罪则是不纯正的单位犯罪。《刑法》第 139 条并未明文表述主体用语,但我们从纯正单位犯罪的罚则惯用表述"'直接负责的主管人员和其他直接责任人员'或者'直接责任人员'"就可以推断出,消防责任事故罪只能是单位犯罪,属于纯正单位犯罪。为何当初立法者未直接在法条中表述主体用语,或许与当时社会发展形势和保守表述有关。因为除《刑法》第 137 条的工程重大安全事故罪具有明确的主体外,其他单位过失犯罪同样没有明文表述。在主观要件上,消防责任事故罪主观上属于过失。故意与过失两种形态是根本不同的犯罪罪过形式,且仅此两种。通过刑法理论的认识因素与意志因素,我们也能明显确定消防责任事故罪的罪过形式

属于过失,否则何以称为“事故”。[①] 综上所述,消防责任事故罪的入罪门槛可以概括为:拥有前置条件的过失性纯正单位犯罪。

消防责任事故罪主观过失无争议,其本身是业务过失类犯罪,纯正单位犯罪也无争议,这两方面的入罪门槛将给入罪率带来一定影响,但仍不是最重要的影响因素,因为其他罪名同样也有这些方面,属于共性。那么,剩下的前置条件,即客观方面的入罪门槛就成为我们所要研究的对象。通过整理分析研究样本可知,2012 年至 2015 年,消防责任事故罪案件寥寥无几,2012 年至 2015 年分别为 1 例、1 例、4 例、3 例。以 2013 年、2014 年为例,据统计,消防救援部门共检查单位(场所)511.6 万家、992.3 万家,2013 年全年发生较大火灾 117 起,死亡 449 人,另有 4 起重大火灾事故,2 起特别重大火灾事故,而 2014 年全年发生较大以上火灾为 72 起,死亡 285 人。[②] 虽然我们不能说上述数据与当年消防责任事故罪案件数成某种关系,但是通过对比,我们可以作出以下五种原因探析:一是许多火灾事故并非发生在单位性质场所;二是有许多火灾事故未经消防监督机构监督检查进而作出“通知”;三是许多火灾事故单位主体在收到通知后按通知内容积极整改完毕;四是许多火灾事故经消防责任事故罪立案后,由于情节轻微等免予起诉;五是许多火灾事故未进行消防责任事故罪的立案侦查。[③] 总之,无论是数据还是分析都表明,消防责任事故罪的高门槛在于其客观要件。

---

① 非“事故”形式的另一面,是针对过失罪过形式的故意,此种情形,则需要对具体个案进行分析,根据实际情况,按照犯罪构成要件分别对应故意杀人罪、以危险方法危害公共安全罪等罪名。

② 以上统计数据来自《中国消防年鉴(2014)》与《中国消防年鉴(2015)》。公安部消防局编:《中国消防年鉴(2014)》,云南人民出版社 2014 年版,第 4、289 ~ 290 页。公安部消防局编:《中国消防年鉴(2015)》,云南人民出版社 2016 年版,第 3、351 页。

③ 由于消防体制改革,消防责任事故罪案件的办理随之发生变化。2019 年 4 月 16 日,应急管理部、公安部、最高人民法院、最高人民检察院联合印发《安全生产行政执法与刑事司法衔接工作办法》,该办法明确了应急管理部门移送案件的程序及所需附送的材料,明确了公安机关作出立案或者不予立案决定的期限及相关要求,强化各部门协调配合,构建常态化协作机制。

(二)重大责任事故罪司法适用扩张趋势

判决文书必须要严格依法裁判,因此,要从裁判文书中找出不依据刑法法条裁判的表述极为困难,只能从司法适用、法律解释方面进行剖析。消防责任事故罪案件少的现实不能不引起我们的反思,如前所述,消防责任事故罪案件与火灾及消防监督执法数量不成比例的原因有五种,我们不能就此断定在案件侦查、公诉及审判阶段对《刑法》第 139 条规定进行了限缩。本项研究选取的重大责任事故罪研究样本恰恰显示检察院、法院对重大责任事故罪法律适用呈现扩张解释趋势。刑事司法包括两个方面:一是定罪,二是量刑。我们从这两个方面分别进行分析。对研究样本进行梳理,我们发现,重大责任事故罪案件中被告人的身份不仅仅是单位的法定代表人、实际管理人、消防管理人,还包括其他有关人员,当然前提依然是被告人与造成严重后果的结果具有直接的因果关系,除单位主体外,还有个体户等非单位主体。在监督检查主体方面,不仅包括消防救援机构、公安派出所,还包括镇街、消防安全委员会、居民服务管理所、防火指挥部;在案件基本事实方面,同样存在违法行为人经通知整改而不整改或整改不完全的现象。通过研究样本分析,即可见重大责任事故罪司法适用存在扩张趋势。

其实,一方面,通过分析研究样本,可得知:“监督检查主体类型”“被告人主体类型”与最终判为重大责任事故罪不具有必然因果关系。换言之,在刑法规定的前提下,在“监督检查主体类型”“被告人主体类型”等存在多样性的情况下,均可能会进入重大责任事故罪圈。另一方面,以量刑为基本面,通过对研究样本分析所得,在重大责任事故罪一审判决中,有 275 份判决,存在违法行为人采取积极赔偿等方式“取得被害人谅解”。“取得被害人谅解”是从轻处罚的因素。那么,这就从侧面反映出在惩罚犯罪行为人的同时,又有倾向于维持社会面稳定的一面。这与发生火灾事故之后通过事故责任追究以平息民愤的倾向不谋而合。综合以上样本的分析,可以看出,自始以来,重大责任事故罪的司法适用就存在扩张趋势。“扩张解释与类推解释在界限上并非泾渭分明,如果没有文义最远射程和国民预测可能性的约束,扩张解释对语义的扩充进行到一定程度后就演变成类推解释。"①刑法规定的每一个罪名具有自身相对稳定和确定的适用范围,拥有一套适应自身规制对象的功能逻辑,因此,一旦重大责任事故罪的适用范围不断"膨胀",将大幅度"压缩"消防责任事故罪的适用空间。当然,这也可通过实证分析中的 Logistic 回归分析去印证。"Logistic 回归分析是一种对变量层次要求不高因而对社会科学来说很好用的回归分析方法之一,它可以同时展开多个、多种自变量对一个二分定类的因变量的统计分析。"②在此情形下,以定罪为基本面,将"监督检查主体类型""被告人主体类型"作为自变量,以案件是否判为重大责任事故罪为因变量,对样本进行分析后对比 sig 值与 0.05 间大小,以观察上述两类因素是否对判为重大责任事故罪具有显著影响。③

(三)消防责任事故罪被替代性风险催生

正是因为立法的不明晰,消防责任事故罪客观要件的笼统性,与现实存在不相适应的地方,对于"严重后果"的司法解释也相继于 2008 年、2015 年出台,但社会发展变迁,消防领域责任主体范围、消防监督部门、消防监督执法形式等方面发生了复杂的变化,以至于消防责任事故罪法律适用存在很大模糊性。"从刑法罪名的设立和修改过程观之,罪名设置的实质是协调刑事政策与刑事立法的矛盾关系,平衡事实与规范之间的利益冲突。我们评判一个刑法罪名设置成功与否,关键要看它是否顺利调和了矛盾,平衡了利益。通俗地说,评价标准在于该罪名能否有效地适用以及该罪名的适用是否达到了立法之初设定的目

① 袁博:《论扩张解释在刑事案件中的应用——以司法实务中疑难案件的审判为视角》,载《政治与法律》2013 年第 4 期。

② 白建军:《法律实证研究方法》(第 2 版),北京大学出版社 2014 年版,第 182 页。

③ 限于篇幅,本文不对样本进行 Logistic 回归分析详解。

标。”[①]在立法之初,即便消防责任事故罪与重大责任事故罪立法目的不同,两者分别是针对两种领域、两种行为所作出的不同罪名,但在危害公共安全罪领域,两罪似乎存在难舍难分的现象,在长期的司法实践中自然而然催生了重叠问题。尽管单纯从法条上能够直接辨认出两罪的区别,不少论文也是单纯从法条字面意思上区分两罪,然而,现实中犯罪主体、行为形态纷繁复杂,很难形成统一的法律适用标准。《刑法》第 134 条第 1 款对重大责任事故罪的表述是“在生产、作业中违反有关安全管理的规定,因而发生重大伤亡事故或者造成其他严重后果的”从该表述可以看出,其与消防责任事故罪立法表述除了在范围上外实质无差异。[②] 消防安全属于安全领域,重大责任事故罪范围更广,可以包括消防安全领域,消防安全管理法规也属于安全管理法规中的一种。对于造成的后果,两罪也存在相似性;两罪量刑表述方式与量刑幅度也存在相似性。[③]

既然消防安全责任事故罪与重大责任事故罪存在重叠问题,那在司法实践中是否会交叉重叠,研究样本给我们提供了答案。通过分析研究样本,我们发现,在 370 份重大责任事故案件中,有 57 份存在“通知采取改正措施而拒绝执行”或者是“通知采取改正措施却未完全执行”的行为(未完全执行也属于拒不执行的一种,同时未执行改正的内容必须与发生严重后果具有因果联系)。由此说明:“违反消防管理规定”“通知采取改正措施而拒绝执行”,与最终判为重大责任事故罪之

① 李永升、袁汉兴:《我国经济刑法中“僵尸罪名”的检讨与调适》,载《湖南社会科学》2020 年第 6 期。

② 重大责任事故罪的涉及工厂、矿山、林场、建筑企业或者其他企业、事业单位等,范围更广,其余事故类犯罪都是依据行业性质,从重大责任事故罪中独立出来,单独成立个罪(如消防责任事故罪、重大劳动安全事故罪等),以期全面地确立惩治安全责任事故犯罪的刑法体系。

③ 重大责任事故罪中,发生重大伤亡事故或者造成其他严重后果的,处 3 年以下有期徒刑或者拘役;情节特别恶劣的,处 3 年以上 7 年以下有期徒刑。消防责任事故罪中,造成严重后果的,对直接责任人员,处 3 年以下有期徒刑或者拘役;后果特别严重的,处 3 年以上 7 年以下有期徒刑。

间没有必然因果关系。换言之,在发生火灾严重后果的情况下,无论是否存在违反消防管理规定的行为和通知采取改正措施后却拒绝执行的行为,均有可能进入重大责任事故罪圈。这是因为重大责任事故罪的客观要件本身决定了入本罪的条件,再者,消防安全管理规定属于安全管理规定的范畴,“违反消防管理规定”与“违反安全管理规定”存在重叠,在实践中也未刻意区分,在研究样本中有10份一审判决书“本院认为”部分直接用“违反消防管理规定”或者“违反有关安全生产、消防安全管理的规定”等用语,因此,在实践中,消防责任事故罪存在被重大责任事故罪替代的风险,消防责任事故罪从重大责任事故罪中独立得并不彻底。

四、未来出路:实现消防责任事故罪的回归

(一)厘清消防责任事故罪立法本意

纵观经济发达国家,尚未有与我国消防责任事故罪客观要件相同的罪名。美国、德国、日本、俄罗斯等国家刑法法律大多是规定类似失火罪的相似罪名,法国则是将因过失引起火灾的相关罪名规定在《法国刑法典》第3卷第2章第2节(“对人具有危险的毁坏、破坏、损坏财产罪”)中,其第322-5条第1款规定:“由于不履行法律或条例强制规定的审慎或安全义务,引起爆炸或火灾,在非故意的情况下致使他人财产受到毁坏、破坏、损坏的,处1年监禁并科15,000欧元罚金”①,其他款条文则规定了刑罚加重情形。《俄罗斯联邦刑法典》第219条规定的“违反消防安全规则罪”,其客观方面的表述为:“负有遵守消防安全规则责任的人员违反消防安全规则,并过失造成人员健康的严重损害的”②。《日本刑法典》第116条规定“失火罪”,第117条之2规定了“业务失火罪”:“第116条或前条第1项之行为系由于业务上必要之

① 朱琳:《最新法国刑法典》,法律出版社2016年版,第174页。

② 黄道秀译:《俄罗斯联邦刑法典》,北京大学出版社2008年版,第113页。

注意或出于重大过失而犯之者,处 3 年以下禁锢或 150 万日元以下罚金。"[①]在其他国家,如《捷克刑法典》第 273 条规定的"过失导致公共危险罪",该条第 2 款第 2 项规定:位于违背基于其工作、职业、职位、职权所产生的或者法律所赋予的重要义务而事实行为的,处 6 个月以上 5 年以下监禁或者剥夺资格。[②]《葡萄牙刑法典》第 272 条规定了"实施防火、爆炸及其他特别危险行为罪",第 274 条中还规定了"有特定资格的人或者获得正当许可的人"对于本条"造成森林火灾罪"的排除情形。[③]《希腊刑法典》第 266 条、第 267 条规定了"失火罪"及其免罚情形。[④] 美国、德国未区分业务过失失火罪名,统一规定为失火罪。上述国家在现有失火罪、违反消防安全规则罪等刑法条文框架下,其消防行为犯罪打击也并非效果不良。尽管火灾是全世界面临的难题,但统计资料表明,上述国家的火灾发生率并非均比我国高,即使导致火灾发生率的因素众多,不能直接反映是否与采取的刑法措施具有大多的关系,至少能够引起我们对于我国消防违法行为犯罪立法与司法进行深层次的思考。

从我国针对违反消防法律法规规定的立法沿革来看,1997 年以前,针对违反消防法规的行为,视情节程度采取行政处罚与刑事处罚相结合的方式。[⑤] 除上述研究样本外,我们又翻阅了 1997 年 10 月 1 日前

---

① 日本司法实务中认为:一般通常人易于预见,或者对结果虽然有预见且易于采取回避措施的情况下,竟明显懈怠注意义务的,即可认为具有重大过失。

② 陈志军译:《捷克刑法典》,中国人民公安大学出版社 2011 年版,第 160 页。

③ 陈志军译:《葡萄牙刑法典》,中国人民公安大学出版社 2010 年版,第 127 页。

④ 陈志军译:《希腊刑法典》,中国人民公安大学出版社 2010 年版,第 104 ~ 105 页。

⑤ 我国第一部《消防监督条例》于 1957 年公布实施,该条例第 11 条规定:"对于违反消防规则、办法和技术规范造成火灾损失的人,或者虽未造成火灾损失但经消防监督机关通知采取防火措施而拒绝执行的人,情节轻微的,由公安机关给以治安管理处罚;构成犯罪的,由司法机关依法追究刑事责任。"1984 年 5 月,全国人大常委会通过了《中华人民共和国消防条例》,该条例第 30 条规定,违反本条例相关规定,对拒绝执行经消防监督机构通知采取改正措施的要求,情节严重的,依照治安管理处罚条例对该责任人员进行处罚或者由其主管部门给予行政处分;造成火灾损失的,对该责任人员处于刑事处罚。这两部文件现已失效。

裁判的重大责任事故罪案件和失火罪案件,共找到10份重大责任事故罪案件与3份失火罪案件。通过查阅发现,凡是违反消防法规、办法或规范或者违反后经通知改正拒不改正的,均以重大责任事故罪论处。如阿某某提·卡德尔、陈某君等重大责任事故案(1995年),黄某金、杨某长重大责任事故案(1993年),黄某光、劳某泉等重大责任事故案(1994年)等5起案件。随着我国社会经济的发展,消防安全领域的违法犯罪行为逐渐凸显,为有效打击此类违法犯罪行为、维护国家与人民群众生命财产安全,1997年《刑法》增设了消防责任事故罪。很明显,立法者作出罪名增设的考量,从宏观上讲是基于当时社会经济发展形势的需要,从微观上说是针对消防安全领域社会单位拒不整改火灾隐患或违法行为而采取的严厉的刑法措施,将其置于刑法层面,从技术层面看是将消防业务过失犯罪单独区分出来独立成罪。任何罪名的设立都是基于当下需求,以便解决现存问题或预防未来可能发生的问题。法律实施效果评估是立法修订的有利支撑,当罪名与时代不相适应或立法技术不断使其优化之时,考虑立法条文的修订问题则是必须的。

(二)删除消防责任事故罪构成要件的前置条件

从上述刑法立法沿革进程看,在某种程度上可以说是消防责任事故罪被立法者从重大责任事故罪中剥离出来独立成罪,但是近几十年的刑事司法实践及法条实施效果,并没有实现立法者的初衷。这与消防责任事故罪构成要件的前置条件具有直接关系,有必要论证是否删除该罪构成要件的前置条件。

一方面,消防责任事故罪构成要件的前置条件催生了重大责任事故罪司法扩张化趋势风险,该扩张化趋势是一种具有风险性的趋势。从实证分析可知,重大责任事故罪司法扩张现象的存在,是迫于消防责任事故罪不能应对繁杂的社会形势而国家又不得不采取措施应对的无奈之举,重大责任事故罪司法扩张顺应了这种选择。在法律解释理论范畴,合法性原则是刑法解释的首要原则,解释必须首先以符合合法性原则为前提。“合法性原则的要义就是:不管该实存的制定法合理与否,解释都必须与之相合。实存的制定法是解释的基础,是我们'向后看'的目的物。这种刚性的要求与法治要求的法的确定性、稳定性、可预测性相合,体现了一种严格解释的刑法精神。"①刑法解释不能脱离法律文本而任由裁判者任意扩大化解释,至于实质上是否合理的问题,则是涉及合理性原则问题,即关系到裁判者是否作出合理的实质判断。贯彻法条要义进行法律适用或者法律解释,符合合法性,但重大责事故罪在司法实践中的扩大化适用,其合法性必然会遭受法理怀疑与挑战。

另一方面,删除消防责任事故罪构成要件的前置条件来自本罪构成要件条文设置内生性矛盾与外在性要求:一是构成要件主观要素的自相矛盾。如前所述,消防责任事故罪属于过失犯罪,罪过形式中的过失包含认识因素和意志因素,唯意志因素才是决定故意与过失的区分点,意志因素属于心理态度,因为我们不能以犯罪主体认识到犯罪的危险性或后果就以故意罪过论断,因此,消防责任事故罪的主观要件中的意志因素是不希望或不放任。而刑法条文设置的"拒不执行"行为,其背后所持的主观态度的认识因素方面为"行为人已认识到危害后果发生的可能",在意志因素方面可以是"放任危害结果发生",具有主观上持放任态度的可能,这显然构成了自相矛盾。二是前置条件设定有违公平正义。消防监督机构开展消防监督执法检查采取抽查式,即使有关法律法规对检查作出了检查规定,但对单位场所的检查概率与频率仍存在一定的随机性与偶然性,在刑法层面将行为人入罪依托于消防监督机构的检查整改通知,这明显不合理,而且,经检查就存在犯罪风险,不经检查则无法入罪,显然有违背公平正义之嫌。尽管存在以重大责任事故罪论处的可能性,行为人同样可以受到法律应有惩戒,但是对标刑法目的与法律精神却已是不相吻合。三是基于当前打击消防违法犯罪行为的现实要求。当前经济社会发展形势更新,不符合时代发展要求的立法条文应当随之修订。重大责任事故罪与重大劳

① 齐文远、周详:《论刑法解释的基本原则》,载《中国法学》2004年第2期。

动安全事故罪是一个示例。① 或许有人会认为消防违法行为人拒不改正火灾隐患或违法行为自始以来都是常见现象,本罪前置条件具有威慑与保障双重功效,质疑取消本罪构成要件前置条件会导致威慑与保障作用的消失。实然,消防违法行为人拒不改正行为不能依赖于执法部门,这也与“单位全面负责”的消防工作原则不相符,同时又涉及另一问题,即消防监督机构执法效能问题。综上,删除消防责任事故罪构成要件前置条件是必然选择。

(三)重构消防责任事故罪犯罪构成要件

在考虑将消防责任事故罪构成要件的前置条件删除之后,紧接着就要探讨构成要件的设置问题。“犯罪构成的要件是决定某种具体行为的社会危害性及其程度而为该种行为构成犯罪所必需的一切要件。这一特征告诉人们,犯罪构成是认定犯罪成立的规格和标准,只有对某种行为的社会危害性及其程度具有决定意义而为该种犯罪成立所必需的要素,才是犯罪构成的要件。”②犯罪构成要件重要性不言而喻,对此,我们作以下解析:在犯罪主体方面,消防责任事故罪的犯罪主体依旧是单位,即企业、事业单位、机关、团体这些主体。本罪只能是纯正单位犯罪,不宜将其犯罪主体拓展至自然人。原因是:一方面,要与危害公共安全罪领域过失性业务性犯罪类型相吻合;另一方面,删除构成要件前置条件后,自然地会降低入罪门槛,入罪范围不宜扩大。在犯罪客体方面,本罪属于复合客体,客体是公共安全与国家消防监督管理制度。其中,前者是主要客体,后者是次要客体,关于客体的讨论对消防责任事故罪的法律适用并无多大实质性影响,在此不作过多阐述。在犯罪主观要件方面,本罪属于过失性犯罪,不存在主观故意情形。刑法

① 1997年《刑法》第135条规定的重大劳动安全事故罪,以“经有关部门或者单位职工提出后,对事故隐患仍不采取措施”作为前置条件。2006年《刑法修正案(六)》对该条进行了修订,删除了这种限制性的前置条件。

② 欧锦雄:《犯罪构成概念的新视域》,载《天津法学》2018年第4期。

理论中的犯罪故意,不论是直接故意还是间接故意,内在因素细分为"已经认识到发生严重后果的可能"的认识因素与"希望或放任严重后果的发生"的意志因素,显然,消防责任事故罪不属于故意犯罪中的任一种形态,否则,也就与其过失业务性犯罪相矛盾,也就无所谓"事故"了。消防责任事故罪在其立法之初就是从重大责任事故罪剥离独立成文的,在设置其犯罪构成要件时尤其要注意与相邻罪名的区别,特别是与重大责任事故罪的分界,否则容易引发与相邻罪名的法律冲突问题,也会产生法条竞合现象,也将在消防违法行为犯罪侦查、公诉与审判实践中产生诸多问题。因此,在犯罪构成客观要件方面,可参照重大责任事故罪立法规定进行设定,但实质并非与重大责任事故罪雷同。尽管消防安全属于大安全的一种,独立成文却正是要实现消防责任事故罪与重大责任事故罪的彻底割断。消防责任事故罪属于结果犯。① 综上,消防责任事故罪犯罪构成要件可以设置为:违反有关消防管理法规规定,因而发生重大伤亡事故或者造成其他严重后果的行为。

立法规则决定了刑事立法条文不可能具体细微,"任何法律规范都是抽象、概括的规定,要适用到现实生活中具体的人和事,需要法律解释的媒介作用;任何法律规范都应该具有稳定性,要适应现实生活和人们认识的不断发展变化,需要法律解释;法律适用不得不面对和克服法律规范自身存在的模糊和歧义,从而需要法律解释;由于各种原因,法律规范本身存在缺漏,也需要把法律解释作为拾遗补阙的重要手段之一"②,这就有待于在立法与司法层面进行法律解释了。此外,对于该罪的重大伤亡事故与严重后果的解释也需进行明确。"必须通过解释来明确构成要件的规范性意义,并由此而使构成要件的抽象性、形式

① 2021 年生效的《刑法修正案(十一)》在《刑法》第 134 条后增加一条,作为第 134 条之一,新增三类可直接入刑的安全生产重大违法行为,将过去常见的"关闭""破坏""篡改""隐瞒""销毁"以及"拒不执行整改""擅自从事高危险活动"等行政违法行为纳入刑法规制的范围内,冒险实施上述行为或将被追究刑事责任。将事故前严重违法行为入刑,意味着将"结果犯"调整为"危险犯"。

② 张志铭:《关于中国法律解释体制的思考》,载《中国社会科学》1997 年第 2 期。

性向具体性、实体性靠近。”[①]安全生产作业事故会往往会与火灾事故并存,思考如何将“火灾是否发生”作为界定消防责任事故罪与重大责任事故罪的一个关键要素,这也是留给我们的深层次论题,有待于在侦查、公诉与审判实践中进一步论证,但其至少也说明了消防责任事故罪单独设立的努力,从而真正实现消防责任事故罪的独立与回归。

(四)被允许的危险的理论之启示

“在风险的情况下,人们处理的不是一个现在可以决定其他人在未来情况下如何行为的未来。人们无法将风险逐出门外。”[②]公共消防安全领域就属于风险存在的领域,在公共消防安全火灾防范工作中,从事消防安全业务的活动属于风险业务活动,风险业务或多或少地伴随一定的风险,而从事此类岗位的人员在从事工作之初或之后显然能够意识到这一风险的存在,只是在自我认识方面的深度差别与重视程度大小而已。重构消防责任事故罪犯罪构成要件之后,如何消除在这一风险领域入罪扩大化的疑虑,成为我们所要思考的问题。[③] 在风险业务领域,被允许的危险的理论引起我们的注意。该理论源自19世纪末的德国,后快速发展得到承认运用。按照被允许的危险的理论,“行为人是否履行注意义务(被合法免除的义务除外),主观上是否存在过错,是成立犯罪过失的关键”[④]。“如果行为人切实履行了注意义务,就不能构成犯罪;如果行为人未履行注意义务,系由于主观过错,就构成犯罪;如果行为人主观上并无过错,而是由于不能预见或无法抗拒的原因,未能履行注意义务,以致造成危害结果,则是允许的危险,行为人不

① [日]小野清一郎:《犯罪构成要件理论》,王泰译,中国人民公安大学出版社2004年版,第13页。

② Translated by Rhodes Barrett, Niklas Luhmann, *Risk*: *A Sociological Theory*, Ratzlow-Druck, Berlin, 1993, p. 59.

③ 重大责任事故罪在现实中也没这样的担忧存在。当然,为了印证这个问题,可以通过数据论证开展实证研究分析。

④ 姜伟:《犯罪过失与免责理论》,载《中国法学》1994年第2期。

负罪责。"[①]随着理论的发展,成为新过失论的理论基础。[②] 然而,学界对我国引入被允许的危险的理论存在不同观点。"我们既要对所谓风险刑法观保持警惕,也要谨慎对待被允许的危险的法理;动辄以进入危险社会为由扩大处罚范围的观点与做法,或者动辄以被允许的危险为由为行为人开脱罪责的观点与做法,都是相当危险的。"[③]既然,被允许的危险的理论或许不能够运用在消防责任事故罪司法领域,但仍然启示了我们,其在犯罪的主观与客观构成要件上给予我们思考空间。

根据以上所分析确定的消防责任事故罪的犯罪构成四要件,我们可以聚焦于犯罪构成的主观与客观要件,从中明确或运用某种规则,以此消除我们对于消防责任事故罪入罪扩大化的疑虑:一是判断行为人是否履行了结果回避义务。在行为人具备结果回避的可能性前提下,如果履行了回避结果,即履行了防止结果发生的义务,则排除在犯罪要件之外。如消防违法行为人虽然违反了消防管理规定,但在引发火灾的过程中,在存在避免严重结果发生的可能性前提下,其采取了积极措施避免了严重后果的发生,行为人由此不能符合犯罪构成要件。当然,这也正符合消防责任事故罪是结果犯的性质。二是判断行为人对结果的预见可能性。对结果具有具体的预见可能性,是疏忽大意的过失与过于自信的过失的责任要件。我们可以根据《刑法》第16条的规定,行为即便在客观上造成了损害结果,但行为人并不是持有故意或者过失的罪过形式,而是由于不可抗拒或者不能预见的原因造成的,便不能构成犯罪。因此,行为人对于不可抗力和意外事件,根本无法具有预见的可能性,则就排除了犯罪。三是准确判断违法行为与后果造成之间

---

① 许发民:《论社会发展进步与犯罪构成要件的敛缩》,载《政治与法律》2002年第5期。

② 新过失论针对传统过失论而言,其观点是:随着产业革命的发展,许多危险行为对社会的发展具有有用性与必要性;只要行为人遵守了相关的行为规则,即使造成了法益侵害结果,也不能认定为过失犯。以行为无价值论为理论基础,通过在预见可能性的要件之外增加结果回避义务违反的要件,限定过失犯的成立范围。结果回避义务的内容,根据置于行为人立场的一般通常人所应当遵守的社会的行为准则来确定。

③ 张明楷:《论被允许的危险的法理》,载《中国社会科学》2012年第11期。

的因果关系。该因果联系应当是直接的因果联系，消防违法行为人的违法行为与严重后果的发生具有直接联系，把握违法行为与造成后果之间的因果联系是关键性因素。“宽严相济刑事政策对于客观行为的入罪化和出罪化有着重要的指导意义：‘宽’代表扩展出罪路径，进一步贯彻刑法的谦抑性，而不是追求刑法的一味扩张；‘严’则是需要进一步构建严密的刑事法网，避免将本应入罪的行为逃脱刑事责任的惩罚。”①综上，消防责任事故罪唯有把握好入罪与出罪的界线，方能发挥威慑与保障双重功效。

五、结　论

消防责任事故罪自单独立罪至今，经过几十年的司法实践，在发挥威慑作用与惩治消防违法犯罪行为方面的功劳不可磨灭，然而，其承担的使命与被寄予威慑与保障双重功效的期待不甚匹配。消防责任事故罪的立法与司法问题，应当引起学术界与实务界的足够重视，进而最终寻求问题的解决办法。实证研究方法具有独特优势，能够挖掘研究对象的关系与规律，通过对419个刑事案件的实证分析可知：消防责任事故罪入罪门槛高，主要在于其犯罪构成客观要件明显不合理；重大责任事故罪司法适用呈现扩张化趋势，违背了合法性原则；消防责任事故罪与重大责任事故罪未彻底割断，消防责任事故罪存在替代性风险。消防责任事故罪纳入立法修订议题，是当前社会客观形势的必然要求。要实现消防责任事故罪的回归，可以从以下四个方面作为起点：其一，厘清消防责任事故罪立法本意，促成该罪威慑与保障功能发挥的最大化；其二，删除消防责任事故罪构成要件的前置条件，实现立法条文设置的科学性与合理性；其三，重构消防责任事故罪犯罪构成要件，实现其与重大责任事故罪的彻底割断；其四，借鉴被允许的危险的理论，实现消防责任事故罪出罪若干规则的运用。

① 韩博雅、郑雪：《非法经营罪司法扩张之检视与反思》，载《人民论坛》2021年第2期。

The Dilemma and Way out of Fire Control Liability Accident Crime
—An Empirical Study Based on 419 Criminal Cases

Zhang Hua

[**内容摘要**]消防责任事故罪承担的使命与被寄予威慑与保障双重功效的期待不相匹配,其立法与司法实践现状理应受到足够重视,以实证研究方法深入剖析是最佳路径。通过对 419 个具有客观性、典型性、代表性的研究样本的分析可知:消防责任事故罪入罪门槛高,主要在于其犯罪构成客观要件方面;重大责任事故罪司法适用呈现扩张化趋势,挤压了消防责任事故适用空间;消防责任事故罪与重大责任事故罪未彻底割断,存在替代性风险。解决消防责任事故罪适用困境的根本出路在于厘清消防责任事故罪立法本意、删除消防责任事故罪构成要件前置条件、重构消防责任事故罪犯罪构成要件以及探索消防责任事故罪出罪若干规则运用,以实现消防责任事故罪的回归,真正发挥其威慑与保障双重功效。

[**关键词**]消防责任事故罪;重大责任事故罪;构成要件;司法扩张;法律解释

Abstract: The mission of fire responsibility accident crime does not match the expectation of placing deterrence and guaranteeing the dual effect. The status quo of legislation and judicial practice should be paid enough attention, and the in-depth analysis of empirical research is the best path. By selecting 419 objective, typical and representative criminal cases, We have found the following problems: the high threshold for fire liability accidents mainly lies in the objective elements of the crime. The judicial application of the crime of major liability accidents presents an expansionary trend, squeezing the application space of fire control liability accidents. The crime of fire responsibility accident is not completely separated from the crime of major responsibility accident, and the crime of fire responsibility accident has an alternative risk. The fundamental way out to solve the dilemma of fire responsibility accident crime is to clarify the legislative intention of fire responsibility accident crime, delete the requirements of fire responsibility accident crime, reconstruction of fire responsibility accident crime elements and explore the use of several rules of fire responsibility accident crime, in order to realize the return of fire responsibility accident crime, to play the dual effect of deterrence and guarantee.

Keywords: Crime of Fire Control Liability Accident; Crime of Major Liability Accident; Constituent Elements; Judicial Expansion; Legal Interpretation

〔外国刑法〕

论被害者承诺

[日]関哲夫* 著 王 充** 译

目 次

一、意义与法律效果

(一)意 义

所谓被害者承诺(被害者同意),就如献血者同意为了献血而将针头注入其体内采血一样,是法益主体对于侵害或危及自己法益的行为予以承诺以及所给予的承诺本身。法谚"对所欲者不存在侵害""对承诺者不存在不法"说的就是这种情形。① 被害者承诺,是法益主体对法的要保

---

* 日本国学院大学法学部教授,法学博士。

** 吉林大学法学院教授,法学博士。

① 有关被害者承诺可参见塩谷毅:『被害者の承諾と自己答責性』、法律文化社、2004;須之内克彦:『刑法における被害者の同意』、成文堂、2004。

护性的放弃,基于承诺的行为的犯罪性:尤其是违法性会消失或降低。

被害者承诺,是一般的正当行为之一,也是刑法没有规定的超法规的正当化事由之一。

(二)法律效果

被害者承诺,依据法律效果,可做如下分类。

1. 对构成要件该当性、违法性不产生影响的承诺

有些犯罪即便存在被害者承诺,仍无法基于此承诺而否定行为的构成要件该当性、违法性。例如,对未满13周岁的人实施的强制猥亵行为(第176条后半段)、[①]对不满13周岁的人实施的强奸行为(第177条后半段)、拐骗未成年人(第224条)、对未成年人实施的准欺诈行为(第248条)、侵犯国家、社会利益的犯罪。[②]

2. 阻却构成要件该当性、违法性的承诺

有些犯罪由于存在被害者承诺,而最终丧失其构成要件该当性与违法性。例如,非法侵入住宅罪(第130条前段)、私自开拆邮件罪(第133条)、泄露秘密罪(第134条)、对13周岁以上男女实施的强制猥亵罪(第176条前段)、对13周岁以上女性实施的强奸罪(第177条)、侵占罪(第252条)、盗窃罪(第235条)。[③]

3. 使重罪向轻罪的构成要件该当性、违法性转移的承诺

有的犯罪因存在被害者承诺而转变为较轻犯罪的构成要件该当性、

---

① 儿童色情制造罪(有关儿童买春、儿童色情行为等的处罚以及保护法律第7条第3项)也规定即便是存在被害儿童的承诺,行为的犯罪性仍不会消失。参见名古屋高裁金泽支部判决平成17·6·9刑集60卷2号。

② 针对国家法益、社会法益的犯罪也可以归入此类型中。例如,在追究留置场的男性看守与被拘禁的女性之间保持性关系的特别公务员暴行凌虐罪(第195条)的案件中,本罪首要保护的法益是"针对公务适当执行的国民信赖",因此,判决表明并不关注"实际上是否存在对方的承诺"。参见东京高判平成15·1·29判時1835辑。

③ 例如,像未成年人的略取诱拐罪(第224条)那样,根据保护法益的内容、承诺能力的有无,也可以归入这种类型之中。

违法性。例如,与杀人罪(第 199 条)相对应的参与自杀罪、同意杀人罪(第 202 条),与不同意堕胎罪(第 215 条)相对应的同意堕胎罪(第 213 条)。

因为被害者承诺在大部分情况下是不存在的,因此几乎是将承诺的不存在作为犯罪性的积极根据。只是,在存在被害者承诺的情况下,原来的犯罪被规定为较轻的其他犯罪,这时,就需要讨论是否构成该较轻的犯罪。鉴于被害者承诺与法律要件有关,因此在法律要件该当性阶段探讨被害者承诺便可以说是尤为合理的。考虑到这一点,在学说上,有观点认为可以将被害者承诺分为作为阻却法律要件该当性事由的"合意"(Einverstandnis)和作为正当化事由的"同意"(Einwilligung)来进行讨论。但是,被害者承诺与犯罪性尤其是行为的违法性相关,而且阻却或减轻违法性的情况很常见,因此有必要在考虑具体案件的各种情况下对承诺的有效与无效进行探讨。如果在肯定相应行为的法律要件该当性之后,再探讨其正当化(违法性阻却)的方法是思考经济而且合理的。虽说如此,被害者承诺,是应该在法律要件该当性阶段来探讨还是在违法性、正当化阶段来探讨,应该由具体的案件来决定,这就意味着被害者承诺应该如何在犯罪体系论上定位的讨论只不过是假象而已。[①]

二、正当化的根据与要件

(一)正当化根据

根据笔者的观点,当法益主体基于自由的意思决定将自己法益置于侵害抑或危险状态的行为作出承诺时,其作为个人(私事性)、自我实现的一环,便使相应利益的法的要保护性消失了。这就是以与刑法

① 只是,当条文中规定有"如果不存在正当的理由"(第 105 条之 2、第 130 条、第 133 条、第 134 条)、"不法的"(第 220 条)这样法文言的情况下,也有可能作出其他的解释。

的目的相对应的自我决定之自由尊重的理念为前提，在法益共存思想中派生出来的放弃（或减少）要保护性原理的作用下产生的。

对于因被害者承诺的作出而使侵害或者危及法益的行为正当化的根据而言，采取社会相当性路径的观点是，即使法益主体就个人法益作出了承诺，若基于此承诺作出的行为从社会伦理的观点来看是不被允许的，那么此行为也不能被正当化。因为这是从社会相当性的观点出发对个人的自己决定权所进行的限制，所以属于行为无价值论的观点。其中，目的说①认为，当法律为达成对个人法益处分权的保护这种为国家所承认的共同生活的目的时，被害者承诺作为一种适当的手段具有违法阻却性。社会相当性说②认为，要想通过被害者作出承诺使行为具有正当化，基于可承诺法益范围内的有效承诺所作出的行为自身也要具有明显的社会性。

另外，采取自我决定处分路径的观点，当法益主体对自己具有处分权的那部分法益作出允许别人侵害的承诺时，原则上，法益或法的要保护性也随之消失，从而使侵害行为正当化，因为这是贯彻以法益主体的自我决定为基础的处分可能性，因而是属于结果无价值论的观点。其中，保护法益减少说③认为，由于法益主体基于自由意志作出处分的承

---

① 木村亀二：『刑法総論』、有斐閣、1978、頁 252。

② 団藤重光：『刑法綱要総論』、創文社、1990、頁 222；福田平：『全訂　刑法総論』、有斐閣、2011、頁 181；大塚仁：『刑法概説（総論）』、2008、頁 421；高橋則夫：『刑法総論』、成文堂、頁 322。最决昭和 55・11・13 刑集 34 卷 6 号 396 頁，判時 991 辑第 93 号（百选Ⅰ第 22）。（被害者在对身体伤害承诺的场合，是否成立伤害罪，不能仅仅考虑存在承诺的事实，而要考虑上述承诺做出的动机、目的以及身体伤害的手段、方法、损伤的部位、程度等各种因素来决定。）

③ 平野龍一：『刑法総論Ⅱ』、有斐閣、1975、頁 249；内藤謙：『刑法講義総論（中）』、有斐閣、1986、頁 587；中山研一：『刑法総論』、成文堂、1982、頁 306；西原春夫：『刑法総論（上卷）』、成文堂、1993、頁 269；大谷實：『刑法講義総論』、成文堂、2012、頁 253；西田典之：『刑法総論』、弘文堂、2010、頁 187；林幹人：『刑法総論』、東京大学出版会、2008、頁 159；山口厚：『刑法総論』、有斐閣、2007、頁 151；佐久間修：『刑法総論』、成文堂、2008、頁 194；松原芳博：『刑法総論』、日本評論社、2017、頁 121；前田雅英：『刑法総論講義』、東京大学出版会、2011、頁 347。

诺,这种处分行为便视为对自我法益的放弃,所以从法律层面上来讲应该被保护的法益就不存在了(法益不存在的原则)。进而,自己决定优越说①更进一步的提出,通过承诺而实现的作为人格上自我支配利益的决定自由较之于原来意义上被行为侵犯的法益更具有优越性,因此,基于承诺而使行为具有正当化(优越利益原则)。

(二)正当化要件

1. 处分权限

要使被害者承诺行之有效,首先,个人作为法益主体必须具有针对个人法益的抽象处分权限;其次,个人必须享有针对该法益上的具体处分权限。就侵犯国家法益、社会法益的犯罪而言,如果其同时包含有对个人法益的侵害时,在个人法益的范围内个人的承诺是可能有效的。

2. 有效的承诺

要使被害者承诺行之有效,必须是具有承诺能力(对承诺的内容、意义、结果有理解能力)的人作出的任意且真实的承诺。因此,无承诺能力的幼儿和精神障碍者的承诺不具有法律效果,②而且对承诺的内容、意义、结果存在误解的承诺也是无效的。另外,承诺必须最迟在行为发生时就已经作出,事前承诺必须是在行为时作为有效的承诺而存在的。因此,在刑法上,事后承诺是不具有法律效果的。

3. 承诺的范围

基于承诺的侵害或具有危险性的行为必须在承诺范围内实施。例如,获得许可进入客厅的行为人进入了卧室,其超出了承诺范围的行为便是违法。承诺范围不仅仅包括侵害行为或具有危险性行为的性质、意义及此行为的范围,而且必须囊括由该行为所产生的后果。

---

① 曾根威彦:『刑法総論』、弘文堂、2008、頁125。

② 大判昭和9·8·27刑集13卷1086頁(5岁11个月的幼儿);最判昭和27·2·21刑集6卷2号275頁(不具有通常意思能力、难以理解何谓自杀的被害者)。

(三)承诺的认识与否

根据笔者的观点,当法益主体基于自主意志作出的处分行为,就是对侵害或危及自身法益行为的承诺时,刑法便丧失了保护此种法益的契机,该法益的法的要保护性也随之消失。这种法律效果,是在与刑法目的相适应的自我决定之自由尊重的自由理念的基础上,也就是基于法益主体(承诺者)与刑法关系而产生的法效果。因而,承诺者是否对自己承诺具有认识这一因素并不能对承诺的法律效果产生支配性的影响。因此,认识不要说(意思方向说)较为妥当,基于偶然承诺的正当化也使得犯罪不成立。正如偶然防卫、偶然避险那样,虽然在理论上有被认定成立未遂犯的可能性,但是,如果从客观上可以认定存在被害者承诺,①而且,实施的行为及其结果皆在承诺范围之内,却被认定为成立未遂犯,一旦如此,我们便可以说,"你,是基于犯意实施行为,因疏忽大意没能充分注意到被害者的承诺,所以以故意的未遂犯来定罪处罚"抑或"你,不能否定在没有被害者承诺的状态下也实施犯罪行为的可能性,因而以未遂犯定罪处罚"。这完全是不妥当的。

实施基于承诺的具有侵害或危险行为的行为人,是否有必要对承诺的存在有认识呢?第一,认识不要说(意思方向说)认为,被害者承诺作为内心的意思而存在就足够了,被害者承诺不必要表现于外。②据此,行为者对承诺存在的认识是不必要的,如果被害者承诺是客观存

① 被害者的承诺,无论是明示的还是暗示的,至少有必要使外部知晓其放弃法的要保护性的意思,这是一个事实认定的问题,而不应该是一个影响犯罪成立与否的问题。对于这一点,可参见东京高判昭和 58・8・10 判時 1104 辑 147 頁。

② 平野龍一:『刑法総論Ⅱ』、有斐閣、1975、頁 250;内藤謙:『刑法講義総論(中)』、有斐閣、1986、頁 594;中山研一:『刑法総論』、成文堂、1982、頁 307;大谷實:『刑法講義総論』、成文堂、2012、頁 257;曽根威彦:『刑法総論』、弘文堂、2008、頁 126;西田典之:『刑法総論』、弘文堂、2010、頁 192;浅田和茂:『刑法総論』、成文堂、2007、頁 208;山口厚:『刑法総論』、有斐閣、2007、頁 157;松宮孝明:『刑法総論講義』、成文堂、2017、頁 125;松原芳博:『刑法総論』、日本評論社、2017、頁 128。

在的话就可以了。与此相对,第二,认识必要说(意思表示说)认为,被害者承诺的有效必须是该承诺表现于外。[①] 据此,由于行为者必须对承诺的存在有认识,因此,承诺的认识作为主观的正当化要素而被要件化了。[②]

与此相关,客观上存在被害者的有效承诺,但行为人对此毫不知情,是基于单纯侵害的意思实施行为,也就是偶然承诺的情况。对此存在三种不同的观点:第一,正当化说认为,如果被害者承诺是客观存在的,那么保护法益的缺失或自己决定的优位性就应该被认可,因此行为被正当化而不成立犯罪;[③]第二,既遂犯说认为,如果缺乏承诺的认识这个主观的正当化要素,那么行为就是违法的,由违法的行为产生了违法的结果,因此,即便存在客观上的承诺行为也成立既遂犯;[④]第三,未遂犯说认为,只有对违法的犯罪结果发生的具体危险性有认识才可以成立未遂犯,进而,行为是违法的,但产生的结果因为是在承诺的范围之内而否定了其违法性,所以行为成立未遂犯。[⑤]

---

① 木村亀二:『刑法総論』、有斐閣、1978、頁 285;福田平:『全訂　刑法総論』、有斐閣、2011、頁 181;大塚仁:『刑法概説(総論)』、有斐閣、2008、頁 420;高橋則夫:『刑法総論』、成文堂、2016、頁 325。

② 如本文所述,实际上,站在认识不要说的立场上,从认定的明确性、安定性的视角出发采取意思表示说也是可能的。只是,现在的讨论状况,是将意思表示说作为认识必要说的前提,意思方向说作为认识不要说的前提,但这仅仅限于是逻辑上的关联性而已。

③ 从承诺的认识不要说出发,可参见内藤謙:『刑法講義総論(中)』、有斐閣、1986、頁 594;中山研一:『刑法総論』、成文堂、1982、頁 313;大谷實:『刑法講義総論』、成文堂、2012、頁 257。(但大谷说采取了无罪说的结论比较有意思)

④ 从承诺的认识必要说出发,可参见木村亀二:『刑法総論』、有斐閣、1978、頁 286;福田平:『全訂　刑法総論』、有斐閣、2011、頁 181;大塚仁:『刑法概説(総論)』、有斐閣、2008、頁 420。

⑤ 从承诺的认识不要说出发,可参见平野龍一:『刑法総論Ⅱ』、有斐閣、1975、頁 250;山口厚:『刑法総論』、有斐閣、2007、頁 157;松宮孝明:『刑法総論講義』、成文堂、2017、頁 125。从认识必要说出发,可参见高橋則夫:『刑法総論』、成文堂、2016、頁 325。

三、被害者的推定承诺

(一)意　　义

所谓被害者的推定承诺,是指虽然不存在承诺权利人针对侵害、危险化的行为的作出现实的承诺,但可以推定行为当时若承诺权利人对事态有认识的话便会作出承诺以及同意该承诺。

从笔者与刑法的目的相对应,重视自我决定之自由尊重的理念的立场出发,被害者的推定承诺也应该考察其是否与被害者的个人意思相吻合,在这一点上承诺法理说是妥当的。

就行为基于被害者的推定承诺而被正当化的根据而言,在学说上存在四种不同的观点:第一,社会相当性说强调客观、合理的判断,提出从社会相当性的观点出发来判断是否可以推定存在被害者承诺;①第二,允许危险说主张从允许危险的观点出发,如果认为客观、合理的推定也允许出现错误的判断;②第三,承诺法理说主张从被害者现实承诺的延长线上考虑问题,即便是没有现实的承诺但是要看推定的承诺是否与被害者的个人意志相符合;③第四,准紧急避险说主张能否比照紧急避险来对待。④

① 团藤重光:『刑法纲要総論』、創文社、1990、頁222;福田平:『全訂　刑法総論』、有斐閣、2011、頁184;大塚仁:『刑法概説(総論)』、有斐閣、2008、頁422;大谷實:『刑法講義総論』、成文堂、2012、頁258。

② 須之内克彦:『刑法における被害者の同意』、成文堂、2004、頁91;町野朔:『患者の自己決定権と法』、東京大学出版会、1986、頁200。

③ 佐伯千仞:『刑法講義(総論)』、有斐閣、1981、頁220以下;平野龍一:『刑法総論Ⅱ』、有斐閣、1975、頁255;内藤謙:『刑法講義総論(中)』、有斐閣、1986、頁619;曽根威彦:『刑法総論』、弘文堂、2008、頁127;堀内捷三:『刑法総論』、有斐閣、2004、頁187;山口厚:『刑法総論』、有斐閣、2007、頁169;松原芳博:『刑法総論』、日本評論社、2017、頁143。另外可参见浅田和茂:『刑法総論』、成文堂、2007、頁212。

④ 前田雅英:『刑法総論講義』、東京大学出版会、2011、頁352。

(二)正当化要件

1. 处分权限

被害者的推定承诺要求:第一,个人作为法益主体具有与个人法益相关的抽象处分权限;第二,(被害者)个人也必须具有与该法益相关的具体处分权限。

2. 承诺的困难性

被害者承诺,以获得承诺权利人的现实承诺为原则。因此,基于获得被害者的推定承诺而使行为正当化,有必要存在难以获得被害者现实承诺的事实上的困难状况。这个要件担保法益主体的自我决定,也是为了贯彻法益主体自我决定的实现。

3. 承诺的推定

有必要在行为时推定存在被害者承诺。推定的承诺,是以被害者的个人意思指向为基准来推定其意思的,因为这是对现实承诺的补充,所以与通常情况下的被害者承诺相同,在这一点上主观说是妥当的。

与此相对,还存在以客观的、合理的一般人为基准来推定承诺的客观说。客观说由于混入了国家的、社会的伦理规范的观点,因此就被强制性地作出脱离被害者意思指向的判断,这是不妥当的。的确,当难以揣摩被害者真意时,①有时要求以一般通常人为标准通过社会观念来推测其合理的意思,可是,即便存在这种情况,被害者的观念中是以共有的社会观念为前提的,正因如此,不能忽视的是这种合理的意思推测是被允许的。

4. 推定承诺的范围

行为因推定的承诺而被正当化,则此行为必须是被包含在推定承诺的范围之内。例如,无人在家的公寓楼上的房间里排水管破裂,水滴落下来,楼下的住户擅自进入无人的屋子将破损的排水管抢修好,这种行为(修缮排水管事件)可以说是在推定承诺范围内的行为,但是如果

---

① 在这种情况下,无法否定被害者的事后的承诺是非常有力的判断资料。

吃喝了该住户冰箱里的食品就不能说是在推定承诺的范围之内了。[①]

(三)类　型

能够推定被害者承诺的情况包括:第一,专门为了被害者利益所作出的行为。例如,正好在交通事故现场的医生对昏迷的伤者进行急救治疗行为即属于此。这可以称为事务管理型,即保全利益和侵害利益之间的利益冲突是被害者自己可处理,因此很容易推定具有被害者承诺,肯定该行为被正当化的类型。第二,为了被害者、行为人的利益所作出的行为。例如,前文中修缮排水管事件中楼下行为人的行为即属于此。这可以称为利益保全型,即是保全利益和侵害利益之间的利益冲突不只存在于被害者自身,同时还要保全行为人(第三者)的利益形态。因此,很容易认定存在推定的被害者承诺,肯定行为被正当化的类型。第三,为了行为人、第三人所作出的行为。例如,为了去附近买东西,短时间内擅自借用熟人自行车,像这类行为是为了行为人的利益而为的行为。又如,为了送患了疾病的家人去医院而擅自使用熟人汽车,像这类行为是为了第三人的利益而作出的行为。这可以称为利益侵害型,即保全利益与侵害利益之间的利益冲突不能由被害者自己处理,因为被害者被行为人单方地拉入被害圈之中,因此能够认定存在推定被害者的承诺是非常有限的。

四、问　题　点

(一)承诺的界限

被害者承诺是否存在界限?以伤害行为为素材尝试进行探讨。对作为自我决定权基础的可能毁灭生命的重大伤害给予承诺的自我决定,可以说是可悲的自我决定,正因如此,才可以说是最终的自我决定

① 假如楼上的住户觉得“麻烦您进行了修理”,也有可能存在其能够给出食用冰箱中食物的推定的承诺来。

或者说是自我决定的核心。这样的自我决定,无论是对国家还是对社会来讲,都是一种不受欢迎的存在,此种承诺基于国家、社会的保护而被限制,国家、社会若将其作为犯罪来加以处罚又是多管闲事。刑法的本质机能是法益保护机能的根底,法益共存的思想在流淌着,法尽可能的想要谋求法益的和平共处。确实,被害者作出承诺时,无论是有关其生命的还是有关其身体的,原则上,它们的法的要保护性应该随之消失。只是,当被害者作出有关生命的承诺时,这是一项与终极法益相关的自我决定,不能否认其带有毁损个人尊严的危险。况且,当毁灭自己的生命与他人相关时,能够理解承诺的内容、意义的承诺人本人的意志就会为他人所影响、干涉,也存在其自主的承诺意思表示会被他人所曲解的危险。生命一旦被摧毁,仅就生命而言是无法挽回的。因此,法律站在监护人的立场上,并非本着积极干涉自我决定权的行使这样的宗旨,而是从避免个人尊严受损的消极目的出发,把生命放在最优位上加以考虑。① 正是在这样理解规定的宗旨时,参与自杀罪、同意杀人罪的规定(第202条)可以说是推定违法的规定。

就基于被害者承诺所作出的伤害行为而言,社会相当性说认为,即使法益主体对身体法益作出了承诺,若基于此承诺的伤害行为不被社会伦理的观点所容忍的话,也是不具有正当化的。这种学说,以公序良俗(健全的国民感情、法律秩序整体的精神)为基准,判断伤害行为是否在社会相当性的范围之内。② 社会相当性说以不具有社会相当性的行为为典型,列举出以违法为目的的承诺。③ 社会相当性说以公序良

① 这是“存疑有利于生命利益”命题的一种表现。第202条的规定可以看作这一命题的一个法的表现。

② 团藤重光:『刑法纲要総論』、創文社、1990、頁222;福田平:『全訂　刑法総論』、有斐閣、2011、頁184;大塚仁:『刑法概説(総論)』、有斐閣、2008、頁421;西原春夫:『刑法総論(上卷)』、成文堂、1993、頁277;佐久間修:『刑法総論』、成文堂、2009、頁197;伊東研祐:『刑法講義総論』、日本評論社、2010、頁223。

③ 这种观点采取的是对承诺的动机、目的,身体伤害的手段、方法,损伤的不为、程度等各种情况进行综合判断的综合判断说。最决昭和55·11·13刑集34卷6号396頁;判時991辑53頁;判タ433号93頁(以伪装过失的交通事故来骗取保险金,基于被害者的承诺而导致被汽车所撞伤,承诺是违法的不能阻却违法性)。

俗等这样模糊的概念作为判断基准，不仅其功能会让人产生疑问，而且，例如，“为实现违法目的而作的承诺”以与身体法益本身无关的事由为根据，作出伤害罪的判决处罚，这从理论上也是存在问题的。另外，若按此学说，骗取保险金为了留给自己家人而嘱托他人将自己杀死的人，受托人（行为人）因这种欺诈的目的而使其违法性减少被否定，从而不成立嘱托杀人罪而成立普通杀人罪，这是不妥当的。

与此相对，自己决定处分说认为，法益主体就身体法益的侵害作出承诺时，法益或法律要保护性就丧失，原则上因为违法性被阻却，因此使得法益主体基于自己决定的处分可能性得以贯彻。该学说中包括两种观点：其一，认为基于承诺的伤害行为是没有界限的，即无限制说。① 该说认为，基于有效承诺的伤害行为因欠缺伤害罪的犯罪性而不可罚。不应该设定个人行使自己决定权的界限，因为不存在与同意杀人罪（第 202 条后段）的规定相对应的同意伤害，所以如果按照伤害罪的规定对同意伤害进行处罚的话就会导致和同意杀人罪相比其处罚较重的结果。与此相对，其二，认为基于承诺的伤害行为存在界限的限制说。该说认为刑法中规定了同意杀人未遂的处罚规定，因而表明了禁止危及生命的或者可能造成重大伤害的承诺的宗旨，从而不得不主张在行使自我决定权的时候也要受限于不得危及生命以及造成重大的伤害这种重大伤害说。②

那么究竟为何要限制针对重大伤害行为所行使的自我决定权呢？对此，第一种观点认为，因为通过自我决定实现自由存在着难以弥补、侵

---

① 佐伯千仞：『刑法講義（総論）』、有斐閣、1981、頁 219；前田雅英：『刑法総論講義』、東京大学出版会、2011、頁 349；浅田和茂：『刑法総論』、成文堂、2007、頁 206；須之内克彦：『刑法における被害者の同意』、成文堂、2004、頁 9。

② 中野次雄：『刑法総論概要』、成文堂、1997、頁 162；平野龍一：『刑法総論Ⅱ』、有斐閣、1975、頁 254；内藤謙：『刑法講義総論（中）』、有斐閣、1986、頁 601；中山研一：『刑法総論』、成文堂、1982、頁 313；大谷實：『刑法講義総論』、成文堂、2012、頁 254；曽根威彦：『刑法総論』、弘文堂 2008、頁 124；西田典之：『刑法総論』、弘文堂、2010、頁 189；堀内捷三：『刑法総論』、有斐閣、2004、頁 181；高橋則夫：『刑法総論』、成文堂、2016、頁 323；山口厚：『刑法総論』、有斐閣、2007、頁 162。

害生命的重大危险,所以该行为必须被加以限制。[①] 可是,这种观点,忽视了侵害生命本身以及随着侵害生命危险的重大伤害之间的质的差异,因此是不妥当的。另外,第二种观点认为,在出现破坏自我决定权主体这种重大伤害结果的情况下,要从国家提供保护(国亲主义)的观点出发来对自我决定权加以限制。[②] 可是,这种观点认为对作为自我决定权基础的生命可能遭到侵害的重大伤害作出承诺的自我决定不是自我决定,这个逻辑上的飞跃难以通过国家保护(国亲主义)的方式来填补。

(二)基于错误作出的承诺

基于错误作出的承诺是否有效？以下面的事例来加以说明。

[事例 1:伪装自杀的事例]X 佯装意欲同 A 殉情,使 A 女产生自杀的念头并自杀。

[事例 2:强盗目的的事例]X 以抢劫的目的赴 A 宅,当打招呼说"晚上好"的时候,主人 A 应答道"请进",X 就乘机进入 A 宅。

[事例 3:胃切除的事例]医生 X 欺骗患有胃溃疡的患者 A 说"你患有进行性胃癌,若不尽快切除患处将产生十分严重的后果",在得到 A 的承诺后将胃的一部分切除。

[事例 4:摘取角膜的事例]X 欺骗 A 说"不赶紧给你女儿做角膜移植手术的话她就会失明",由此得到承诺将 A 的右眼角膜摘除,移植给了需要角膜的第三人。

首先,请在上面的案例中思考的罪责(条名),做笔记。然后,在听完下面的说明观点基础上,再次探讨大家的结论。

根据笔者的观点,以是否对处罚规定所保护的直接相关法益产生误解为基准的法益关系错误说,与刑法的法益保护机能相对应,是一种基本妥当的思考方式。但是,这种观点对法益是利益和法的要保护性

---

① 曾根威彦:『刑法総論』、弘文堂、2008、頁 125。

② 井田良:『講義刑法学　総論』、有斐閣、2008、頁 322;高橋則夫:『刑法総論』、成文堂、2016、頁 323。

相结合的概念并没有进行充分地分析。法益是利益与法的要保护性相结合的概念,利益是在现实的具体行为状况之下其法律要保护性使之现实化了。换言之,即通过自在的(an sich),对该利益的内容、目的、时期、场所、状况,侵害、危殆化的质或量等内容进行单线思考的衡量,可以确定该利益的具体的绝对要保护性;进而,通过自为的(für sich),对冲突利益的内容、目的、时期、场所、状况,侵害、危险状态的质或量等内容的基础上进行实践思考,从而可以认定该利益的具体相对的要保护性。据此,就法益关系的错误判断而言,要将与利益有关的错误和与法的要保护性有关的错误区分开来进行探讨,只有在针对利益和法益的要保护性都没有错误的情况下,这个错误才不是与法益有关系的错误。例如:首先,在事例1的伪装自杀的事例中,A女对X会同其殉情这一点产生了误信,她明确认识到了自己死亡的意义、内容和结果,对自己的生命利益及其法律要保护性均没有存在误解。因此,A女自杀的意思表示有效,X不成立参与自杀罪。其次,在事例2的强盗目的的事例中,对于狭义居住意义上的非法侵入住宅罪所保护的法益是是否允许他人进入的意思决定的自由,因A允许X进入住宅便可理解法益的要保护性消失,允许进入住宅是有效的。但以抢劫为目的的X在进入住宅之中所欲实施的抢劫行为,属于非法侵入住宅罪规定(第130条前段)射程范围之外的行为,在开始实施抢劫行为之后,不允许溯及之前的行为并认定成立本罪。① 再次,事例3的胃切除事例中,医生X使A将胃溃疡误信为进行性胃癌而作出了切除一部分胃的承诺,A对于其一部分胃本身的利益没有误解,但对该利益的法律要保护性(胃溃疡还是进行性胃癌)产生了误解,因而其承诺是无效的,X成立伤害罪。

---

① 这个强盗目的的事例,不仅是与法益(利益、要保护性)相关的错误,而且还有必要考虑住居侵入罪处罚规定的射程范围。与此相对,支持法益关系的错误说的学者,难以理解为什么针对这个事例没有适用“有关法益的(相对)价值的错误”、“有关承诺的事态的法益侵害性内容的错误”这样的思考方法认为A的许诺意思是无效的。因为在“允许持强盗目的的X进入的意思决定的自由”的价值与“允许持通常目的的X进入的意思决定的自由”的价值之间存在冲突,因而可以认为是“有关法益(相对性)价值的错误”,也可以说针对持有强盗目的的X进入的法益侵害性的内容存在错误。

最后,在事例 4 角膜摘取事例中,A 误以为自己的角膜会移植给女儿,因 A 对规定了利益要保护性的行为状况产生了误解,所以 A 的承诺无效,X 成立伤害罪。

如果介绍相关学说的话,第一,重大误解说。基于被害者的错误而作出的承诺存在重大瑕疵的场合,即是指被害者如果知道真相就可能不会作出承诺,这种程度上的错误对承诺的意思决定产生重大的影响,其结果就是意思决定并非出于本意的情况,这种情况下的承诺是无效的,也不能使行为正当化,因而这是通说、判例的立场。① 根据这种观点,在事例 1 的伪装自杀事例中,X 的殉情表示对 A 女自杀意志的形成具有决定性的重要意义,既然在这一点上 X 欺骗了 A 女,那么A 女的自杀意思便是无效的,X 成立杀人罪(间接正犯)。事例 2 的强盗目的事例中,若 A 知道真相应该不会作出允许 X 进入的意思表示,所以许诺意思无效,X 成立非法侵入住宅罪。② 事例 3 的胃切除事例中,被骗得了"进行性胃癌"对于 A 作出承诺的意思表示具有决定性影响,因此承诺无效,医生 X 成立伤害罪。事例4 的角膜摘除事例中,A 作出摘除角膜的承诺具有重大的动机错误,因此承诺无效,X 成立伤害罪。与此相对,第二,法益关系错误说。③ 它认为如果没有对处罚规定所保护

① 例如,大塚仁:『刑法概説(総論)』、有斐閣、2008、頁 419;大谷實:『刑法講義総論』、成文堂、2012、頁 255;最判昭和 33・11・21 刑集 12 卷 15 号 3519 頁;判时 268 卷 143 頁;判タ169 卷 28 頁(本案中被害者由于被告人的欺罔轻信其会殉情而产生死的决意,这个决意是真实的意思、没有附加任何重大瑕疵的意思)。

② 最大判昭和 24・7・22 日刑集 2 卷 8 号 1363 頁(表面上看像是获得了主人的承诺,但实际上欠缺这种承诺)。

③ 平野龍一:『刑法総論Ⅱ』、有斐閣、1975、頁 257;内藤謙:『刑法講義総論(中)』、有斐閣、1986、頁 591;中山研一:『刑法総論』、成文堂、1982、頁 312;曽根威彦:『刑法総論』、弘文堂、2008、頁 126;西田典之:『刑法総論』、弘文堂、2010、頁 193;堀内捷三:『刑法総論』、有斐閣、2004、頁 184;川端博:『刑法総論講義』、成文堂、2007、頁 328;山中敬一:『刑法総論』、成文堂、2015、頁 218;高橋則夫:『刑法総論』、成文堂、2016、頁 329;山口厚:『刑法総論』、有斐閣、2007、頁 159;佐伯仁志:『刑法総論の考え方・楽しみ方』、有斐閣、2013、頁 219;松原芳博:『刑法総論』、日本評論社、2017、頁 138;另外可参见松宮孝明:『刑法総論講義』、成文堂、2017、頁 124。

的直接相关法益产生误解，具体而言，如果被害者对于处分法益的存否、种类、质量等没有错误认识的话，则承诺有效。这种学说正在成为一种有力的学说。该学说的特征是以是否存在对处罚规定所保护的直接相关法益产生误解来判断承诺的有效性。根据此学说，事例1的伪装自杀事例中，因动机错误，A女的自杀意思表示有效，X仅成立参与自杀罪。事例2的强盗目的事例中，对于是否允许X进入住宅的决定自由不存在误解，因此A的许诺意思有效，X不成立非法侵入住宅罪。事例3的胃切除事例中，A对于处分“一部分胃”的法益自身价值存在误解，因此属于法益关系错误，承诺无效，所以医生X成立伤害罪。①事例4的角膜摘除事例中，A低估了自己角膜的法益价值，对法益价值存在误解，A的承诺作为法益关系错误而无效，X成立伤害罪。②

(三)危险的接受

1. 意义

被害者虽对客观的要件该当结果没有作出承诺，但对行为的危险性有认识、有承诺，也就是所谓危险接受的场合，基于危险的行为产生了结果，那么实施引起结果的危险行为的行为人的罪责应该如何处理呢?

2. 学说状况

危险的接受是非常困难的问题，存在各种各样的观点。

第一，被害者的承诺论认为，如果存在被害者的承诺则以此为根据否定要件该当性、违法性。其中又可以分为以下两种不同看法：其一，纯粹同意说③认为，危险的接受可以分为自我决定权本身就是保护法

---

① 西田典之：『刑法総論』、弘文堂、2010、頁193；高橋則夫：『刑法総論』、成文堂、2016、頁329。

② 西田典之：『刑法総論』、弘文堂、2010、頁194；佐伯仁志：『刑法総論の考え方・楽しみ方』、有斐閣、2013、頁216以下。

③ 佐伯仁志：「違法論における自律と自己決定」、『刑法雑誌』41巻2号、頁186。

益和自我决定权的客体是保护法益两种情况,在后者的情况下,被害者的承诺是违法性阻却事由,要认定危险接受的存在,虽没有必要证明积极追求结果本身的意欲,但至少应证明没有回避结果的发生。其二,准同意说[①]认为,在接受危险的情况下,即使结果发生的可能性很小,尽管被害者对此有认识、容忍结果的发生,但在被害者自愿、自由的意思表示同意此种危险存在时,被害者便欠缺法益的要保护性,犯罪要件该当性也随之被否定了。

第二,个人的自治论主张在市民社会中,依据市民的个人自治自由,基于市民的自由行为阻却违法性的观点。个人的自治论中又包括以下两种不同的看法:其一,自身危险化自由说[②]认为,作为自己决定权的内容,尽管作出了将自身法益置于危险境地的行为但无论何种理由都不能阻碍自己的决定,应该赋予允许自己决定的自由,否则,最终就会因为可能导致危险而限制了市民的自由。其二,部分社会的特别规范说[③]认为,具有独立性的自律规则在某些生活领域中作为妥当的规则体系,例如,医疗上的准则、危险的运动中为了确保安全的准则,在类似上述生活领域中存在被承认的规则体系(特别规范),这些特别规范最终是基于该行为所具有的危险性与有用性的衡量来判断其妥当性的,对于一定的社会生活领域中的固有的纷争而言,只能通过该部分社会内部妥当的特别规范来确保其处理的妥当性,在这个意义上,可以说是存在部分社会的自律或者自律的部分社会。

第三,允许的危险论主张利用允许危险的法理来说明危险接受的阻却违法性。其中社会相当性论[④]认为危险的接受自身并不能阻却行为的违法性,只有被认定为具有社会相当性的某些行为,通过《刑法》

① 林幹人:『刑法総論』、東京大学出版会、2008、頁173;前田雅英:『刑法総論講義』、東京大学出版会、2011、頁409;西田典之:『刑法総論』、弘文堂、2010、頁190。

② 山口厚:「『危険の引受け』論再考」、『齊藤誠二先生古稀記念·刑事法学の現実と展開』、信山社、2003、頁89;松原芳博:『刑法総論』、日本評論社、2017、頁145。

③ 小林憲太郎:『刑法的归责』、弘文堂、2007、頁273。

④ 福田平:『全訂　刑法総論』、有斐閣、2011、頁183;大谷實:『刑法講義総論』、成文堂、2012、頁256;佐久間修:『刑法総論』、成文堂、2009、頁201。

第35条规定的正当行为才能够阻却违法性,因此,作为要件,允许的危险以及危险的接受等因素都是必要的。

第四,自我答责性论将被害者自我答责的思考方式运用到危险接受上的观点。其中自我答责性说[①]认为,在危险接受的场合下,被害者以一种协助的特殊样态面对行为人以及结果的发生,行为人在正犯(被害者)的帮助下,只不过是参与被害者缺乏构成要件该当性的过失自损行为的过失共犯而已,因此作为共犯的行为人(加害人)不可罚。不可罚的要件有:被害者能够预感到法律要件结果的发生或者能够认识到正在逼近的危险意味着什么、被害者具有自我答责能力(辨别能力和抵御能力),同时被害者对结果的发生抱有与行为人同等的积极态度甚至其积极性更甚于行为人。以自我答责论为基础的自我法益保护义务违反说[②]认为,在自我法益保护义务产生的情况下,被害者必须在自己责任范围内能够预测危险的发生并可以通过采取措施积极的回避危险,这是被害者的一项义务。国家不会给予保护,社会成员必须自行处置面对的危险及其结果,若被害者违反了自我法益保护义务,则加害人的行为不可罚。这虽然是直接以作为刑法各本条的要素解释论的规范的保护范围论的形式出现的,其萌芽就是客观归属论中的自我答责性原理。

第五,行为的危险性否定论认为,被害者对危险作出同意的意思表示,那么行为的危险性或相当因果关系在规范上就被否定了。其中危险同意说[③]认为,在承受死亡危险的情况下,若法益主体未对死亡结果表示同意但肯定了死亡危险,则在规范的评价上就否定了作为过失犯构成要件要素的相当因果关系或构成客观归属要件的行为危险性。

第六,过失犯论主张在危险承受的场合下,过失犯无须尽到注意义

① 塩谷毅:「危険の引受け」、『刑法の争点』、頁78;高橋則夫:『刑法総論』、成文堂、2016、頁322。

② 伊東研祐:「現代社会における刑法解釈論の機能と視座」、『刑法杂志』40卷2号、頁180。

③ 山口厚:「被害者による危険の引受と過失犯処罰」、『研修』599号、頁3。

务,尤其是其预见可能性应被否定。其中注意义务否定说[①]认为,当法益主体对自身法益面临的危险有所认识、有预见可能性或者以一般人的经验法则看来法益主体回避自身遭遇的危险是再正常不过的事情时,依据信赖相当性,则过失犯无须尽到注意义务,不能肯定客观上的预见可能性,因此行为人的过失也应被否定。

第七,准间接正犯论通过援引间接正犯的构造否定行为人的可罚性。例如,危险支配说认为,有时行为人处于被害者绝对优势的支配下,从实质上来看被害者自身是其处于危险领域的绝对支配者,犯罪结果应当归属于被害者自身,因此被害者不承担过失责任。

3. 判例的状况

作为危险接受的先例援引是坂东三津五郎事件[②]。本判决是厨师将河豚肝脏做成菜肴供客人品尝,导致有人因河豚中毒死亡,认定为业务过失致死罪。"根据近日查明的河豚毒性、京都府关于处理河豚的规制以及在政府行政指导下厨师针对河豚料理的讲解等等原判决中的判示,认定本案中具有京都府河豚处理资格的被告因提供河豚的肝脏料理而使客人中毒,被告应当具有预见可能性。"从正面来讨论危险接受的契机是沙地赛事件[③]。有7年车龄的被害者应沙地赛初学者、驾驶技术并不娴熟的被告的请求乘坐被告人的汽车同其练习驾驶,途中汽车失控,车头猛撞到跑道的圆木防护栏上导致被害者死亡。本案判决不成立业务过失致死罪。"本案事故的发生原因以及导致被害者死亡结果的原因是被告人的驾驶方法,应该说被害者的死亡结果是其所承受危险的现实化,而且,因为本案欠缺社会相当性,所以阻却了被告

---

① 曽根威彦:『刑法総論』、弘文堂、2008、頁180;浅田和茂:『刑法総論』、成文堂、2007、頁210;山口厚:『刑法総論』、有斐閣、2007、頁171。大山弘、松宮孝明:「もぎたて判例紹介」、『法学セミナー』503号、頁74;曽根威彦:『刑事違法論の研究』、成文堂、1998、頁151。

② 终决昭和55年4月18日(刑集34卷第3号第149页)。

③ 千叶地判平成7年12月13日。

人驾驶行为的违法性。”①

4. 本文的立场

既然被害者对结果的发生没有认识、作出承诺,那么在危险的接受问题上贴上承诺论的标签就行不通了。而且在市民社会中以市民的私人自治自由为依据阻却行为的违法性这一观点援引了放任行为的思考方式,这是不妥当的。危险许可论甚至无法解释实害结果的发生。行为的危险性否定论虽有可取之处,但这种观点就连发生结果的归属也一并否定,这明显是行不通的。这一点,从千叶地关于沙地赛案件的判决中可窥一二。同乘的前辈对沙地赛驾驶的危险性有所认识、能够预见自己承受着失控、颠覆的危险,而且有机会通过对驾驶者提出建议在一定程度上抑制危险的发生。因此,在容忍驾驶者在可预见范围内采取的驾驶方法之后,其中所包含的死亡危险也应作为自己招致的危险加以承受,应当认定这种危险现实化后导致的事态具有正当化。

按照笔者的观点,原则上以危险的接受为基础的行为是可罚的,只不过有很多原理最终使其正当化了,即存在以下几种情况:尽管被害者认识到了犯罪结果的发生,但自愿进入危险的范围之内(自发进入危险场所);相对于行为人而言,被害者占据绝对优势,有机会对行为人进行指导,提出建议以在一定程度上控制、抑制危险的发生(危险场所的支配性),甚至被害者对结果的发生采取了比行为人更为主动积极的行为(结果发生的主导性)。从实质上来看,可以说被害者在危险范围内自身承受危险性的同时,也作出了导致危险的行为,因此,由此导致的结果具有正当化。若其不具有正当化,那便是行为人的行为有可能成立过失犯的情况了。

① 在德国1923年默默尔河事件,莱比锡法院1923年1月3日判决;1959年斯库塔事件,莱比锡法院1959年7月13日判决。

On the Victim's Commitment

Written by SEKI Tetsuo Translated by Wang Chong

[**内容摘要**]被害者承诺作为超法规的正当化事由,在具体案件中会产生不同的法律效果。被害者承诺的正当化根据存在社会相当性和自我决定处分两个路径,其正当化要件包括承诺人具有处分权限、承诺的有效性和侵害行为在承诺范围内,承诺者对自己的承诺不需要认识,行为人是否需要认识到承诺存在意思不要说和意思必要说的分歧。推定承诺的正当化根据是承诺法理说,其正当化要件包括处分权限、承诺的困难性、承诺的推定和行为在推定承诺范围内,推定承诺的类型包括事务管理型和利益保全型。关于伤害行为的承诺的界限问题,自我决定处分说相较于社会相当性说更为妥当。基于错误作出的承诺是否有效的问题上,存在重大误解说和法益关系错误说两种不同学说。法益关系错误说的判断需要承诺人对利益和法益的要保护性都没有错误。危险接受不是承诺论的问题,存在危险接受的行为原则上是可罚的,但在具体案件类型中可能由于其他原理被正当化。

[**关键词**]被害者承诺;承诺的认识;推定的承诺

Abstract: The victim's commitment, as a justification beyond statutes, can generate different legal effects in specific cases. The justification of victim's commitment is based on two paths: social equivalence and self-determined disposition. Its justification elements include that the promisor has the right to dispose, the validity of the commitment, and the infringement is within the scope of the commitment. The promisor does not need to recognize his commitment, and there are divergences in the necessity of the actor's reorganization to the commitment. The justification of presumed commitment is based on the commitment jurisprudence theory, and its justification elements include disposing right, difficulty of commitment, presumption of commitment, and the act within the scope of presumed commitment. The types of presumed commitment include affairs management type and interest preservation type. With regard to the boundary of commitment for injurious acts, the self-determination disposition theory is more appropriate than the social equivalence theory. There are two different theories on the validity of commitment based on mistake: the major misunderstanding theory and the mistake of legal interest relationship theory. The mistake of legal interest relationship theory requires that the promisor is not mistaken about both the interest and the protectiveness of the legal interest. Dangerous acceptance is not a matter of the commitment theory, and the act with dangerous acceptance is in principle punishable, but may be justified in specific cases due to other theories.

Keywords: Victim's Commitment; Reorganization to the Commitment; Presumption of Commitment

韩国刑法中违法性认识错误阻却责任界限研究

白国哲*

目　次

违法性认识错误是指行为人因错误没有认识到自己行为的违法性的情形。① 因为只有能够认识到自身行为是被法律所禁止的人才是有责的行为主体,才能被责难。违法性认识是责任非难的核心要素。② 因此,无一例外的处罚违法性认识错误,会违背责任主义,然而如果都无条件的免责,又会带来刑事政策上的问题。因此,设置既符合责任主义又与刑事政策相适应的责任阻却界限尤为重要。

---

* 吉林大学法学院刑法专业博士生研究生。

① 参见[日]大谷实:《刑法总论》(新版第2版),黎宏译,中国人民大学出版社2008年版,第314页;参见[日]西田典之:《日本刑法总论》,刘明祥、王照武译,中国人民大学出版社2007年版,第190页;参见[韩]金日秀、徐辅鹤:《新刑法总论》(第12版),博英社2014年版,第280页。

② 参见[德]汉斯·海因里希·耶塞克、[德]托马斯·魏根特:《德国刑法教科书》(上),徐久生译,中国法制出版社2017年版,第602页。

在《韩国刑法典》第16条规定的“正当的理由”起到审查违法性认识错误是否对责任产生影响的作用。① 虽然韩国关于违法性认识错误的刑法立法要早于德国，②但随着德国刑法理论不断被引进，韩国学界也开始接受用德国刑法中禁止错误的避免可能性判断正当的理由，形成了赞成与否定的对立，并逐步发展出以预防责任论为基础的正当的理由的判断标准。反观我国，因没有违法性认识错误的刑法规定，使刑事司法实践中对违法性认识错误案件的处理有待商榷。③目前，我国多数学者运用“避免可能性”审查违法性认识错误阻却

① 《韩国刑法典》第16条规定：“行为人误认自己的行为是依法令不为罪的行为，以该误认有正当的理由时为限，不处罚。”参见韩国国家法令数据中心（https://www.law.go.kr/）。

② 《韩国刑法典》于1953年10月开始实施，其第16条在法律的错误的标题下，对违法性认识错误作出了规定。德国刑法典历史中，1871年《德国帝国刑法典》只规定了构成要件错误（第59条），直到1975年实施的新刑法才规定了违法性认识错误（禁止错误：第17条）。参见［韩］朴相珍：《德国违法性错误和责任阻却的界限》，载《法学研究》2005年第18辑。

③ 在中国裁判文书网（https://wenshu.court.gov.cn）以“法律认识错误”或者“违法性认识错误”为关键词搜索，可以查询到数以百计的被告人主张违法性认识错误辩解理由的刑事判决书。对于被告人提出的法律（违法性）认识错误的抗辩理由，司法机关有不同的反应。一是，判决书中审判员没有回应，没有任何相关说理内容［参见河北省石家庄市长安区人民法院刑事判决书，（2015）长刑初字第229号］；二是，审判员认为违法性认识错误不影响定罪，未予采纳辩护意见［参见上海市闵行区人民法院刑事判决书，（2016）沪0112刑初2703号；江苏省盐城市中级人民法院刑事判决书，（2014）盐刑二终字第00118号］；三是，审判员认为违法性认识不是故意要件，不影响故意成立，或者不是阻却犯罪成立事由，未采纳辩护意见［参见浙江省嵊州市人民法院刑事判决书，（2015）绍嵊刑初字第305号］；四是，违法性认识错误是责任阻却事由，能否阻却责任，要看错误是否可以避免［参见广东省珠海市金湾区人民法院刑事判决书，（2016）粤0404刑初350号；云南省贡山独龙族怒族自治县人民法院刑事判决书，（2016）云3324刑初17号］；五是，审判员否认违法性认识错误影响犯罪成立，但将其看作影响被告人主观恶性的因素，在量刑时考虑［参见北京市海淀区人民法院刑事判决书，（2013）海刑初字第561号］。

责任。[①] 但“避免可能性”这一判断尺度,是否放之四海皆准,笔者认为应当重新审视。本文写作的目的在于,通过探讨韩国刑法中违法性认识错误的“正当的理由”的含义、判断标准的发展变化,比较正当理由与避免可能性,为我国设定违法性认识错误阻却责任的界限提供些许启示。

一、韩国刑法中的违法性认识

现行《韩国刑法典》是大韩民国建国之后制定,自1953年10月开始施行的。朝鲜在被日本殖民期间(日帝强占期)到韩国新刑法颁布前,一直依用1907年《日本刑法典》。[②] 日本关于违法性认识错误的刑事案件,援用的是该法第38条第3项。[③] 日本二战前的大法院和二战后最高裁判所的基本立场是法律认识错误不影响故意成立的违法性认识不要说。[④] 日帝强占期朝鲜高等法院也采取相同的立场。韩国建国后,在清算日本殖民地残余,独立于日本刑法,去除法律中“倭色”,保护法益、维持社会和平的共识下,认识到固守罗马法“不知法不免责”的格言带来的残酷刑罚,以及刑罚规范复杂多样,使百姓难以认识是否犯罪的现实,在刑法立法中区分了“事实的错误”和“法律的错误”,为

① 参见张明楷:《刑法学》(第5版),法律出版社2016年版,第322~323页;孙国祥:《违法性认识错误的不可避免性及其认定》,载《中外法学》2016年第3期;王胜华:《违法性认识错误避免可能性的判断——以大陆法系国家(地区)的刑法规定与司法实践为进路》,载《西部法学评论》2013年第5期;车浩:《法定犯时代的违法性认识错误》,载《清华法学》2015年第4期。

② 韩国历史上将这个时期称作“日帝强占期”,从1910年8月22日签订《日韩合并条约》至1945年8月15日二战日本投降为止,朝鲜被日本殖民统治。

③ 《日本刑法典》第38条第3项规定:即使不知法律,也不能据此认为没有犯罪的故意。但是可以根据情节减轻刑罚。参见[日]前田雅英:《刑法总论讲义》(第6版),曾文科译,北京大学出版社2017年版,第145页。

④ 参见[韩]朴相珍:《日本的违法性错误》,载《社会科学研究》2001年第14卷1号。

法律错误赋予了免除刑罚的效果。① 关于法律错误的立法理论有违法性认识不要说、违法性认识必要说、刑事犯·行政犯二分说、违法性认识可能性说等学说主张。

(一)违法性认识不要说

《韩国刑法典》第16条也可以解释为以违法性认识错误处罚为原则,只是存在正当的理由的时候免除处罚。这种立场也得到了韩国法院早期少数判例的支持。② 违法性认识不要说是违法性认识错误的早期理论学说,因为无视行为人违法性的认识对责任非难的影响,违背责任主义原则,很早就弃之不用了。

(二)违法性认识必要说

被称为"韩国刑法之父"的严详燮③认为,第16条的立法目的是通过立法解决解释论上出现的诸多问题的相关争论。④ 因为韩国在日本殖民期间到本国新刑法颁布前,一直依用《日本刑法典》。因此,这里的争论主要是指针对当时《日本刑法典》第38条第3项规定相关的违

---

① 参见[韩]申东云:《制定刑法的成立经纬》,载《刑事法研究》2003年第20号。

② 大法院在业务上催促堕胎案中认为,法律的错误不造成事实的错误为限,不阻却犯罪成立。虽然没有明示为什么不阻却犯罪成立,但因事实错误阻却故意,因此法院的态度为法律的错误不阻却故意。参见大法院1965.11.23,65道876(业务上催促堕胎案)。

③ 严详燮(1907~1960),是韩国早期刑法学者,刑法的重要的起草者、参与者,担任过美军政时期韩国法制编撰委员会委员,韩国法典编撰委员会委员,参与起草《刑法要纲》《政府草案》,作为国会议员审议刑法草案。参见[韩]许一泰:《严详燮先生的刑法思想和刑法理论》,载《刑事法研究》2003年第19辑。

④ 参见[韩]严详燮:《刑法要纲解说》,载《法政》1948年第3卷第9号、第10号,收录在[韩]申东云、许一泰编著:《晓堂严详燮刑法论集》,韩国首尔大学出版社2003年版,第50页。

法性认识地位学说上的争论。①

为了解决这些解释论上的争论,严详燮认为《韩国刑法典》第 16 条采用了规范责任论。② 在规范的责任论下,故意除了包括对因果关系的构成要件该当事实的认识之外,还应当包含违法性认识。

违法性认识必要说最早由费尔巴哈基于心理强制说的立场提出。费尔巴哈认为故意是认识法律违反,并以权利侵害为目的的动机能力的决定。因此故意包括违法性认识。有不少道义责任论与规范责任论立场者都主张该学说。这样的理论也得到了韩国大法院判例的支持。③

但这种违法性认识必要说带来的问题是,正如常习犯、确信犯因为欠缺违法性认识,不成立故意犯,而且如果连过失犯的处罚规定也没有的话,就会处于完全免责的处境,造成不当缩小处罚的危险。为了解决违法性认识解释论上的争论,以及违法性认识必要说造成的刑事政策上问题,立法者在制定刑法条文时非常慎重地在第 16 条中加入了"正当的理由"这一要件。当违法性认识错误有正当的理由时,才能阻却故意,不成立故意犯,不予处罚。④ 但是,《韩国刑法典》第 13 条故意的

---

① 当时日本刑法违法性认识错误的主要争论有:(1)刑罚法规的错误不阻却犯意成立,没有必要区分自然犯和法定犯;(2)非刑罚法规错误也不阻却犯意成立;(3)因法律错误,相信行为不违反条理的,不成立犯意,(《日本刑法典》第 38 条)第 3 项旨趣在于只是没必要知道个别刑法规定;(4)没有违法性认识就没有犯意,但认识上存在过失时,视为有犯意;(5)对于自然犯法律错误不阻却故意,法定犯的法律错误阻却故意。参见安盛助:《刑法中法律的错误》,景仁文化社 2008 年版,第 139～141 页。

② 这里的规范责任论是期待可能性的规范的责任论。参见[韩]严详燮:《责任条件的定型化——规范的责任论的畅谈》,载《法曹协会杂志》1954 年第 3 卷第 3 号,收录在[韩]申东云、许一泰编著:《晓堂严详燮刑法论集》,韩国首尔大学出版社 2003 年版,第 140、146 页。

③ 参见大法院 1970. 9. 22,70 道 1206(公务上秘密标示无效罪案);大法院 1974. 11. 12,74 道 2676(乡土预备军设置违反法案);大法院 1987. 4. 14,87 道 160(电信基本法违反案)。

④ 参见[韩]严详燮:《刑法理论和裁判的妥当性》,载《法政》第 12 卷第 8 号,1957 年 8 月,收录在[韩]申东云、许一泰编著:《晓堂严详燮刑法论集》,韩国首尔大学出版社 2003 年版,第 152～155 页。

规定并没有包括违法性认识。从体系解释刑法立法的角度看,违法性认识必要说与实际立法规定不能调和。[①]

(三)违法性认识可能性说

有的学者认为,《韩国刑法典》第 16 条是基于麦耶(E. M. Mayer)的违法性认识可能性说的立法规定。[②] 麦耶等人主张违法性认识不是故意的要素,违法性认识可能性是故意的要素,即没有认识到违法性以行为人存在过失为必要的观点。[③] 就是在没有违法性认识的情况下不直接认定无责任,而是如果存在过失就以故意犯处罚,以满足安保的要求。因此,部分学者认为《韩国刑法典》第 16 条模仿的是 1927 年《德国刑法草案》第 20 条,[④]或者是对《日本改正刑法假案》(1940 年)第 11 条第 2 项进行微调后制定的。[⑤]

根据违法性认识可能性说,违法性认识错误有正当的理由时,因为不存在违法性认识的可能性,阻却故意成立。这样,违法性认识可能性说,可以解释《韩国刑法典》第 16 条。同样,与《韩国刑法典》第 13 条

---

① 《韩国刑法典》第 13 条标题是“犯意”,在 2020 年 12 月修订时,改为“故意”:“没有认识到罪的成立要素的事实的行为,不处罚。但法律另有规定的情况除外。”

② 参见 Paul Kichyun Ryu, The New Korean Criminal Code of October 3, 1953. An Analysis of Ideologies Embedded in, Vol. 48, No. 3, The Journal of Criminal Law, Criminology, and Police Science, 275, 281 (1957);[韩]金容晋:《新刑法解义(总论・各论)》,地球堂 1953 年版,第 91 页。

③ 参见[韩]具谟荣:《刑法改正与禁止错误》,载《东亚法学》1986 年第 2 辑。

④ 参见[韩]金容晋:《新刑法解义(总论・各论)》,地球堂 1953 年版,第 91 页。《德国刑法草案》(1927 年)第 20 条规定:行为人故意为之,但因可原谅的法律错误没有认识到行为的不法性时,不处罚。错误不能被原谅时减轻刑罚(第 73 条)。参见[韩]金锺源:《目的的行为论和刑法理论》,韩国成均馆大学出版社 2015 年版,第 213 页。

⑤ 参见[韩]安盛助:《刑法第 16 条的刘基天教授解释论研究》,载《法和政策》2016 年第 22 辑第 2 号。1940 年《日本改正刑法假案》第 11 条规定:不能因为不知法律这样的理由,认为没有故意。但可依情状减轻或者免除刑法。因不知法律,相信自己的行为被法律允许,有相当的理由时,免除刑罚。参见[韩]金锺源:《目的的行为论和刑法理论》,成均馆大学出版社 2015 年版,第 218 页。

故意的规定相矛盾。故意并没有把违法性认识可能性包含在内。大法院判例中没有采用该学说观点的判例。

(四)行政犯·刑事犯二分说

深受日本刑法理论影响的韩国,对违法性认识也持行政犯·刑事犯二分说的立场。根据该说,故意的要件中原则上不包括违法性认识,因为普通犯罪中,认识到构成要件内容的违法事实并作出行为时,社会非难的心理状态就存在。在行政犯·法定犯中,仅仅依据构成要件内容的事实认识还不充分,也要知道这样的事实为法律上不容许时,才是社会非难可能的心理状态。因此,行政犯·法定犯的故意中违法性认识是必要的。因此,《韩国刑法典》第16条是自然犯·刑事犯不需要违法性认识为旨趣的规定。① 这种见解不符合刑事立法规定,因为刑法典是对所有的犯罪类型规制的法律,不是针对自然犯·刑事犯这一特定类型犯罪适用的法律。而且,实务中也没有采取该立场的判例。

(五)刑罚法规与非刑罚法规区分说

该说区分刑罚法规和非刑罚法规,前者不需要违法性认识,后者需要违法性认识。韩国早期少数判例中采取了该说。② 大法院认为对民事法等其他公法的不知,有别于刑罚法规的不知,可以解释为阻却犯意。

(六)小　　结

以上学说围绕违法性认识是否是故意的要素而展开。《韩国刑法典》制定时间为20世纪40年代至50年代初。立法时间介于《日本刑

① 参见[韩]黄山德:《刑法第16条的正当的理由》,载《法学研究》1959年第1卷第1号。

② 参见大法院1970.9.22,70道1206(公务上秘密标示无效罪案)。

法改正假案》(1940 年)和《德国新刑法》(1975 年)之间。此时,目的行为论还没有介绍进韩国,更不用说基于目的行为论的规范责任概念和关于违法性认识的责任说。①

韩国早期刑法学处在因果行为论基础的古典犯罪论体系向新古典犯罪论体系发展阶段,违法性认识作为规范要素亦得到学界认可。期待可能性的规范责任论已为学界和立法接受。② 从韩国刑法国会立法资料以及当时作为立法的直接参与者的论著来看,韩国刑法立法接受了违法性认识必要说。故意除包含对因果关系的构成要件该当事实的认识之外,还要有违法性认识。故意、过失、责任能力等都列为归责条件,并将法律的错误也归入了这个部分。③《韩国刑法典》第 16 条违法性认识的理论基础应当是期待可能性的规范的责任论下的违法性认识必要说。但在早期司法实务中,违法性认识必要说并没有取得绝对地位的立场。早期大法院采纳违法性认识不要说的立场。到 20 世纪 70 年代,违法性认识必要说成为判例主流立场,期间偶见刑罚法规与非刑罚法规区分说等折中立场。

但笔者认为,违法性认识错误的立法理论基础应当是违法性认识不要说。第一,刑法关于故意的规定中,故意只包括了对罪的成立要素的事实的认识,并没有包括违法性的认识。第二,第 16 条的规定可以推论出,没有正当的理由的违法性认识错误要处罚,处罚法律错误是原则,也就是违法性认识不影响故意成立。第三,正当的理由的介入,也

① 在韩国最初介绍目的的行为论的是黄山德 1957 年翻译威尔策尔的《刑法体系的新形象》。参见[韩]成时铎:《故意和违法性的认识》,载《考世界》1986 年 3 月号(总卷 349 号)。在韩国最初基于责任说解释《刑法典》第 16 条的文献是 1959 年发表的黄山德所著的《刑法第 16 条的正当的理由》,刊载于《法学研究》第 1 卷第 1 号。

② 《韩国刑法典》第 12 条[强迫行为]、第 21 条[正当防卫]、第 22 条[紧急避难]就是期待可能性理论为基础的。参见[[韩]裴锺大:《期待可能性的批判性考察》,载《考世界》1991 年第 36 卷第 7 号。

③ 参见[韩]严详燮:《刑法要纲解说》,载《法政》1948 年第 3 卷第 9 号、第 10 号,收录在[韩]申东云、许一泰编著:《晓堂严详燮刑法论集》,韩国首尔大学出版社 2003 年版,第 50 页。

可以用违法性认识不要说解释。只有违法性认识错误发生有正当理由的时候,为了缓和过于残酷的刑法规制,给予特殊的不处罚的刑事政策。第四,韩国刑法立法深受日本影响,日本刑法采违法性认识不要说的立场,影响着韩国法律错误的立法。作为韩国刑法法律错误规定的重要立法参考立法例的 1940 年《日本改正刑法假案》第 11 条正是坚持了违法性认识不要说。

二、韩国刑法中违法性认识错误阻却责任的正当理由

(一)正当的理由的含义及理论基础

按照韩国刑法理论,有"正当的理由"是违法性认识错误阻却责任,不予处罚的界限。正如前述,第 16 条的立法,解决的是关于违法性认识错误处罚解释论的争论和违法性认识必要说不当缩小犯罪处罚范围的刑事政策问题。实现的途径就是设置"正当的理由"这一要件。

当时的韩国通说认为,有"正当的理由"是指"误认违法性上不存在过失"。如果存在过失,就不成立正当的理由,成立故意犯。[①] 这是为了解决违法性认识必要说处罚面不当缩小的刑事政策缺陷而提出的法过失准故意说的立场。该立场认为,过失原则上是比故意轻的责任形式。事实认识的过失因不能认识到构成要件事实,因而不能产生反对犯罪行为的动机。但违法性过失的时候,因为对构成要件事实有完整认识,所以有违法性认识可能,也可以推定故意的存在,因此,可以按照故意处罚。[②] 也因为处罚没有注意法秩序的行为人符合正义和合目的性,所以由于过失没有认识到违法性时,也要包括在故意之中。因为

---

① 参见[韩]严详燮:《刑法理论和裁判的妥当性》,载《法政》1957 年 8 月第 12 卷第 8 号,收录在[韩]申东云、许一泰编著:《晓堂严详燮刑法论集》,韩国首尔大学出版社 2003 年版,第 154 页;[韩]黄山德:《刑法第 16 条的正当的理由》,载《法学研究》1957 年第 1 卷第 1 号。

② 参见[韩]成时铎:《故意和违法性的认识》,载《考世界》1986 年 3 月号(总卷 349 号)。

违法性过失就是过失，不可能是故意，如果按照故意处罚，在理论上是不能接受的。如果按照故意处罚的话，必须明确法过失与故意应当有相同的责任构造的根据，而且违反近代刑法原理的罪刑法定主义。因此，法过失准故意说也遭到批评。

把“正当的理由”与“法过失”联系起来，也与当时韩国学界用“认识可能性”对责任条件的定型化有关。当时的规范责任论认为责任的基础在于非难可能性。非难可能性是指“能认识到”，即“认识可能性”是事实的要素，认识可能性是可以避免犯罪行为，是作为规范的要素的期待可能性的前提。故意和过失只有认识可能性的量的差别，没有质的差别。作为责任条件的共同的要素——作为心理的要素的认识可能性和作为规范的要素的期待可能性——都具备的时候，才成立非难可能性，可罚价值得到承认。① 在这种责任条件的定型化下，发生违法性认识错误，违法性认识的程度低于过失的程度的时候，视为有正当的理由。如果对违法性认识的程度与过失的程度相当时，就是对违法性认识存在是过失，不成立正当的理由。虽然用责任条件的定型化解决了正当的理由怎么理解的问题，但仍然无法为法过失为什么按照故意处罚提供理论依据。也就是说，“正当的理由”没有清算“构成要件该当事实上有故意，违法性上有过失”这样异质的要素混合后，变异成故意犯的理论缺陷。② 因此，用法过失理解“正当的理由”，责任理论上说服力稍显不足，更多的意义在于刑事处罚必要性的刑事政策考量。③

① 参见［韩］严详燮：《责任条件的定型化——规范的责任论的畅谈》，载《法曹协会杂志》1954 年第 3 卷第 3 号，收录在［韩］申东云、许一泰编著：《晓堂严详燮刑法论集》，韩国首尔大学出版社 2003 年版，第 138 ~ 146 页。

② 参见［韩］严详燮：《刑法理论和裁判的妥当性》，载《法政》1957 年第 12 卷第 8 号，收录于［韩］申东云、许一泰编著：《晓堂严详燮刑法论集》，韩国首尔大学出版社 2003 年版，第 154 页。

③ 但也有学者认为，《刑法典》第 16 条规定，并不是坚持违法性认识必要说立场下作出妥协的规定，而是坚持“不知法不免责”传统原则的前提下，例外地用正当的理由增加了违法性认识错误不处罚的范围，缓和法律认识错误时仍处罚的严酷刑罚。参见［韩］安盛助：《刘基天教授的刑法第 16 条解释论研究》，载《法和政策》2016 年第 22 辑第 2 号。

(二)正当的理由的判断标准

有正当的理由是指违法性认识上无过失。即使尽到全部注意义务,仍然发生违法性认识错误时,不能认定有过失,因此有正当的理由。[①] “正当的理由不是行为人毫无缘由地误认不为罪,而是至少向法律专家或者国家机关当局者问询后得到了不为罪要旨的确切答复,或者作出与前者相当的努力后认识到不为罪的情况。”[②]也就是说,成立正当理由需要满足三个条件:一是为了确认行为的违法性,要履行查证义务。关于行为是否合法,不能仅以自己的认识和判断就足够。二是为了确证行为的合法性,需要向有法律知识的专业人士咨询。因为法律是专业性很强的知识领域,普通人作为法律门外汉很难正确理解法律。三是查证到行为不为罪的确切答复。这意味着不是简单的泛泛的查询,也不是查询到行为是否合法。行为人和被咨询人之间沟通到行为是否构成犯罪这样核心的问题,最后要得到不为罪的确切结论。

但是这样的判断的标准,忽视了行为人本人的具体情况对违法性认识的影响。人们只要有一般认识能力,对构成要件事实的认识水平基本相等。但违法性认识则不同,违法性认识是价值评价的认识,行为人要有价值判断能力。人的知识水平、职业、社会生活环境都影响行为合法与否的判断。

(三)判例中的“正当的理由”

因为刑法并没有明确正当的理由的含义和判断标准,作为妥协产

① 参见[韩]严详燮:《刑法理论和裁判的妥当性》,载《法政》1957年第12卷第8号,收录于[韩]申东云、许一泰编著:《晓堂严详燮刑法论集》,韩国首尔大学出版社2003年版,第154页。

② [韩]严详燮:《我们刑法典中的刑法民主化条款》,载《法政》1955年第10卷第11号,收录于[韩]申东云、许一泰编著:《晓堂严详燮刑法论集》,韩国首尔大学出版社2003年版,第76页。

物的正当的理由，司法审判中对其含义判断标准的立场也不统一。

1. 判例中“正当的理由”的含义

韩国大法院对有正当的理由，有两种理解：一是不能期待行为人对违法性有认识。[①] 大法院采取客观的一般人标准，认为在相同情况下对任何人都不能期待有违法的认识时，误认违法性有正当的理由。二是发生违法性认识错误上没有过失，可以说这是大法院接受学界理论的直接反映。[②] 期待可能性的判断标准，明显采用的是一般人标准，但是过失判断标准采用了一般人标准还是行为人标准，并不是很明确。

2. 判例中“正当的理由”的判断标准

在韩国判例中，违法性认识错误的案件多发生在行政刑法领域。为了审查正当的理由是否成立，首先，要求行为人履行对行为的合法性查证的义务。行为人按照自己理解的违法性，认为行为合法时，不能免责。其次，通过咨询相关行政机关或者公职人员，获得违法性认识。

(1) 积极的误认：单纯的法律不知不属于第16条的适用范围。

《韩国刑法典》自1953年实施以来，早期大法院作出了法律不知不是阻却犯罪成立事由的判决。[③] 到了1961年，判决中进一步明确，法律不知这样的消极错误不属于刑法“法律错误”的适用的范围，只有因特殊原因误认为自己的行为依据法律所容许这样的积极的错误才是刑法规制的错误类型。这种立场一直固守到现在。[④]

大法院的态度立场，既是对《刑法典》第16条的“……误认自己的行为依法令不为罪……”文理解释造成的，也与在日帝强占期朝鲜高等法院依用《日本刑法典》第38条“不知法律不阻却故意”旨趣作出判

---

① 参见大法院1969.5.27宣告69道24(蚕业法违反案)。这也是韩国第一个认定“正当的理由”的第一个案例。认定有正当的理由，要求有违法性认识期待可能性的判例，还有大法院1972.3.31宣告72道64。

② 参见大法院1983.2.22宣告81道2763(食品卫生法违反案)；大法院1993.4.13宣告92道2309；大法院1993.9.14宣告93道1299。

③ 参见大法院1955.2.8，1954刑上37；1955.3.18，1964刑上3；1955.3.18，刑上10；1955.5.31，1954刑上235。

④ 参见大法院1961.10.5宣告4294刑上208判决。

决的历史背景有关。[①] 因此,实务中,法院适用《刑法典》第16条的逻辑是,首先判断法律错误是什么类型的法律错误,如果属于单纯的法律不知,就直接排除适用《刑法典》第16条。如果是法律不知类型外的法律错误,就要审查发生法律错误是否存在正当的理由。如果成立,就宣判无罪。直到1969年才出现了第一个认定成立正当的理由的判例。[②]

(2)赋予行为人查询义务。

作为法律门外汉的行为人,仅凭自己的理解认为自己的行为不为罪,发生违法性认识错误时,大法院否定了正当的理由。法院赋予行为人对合法性产生怀疑时,查询行为违法性的义务。[③]

(3)查证违法性。

理论上要求向法律专业人士或者主管机关的相关人员咨询,判例也基本持相同的立场。案例中有向国家有权机关及其公职人员、法律专业人士(律师)查询,或者信赖法院判例和检察机关处分决定等情形下,大法院认为成立正当的理由。但是在查证的程度上,不是必须要得到不构成犯罪这样确切的答复程度。

①向行政机关或其公职人员的查证。

被告人就自己行为的具体情况,向负有法定职责的行政机关或者公职人员查证,基于信赖,作出违法行为的,因为成立正当的理由,不予处罚。有的判例中,法院认为被告人在知道自己的行为被法律禁止的情况下,咨询行政机关后,得到不违法的答复,并基于信赖作出不法行为时,判定被告人成立正当的理由。[④] 甚至公职人员因为过失,作了错

---

① 参见[韩]曹国:《再论法律不知及错误理论》,《刑事政策研究》2001年夏季号;[韩]许一泰:《法律不知的效力》,《刑事判例研究》1993年1号;[韩]安盛助:《刑法中法律的错误论》,景仁文化社2006年版,第210~214页。

② 参见大法院1969.5.27宣告69道24(蚕业法违反案)。

③ 参见大法院1983.9.13,83道1927(特定犯罪加重处罚的毒品法律违反案)。

④ 参见首尔高等法院1973.7.6,71诺658(药事法违反案);大法院1993.10.12,93道1888(建筑法违反案)。

误的答复,被告人信赖时,仍判定成立正当的理由。① 但法院也不是在所有判决中一贯坚持这一立场。被告人在信赖有关行政机关的答复的情形,大法院认为行政机关的答复不能约束法院对法律的解释,不成立正当的理由。②

②信赖律师等法律专业人士意见。

律师的业务能力、行业规范程度和诚信程度,都影响着社会普通人对这类法律专业人士的答复意见的信赖是否能成为正当的理由的基础。在判例中,纯粹信赖律师的意见,并不能成为正当的理由。③ 多数情况是律师的意见与行政机关或者公职人员的答复相结合,都被信赖时,才成为正当的理由。④ 而且主张正当的理由的被告人对其咨询事实承担举证责任。⑤

③信赖检察机关决定。

在韩国司法体制中,检察机关是准司法机关的行政机关,对不构成犯罪、无犯罪嫌疑的行为人有不起诉权。因此,国民有理由信赖检察机关不起诉决定的案例,将其作为判断自己行为违法性的标准。但是从有限的案例来看,大法院成立正当的理由的判例还只限于曾经受到检察机关无嫌疑处分决定的行为人,又犯同种犯罪时,因曾经被检察机关无嫌疑处分,所以误认为这次也不成立犯罪这样的情形。⑥

(4)信赖法院判例。

法院的态度是行为人相信判例而认为自己的行为不为罪时,有正

---

① 韩国首尔高法 1973.7.6,71 诺 658(药事法违反、保健犯罪相关特别措施法违反案)。

② 参见大法院 1987.4.14,87 道 160(电气通信基本法违反案)。该判例中,大法院不仅认为法律错误不阻却犯意,而且认为行为人并未在作出违法行为前,向有权机关咨询,所以不成立正当的理由。

③ 参见大法院 1990.10.16,90 道 1604(行贿意思表示案)。

④ 参见大法院 1976.1.13,74 道 3680(经济安定和增长的紧急命令违反案)。

⑤ 参见大法院 1992.5.26,91 道 894(公务上标示无效罪案)。

⑥ 参见大法院 1995.8.25,95 道 717(药事法违反案);大法院 1995.6.16,94 道 1793(商标法违反案)。

当的理由,甚至信赖民事判例也可以成为正当的理由成立的判断依据。[①] 但是行为人错误理解判例或者从有利于自己的角度理解判例时,不认为成立正当的理由。[②]

(四)小　结

在当时世界范围内,韩国是较早对违法性认识错误进行刑事立法的国家,具有进步意义。但因为受限于当时所处的时代,刑法理论发展的历史局限性,在立法时违法性认识错误的规定就带着争议。虽然附加"正当的理由",试图解决违法性认识必要说的刑事政策缺陷,但仍然遇到问题。一方面,法过失准故意说在理论上因对两种责任形式混同不能自圆其说,带着先天的理论缺陷。另一方面,用违法性过失解释正当的理由后,又产生两个问题:一是赋予了行为人在任何情况下违法性认识的注意义务。过高的注意程度,使行为人承担过重的查证义务;二是忽略了行为人判断违法性认识的机会。行为人是否有思考违法性的机会是自由社会法秩序下,判断违法性认识错误是否有正当的理由的必然前提条件。因此,韩国积极接受了德国刑法中禁止错误的责任说,用避免可能性解释和判断正当的理由。

三、韩国刑法中违法性认识错误阻却责任的避免可能性

自德国联邦最高法院于1952年3月18日刑事判决采用责任说后,在大多数大陆法系国家和地区,"避免可能性"逐渐成为违法性认识错误阻却责任界限的"主流"标准。[③]

---

① 参见大法院1982.1.19,81道646(外观设计专利法违反案)。

② 参见大法院1995.7.28,95道1081(保健犯罪管制特别措施法违反案)。

③ 法国刑法典、瑞士刑法典中关于违法性认识错误中都规定了避免可能性这样阻却责任的界限。参见[韩]韩国法务部编译:《法国刑法典(韩文版)》,2008年版,第21页;[韩]韩国刑事政策研究院编著:《主要发达国家刑事特别法制研究:瑞士新刑法的主要内容与政策启示》,2008年版,第80~81页。

(一)违法性认识错误的避免可能性的判断标准

1. 良心的紧张——作为思考或者查询的义务违反的避免可能性

根据违法性认识错误的责任说,发生没有避免可能性的违法性认识错误时,无责任,有避免可能性的时候,承担相应减轻的责任。德国判例基于规范的责任论,将责任的本质理解为非难的可能性,认为自由的、有自我决定能力的人,在作出行为决定时就被赋予了作为法共同体一员行为必须适法,避免作出不法行为的义务。人要认识到所有将作出的行为是否符合法的当为命题。如果对此有疑惑时,应当思考或者查询,排除疑惑。因此,行为人如果有相当的良心的紧张就能洞察到行为的违法性的时候,禁止错误就不能阻却责任。[①] 因此,避免可能性的判断标准是行为人是否有良心的紧张,其内容是思考或者查询的义务。如果行为人对法状况的容许与否进行了思考或者必要的查询,就能够认识到违法性,以此来决定禁止错误是否具有避免可能性。[②]

2. 作为机会概念的避免可能性

德国刑法理论认为,避免可能的禁止错误下,行为人有责任,是因为没有运用违法性的认识能力,排除了按照所认识的法义务决定行为的可能性。换言之,责任在于行为人应当认识法义务,以及遵照法义务行为的二重可能性。[③] 避免可能性的本质在于对自己行为违法性的具体认识可能性上。[④] 因此,把避免可能的违法性认识错误的责任依据理解为违反了查询义务,是对责任本质的错误解读。用良心的紧张

① 参见[韩]金锺源:《目的的行为论和刑法理论》,韩国成均馆大学出版社 2015 年版,第 235 页。

② 参见[韩]金日秀、徐辅鹤:《韩国刑法总论》,郑军男译,武汉大学出版社 2008 年版,第 384 页。

③ 参见 Rudolphi, Unrechtsbewußsein, S. 193ff。转引自[韩]千镇豪:《德国刑法学中责任概念的变化和避免可能性理论》,载《比较刑事法研究》2007 年第 7 卷。

④ 参见 Rudolphi Horn Samson, Sk, AT, 5. Aufl. 1989, § 17 Rn. 24。转引自[韩]金亨峻、朴相珍:《禁止错误中责任阻却的界限》,载《社会科学研究》1998 年第 9 卷第 1 号。

判断避免可能性的问题在于,法规范毕竟不能通过良心的紧张体验,良心的紧张不能成为认识不法的唯一的机会。良心的紧张也不能成为认识合法与不法的手段。良心最多只能导致对自己举止行为违反道德性的认识,而这种违反道德性恰恰不是不法意识的对象。① 而且,侵害了深思熟虑或者查询的义务,也不会推导出法律错误是能够避免的。②

为了解决判例中良心的紧张和查询义务存在的问题,理论上引入了“机会”概念,即避免可能性判断的前提条件是行为人应当拥有对行为的法的性质思考的机会。如何认定认识机会的可能性,有心理的方法和规范的方法。③

(1)心理的违法性认识的机会。

该见解立足于责任非难以不法洞察为前提的责任论,认为违法性认识错误的避免可能性在于行为人对自己行为的违法性有现实的认识或者最低程度的一点怀疑时,就有了思考不法的机会。因此,如果存在认识违法性的心理的机会,法律错误就可能避免,可以对行为人责任非难。④ 这种观点将规范的判断从避免可能性判断中全部排除,只用行为人的心理的要素进行判断。法无关心或者法敌对的行为人因为没有不法的怀疑,会被免除处罚。这是不能被刑事政策所接受的。以行为人对自己行为的法性质稍微有怀疑,就有遵守法的可能性为前提,这种前提已经不是纯粹的心理的问题,而是规范的评

① 参见[德]克劳斯·罗克辛:《德国刑法学总论:犯罪原理的基础构造》,王世洲译,法律出版社2005年版,第623页。

② 参见 Armin Kaufmann, Schuldfähigkeit und Verbotsirrtum, in: Festschrift für Eberhard Schmidt,1964,S.329ff。转引自[韩]Kim Young-Hwan:《法律不知的刑法解释的问题点》,载《刑事法研究》2004年第21卷。

③ 参见[韩]李在祥:《法律的错误中正当理由的判断基准》,载《刑事政策研究》2007年第18卷第3号。

④ 参见 E. Horn, Verbotsirrtum und Vorwerfbarkeit, 1969, 105; Baumann/Weber, Strafrecht,AT,9,Aufl.,1985,424。转引自[韩]Kim Young-Hwan:《法律不知的刑法解释的问题点》,载《刑事法研究》2004年第21卷。

价的问题了。[①] 不法意识或者对合法性模糊的怀疑与法遵守的可能性之间,在心理的侧面没有必然的联系,两者的结合只能在规范的侧面才能存在。

(2)规范的违法性认识的机会。

该观点认为,禁止错误的避免可能性是认识的现实可能性和认识的规范的期待可能性的产物。[②] 违法性认识的机会应当从精神上的认识能力和道德价值观念进行综合判断。禁止错误的避免可能性的判断,从法不关心和法敌对的情况来说,规范化是必然的。[③] 规范化体现在违法性认识机会的判断上。避免可能性的规范化判断中,将违法性认识的机会客观化之后,对个别行为人以能力最低标准为规范前提。根据该见解,行为人只需认识到有充分的机会足以向有责任意识的人说明行为法律性质的情况即可。[④]

问题是通过机会的规范化,可以充分地赋予行为人具备法的知识的能力,但在行为人有责领域内,无法为行为人提供与规范内容相关的知识。而且机会被规范化的话,有良心且对法忠诚的普通人,在没有违法性认识机会的情形下,仅仅因为对法犹豫,招致不利的作用。如同刑事政策不能容纳对法的要求无关心的行为人有利的情形一样,也不能容许给法律极其忠诚的人也带来不利的局面。[⑤] 用客观化尺度形成的

---

① 参见 Timpe, Normatives und Psychisches im Begriff der Vermeidbarkeit eines Verbotsirrtums, GA 1984, S. 57。转引自[韩]千镇豪:《德国刑法学中责任概念的变化和避免可能性理论》,载《比较刑事法研究》2007 年第 7 卷。

② 参见 Neumann, AK Rn. 53; Schroder LK Rn. 27; Sch/sch/Cramer/Sternberg-Lieben Rn. 16。转引自[韩]李在祥:《法律错误中正当的理由判断标准》,载《刑事政策研究》2007 年第 18 卷第 3 号。

③ 参见 Timpe, Normatives und Psychisches im Begriff der Vermeidbarkeit eines Verbotsirrtums, GA 1984, S. 61。转引自[韩]李在祥:《法律错误中正当的理由判断标准》,载《刑事政策研究》2007 年第 18 卷第 3 号。

④ 参见 Rudolphi SK Rn. 31。转引自[韩]李在祥:《法律错误中正当的理由判断标准》,载《刑事政策研究》2007 年第 18 卷第 3 号。

⑤ 参见 Timpe, Normatives und Psychisches im Begriff der Vermeidbarkeit eines Verbotsirrtums, GA 1984, S. 59。转引自[韩]金成敦:《责任概念的机能化和积极的一般预防理论——德国的议论为对象》,韩国成均馆大学 1992 年博士学位论文,第 167 页。

规范的机会概念不考虑行为人个人能力,只能列举避免可能性机会存在的类型,使得判断标准细分化,而且无法从构成要件故意中找到要求行为人认识违法性的基准点,而受到批判。①

3. 刑事政策考量下的避免可能性

机能责任论主张将预防的刑事政策的必要性作为违法性认识错误的避免可能性的判断的正当化依据,用责任归属的社会必要性解决违法性认识错误的避免可能性判断问题。分为两种基本的立场。

一种是基于一般的积极预防的责任概念,将责任说完全从违法性认识错误排除,用一般预防的观点解决避免可能性的判断问题。

对禁止错误非难的依据是行为人侵害规范的效力根据,进而确证的行为人对法不忠诚行为的责务(Zuständigkeit),即能证明行为人对引起错误有责务时,该错误是能够避免的。②

根据该观点,避免可能性的判断基准不是行为人心理的、精神的状态或者认识能力,而是责任归属的社会必要性。③ 错误是否有避免可能性,以具体的行为人付诸了充分的努力时,是否有作出符合自己角色标准的行为的可能性为基准判断。④

另一种是结合传统的规范责任概念和一般预防及特别预防思想,在以规范的责任概念为基础的避免可能性判断中引入预防思想,用预防的观点进一步缩限规范的责任概念中认定的避免可能性,扩大行为人免责可能性。在一般预防的观点下,对法忠诚的行为人虽未能洞察

---

① 参见[韩]李在祥:《法律错误中正当的理由判断标准》,载《刑事政策研究》2007年第18卷第3号。

② 参见 Jakobs,Schuld und Prävention,1976,S. 18f。转引自[韩]金成敦:《责任概念的机能化和积极的一般预防理论——德国的议论为对象》,韩国成均馆大学1992年博士学位论文,第170页。

③ 参见 Timpe, Normatives und Psyschies im Begriff Vermeidbarkeit eines Verborirrunms,GA(1984),S. 61f。转引自[韩]郑贤美:《法律错误的正当理由判断基准》,载《刑事判例研究》2000年第8辑。

④ 参见 Jakbos,Das Schuldprinzip,S. 21。转引自[韩]金成敦:《积极的一般预防理论和机能主义的刑法解释——以Günther · Jakobs的理论为中心》,载《刑事法研究》1998年第10号。

不法,但不可能成为他人不好的先例,因此没有必要处罚。而且在特别预防的观点中,因为行为人尽到了正常的注意,也没有了改善的必要性。① 禁止错误的避免可能性的存否,不是由抽象的可能性决定,而是根据合理的刑事政策的要求所决定。因此其有无的判断标准是:首先,行为人要具备思考自己行为容许性的机会;其次,以此为前提,行为人通过咨询可信任的专业人士,审查具备放弃按计划行为的机会。禁止错误的避免手段是深思熟虑或者查询。避免可能性取决于三个条件:一是行为人本来就有对自己行为可能的违法性进行思考或者查询的机会;二是有上述机会,但没有作出任何努力去查明真相或者努力程度不充分,以至于从预防的观点看,不能认为排除责任是正当合理的;三是行为人不顾已经有的机会,仅仅在过分狭窄的范围内努力认识法,那么作出了充分的努力带来不法认识时,禁止错误才是可以避免的。②

(二)韩国刑法中违法性认识错误的避免可能性

韩国刑法中"正当的理由"和德国刑法中的"避免可能性",都是违法性认识错误阻却责任的界限,可以说发挥着相同的作用。自德国禁止错误的责任论介绍到韩国之后,用避免可能性解释正当的理由成为通说。

1. 韩国刑法中违法性认识错误避免可能性判断标准

2006 年,大法院在"公职选举及选举不正防止法违反案"③中,首次用"避免可能性"判断正当的理由是否成立,设定了四个判断标准:一是行为人在作出行为的开始,是否对自己行为的违法性有深思熟虑或者查询的机会;二是为了避免发生违法性认识错误,是否努力付诸全

① 参见 Roxin, Schuld und Verantwortlichkeit als strafrechtliche Systemkategoren, S. 187; Rudolphi, Das virtuelle Unrechtsbewußtsein, S. 23。转引自[韩]千镇豪:《德国刑法学中责任概念的变化和避免可能性理论》,载《比较刑事法研究》2007 年第 7 卷。

② 参见[德]克劳斯·罗克辛:《德国刑法学总论:犯罪原理的基础构造》,王世洲译,法律出版社 2005 年版,第 625 ~627 页。

③ 参见大法院 2006. 3. 24,2005 道 3717(公职选举及选举不正防止法违反案)。

部的认知能力;三是通过付诸全部的认知能力,是否有违法性认识的可能性;四是付诸全部的努力,是否认识到违法性。认识违法性上必要的努力程度,应从具体的行为情况和行为人个人的认知能力以及行为人所属的社会群体作出具体的评价。

2. 避免可能性判断标准的具体适用

吸收德国禁止错误的避免可能性后,成立正当的理由的判断上的变化,主要有两个方面。

一是注重审查行为人是否有机会认识行为的违法性。在认识自己行为违法性的机会判断上,行为人所处的职业领域、工作环境,决定了行为人对某些特定的法规范应当有认识的可能性,使违法性认识错误有避免可能性。①

二是提高了确认违法性付诸的努力程度。行为人为了确认行为的合法性,没有作出充分的努力时,不认为有违法性认识的避免可能性,不成立正当的理由。② 付诸的努力包括:为了排除行为的违法性,向国家有权管辖机关或者法律专业人士咨询;③查询以往判例、相关文献。甚至法律专业人士在答复时,也要看是否查询过相关的判例和文献。④而且即使咨询了有权机关并得到了答复,但行为人误解了答复的内容,作了有利于自己的误解时,不认为违法性认识错误有正当的理由。⑤

3. 避免可能性在司法适用的问题

虽然避免可能性为判断正当的理由提供了较清晰的判断尺度,但也因为注重审查违法性认识的机会和过高的努力程度,使认定正当的

---

① 参见大法院2018.4.19,2017道14322(公职选举法违反案);大法院2015.2.12,2014道11501(未成年人拟制强奸案);大法院2008.10.23,2008道5526(公共机关保护个人信息的法律违反案。

② 参见大法院2013.1.10,2010道9717(居民召唤法律违反案);大法院2013.1.31,2012道3475(业务妨害、暴力行为处罚法律违反案);大法院2015.10.29,2015道9010(谋害证据伪造案)等。

③ 参见大法院2017.3.15,2014道12773(私立学校法违反案)。

④ 参见大法院2017.11.29,2015道18253(特定经济犯罪加重处罚法律违反案)。

⑤ 参见大法院2009.1.30,2008道8607(建筑废弃物再利用法律违反案)。

理由的判决并未增多。

一是因为违法性认识的规范机会的引入,使得避免可能性判断更靠前了。因为违法性认识错误的案件多发生在行政犯罪领域,处在这样法律环境的人一般情况下对其所处行业的法律法规的认知程度高于普通社会成员。对行业从事业务的被告人来说,法院认为其职业身份应当对其犯罪行为的违法性有充分的认识。因此,在某些案件,法院并没有对行为人审查是否付诸努力查证违法性的情况下,直接认定具有违法性认识的可能性,不成立正当的理由。①

二是过高的认识违法性的必要努力程度,使不能认识违法性的可能性降到极低。在"私立学校法违反案"②中,被告人作为学校经营人,将属于校费会计的收入借给其他学校,违反了私立学校法禁止规定。被告人主张出借前咨询了学校运营委员会(部分委员是该市公务员),在违法性认识错误上有正当的理由。但法院认为行为人没有向有关有权机关或者律师等专业人士咨询,否认被告付出了全部的真挚的努力,否定了存在正当的理由。在"特定经济犯罪加重处罚法律违反案"③中,大法院认为作为公司执行董事的被告人在查证违法性时,没有查询相关判例和文献,视为没有付出真挚的努力。而且被告人作出行为前咨询律师、税务师时,不仅没有告知特殊事由,也没有向律师、税务师提供具体的资料,律师的答复中也没有关于罪名是否成立的根据的相关判例或者文献。法院认为,这些事实不能充分说明被告人为了回避行为的违法性,付出全部的真挚的努力。当没有咨询有权机关或者律师等法律专业人士时,因为没有咨询,违法性认识错误是可避免的。当行为人咨询了的时候,又因为行为人或者法律专业人士没有查询相关判例和文献,认为违法性认识错误是可以避免的。在这两个案件中,被告人的职位、所处的社会群体,在各自对应的领域内,应当具有近似的法

① 参见大法院 2015. 2. 12,2014 道 11501(未成年人拟制强奸案);大法院 2017. 3. 15,2014 道 12773(私立学校法违反案)。

② 参见大法院 2017. 3. 15,2014 道 12773。

③ 参见大法院 2017. 11. 29,2015 道 18253。

律认知能力,但法院采取了不同层次的审查尺度。而且行为人要达到不可避免的违法性认识错误,其尽到全部的努力程度已经近似法律专业人士对法规范以及审判实务的认识水平。

以上两个现象,其实是判断避免可能性的规范化的尺度本身的缺陷在实务中的反映。正如检讨德国避免可能性理论发展时所讨论的那样,规范判断避免可能性的优点是避免了法不关心、法敌对者因为缺少认识违法性的心理的机会,不能归责的问题。但规范判断的缺点也明显,就是客观化标准忽视了行为人个人能力,使得仅仅对法犹豫的法忠诚的人也带来不利的作用。为了避免这样的问题,德国学说发展出用预防的观点限制规范的责任概念中认定的避免可能性的范围,扩大行为人免责可能性。韩国案例,在判断避免可能性时,没有考虑预防目的。判例中,虽然曾经明确了应从具体的行为情况和行为人个人的认知能力以及行为人所属的社会群体作出具体的评价必要的努力程度。但实践中具体情况和个人认知能力、社会群体等方面并没有成为有力的判断依据。

四、韩国违法性认识错误阻却责任界限的反思

(一)正当的理由与避免可能性的争论

虽然接受德国责任说是韩国的主流观点,但也不乏一些韩国学者反对用避免可能性解释正当的理由。

其一,两国关于违法性认识错误的立法不同,而且在语言习惯上,正当的理由与避免可能性不具有相同意义。其二,韩国刑法没有将违法性认识错误阻却责任的原因,限定在违法性认识能力(可能性)的欠缺上。因此,即使行为人避免可能的禁止错误,但存在正当的理由的时候,责任阻却的可能性仍然存在。① 其三,避免可能性的通说中,行为

① 参见[韩]吴英根:《违法性的认识和法律的错误》,载《韩日刑事法的课题和展望》,和成社2000年版,第12页。

人是否履行对不法的洞察义务是判断是否存在避免可能性的依据。虽然洞察的义务一般理解为查询义务,但在韩国,即使行为人没有履行查询义务时,如果因过失有正当的理由时,仍然可以免责。而且,如果行为人认真尽到了查询义务,就几乎无人可陷入法律错误中。结果是过分提高了注意义务的程度。① 其四,德国刑法中避免可能性的本质与违法性认识可能性实质相当,后者与违法性认识能力相当。因此,但凡有责任能力的人都有违法性认识可能性,也就没有了避免可能性。这种与责任能力结合的判断尺度,会过分提高违法性认识错误的免责门槛。为了解决避免可能性这种根源性问题,德国刑法设立了与违法性认识可能性无关的另一种判断尺度(良心的紧张、咨询义务等)。因此,韩国没有必要再用避免可能性替代解释正当的理由。②

(二)正当的理由与避免可能性的替代可能性

从韩国刑法中故意与法律错误的教义学分析,违法性认识不是故意的要素,反而可以成为责任的要素,德国禁止错误的责任说可以完全适用。但是能解释与应当解释不是一回事。上述意见中,第一观点仅从语言习惯认为两者不同的意见比较牵强。第四观点对避免可能性的理解是准确的,但避免可能性的判断尺度已经不仅是良心的紧张、咨询义务,还包括规范的机会、预防必要性的条件。第二、第三观点的意思是正当的理由的范畴要比避免可能性宽泛,甚至包括了避免可能性,因此不能用小范畴替换大范畴,有一定的道理,但是仍没有说清楚正当的理由范畴更广的原因。笔者认为,不能用避免可能性替代正当的理由的根本理由是二者的责任论基础不同,体系地位和功能有区别,阻却责任效果也不同。

---

① 参见[韩]曹国:《再论法律不知及错误理论》,载《刑事政策研究》2001 年夏季号。

② 参见[韩]金成敦:《刑法第 16 条的修订方案》,载《刑事法研究》2004 年第 22 辑。

1.二者责任论基础不同,违法性认识的体系地位和功能不同

正如前述,韩国刑法的责任论基础是期待可能性的规范责任论。该责任论中,行为人没有故意或者过失就没有责任,但有故意或者过失的时候,如果行为时因外部特殊的情状,没有了正常的动机决定,不能期待适法行为决意的时候,即使存在义务违反的决意,也不能非难行为人,没有了非难可能性,阻却责任。① 这意思是说责任是非难或者非难可能性的话,人受到非难不是因为作为故意内容的违法性认识或者认识可能性,②而是因为以故意为内容的意思决定,即动机形成的过程违反了义务。③ 故意和过失是责任的积极要素,期待可能性是规范的要素,与故意和过失并列。④ 因此,违法性认识或者其可能性是故意的要素,还不是责任的价值判断。

德国刑法中禁止错误采用的是责任说,其理论基础是目的行为论的纯粹规范责任论。⑤ 禁止错误的避免可能性实质是违法性的认识可能性。在纯粹的规范责任论中,违法性认识与故意分离,成为独立的责任要素。违法性认识及其可能性成为规范评价的责任自身及其构成要素,故意作为事实的要素是责任评价的对象。因此,违法性认识的可能性是责任非难的核心要素。禁止错误的避免可能性直接与违法性认识

① 参见[日]木村龟二:《犯罪论的新构造(上)》,昭.44.P.288。转引自[韩]郑盛根:《规范的责任论》,《考试界》1980年第25卷第11号。

② 在德国刑法学的违法性认识的学说变迁史中,最终将违法性意识从故意·过失中分离出来,置于规范的责任要素的地位的是Paul·Merkel。在此之前,违法性认识或者其认识可能性、义务违反性认识或其认识可能性是故意的要素。参见[韩]孙海睦:《违法性的意识(不法意识)的研究》,载《考试研究》1992年第19卷第1号。P·Merkel被认为是期待可能性的规范责任论之后的刑法学者。参见[韩]成时铎:《责任论的发展与故意——故意和违法性的认识(Ⅰ)》,载《檀国大论文集》1970年第4辑。

③ 参见[韩]郑盛根:《规范的责任论》,载《考试界》1980年第25卷11号。

④ 参见[韩]成时铎:《责任论的发展与故意——故意和违法性的认识(I)》,载《檀国大论文集》1970年第4辑。

⑤ [德]弗兰克·彼得·舒斯特:《德国法中的禁止错误》,梁奉杜译,载梁根林、高艳东、[德]埃里克·希尔根多夫主编:《责任理论与责任要素》,北京大学出版社2020年版,第67~68页。

可能性相关,没有避免可能性就没有违法性认识可能性,直接阻却责任。

从以上对比可以看出,德国和韩国基于不同的责任论构建了违法性认识错误阻却责任的界限。用避免可能性替换或者判断正当的理由,意味着违法性认识的可能性在责任评价对象之内和之外重复评价,造成责任要素的冲突和混乱。

2. 正当的理由与避免可能性的体系地位和功能不同,不能相互替代

关于正当的理由,韩国主要有违法性认识有无过失,或者是否有认识违法性的期待可能性两种理解。笔者更赞同后一种立场观点。基于期待可能性的规范责任论,没有违法性认识的情况下,适法行为期待可能性的问题是无意义的。既然适法行为要被期待,那么违法性认识也应当被期待。违法性认识的期待可能性是适法行为的期待可能性的前提条件。行为人外部的特殊事由,足以让行为人发生违法性认识错误。是否有正当的理由,应当从行为人所处的外在条件寻找。也就是说,因为存在某种外在的特殊的事由,不能期待行为人认识到违法性,而无责任。这样既能缓和因贯彻违法性认识必要说导致的故意犯处罚面过窄刑事政策的问题,也可以解决用法过失判断正当的理由,导致的在同一个犯罪中构成要件该当性的故意与违法性上的过失并置产生不可调和的矛盾。

而避免可能性实质是认识可能性。避免可能的禁止错误有责任是因为作为法共同体的每个成员为了避免违反法的当为秩序,没有运用洞察能力以及根据认识到的法义务作出行为的能力上有责任,即行为人应当认识到行为的违法性,但没有使用认识违法性的能力,从而排除了按照认识的法义务决定自己行为的可能性的非难。避免可能性是从行为人能力自身寻找违法性认识错误的原因,不是外部客观情状。

对比之下,正当的理由的外延要比避免可能性更宽泛,即使存在违法性认识的避免可能性,也因外部事由仍然成立正当的理由。而且从有利于保护国民的角度,也不宜用避免可能性缩小正当的理由认定的范围。

3.正当的理由与避免可能性的责任阻却效果不同

用期待可能性理解的正当的理由,只有期待与不能期待两种截然相反的后果,不可能有期待程度上的差别。因此,正当的理由的判断不是一个量的判断。禁止错误的避免可能性存否带来处罚或者任意减轻处罚的效果。有潜在的违法性认识(可避免的禁止错误)的责难程度比实在的违法性认识的责难程度低,应当科处较轻的故意罚。除非禁止错误是以法盲目性、故意不关心或者轻率为基础的时候,不得减轻处罚。[①] 也就是说,禁止错误的避免可能性有量的差异,责任有相应的轻重。如果用避免可能性替代正当的理由,会与法律效果不相匹配。

五、韩国刑法中"正当的理由"对我国的启示

(一)我国违法性认识错误阻却责任界限

1.我国近代刑法中违法性认识错误阻却责任的界限

在我国近代历史上,《大清新刑律》、《暂行新刑律》、1928年《中华民国刑法》已经有了法律错误的规定。到1935年《中华民国刑法》修订时,[②]违法性认识错误的规定已经接近成熟。无独有偶,1935年《中华民国刑法》第16条中,也使用了"正当的理由",作为法律错误不处罚的条件。正如,韩国刑法立法时参考的外国立法例中,《中华民国刑法》是重要立法参考之一。因此,两国违法性认识错误的"正当的理由"有着不可分割的历史渊源。民国时期和韩国一样,其刑法理论深

---

① [德]汉斯·海因里希·耶塞克、[德]托马斯·魏根特:《德国刑法教科书》(上、下),徐久生译,中国法制出版社2017年版,第616页。

② 《大清新刑律》和《暂行新刑律》第13条第2款规定:不知法令,不得为非故意,但因其情节,得减本刑一等或二等。1928年《中华民国刑法》第28条规定:不得因不知法令而免除刑事责任,但因其情节,得减轻本刑二分之一。参见刘庆飞:《近代中国刑法中的"故意过失"学说研究》,西南政法大学2006年博士学位论文,第141~142页。1935年《中华民国刑法》第16条规定:"不得因不知法律而免除刑事责任。但按情节,得减轻其刑;如自信其行为为法律许可而有正当理由者,得免除其刑。"

受日本、德国理论学说影响，立法时又参考了日本、欧洲国家立法例。

违法性认识不是故意的要素是主流学说立场，也有少数人主张自然犯・法定犯区别说，以及很少主张违法性认识必要说。违法性认识不要说被立法采纳。① 就法律错误而言，主流观点是分为刑罚法令与非刑罚法令错误，前者不阻却故意，后者阻却故意。民国时期主流学说也将错误与过失放在一起研究。在二者关系上，“不注意”是二者共同的原因。法律错误在故意和过失犯罪中都可能发生，所以法律错误不负故意责任，但负过失责任。② 也就是法律错误发生上有过失时，要承担过失责任，不认为有正当的理由，与韩国违法性认识必要说的观点立场相似。

2. 中华人民共和国刑法中违法性认识错误阻却责任的研究

中华人民共和国成立后，废除《中华民国刑法》，移植了苏联刑法体系。虽然中华人民共和国刑法草案有过法律错误的条文，但最终立法中没有实现。

我国刑法中没有违法性认识错误的相关规定，但在司法审判中，可以看到被告人以违法性认识错误为由抗辩的案例，或者应当以违法性认识错误理论解释的案件。遗憾的是，大部分法官或以“不知法不免责”原则，或以违法性认识不影响故意成立等理由，驳回被告人的抗辩主张。这种现状的原因可以归纳为：一是我国刑法中违法性认识错误的立法不足；二是学界理论研究成果并没有给审判实务提供足够的理论支撑。就违法性认识错误的研究，我国理论研究多局限在违法性认识的体系地位、认识的内容等基础问题研究，而且在这些基本问题上并

---

① 1928年《中华民国刑法》第26条规定：“犯人对于构成犯罪之事实，明知并有意使其发生者，为故意。犯人对于构成犯罪之事实预见其发生，而其发生并不违背犯人本意者，以故意论。”1935年《中华民国刑法》第13条只是将“犯人”改成“行为人”。参见刘庆飞：《近代中国刑法中的“故意过失”学说研究》，西南政法大学2006年博士学位论文，第32～37页。

② 参见刘庆飞：《近代中国刑法中的“故意过失”学说研究》，西南政法大学2006年博士学位论文，第117～119页。

没有形成绝对的主流看法或通说,甚至处在停滞状态。① 另外,违法性认识错误影响责任的界限理论研究贫乏,使固守"不知法不免责"原则的法官认为,一旦承认了违法性认识是故意的要素,担心被告人因违法性认识错误,导致无罪判决。总之,目前我国违法性认识错误的理论研究与审判实践需求不相适应。因此,我们需要关于违法性认识错误阻却责任的界限的研究,为司法实践提供理论参考。

目前,在有限的研究中,我国多数学者也基本上接受了德国禁止用错误的避免可能性判断违法性认识错误阻却责任的界限。② 正如前面论述的那样,避免可能性并不是放之皆准、通用的判断尺度。

(二)韩国违法性认识错误阻却责任界限对我国的启示

韩国刑法中违法性认识错误阻却责任界限——正当的理由,从最初的法过失、能否期待认识违法性,发展到用避免可能性理解和判断,给我们的启示在以下几个方面:

1. 阻却责任界限设定,要与犯罪论体系中责任概念相匹配

关于违法性认识在我国犯罪论体系地位,笔者赞同违法性认识是故意要素的立场。因为这符合我国刑法立法规范中犯罪故意的定义,即社会危害性认识就是故意认知内容的组成部分,是刑事违法性认识

---

① 主张违法性认识是故意的要素的,参见陈兴良:《违法性认识研究》,载《中国法学》2005年第4期;贾宇:《论违法性认识应成为犯罪故意的必备要件》,载《法律科学·西北政法学院学报》1997年第3期;陈烨:《法定犯违法性认识必要说:我国现行刑事立法框架下如何坚守》,载《政治与法律》2017年第7期。主张违法性认识不是故意的要素的学者有,参见周光权:《违法性认识不是故意的要素》,载《中国法学》2006年第1期;蔡桂生:《违法性认识不宜作为故意的要素——兼对"故意是责任要素说"反思》,载《政治与法律》2020年第6期。

② 参见张明楷:《刑法学》(第5版),法律出版社2016年版,第322~323页;孙国祥:《违法性认识错误的不可避免性及其认定》,载《中外法学》2016年第3期;王胜华:《违法性认识错误避免可能性的判断——以大陆法系国家(地区)的刑法规定与司法实践为进路》,载《西部法学评论》2013年第5期;车浩:《法定犯时代的违法性认识错误》,载《清华法学》2015年第4期。

的另一种表述。[①] 另外，笔者也赞同我国刑法采用规范的责任论这样的主张。[②] 我国刑法责任概念也接近于期待可能性的规范责任论。我国犯罪论体系事实判断与价值判断并没有分离。因此，如正当的理由这样以外部特殊事由设置违法性认识阻却责任的界限更适合我国犯罪论体系。

2. 阻却责任界限的判断标准，以个人标准为基础，要符合规范评价与刑事政策目的

违法性认识的期待可能性的表征是外部的特殊事由，但外部的特殊事由是否让行为人的违法性认识有期待可能性是判断标准的问题。违法性认识区别于事实认识，更依赖于行为人自身文化知识水平、个人认知能力、所处的职业和生活环境。因此，违法性认识的期待可能性的判断标准应当是行为人标准说。站在行为人的立场，设身处地考虑其认识违法性的可能性。期待可能性的判断成为个别判断，能顾及行为人的具体情状，纠正刑法的僵硬性，使之具有人情味。[③]

但因规范责任论中，作为其理论基础的意志自由及他行为可能性这样的形而上学概念本身存在的证明不能的问题，需要预防目的的刑事政策要素介入。而且在现有的刑事政策内，无违法性认识时（违法性认识错误时），还不能直接认定无罪。因此，阻却责任的界限应当是符合责任主义和刑事政策的双重要求的方案，即以规范的责任论为基础的违法性认识的规范判断，加上用预防目的作约束条件。

基于以上考虑，违法性认识的期待可能性的判断标准应当做如下设定。一是外部的特殊事由不会阻碍行为人有思考违法性的机会。机会的判断要事实性判断与规范的判断相结合。事实性判断中行为人要有对违法性思考的现实的机会。就规范的判断而言，行为人的知识水

① 参见陈兴良：《违法性认识研究》，载《中国法学》2005 年第 4 期。

② 参见张明楷：《刑法的基本立场》（修订版），商务印书馆 2019 年版，第 270 ~ 271 页。

③ 陈兴良：《期待可能性问题研究》，载《法律科学 · 西北政法学院学报》2006 年第 3 期。

平、职业、个人情况、所处的生活环境中,行为人能对行为是否违法有思考的可能性存在。二是行为人能被期待何种程度的努力去查证行为的违法性。行为人在有思考违法性的机会后,对违法性有了怀疑,还应当有查证违法性与否的机会。应当作出相应程度的努力查证行为的违法性。查证的途径应当是向相关领域的有权机关、公职人员、相关领域法律专业人士(如律师、法律顾问)进行咨询。如果行为人生活的现实环境下,没有查证的途径查证时,不能因没有作出查证的努力,而认为违法性认识错误上有期待可能性。例如,行为人生活在偏远的山村,虽然对行为的违法性存疑,但无法找到相关机关和人士查证行为的违法性。因此,查证努力是对于具备查证条件的人来说的,是相对而言的。而且,查证时被咨询机关或者人士因业务水平给予错误的答复,行为人信赖时,误认行为合法作出违法行为时,不能将不利结果归属于行为人。三是付诸努力后,可以期待行为人认识到行为的违法性。即使付诸相当程度努力试图查证违法性,但仍不能期待行为人认识到行为的违法性时,应当免责。四是即使都查证到了行为的违法性,但从预防的目的考量,行为人没有处罚的必要性,或者不可能成为他人效仿的对象时,也可以免责。

(三)对我国违法性认识错误刑事案例的检视

经营射击游戏的大妈持有仿真枪而获刑,受到网民和舆论热议。[①]该赵春华涉枪案被《人民法院报》评为 2017 年度人民法院十大刑事案件。[②] 根据我国非法持有枪支罪的规定,构成要件中行为人要明知自己的行为违反枪支管理规定,进而行为人要知道自己持有的枪支属于刑法罪名规制的“枪支”。就本案事实来看,赵春华对其持有仿真枪是明知的,但其对仿真枪是否属于枪支管理规定的“枪支”是不明知的。

---

① 参见《天津赵春华非法持有枪支案舆情研究》,载 http://www.legaldaily.com.cn/The_analysis_of_public_opinion/content/2017-02/09/content_7006356.htm。

② 参见天津市第一中级人民法院刑事判决书,(2017)津 01 刑终 41 号。

也就是说,赵春华对枪支管理规定不存在违法性认识。① 而且此案引起舆论热议,原因是刑法规制和社会公众的法律认知有相当的距离。

赵春华的违法性认识是否有期待可能性,首先要判断是否有影响赵春华认识违法性的特殊外部事由。从报道看,赵春华从他人处受让玩具枪射击游戏摊经营。前手经营时并没有因为玩具枪是刑法意义上的枪支而受到处罚或者追究刑事责任。这是外部的特殊事由。接下来,这种外部事由能否期待赵春华认识违法性要根据上述判断标准进行审视。首先,赵春华是否有对自己持有仿真枪的违法性进行思考的机会,即要看是否有现实的认识可能性。本案中,赵春华因为白天不允许摆摊经营,所以晚上八九点至十二点摆摊,历时前后二个月。摊位的游戏内容是用玩具枪射击塑料子弹打气球。② 赵春华不可能产生玩具枪是非法持有枪支犯罪的怀疑,没有现实的认识违法的可能性。从规范的角度分析,赵春华对枪支的认知水平、个人文化水平、法律常识、所处的生活环境,都不可能对持有玩具枪是否构成犯罪思考的机会。另外,从我们的生活经验判断"白天不允许摆摊,只好晚上摆摊"的事实,应当理解为赵春华仅仅认识到当地政府出于维护市政容貌,城管部门对白天摆摊经营行为进行监管,并不是对非法持有仿真枪行为的监管。也就是说,赵春华作为政府管理范围内谋生的人只能认识到游戏摆摊经营是被政府管制的,或者说摆摊经营前要得到政府主管部门许可,不可能认识到持有玩具枪本身违法受到政府管制。因此,从事实的和规范的角度,赵春华都不可能有思考持有仿真枪是否构成犯罪的事实的和规范的机会。思考违法性的机会都不曾有过,更不能期待赵春华要付诸相当程度的努力,向公安机关、摊位经营许可行政主管部门查证运营玩具枪射击摊位,是否属于非法持有枪支罪。因没有对持有"玩具

① 该案二审判决(2017 津 01 刑终 41 号)中,二审法院关于赵春华是否持有枪支的犯罪故意上认为,"涉案枪支外形与制式枪支高度相似,以压缩气体为动力、能正常发射、具有一定致伤力和危险性,且不能通过正常途径购买获得,上诉人赵春华对此明知,其在此情况下擅自持有,即具备犯罪故意"。

② 参见邵克:《天津老太摆射击摊被判非法持有枪支罪,警方鉴定出 6 支枪支》,载澎湃新闻 2016 年 12 月 29 日,https://m.thepaper.cn/newsDetail_forward_1590084。

枪”违反枪支管理规定和刑法规定有认识可能性,也就没有非难可能性。其次,因为白天不允许摆摊经营,赵春华晚上经营,说明赵春华是遵守法律、服从行政管理的人。如果其知道持有玩具枪构成犯罪的话,冒着犯罪的风险执意经营射击游戏摊位的可能性也微乎其微。从特殊预防的观点,也就没有改善的必要性。而且赵春华摆摊经营玩具枪射击游戏的行为不会成为国民违法犯罪的不良示例。因此,不论从一般预防还是特殊预防的角度,都没有对赵春华违法性认识错误的责难性。

A Study on the Limits of Error in Cognition of Illegality Preventing from Culpability in Korean Criminal Law

Bai Guozhe

[**内容摘要**]在大陆法系刑法中,违法性认识错误不是必然地阻却责任,往往设置阻却责任的界限,即符合界限条件时,才赋予阻却责任的法律效果。在韩国,“正当的理由”作为违法性认识错误阻却责任的界限,在早期与法律过失相关,后来德国的责任说被接受后,用避免可能性替代正当的理由,并被司法实践接受。正当的理由以期待可能性的规范责任论为基础,避免可能性以纯粹规范责任论为基础,在犯罪论体系中地位和功能不同。因此,用避免可能性判断正当的理由,其理由不充分。我国多数观点也将避免可能性作为违法性认识错误阻却责任的界限,这种观点应当被重新审视。界限应当立足于本国刑法的责任理论,将事实判断与规范判断相结合,用预防的观点限缩判断标准。

[**关键词**]韩国刑法;违法性认识错误;阻却责任界限;正当的理由;避免可能性

Abstract: In criminal law of Civil Law System, error in cognition of illegality does not prevent culpability necessarily. In other words, when the error in cognition of illegality meets the limits condition, the law stipulate the effect of preventing from culpability. In the Republic of Korea, the limits of error in cognition of illegality preventing from culpability is reasonable grounds. In the early days, "reasonable grounds" meant the absence of legal negligence, but later, With the German Theory of Culpability becoming the mainstream doctrine in the Republic of Korea, it is accepted in the Republic of Korea judicial practice that judging reasonable grounds by the possibility of evasion of mistake of law in German criminal law. Reasonable grounds is based on the normative responsibility theory of the expectant possibility, while the possibility of evasion is based on a purely normative responsibility theory. And they should have a different status and function in crime system. Therefore, the reasons for judging reasonable grounds by the possibility of evasion are not sufficient. The dominant view in our country, which also treats the possibility of evasion as the limits of error in cognition of illegality leading to prevention from culpability, should be re-examined. So, when setting the limits, we should base on the theory of the responsibility in our own criminal law, combine factual and normative judgements, and restrict the judgemental standard by a preventive view.

Keywords: Korean Criminal Law; Error in Cognition of Illegality; Limits of Prevention from Culpability; Reasonable Grounds; The Possibility of Evasion

〔国际刑法〕

“或引渡或起诉”义务的性质问题研究*

刘丛丛**

目　　次

一、前　　言

现代引渡制度中的“或引渡或起诉”原则，是指被请求国对请求国依法作出不予引渡的决定后，必须将不予引渡但符合其国内法规则的符合起诉条件的被引渡请求人移交本国主管机关，就引渡请求所指的犯罪进行刑事追诉的一种制度。①

“或引渡或起诉”义务起源于格劳秀斯时代（16～17世纪）。由于

* 本文是2020年司法部法治建设与法学理论研究课题“中国刑法域外适用的标准和程序研究”（项目编号：20SFB2012）的阶段成果。

** 北京师范大学法学院博士研究生。

① 参见薛淑兰：《引渡司法审查研究》，中国人民公安大学出版社2008年版，第225页。

受当时观念和习惯的局限，这个概念在提出之时并没有受到重视和接纳。但随着国际事务的日益密切和国际交通的长足发展，罪犯很容易越过国界，犯罪地国难以将其抓捕并对其进行审判，这使“或引渡或起诉”义务越来越具有重要的现实意义。

“或引渡或起诉”义务在大量国际条约①和其他具有国际约束力的文件②中都有体现，是国际社会开展刑事司法合作的重要措施，但“或引渡或起诉”义务并没有被普遍接纳。除严重违反1949年《关于战时保护平民的日内瓦公约》（以下简称《日内瓦第四公约》）及1977年《第一附加议定书》③的行为外，“或引渡或起诉”义务并不完全适用于包括种族灭绝罪、反人类罪和战争罪在内的一些国际核心罪行。联合国国际法委员会（International Law Commission，ILC）④曾针对这一义务的性质展开了激烈的讨论，即“或引渡或起诉”义务到底是一个只针对条约的缔约国有效的条约义务，还是针对所有的国家有效的习惯国际法义务。这也是比利时就Hissene Habre案在国际法院（International Court of Justice，ICJ）诉塞内加尔（以下简称比利时诉塞内加尔案）的纠纷核心。而且，比利时在国际法院诉塞内加尔案的诉讼程序中，法官要求比利时的共同代理人对临时保护措施的问题进行阐述时，也强调了

---

① 参见关于履行这一义务的双边和多边条约的调查，即各国在向ILC提供的资料中的公约。例如，联合国国际法委员会第579号文件第1～4次增编，UN Docs A/CN. 4/579/Add. 1，UN Docs A/CN. 4/579/Add. 2，UN Docs A/CN. 4/579/Add. 3，UN Docs A/CN. 4/579/Add. 4。

② 参见欧洲联盟理事会通过的框架决定，例如，《关于打击非现金支付手段的欺诈和伪造的框架决定》《关于打击恐怖主义的框架决定》《关于打击有组织犯罪的框架决定》。

③ 参见《日内瓦第四公约》第49条、第50条、第129条、第146条以及《第一附加议定书》第85条（common Arts 49，50，129 and 146 of four 1949 Geneva Conventions and Art. 85 of the 1977 Additional Protocol I）。

④ ILC已经决定将“或引渡或起诉”义务这一议题提交至第五十六届会议的长期工作计划中。2006年以来，ILC特别报告员提交了四篇主题报告，分别是联合国国际法委员会第571号、第585号、第603号和第648号文件，UN Docs A/CN. 4/571；A/CN. 4/585；A/CN. 4/603；A/CN. 4/648。

应澄清上述“或引渡或起诉”义务的性质问题。由此可见,“或引渡或起诉”义务的性质的界定具有重要意义。

基于以上考虑,本文将以澄清“或引渡或起诉”义务的性质为目的,从“或引渡或起诉”义务的概况入手,阐述这一义务的产生及初步发展状况,并对其发展过程中的关键性国际立法进行介绍。然后,对“或引渡或起诉”这一义务关系密切的几个法律问题一并简单论述,通过对比利时诉塞内加尔案进行解读,分析其中涉及的主要相关法律问题。本文的主体部分主要解决两个问题:一是“或引渡或起诉”义务的国际习惯法地位应针对国际核心罪行,如种族灭绝、反人类罪和战争罪等,通过分清“或引渡或起诉”义务作为“规则”还是“制度”之间的区别将会解决这一问题。本文认为“或引渡或起诉”义务应当归为一项“规则”,应当独立于与之相关的一般执行制度。二是以分析包括国际法委员会关于危害人类和平与安全守则的草案、惩治核心国际罪行的现有条约为基础,对“或引渡或起诉”义务的内容和范围给出建议。

二、“或引渡或起诉”义务的起源及发展、现状

1625年荷兰法学家胡果·格劳秀斯(Hugo Grotius)在其著作《战争与和平法》中提出,任何使一国受到损害的犯罪行为都应当受到惩处,这是国家的自然权利,罪犯所在国不应当成为受害国行使正当权利的障碍。但是,“因为事实上国家不习惯于允许其他国家带着武装部队通过他们的边境强制执行惩罚,因为这样一种办法是不适当的,所以,罪犯居留的国家必须做两件事中的一件。当被要求时,它应当或者给罪犯应得的惩罚,或者把他交给提出要求的当事国处理。后一种办法就是引渡”①。其在原文中的表述为“或引渡(aut dedere)或处罚(aut punire)”。

① [荷]格劳秀斯:《战争与和平法》,A. C. 坎贝尔英译,何勤华等译,上海人民出版社2005年版,第318页。

在格劳秀斯提出该观点之初,并没有被普遍接纳和重视,甚至受到了支持刑事属地管辖的刑事古典学派的批判。十八九世纪,格劳秀斯的学说在国际法学界得到了越来越多的认可。[①] 20 世纪,美国国际刑法学家巴西奥尼(M. C. Bassiouni)对这一义务作出了权威解释。他指出:"各国间共同或相互的利益使引渡犯罪人变得必要而且重要,否则犯罪人就要受拒绝引渡国家的审判,该共同利益还构成了现代法谚'或引渡或起诉'的基础。"并在其著作中将"或引渡或起诉"义务作为国际刑法的重要原则,称之为"国际刑法间接执行制度的基石所在"[②]。

"或引渡或起诉"义务作为法律条款,最早出现在英国和瑞士于 1878 年缔结的双边引渡条约中。当时,英国等普通法系国家只根据属地原则行使管辖权,不惩罚本国公民在国外的犯罪,即不承认域外管辖,但允许引渡本国人至外国;与此同时,瑞士等大陆法系国家承认属地管辖和属人管辖,不允许引渡本国人至外国。[③] 1878 年发生的威尔逊案使英国和瑞士认识到有必要签订新的引渡条约,该条约明确规定:英国同意引渡在瑞士犯罪而在英国被发现的所有的人,包括英国国民;瑞士同意引渡在英国犯罪而在瑞士被发现的除瑞士国民以外的人,但是瑞士应将在英国犯罪而不予引渡的瑞士国民按照瑞士法律进行起诉。[④] 这体现了"或引渡或起诉"义务的条约性质。随着国际事务的日益频繁,以及双边、多边条约的不断增多,"或引渡或起诉"义务在不同的法律文件中表达不尽相同,导致其性质在表述上并不能统一,为适用这一义务造成了很多困扰。

---

① 18 世纪德国哲学家和法学家克里斯蒂安·沃尔夫(Christian Wolff)提出:国际社会应当是一个超国家的最广泛文明体,它应当对组成它的各个成员国享有一定的权力。19 世纪刑事古典学派的另一重要代表人物弗朗西斯科·卡拉拉(Francesco Carrara)提出:对某些普通犯罪"刑罚权并不仅仅属于那个需要保护自己的国家,而且也属于需要以联合行动保卫整个人类的所有国家"。

② [美]巴西奥尼:《国际刑法学导论》,赵秉志等译,法律出版社 2006 年版,第 287 页。

③ 参见林欣:《论引渡与庇护制度的新动向》,载《中国社会科学》1985 年第 6 期。

④ 参见林欣、李琼英:《国际刑法新论》,中国人民公安大学出版社 2005 年版,第 231 页。

(一)条约性规定

20 世纪之后,“或引渡或起诉”义务得到了初步的发展,许多国际公约开始引入这一义务,大部分国际公约将“或引渡或起诉”义务明确规定为条约性质,即这一义务就只对条约的缔约国有强制力。

1.《惩治伪造货币国际公约》等公约中的规定及分析

1931 年 2 月 22 日开始生效的《惩治伪造货币国际公约》(International Convention for the Suppression of Counterfeiting Currency)是公认的第一个将“或引渡或起诉”义务规定为条约义务的国际公约。该公约第 8 条、第 9 条和第 10 条规定,缔约国应在其引渡条约中将伪造货币罪列入可引渡罪行,或在不以存在引渡条约为前提条件的情况下承认这一罪行为可引渡罪行;若缔约国不引渡本国国民,那么对于在其缔约国犯罪逃回该国的国民,应该使之受到如在该国所犯该罪一样的惩罚;若一国的国内立法承认可对在外国犯罪的外国人进行起诉,则若有外国人在外国犯有伪造货币罪逃到该国时,应视为在该国所犯而进行惩处。① 随后,1936 年 6 月 26 日生效的《惩治非法买卖麻醉品公约》(Convention for the Suppression of the Illicit Traffic in Dangerous Drugs)第 7 条也针对不引渡本国国民的情况规定了同样的起诉义务,第 8 条将关于在躲藏地国家提起刑事诉讼的规定扩展适用于外国人。② 1937 年 11 月 16 日生效的《预防和处罚恐怖主义条约》(Convention for the Prevention and Punishment of Terrorism)沿用了《惩治非法买卖麻醉品公约》中关于“或引渡或起诉”义务的表述模式,并对在不引渡的情况下起诉外国人补充了一项新的条件,即该外国人的国籍所属国也允许本国法院对在其境外实施犯罪的外国人行使司法管辖权。③ 1949 年《禁止贩卖人

① International Convention for the Suppression of Counterfeiting Currency, Geneva, 112 League of Nations Treaty Series(1929), No. 2623.

② 参见黄风:《或引渡或起诉》,中国政法大学出版社 2013 年版,第 6 页。

③ 参见黄风:《或引渡或起诉》,中国政法大学出版社 2013 年版,第 6 页。

口及取缔意图营利使人卖淫之公约》也沿用了上述的规定,将起诉视为不能进行引渡时的替代性措施。1961 年生效的《麻醉品单一公约》第 36 条第 2 款第(a)(iv)目也规定,"本国人或外国人犯有上述罪行情节重大者应由犯罪地的缔约国诉究;如果发觉犯罪在一缔约国领土,应当向该缔约国诉究"①。

2. 海牙公约中的相关规定及分析

1970 年于海牙缔结的《关于禁止非法劫持航空器的公约》(Convention for the Suppression of Unlawful Seizure of Aircraft,以下简称《海牙公约》)规定的"或引渡或起诉"义务条款,被称为"海牙套语"(Hague Formulation),该条款被誉为"或引渡或起诉"义务的经典条款。② 海牙公约第 7 条规定了缔约国的起诉义务,即在自身领土内发现被指控的犯罪分子的缔约国,如果不将其引渡,则不论该罪行是否发生在该缔约国的领土内,一律应将其交给该国的主管当局,以便起诉,当局则应依照本国法律以对待任何严重性质的普通犯罪案件的同样方式作出决定。③

海牙公约在制定的过程中经过了充分论证,在其后的很长一段时间里,国际刑法公约都依循了该规定,将"或引渡或起诉"义务规定为条约性义务。例如,1971 年缔结的《关于制止危害民用航空安全的非法行为的公约》、1973 年缔结的《关于防止和惩处侵害应受国际保护人员包括外交代表的罪行的公约》、1979 年缔结的《反对劫持人质国际公约》、1984 年缔结的《禁止酷刑和其他残忍、不人道或有辱人格的待遇或处罚公约》、1988 年缔结的《制止危及海上航行安全非法行为公约》、1997 年签订的《制止恐怖主义爆炸的国际公约》、1999 年签订的《制止

---

① Single Convention on Narcotic Drugs, New York, 520 United Nations Treaty Series 7515; 1972 Protocol amending the Single Convention on Narcotic Drugs, Geneva, 976 United Nations Treaty Series 14151.

② M. Cherif Bassiouni, Edward M. Wise, Aut dedere Aut judicare: The Duty to extradite or prosecute in International Law, Dordrecht: Martinus Nijhoff Publishers, 1995, Page 3.

③ Convention for the Suppression of Unlawful Seizure of Aircraft, Hague, 860United Nations Treaty Series 1970, No. 12325.

向恐怖主义提供资助的国际公约》以及 2005 年签订的《制止核恐怖主义行为国际公约》等,都作出了类似的规定。

3.《联合国反腐败公约》的规定及分析

2015 年 12 月生效的《联合国反腐败公约》作为联合国成立以来第一个用于指导国际反腐败斗争的法律文件,以立法的形式规定了腐败的预防措施、腐败犯罪的定罪和执法,以及反腐败的国际合作等问题,对于更好地开展反腐败工作、促进反腐败工作的国际合作具有重大意义。该公约的第 4 章规定了反腐败国际合作的一系列方式,其中第 44 条第 11 款对缔约国的"或引渡或起诉"义务进行了明确规定:"如果发现罪犯的缔约国仅以'其为本国国民'为由拒绝其他缔约国的引渡请求,那么该国有义务将罪犯提交该国的主管机关以便起诉。主管机关应当依照本国法律采取与其他任何性质严重的犯罪相同的方式进行起诉与处理。"上述规定中所限定的只是"缔约国",所以其仅为条约性规定,只对缔约国有约束力,缔约国以"本国国民不引渡"为由拒绝他国的引渡请求是它所针对的主要情形。《联合国反腐败公约》第 44 条第 13 款还规定了"或引渡或执行刑罚"的义务:"如果引渡被请求国以被请求引渡人为该国国民为由拒绝了引渡请求国为执行判决而提出的引渡请求,则其应在合乎本国法律的情况下,根据请求国的请求执行相应的刑罚或未服满的刑期。"这也是"或引渡或起诉"义务在条约规定中的一项巨大发展和进步。

(二)非条约性规定

除了大部分国际公约将"或引渡或起诉"义务规定为条约义务外,还有少部分公约将这一义务规定为习惯法上的义务。如 1949 年缔结的《日内瓦第四公约》的共同条款第 49 条第 2 款、第 50 条第 2 款、第 129 条第 2 款以及第 146 条第 2 款规定:"各缔约国有义务搜捕被指控为曾经犯下或曾经令别人犯下此种严重破坏本公约行为的人,并应将这种人,不区分国籍,送交给各国法庭。该国也应当依照其立法规定,将这种人移交给有关的缔约国进行审判,但是该缔约国应当以能指出案情显然者为限度。"该共同条款表明国家一旦知晓犯有此罪行的嫌疑人出现在其领土上,就产生搜捕该犯罪嫌疑人以便起诉的义务。[①] 1948 年生效的《防止及惩治灭绝种族罪公约》被学者视为有"或引渡或起诉"义务条款的国际公约,但是在该公约中只是规定了"凡被诉犯灭绝种族罪或有第 3 条所列其他行为之一者,应当交给行为发生地国家的主管法院,或缔约国接受其管辖权的国际刑事法庭审理"。1996 年联合国国际法委员会制定《危害人类和平及安全治罪法草案》时也有类似观点,有观点认为,犯罪嫌疑人所在国有义务"采取行动确保本国有权机关或愿意通过引渡提起诉讼的另一国对犯有草案所规定罪行的人提起诉讼"[②]。

条约义务和习惯法义务的本质区别为是否对所有国家有约束力。我们不难看出,这些公约实际上默认了"或引渡或起诉"义务的习惯法性质,但是这些条约仅针对种族灭绝罪、反人类罪和战争罪等国际核心罪行(core international crimes)。这与二战后自然法的兴起和人们对核心国际罪行的恐惧有很大的关系。二战期间,各国发生了类似大屠杀、侵略他国的极端破坏人权的严重犯罪,这些犯罪危害了整个国际社会的共同利益,危害了整个人类的和平和安全,并"震撼了人类的良知"[③]。因此这类条约的制定并没有明确"或引渡或起诉"义务只对缔约国有约束,而是以国际习惯法的性质出现,作为一种法律确认,对整个国际社会都有效力。

三、"或引渡或起诉"义务性质的争议

在比利时诉塞内加尔案中,比利时提出了"或引渡或起诉"义务为

① Jean Pictet, The Geneva Conventions of 12 August 1949: Commentary, Vol. Ⅳ (Geneva: ICRC, 1958), Page 593.

② ILC, Yearbook of the International Law Commission 1996, Vol. Ⅱ (Part Two), UN Doc. A/CN. 4/SER. A/1996/Add. 1, Page 31.

③ [美]M. 谢里夫·巴西奥尼:《国际刑法导论》,赵秉志译,法律出版社 2006 年版,第 151 页。

国际习惯法的主张,但国际法院在判决书中则回避了关于危害人类罪“或引渡或起诉”义务是否具有国际习惯法的性质的问题。该案件涉及的关于“或引渡或起诉”义务的定性和适用问题极具代表性。在下文中,笔者将以此案为代表,详述“或引渡或起诉”义务在实践中的性质界定问题。

(一)比利时诉塞内加尔案概述

1982 年 6 月,侯赛因・哈布雷(Hissène Habré)通过政变成为乍得总统,他所统领的政府在 1990 年 12 月被推翻。哈布雷在位期间,为了维护自己的政权,疯狂打压异己,犯下了数个国际罪行,因此哈布雷从其政府被推翻之日起就被乍得新政府追诉。

下台后的哈布雷逃到塞内加尔。2000 年,一些乍得国民在塞内加尔对哈布雷提出指控。2000 年至 2001 年,塞内加尔一家上诉法院和最高法院分别以对于发生在塞内加尔领域之外并且是针对外国人的行为缺乏管辖权为理由,决定不对哈布雷启动刑事诉讼程序。2005 年,比利时根据万国管辖权法即《关于惩治严重践踏国际人道法行为的法律》①,以灭绝种族罪、危害人类罪、战争罪和酷刑罪对哈布雷提起诉讼,并要求塞内加尔向其引渡哈布雷。最终,在非洲联盟组织的法律专家进行研究后,呼吁塞内加尔改变之前不对哈布雷提起刑事诉讼的决定,对哈布雷进行审判。2009 年,比利时在国际法院提起了针对塞内加尔的诉讼。2021 年,国际法院作出裁决,要求塞内加尔必须对哈布雷进行审判,否则应将其引渡到比利时接受审判。

---

① 根据这部法律,比利时的法院对战争罪、灭绝种族罪和反人类罪拥有绝对管辖权,即无论这三类罪行发生在哪一国家、行为人或受害者的国籍为哪一国家、比利时的国家利益或者国民利益是否受到损害,甚至是行为人是否在比利时的领土上被发现,比利时都可以对这一案件进行管辖。

(二)从比利时诉塞内加尔案看“或引渡或起诉”义务的性质

在比利时诉塞内加尔案中,比利时提出“或引渡或起诉”义务是国际习惯法的主张,理由如下:哈布雷的行为已经满足了危害人类罪(Crimes Against Humanity)的构成要件,即那些针对人性尊严极其严重的侵犯与凌辱的众多行为构成的事实。同时,比利时提出,与危害人类罪相关的“或引渡或起诉”义务也获得了国际习惯法的地位。

庭审阶段,比利时方代理人艾瑞克·大卫(Eric David)进一步指出这些摘自国际刑事法院规约序言的节录很重要:各国通过使用正式的用语,表述了一项它们认为属于国际社会的法律确信的义务,即起诉被指控犯有危害人类罪者的义务,这些罪行均是《国际刑事法院规约》所规定的罪行。在庭审中,打击“有罪不罚”这一理念被重复了三次,缔约国希望借此证明起诉被控实施上述犯罪的人,是一种习惯法。①在判决书中,国际法院回避了与危害人类罪相关的“或引渡或起诉”义务是否具有国际习惯法的性质的问题:首先,在回顾塞内加尔和比利时的多次照会内容的基础上,法院认为塞内加尔和比利时就《禁止酷刑公约》的有关条款的适用和解释存在争端,条约法上的义务和国际习惯法上的义务对国家而言是完全不同的两种法律问题。其次,法院认为,“在比利时提交申请书之时,双方的争议与是否违反国际习惯法上的义务无关……由于双方不存在这方面的争端,根据国际法院规约的相关规定,法院对比利时这方面的诉求不具有管辖权”②。在这一问题上代表塞内加尔方的苏尔法官、巴西籍的特林达德法官和法国籍的亚伯拉罕法官,认为国际法院对“或引渡或起诉”义务国际习惯法性质的回避态度是不妥的。法国籍法官主

① Questions relating to the Obligation to Prosecute or Extradite (Belgium v. Senegal) (Oral Proceedings), CR 2009/8, p. 23 – 25.

② Questions relating to the Obligation to Prosecute or Extradite (Belgium v. Senegal) [2012] ICJ Rep 422, p. 444 – 445, paras. 54 – 55.

张"或引渡或起诉"义务不具有国际习惯法的性质,他认为"当战争罪、危害人类罪或灭种罪发生在一国领土之外,或者嫌疑人和受害者都没有该国国籍,不管嫌疑人现在是否在该国境内,目前的国际习惯法都没有强迫该国国内法院进行起诉"①。也有学者认为:"国际法院对于是否存在国际习惯法问题上持沉默或回避态度可能有很多原因,比如相关的国家实践正处于早期发展阶段,等待未来更适合现实环境的案件再对国际习惯法进行识别是更好的选择;抑或该案涉及的问题过于复杂。国际法院基于司法策略会倾向于保持沉默,留待国家自行解决。"②

(三)"或引渡或起诉"义务是否应当界定为国际习惯法并不明确

目前,国际习惯法的确认有两种基本方法:一是归纳法,二是演绎法。

归纳法,即通过分别考察各国的国家实践和法律确信,来识别和确认国际习惯法的性质。北海大陆架案③和利比亚诉马耳他的大陆

---

① Questions relating to the Obligation to Prosecute or Extradite (Belgium v. Senegal) (sep. op. Abraham) [2012] ICJ Rep 222, p. 476, para 21.

② Alberto Alvarez-Jimenez, *Method for the Identification of Customary International Law*, 60 International and Comparative Law Quarterly 681(2011).

③ 1969年北海大陆架案:联邦德国与丹麦、荷兰在北海大陆架的划界问题上发生了争执。上述国家曾于1964年12月1日签订了《德荷条约》和1965年6月9日签订了《德丹条约》,在这两个条约中确定了彼此间的部分边界线,但它们无法就这些点以外的边界线达成任何协议。因为联邦德国认为,在习惯国际法中没有等距离原则,而且用这种方法划分北海大陆架疆界对联邦德国来说是极不公平的。由于联邦德国的海岸是凹形的,其海岸线向内弯曲很大,如果按照等距离原则来划分大陆架对它很不利,只能给予它较为狭窄的大陆架区域,面积仅占北海海床的5%,而丹麦和荷兰分别占10%和11%。丹麦和荷兰则坚持认为,1958年《北海大陆架公约》第6条"等距离+特殊情况"规则已经成为习惯国际法。但是,德国仅是该公约的签字国,而不是批准国。1966年三国进行了进一步的谈判而未能使问题获得解决。1967年2月20日,联邦德国分别同丹麦、荷兰签订特别协定,将划分北海大陆架的争端提交国际法院解决。国际法院在1969年对此案进行了最后判决。

架案[①]都是归纳法的典型案例。国际法院在大陆架案中强调,“尽管条约在记录和定义来自国际习惯法的规则,并在国际习惯法的发展方面扮演重要角色,但是最基本的还是从国家实践和法律确信上寻找国际习惯法的证据,这是不证自明的”[②]。在2012年的国家管辖豁免案[③]中,关于国际习惯法的两个要素——国家实践和法律确信也有更为详细的论述。[④] 不过,条款被写入大量公约中并不能作为该条款成为国际习惯法的充要条件。[⑤] 对于“或引渡或起诉”义务而言,证据主要来自联合国大会的决议,国际会议的积极性宣言以及联合国秘书长的报告。[⑥]

演绎法,即从一个国际社会普遍认同的信念或者理念出发,直接宣

---

① 1965年,马耳他通知利比亚,想以中间线划分两国之间的大陆架。1966年,马耳他颁布了一项以中间线划分了与利比亚间大陆架的法令。1973年,利比亚也提出一种划分大陆架的方案,其主张以靠近马耳他岛屿、深度超过1000米呈西北—东南走向的一系列海槽为界。1976年5月23日,利马签署了一项特别协定将争议提交国际法院解决,请求国际法院确定划分分属两国大陆架区域所适用的国际法原则和规则,并为使两国能在法院判决后毫无困难地以协议划分这一区域而确定将此类原则和规则实际用于本案地方法。

② Continental Shelf (Libyan Arab Jamahiriya/Malta) [1985] ICJ Rep 99, p. 122 – 123, para. 55.

③ 意大利法院受理并支持了在“二战”中受纳粹迫害的公民对德国提起的诉讼请求,这一做法激发了受害人对德国提起诉讼的热潮。德国遂以其国家豁免权被意大利侵犯为由向国际法院提起诉讼。国际法院对国家豁免的规则进行了梳理,对国家豁免与国家责任之间的关系进行了论述,最终支持了德国的诉讼请求。

④ See Jurisdictional Immunities of the State (Germany v. Italy: Greece intervening) [2012] ICJ Rep 99, p. 122 – 123, para. 55.

⑤ See North Sea Continental Shelf (Federal Republic of Germany/Denmark; Federal Republic of Germany/Netherlands) [1969] ICJ Rep 3, p. 44, para. 77.

⑥ Four reports on the topic have already been submitted to the ILC by the Special Rapporteur since 2006 (see UN Docs A/CN. 4/571, 7 June 2006; A/CN. 4/585, 11 June 2007; A/CN. 4/603, 10 June 2008; and A/CN. 4/648, 31 May 2011).

告该规则为国际习惯法。使用核武器合法性案①是演绎法的典型案例。在该案件中,国际法院认为:“国际人道法的大量编纂,和由此编纂出条约的缔约国之多,以及编纂出的这些法律文件中的废纸条款(denunciation clauses)从未被适用过的事实综合起来可以证明,这些条约中的大部分规则已经成为国际习惯法,其反映了得到最普遍承认的人道主义原则。这些规则也展现了各国所期待的正确的行为举止应该是怎样的。”②这种方法不需要考量各国的具体事例,在证明要求上要宽松很多。③ 因此,演绎法往往适用于最严重的国际罪行。这些罪行由于太过特殊,因此不可能有很多相关的国家实践,但是,国际法委员会在专题“国际习惯法的识别”中,并没有倡导这种方法。④

也有学者进一步指出“或引渡或起诉”义务不仅是国际习惯法,也是强行法。原因是一些严重的国际罪行已经成为了强行法,所以与这些罪行有关的“或引渡或起诉”义务也应该具有强行法的地位。最早提出的是迪阿马托(D'Amato)教授。⑤ 很多学者对这一观点表示支持,他们的论据为国际法院关于巴勒斯坦隔离墙咨询意见案中的论断:“鉴于所涉权利和义务的性质和重要性,法院认为,所有国家都有义务不承认因在被占领巴勒斯坦领土上……修建隔离墙而导致的非法状况。各国还有义务不为维护这一修建行为所导致局势而提供帮助或者

---

① 2014 年 4 月 24 日,马绍尔群岛共和国在国际法院提起针对 9 个国家(按英文字母先后顺序排列:中国、朝鲜、法国、印度、以色列、巴基斯坦、俄罗斯、英国和美国)的诉讼程序,诉称这些国家违反有关停止核军备竞赛以及核裁军方面的义务。与本案所涉及的核武器问题相关,国际法院曾于 1996 年就“威胁使用或使用核武器的合法性”问题发表过咨询意见。

② Legality of the Treat or Use of Nuclear Weapons (Advisory Opinion) [1996] ICJ Rep 226, p. 258, para. 82.

③ See Theodor Meron, The Making of International Criminal Justice: A View from the Bench: Selected Speeches, Oxford: OUP, 2011, p. 31.

④ See ILC, Identification of customary international law, Text of the draft conclusions provisionally adopted by the Drafting Committee, UN Doc. A/CN. 4/L. 869(2015), p. 1.

⑤ See Anthony D'Amato, It's a Bird, It's a Plane, It's Jus Cogens, 6 Connecticut Journal of International Law (1990 - 1991), p. 6.

援助。"[①]还有一些学者指出,只要类推(mutatis mutandis)的方法对以上论断适用,那么可以推理得出"考虑到某些严重的国际罪行的性质和重要性,对于境内犯有此罪行的嫌疑人,所有国家都有或引渡或起诉义务"[②]。

"或引渡或起诉"义务的性质迟迟无法确立,导致这一原则在适用上无法保持统一性,在不同的案例中引发不同的争论。因此,尽快确定"或引渡或起诉"义务的性质,特别是与国际核心罪名相关的"或引渡或起诉"义务的性质,具有重要意义。

四、"或引渡或起诉"义务被定性为国际习惯法的义务的适用范围

"或引渡或起诉"义务是否应当作为习惯法存在,作为习惯法存在是否应当划定一个范围?上述国家实践表明,该义务有被作为习惯法的国家实践基础,但其范围是有限的,只能将针对种族灭绝、反人类罪和战争罪等国际核心罪行的"或引渡或起诉"义务归为习惯性规则。然而,这种做法不足以明确关于"或引渡或起诉"义务中的两个选项,即或引渡和或起诉应如何适用,以及两个选项之间的关系。下文在这方面将提出一些建议。

(一)明确"或引渡"和"或起诉"的定义及相互关系

1."或引渡"和"或起诉"的表述

事实上,即使在国际核心罪行中,国家如果不起诉犯罪嫌疑人,[③]

① Legal Consequence of the Construction of a Wall in the Occupied Palestinian Territory (Advisory Opinion) [2004] IICJ Rep 136, p. 200, para. 159.

② Michael P Seharf, Aut Dedere Aut Indicare, Max Plank Encyclopedia of Public International Law, Heidelberg and Oxford University Press, 2011, paras. 18 – 19.

③ See ILC Commentary.

也没有义务将其直接进行引渡。该国家只有义务出于引渡目的将此案提交给具有管辖权的相关法院。为了确定这种可替代的义务,通常使用不同的表达方式。与格劳秀斯的名言"aut dedere aut punire"(或引渡或处罚)不同的是,"或引渡或起诉"义务明确了国家在抓获犯罪嫌疑人且未引渡后,替代义务仅包含起诉,而不包括惩罚。"aut dedere aut judicare"(或引渡或审判)这一常用表述也不尽善尽美,因为审讯还可能涉及公诉部门,即并非由法院主导诉讼,而是由公诉人主导诉讼的情况。ILC特别报告员引用了"aut dedere aut prosequi"(或引渡或起诉)这一拉丁语表达来描述这一义务。[①] 然而,这一措辞也有误导性,因为起诉决定很有可能由于存在国内法律障碍被禁止,如缺乏证据。[②]因此,"或引渡或起诉"义务的审判部门只能是以与有引渡权力的部门的同样方式将此案提交主管当局以便起诉。大多数包含"或引渡或起诉"义务的条约使用的就是这个表述(aut dedere aut prosequi),这一表述也被1970年《海牙公约》采纳。

2."或引渡"和"或起诉"的相互关系

若要考虑两种义务之间的关系,必须先分析当前体现"或引渡或起诉"义务的条约的相关规定。

第一类条约的侧重点在于引渡而不是起诉。这些条约明确地规定了只有引渡请求被拒绝后,才能适用起诉这一替代义务。这些条约还规定,只有当犯罪嫌疑人具有被请求国的国籍或该国有能力审判犯罪嫌疑人时,才能产生这种替代义务。[③] 它表明,"或引渡或起诉"义务针对的犯罪在所有缔约方看来,并没有危害所有缔约方的利益,而仅仅影响了特定国家的公共秩序,即犯罪地所在国或已经对这些罪行拥有管辖权的国家。这种联系表明,在不引渡的情况下,通常由直接起诉该案

---

① 参见联合国文件UN Doc. A/CN.4/571。

② 参见《德国刑事诉讼法》第152条第2款。

③ 这些条约主要是双边引渡条约,涉及未指明的罪行,以及关于腐败等特定国际罪行[见2000年《联合国打击跨国有组织犯罪公约》第16(10)条]或跨国有组织犯罪[见2003年《联合国反腐败公约》第44(11)条]的某些联合国条约。

的国家行使管辖权，而不仅仅是“代表另一国利益”或“为另一国利益”。这种观点可以由此类罪行的严肃性和性质的严重性解释。这些罪行，特别是区域引渡条约中涉及的罪行，大多是具有国际联系的普通罪行。

第二类体现“或引渡或起诉”义务的条约模仿了1970年《海牙公约》。这些条约没有明确规定，只有在事先提出的引渡请求被拒绝时才可实施起诉的替代义务。相反，这些条约规定当事国“在自己的领土上发现犯罪嫌疑人后，如果不引渡，则必须将案件提交其主管机关起诉”。“如果不引渡”这一附带性条款的规定较为模糊。[①] 学者们在这个问题上具有意见分歧，国家实践没有定论，因为大多数国家的立法重复了有关条约中使用的措辞。包括参加海牙公约起草的专家学者也认为，该附属条款在制定时故意留下了歧义，目的就是达成妥协而不解决任何问题。然而，假定即使没有事先提出引渡要求，第二类条约也应被解释为应承担起诉义务，但提起的起诉应被视为附属性质。这一结论首先证明的是，这些条约不赋予缔约国无条件在其领土内搜寻被指控的犯罪嫌疑人的义务。其次，起诉的替代责任只会在一段时间后才出现，需要为具有相关利益的缔约国留出充足的时间决定是否提出引渡请求。重点仍然是需要审查嫌疑人是否可能被引渡到利益更为相关的国家，而不顾其他缔约国的利益即抓捕和起诉嫌疑人。因此，起诉仍然是一项附属性义务，因为在任何情况下，这种义务都取决于是否存在引渡请求。与第一类条约不同，这类条约不适用起诉的替代义务，而是取

① 这可以解释为假设对羁押国提出了引渡请求，因此，由于羁押国拒绝了这种请求，使起诉义务得以适用。由于缺乏对这种情况的明确表达，使这种解释不太可能适用，特别是将其与某些区域条约的明确措辞加以比较的情况下。事实上，尽管处理类似罪行，不要求与羁押国有任何特定的联系才能起诉，但这些区域条约明确提到，只有在提出引渡请求和拒绝引渡请求后，国家才有义务起诉。参见1977年欧洲理事会《关于制止恐怖主义的公约》中第7条；2005年《预防恐怖主义的欧洲公约》的报告中的解释（§190）和1971年《惩治具有国际意义的以人身攻击罪和相关敲诈勒索罪为目的的恐怖主义行为》中的第5条具有国际意义的反人犯罪和有关勒索行为中也隐含地要求了这种条件。

决于羁押国与嫌疑人之间是否存在具体联系。它们要求缔约国对此类犯罪行使管辖权,即使缔约国本身与此种行为之间没有任何联系。可以看出,这些条约涉及的罪行很可能被视为对所有缔约国的潜在威胁,因此,将自动影响所有缔约国的利益,而不仅仅是特定国家的利益。这一点可以由这些罪行的性质和严重性解释,其中大部分是恐怖主义或类似的行为。它们不是普通的犯罪,而是可能影响国家之间国际交流的跨国犯罪。然而,上述主张引渡优先于起诉的理由表明,尽管所有缔约国都有足够的利益关系可以起诉禁止的行为,[①]但在概念上不能认为它们具有同等的利益,因为需要维护的利益不超过国家层面。这些利益不与因保护人类而产生的普遍价值直接相关。因此,在概念上可以设想,在起诉该案时,请求国等国家的利益关系可能比羁押国等国的利益关系更大。从这个意义上讲,优先考虑将犯罪嫌疑人引渡到利益关系更大的国家,而不是直接起诉的意义至关重要。同样地,在拒绝引渡的情况下,一个与犯罪毫无关联的国家尽管也可以按照"普遍管辖"的依据行使管辖权,但此类"普遍管辖权"仅应被视作另一个国家代表行使的域外管辖权,或是普遍性原则的应用。

因此,有人可能会得出这样的结论:"aut dedere aut prosequi"这一拉丁文表述中重点首先是引渡。

相比之下,《日内瓦公约》和《附加议定书》中规定的制度是完全不同的。引渡或起诉的义务针对的是严重违反公约义务的罪行。它规定,各国家必须起诉犯此类罪的犯罪嫌疑人,如果它们愿意,也可将其引渡至别国。因此,重要的是起诉此类犯罪行为,引渡是羁押国的另一种选择,以帮助它履行其起诉义务。通过强调起诉,而不是强调某些国家在起诉时的特殊利益。《日内瓦公约》和《附加议定书》似乎建立了

① 从第二类条约的准备工作可以看出,特殊的严重性是导致国家认同的主要因素,对引渡或起诉的义务范围进行长时间的讨论,致力于确保对禁止进行域外管辖权,尽管这种行为可能与之没有任何联系。

一个制度,[1]从概念上说,各国在此类起诉中具有同等利益。这似乎符合“或引渡或起诉”义务的性质。这些严重犯罪行为属于国际核心罪行,对其起诉的目的不只是维护若干国家的利益,而且是维护在这些利益之上的利益和与整个国际社会有关的普遍价值观。因此,尽管我们清楚因证据或者和平建设进程等,对国际核心罪行的起诉最好在某个特定的国家进行,但是不能因此说某个国家在起诉中的利益大于其他国家在此事上的利益。这些说法能更好地契合“普遍管辖权”的说法,而这正是《日内瓦第四公约》及其《第一附加议定书》中施加给缔约国的或引渡或起诉的义务中强调的。相反,在前一类条约规定的方案中,此类普遍管辖权可以视作域外管辖权的行使,并不是“代表”其他利益更相关的国家行使,而是“国际社会的受托人基本价值”,或是单纯的行使“普遍管辖权”。

因此,可以认为,“aut dedere aut prosequi”这一拉丁文表述,即引渡是应当适用的第一项义务,并不能恰当地描述《日内瓦第四公约》及其《第一附加议定书》中规定的“或引渡或起诉”义务,相反,“prosequi vel dedere”(起诉或引渡)这一表述更为合适。它正确地反映了受这项义务约束的国家在起诉和引渡之间有自由选择权,而重点则是起诉,因为引渡只是羁押国实现其履行起诉义务的手段。这个结论能不能被用于支持“或引渡或起诉”的习惯性义务性质?确实,与《日内瓦公约》和《附加议定书》中的规定相反,上述习惯义务不与主张普遍管辖权的义务结合,使羁押国即使在与犯罪没有任何联系的情况下也可以起诉嫌疑犯。因此,针对羁押国“或引渡或起诉”的习惯性义务,认为引渡优先于起诉或主张两个选项具有同等选择权的观点显然似乎不能成立,由于羁押国可能没有对该犯罪的管辖权,但请求国具备相应管辖权。

---

① 优先考虑所在国的属地管辖权,甚至在国际核心罪行中也是如此,实际这种做法可能是合理的,不仅有利于证据,还要帮助受害者恢复心灵的平静并恢复当地的法律秩序。惩治这种犯罪时最强大的影响包括传统的预防和矫正作用,这些影响相对于此类犯罪来说显然是有限的。然而,这些仅仅是出于实际原因,倾向于将一国的管辖权变更为另一国的管辖权。

然而,如上文所述,在概念上,这种优先权或同等重要性不是根据羁押国对犯罪行为行使管辖权的概念而提出的,而是基于这种行为作为核心国际犯罪的具体性质,而且更确切地说,每个国家都主张在起诉该罪行时具有同样的利益。因此,可以用"prosequi vel dedere"这一表述来描述或引渡或起诉的习惯义务。

事实上,这种观点已经被UNGA 2840(XXVI)[①]和3074(XXVIII)[②]号决议采用了,决议使用了"prosequi vel dedere"的表述,这两个决议都将起诉作为了两种可替代义务中的首选,ILC在《反和平罪行守则草案》和《人类安全草案》中都采用了这一表述,其中评注规定,任何涉嫌此类犯罪的人必须由羁押国的国家主管机关进行起诉,也可由任何其他愿意起诉的国家请求引渡。此外,"或引渡或起诉"没有忽略酷刑方面的规定,而是提供了一个表面上被归为第二类的公约,被联合国禁止酷刑委员会解释为即使没有国家提出引渡,也要强制起诉。

(二)明确"或引渡或起诉"义务的非条约性质的习惯法来源

巴西奥尼教授认为,针对国际核心罪行的"或引渡或起诉"义务已经获得了习惯法的地位。然而,他得出该结论的依据是国际社会的整体义务和国际核心犯罪的强行法禁止性质。[③] 这一论点似乎站不住脚,主要原因有两个:首先,国际社会的整体义务和强行法概念不能作

---

① 在决议第1段中,联合国大会敦促"所有国家……确保所有犯有此种罪行的人受到惩罚,包括将他们引渡到犯罪地所在的国家"。

② 决议在第5段中确立了原则,即犯有战争罪或危害人类罪的任何人必须先接受审判,然后才能解决引渡问题。

③ M. C. Bassiouni, E. M. Wise:或引渡或起诉的国际法律责任(多德雷赫特/波士顿/伦敦:Martinus Nijhoff,1995)。在前南斯拉夫国际刑事法庭(前南刑庭)中,有人认为Furundzija案是支持这种做法的表现[见Furundzija判决书(IT-95-17/1-T),1998年12月10日§156审判庭]。法庭的确从强行法禁止酷刑得出一些与负责起诉此类犯罪人的相关结论。然而,它仅指或起诉或引渡的权利(而不是义务)。

为任何国际法渊源,包括习惯法。① 其次,这些涉及国际法领域的概念很难将刑事责任落实到个人。②

诚然,根据 ICJ 的说法,国家反复实施某种行为,即"a constant and uniform usage practiced by the States",历来被视为形成国际习惯法的关键要素。③ 然而,现在这种观点得到了演变。国际法对可适应系统的需求正不断增加,需要满足不断变化的国际社会和当代国际关系的需求,这一点让学者④和国际司法管辖机构⑤的关注点从国家行为转移到了国家声明上面,特别是联合国等国际机构。这种现象在人权和人道主义法域尤其引人注目,因为该法域常常缺乏统一的国家实质行为。

这种关注习惯法形成状态的现代倾向并不意味着习惯法的传统两要素之一,即国家实践与其他组成部分——法律意见割裂开来或不一致。这种趋势实际上并不背离习惯法的基本原则。⑥ 事实上,在这里

---

① 强行法固然需要规定法律后果,其中法律后果可能会影响国际法渊源的形成,如使国际公约无效,并规定了强行法可以作为国际法渊源的具体要求[1969 年《维也纳条约法公约》(VCLT 第 53 条)]。然而,这并不意味着它可以形成国际法渊源。

② 绝对权的概念在国家责任法中扮演着一个角色,而强行法则同时涉及本法和条约法。这两个法律领域中法律概念带来的后果几乎不可能被解释为针对国际罪行或引渡或起诉的习惯性义务。关于条约法,针对此类犯罪的禁令具有强行法性质,这样只会迫使国家不缔结此类条约,也就是允许犯罪人犯下这样的罪行(VCLT 第 53 条和第 64 条)。关于国家责任法,首先必须指出,该法的适用必然意味着此类罪行相当于一国的不法行为。此外,这一领域中两个概念的直接相关后果只包括第三国为了受害国的利益而要求赔偿或停止犯罪,或要求第三国不承认这类罪行违反了强行法,并进行国际合作终结这一罪行(ILC 国家责任条款 48 条)。特别是,必须强调根据国际法委员会关于国家责任条款的评注,后者不承认和合作义务不会对起诉个人产生任何影响(联合国文件 UN Doc. A/56/10,2001,at 286 - 289, § § 3,5,9)。

③ See Columbian-Peruvian Asylum Case (Columbia v. Peru), judgment of 20 November 1950, ICJ Reports (1950) 266, at 276.

④ A. E. Robert, *Traditional and Modern Approaches to Customary International Law: A reconciliation*, American Journal of International Law 757(2001).

⑤ See Legality of the Threat or Use of Nuclear Weapons, advisory opinion of 8 July 1996, ICJ Reports (1996) 226, page 254 - 255.

⑥ See R. Van Steenberghe, La Legitime Defense en Droit International Public (Brussels: Larcier, 2012).

必须将国家实践视作一种广义概念,包括任何与国际问题有关的国家行动,包括国家声明。此外,即使国家实践的存在形式是国家声明,国家实践这一部分仍包含不同的法律概念,因为后者更为抽象,这意味着国家实践必须遵循自己的信念,即国家实践应由法律规定,或者更确切地说,它"造"法或"修改"法。国家的任何行为都可能视作国家实践,可以根据其揭示法律观念的能力对此类行为赋予权重。① 人们常常认为,在习惯法的形成方面,国家习惯行为的权重比国家声明的更大,因为后者有时言不由衷、言行不一。从这个意义上说,与实行行为相比,国家声明较为"廉价"。然而,任何一种国家实践的实质或语言性质都不影响其作为国家实践的一种,它只可能影响到被赋予的权重。此外,在衡量习惯性规则时,我们通常在衡量国家声明时采取更为谨慎的做法,而对国家实行行为的衡量较为宽松,但有些声明,尤其是内容为国际法或国内法行为形式的声明具有很强的影响力,因为各国承诺遵守各自的诺言。此外,除非与法律解释联系在一起,否则实行行为不被赋予任何权重,除非是以声明的形式进行,在这种情况下法律解释可以帮助理解行为的法律意义。因此,即使主要建立在国家声明的基础上,"现代习俗"仍然意味着习惯法两个传统要素的结合。

(三)明确"或引渡或起诉"义务的习惯法性质范围

虽然"或引渡或起诉"犯罪嫌疑人的实行行为并不少见,但这种行为在"或引渡或起诉"这一习惯义务的形成过程中不占任何权重。事实上,在国家对ILC工作的评论中②,一些国家已经强调,国家对引渡要求的批准并不意味着国家已经受到了"或引渡或起诉"义务的约束。该请求可能是在另一个基础上提出的,如国家互惠。起诉方面也可得出类似结论。因此,引渡和起诉等实行行为只应与国家声明相关联。

---

① *Final Report of the International Law Association Committee on the Formation of Customary (General) International Law*, http://www.ila-hq.org/en/committees/index.cfm/cid/30.

② 联合国文件:UN Doc. A/CN.4/599, 30 May 2008, at 15。

根据上述意见,占权重最大的国家宣言是以国际法或国内法的形式出现的。在分析条约实践之前,本节将先分析与"或引渡或起诉"义务相关的国家立法和司法实践。因为它提出了技术问题,且不够广泛,因此这样的做法并不能使"或引渡或起诉"的义务归属于习惯。剩下的选择是仔细审查其他国家实践,即各国在国际论坛上发表的声明。如上文所述,没有任何理论理由能够说明这种声明不能被视为特定习惯规则的具体国家实践要素。在分析这些声明时,本文需要指出"或引渡或起诉"这一传统义务可能源于国家实践,但只能来源于有限数量的犯罪,即种族灭绝、反人类罪和战争罪等国际核心犯罪,并且只有在正确理解的情况下,这样的义务才能归属于习惯。

1. 从现行国际条约的角度

许多条约中都涉及了"或引渡或起诉"义务,且已经被大量国家批准,包括 1949 年《日内瓦公约》和《防止和惩治恐怖主义公约》①。这是否能让"或引渡或起诉"成为一项习惯义务?在这些公约所禁止的罪行中,义务是否能扩展到非缔约国?

在北海大陆架案中,国际法院已经明确支持这一观点,即大量的国家批准某项条约可能影响非缔约方的实践,使条约条款成为习惯法。然而,其中自相矛盾的一点是,公约的广泛批准使这些公约更难演变成习惯法,因为非国家缔约方的数目众多,特别是从条约到习惯的转变至关重要。

2. 从国家立法和实践的角度

国家层面上的立法和司法实践这一形式可以用来评估"或引渡或起诉"义务的存在状态。国家通过立法认可对特定犯罪的"或引渡或起诉"义务可通过司法过程履行这样一个义务,就能够表达他们愿意受这一义务的约束,而不是仅仅停留在政治或道德等目的。在这方面,缔约国认为针对"或引渡或起诉"义务立法就是履行了条约义务,而不是履行习惯法带来的义务。例如,大多数国家在"或引渡或起诉"义务

---

① 这里未提及 1948 年《防止和惩治灭绝种族罪公约》(《灭绝种族罪公约》)。在违反上述公约的情况下,该公约并没有提供明确的或引渡或起诉义务。Art. IV 仅规定在一般条件下"种族灭绝……应该受到惩罚",而 Art. VII 仅规定了根据缔约国的承诺……根据其现行法律和条约准予引渡。

方面的立法严重违反了《日内瓦公约》中的规定,即本国制定法律时应符合《日内瓦公约》中的规定。

虽然存在相关的立法和司法实践,但这种国家实践却不常见。这类国家实践的普遍程度显然不能满足一般规则所需要的一般性条件。涉及国际核心罪行时,只有如阿根廷①、乌拉圭②、巴拿马州③的立法,秘鲁④和葡萄牙⑤能够针对种族灭绝、反人类罪和战争罪等国际罪行⑥提供明确的"或引渡或起诉"义务。就司法实践而言,针对此类犯罪,也有人引用危地马拉⑦、西班牙⑧和澳大利亚⑨法院以及美洲人权法院⑩的

① Act No. 26200, *Implementation of the Rome Status of the International Criminal Court*, 5 Jan. 2007, http:// www. iccnow. org/documents/Lcy-dejmplementacion. argentina2. pdf.

② Act No. 18026, Cooperation with the International Criminal Court in combating genocide, war crimes and crimes against humanity, published in the Official Gazette on 4 Oct. 2006.

③ Act No. 14, *Modifying the Criminal Code of Panama*, 18 May. 2007, http://www. iccnow. org/documents/Panama_ nuevo. codigo. penal2. pdf.

④ Legislative Decree No. 957, *ICC Cooperation Bill*, *Code of Criminal Procedure*, 29 Jul. 2004, http://www. iccnow. org/documents/cppperulegis. coop. pdf.

⑤ Act No. 31/2004, *On the Adaption of Portuguese Legislation to the International Criminal Court Status*, 22 Jul. 2004, http://www. iccnow. org/documents/ implementationiccportugalpt. pdf.

⑥ 有许多国内立法赋予国内法院行使管辖权,并适用本国法律对外国人在国外犯下的罪行作出裁决,在这些人未被引渡到外国的情况下适用。这是"附属域外管辖权"的主张,即域外管辖权,只有在未引渡人的情况下才适用。然而,尽管该立法为拒绝引渡的外国人提供了必要的"工具",但在不引渡的情况下,它们也不施加任何起诉的义务。有关政府只享有权利,但不承担义务。

⑦ ILC 第三方报告中引用了或引渡或起诉的义务, UN Doc. A/CN. 4/603, 2008年6月10日,第18页。

⑧ 危地马拉大屠杀案, http://www. cja. org/downloads/guatemala. judgepedrazjlesolutionjrlresponse. to. CourtDecisionEnglish. pdf。法官 Santiago Pedraz 在他对危地马拉宪法法院不授予西班牙对此类罪犯的引渡请求权的官方回复文件中明确主张或引渡或起诉义务的适用于所有的国际罪行(如种族灭绝),该项义务具有强行法性质。他还主张或起诉或引渡的义务是一项普遍适用义务,纳入了习惯,传统国际法和国际刑法。

⑨ See Federal Court of Australia, Nulyarimma v. Thompson (1999) FCA 1192, 1 Sep. 1999, http://www. austlii. edu. au/au/cases/cth/federaLct/1999/1192. html.

⑩ Inter-American Court of Human Rights, Case of Goiburas et al. v. Paraguay, judgment of 22 Sep. 2006, www. corteidh. or. cr/docs/ casos/articulos/seriec. 153ing. pdf.

文件,主张针对屠杀和侵犯人权的行为履行“或引渡或起诉”的义务。

除了范围有限,在习惯法性质方面为上述国家实践赋予一定的权重可能会遭到怀疑,因为大部分此类实践似乎不能构成一个明确的法律意见。上述立法体现的是针对战争罪和反人类罪等犯罪的或引渡或起诉义务,目的是实施《罗马规约》。后者没有正式提出“或引渡或起诉”的义务。因此,必须不能仅将立法视作实现“或引渡或起诉”的传统义务的工具。然而,为了契合《罗马规约》,最终仍采纳了这种立法,这使人怀疑通过该立法的动机是否是“制定”习惯法。

3. 从其他国家实践的角度

“或引渡或起诉”义务已经以国内立法、判决或官方声明的形式支持了针对国际核心罪行的“或引渡或起诉”义务。这些声明大多是ILC针对种族屠杀,种族灭绝等罪行的“或引渡或起诉”义务的现行研究,以及ILC先前针对反人类罪、战争罪和危害人类和平与安全起草的守则草案。在上述草案的起草工作期间,一些州明确宣称“或引渡或起诉”义务应仅限于缔约国,似乎是拒绝承认这一原则的习惯地位。然而,国际法委员会最近的研究表明,这些国家的意见发生了变化。目前,他们并没有完全排除“或引渡或起诉”的传统义务,只是强调这样的义务应该应用在有限的犯罪中。

联合国决议也支持了针对此类犯罪的“或引渡或起诉”义务,这反映了各成员国的立场之间的一种折中。联合国大会的决议,特别是评估习惯规则时的决议之所以能够形成,因为它们反映了大多数国家的意见。20世纪70年代起最著名的体现“或引渡或起诉”义务的决议是2840号决议(XXVI)①和3074号决议(XXVIII)②,涉及的是战

① GA Res. 2840 (XXVI),1971年12月18日。该项决议的标题是《对战犯和犯有危害人类罪的人的惩罚问题》。决议第1段敦促“所有国家……终止和防止战争罪和危害人类罪,确保所有犯此类罪行者受到惩罚,包括将其引渡给犯罪人所在的国家”。

② GA Res. 3074 (XXVIII),1973年12月3日。这项决议的标题是《侦查、逮捕、引渡和惩罚犯有战争罪和危害人类罪的人方面的国际合作原则》。该决议第5段规定:“有证据表明犯有战争罪和危害人类罪的人应受到审判,如果被判有罪,应根据其犯罪所在地的一般规则进行处罚。在这方面,国家应当对引渡此类罪犯的事宜展开合作。”

争罪和反人类罪,包括种族灭绝等罪的起诉。它们在“或引渡或起诉”义务的习惯法性质中占很大的权重,特别是考虑没有国家投票反对这一决议,弃权的原因也并不涉及“或引渡或起诉”义务的识别。[①] 有人可能会质疑上述决议的有关规定是否会随时推广至包含战争罪或反人类罪,因为采纳该决议是为了“担心 20 世纪 70 年代对德国的法规限制将导致此类罪行得不到起诉”。虽然在起草决议时有的国家已经承认了第二次世界大战期间犯下的罪行,但这些规定的目的并不限于对这些罪行的惩罚。这些国家明确反对这种限制思想并强调决议还旨在防止未来任何国家实施战争罪和反人类罪,以及惩罚任何决议起草时已经犯下的此类犯罪。[②] 可以看出,这两项联合国大会决议的重点不仅仅在过去,也适用于现在和将来的战争罪和反人类罪。这些决议的普遍制定进一步支持了上述结论,这些决议没有明确提及第二次世界大战期间犯下的罪行。上述决议并非联合国通过的唯一决议。安全理事会还通过了许多关于战争罪、危害人类罪和其他核心国际罪行的决议。与通常不提供“或引渡或起诉”的明确义务相反,该决议提起了在一般条件和特定条件下国家不得使犯罪人逃脱惩罚的义务。最后,除了联

---

① 由于这些决议中所述罪行的定义不准确,各国主要投弃权票。参见英国关于 GA Res. 2840 (XXVI)的声明(联合国文件 UN Doc. A/C. 3/SR. 1902,1971 年 12 月 9 日,§70);法国(同上 §76);挪威(同上 §80)。见科威特关于 GA Res. 2840 (XXVI)的声明(二十八),从科威特(联合国文件 UN Doc. A/C. 3/SR. 2021,1973 年 11 月 9 日,§33);卡塔尔(联合国文件 UN Doc. A/C. 3/SR. 2022,1973 年 11 月 9 日,§12);阿曼(同上 §13);喀麦隆(同上 §14);巴林(同上 §17);博茨瓦纳(同上 §20);西班牙(同上 §21);尼日利亚(同上 §23);阿根廷(联合国文件 UN Doc. A/PV. 2187,1973 年 12 月 3 日,§33)。由于国家立法不同导致决议存在潜在的不兼容问题,特别是具有溯及力的国内禁止规则,如法定限制,见智利关于 GA Res. 2840 (XXVI)的声明(联合国文件声明 UN Doc. A/C. 3/1902,1971 年 12 月 9 日,§78),见玻利维亚关于 GA Res. 2840 (XXVI)的声明(联合国文件声明 UN Doc. A/C. 3/2022,1973 年 11 月 9 日 §10);委内瑞拉(同上 §18);乌拉圭(同上 §19);西班牙(同上 §21);智利(同上 §36);阿根廷(联合国文件 UN Doc. A/PV. 2187,1973 年 12 月 3 日,§34)。

② 参见白俄罗斯的声明:联合国文件 UN Doc. A/C. 3/2020,1973 年 11 月 8 日;捷克斯洛伐克(同上 §8);荷兰:联合国文件 UN Doc. A/C. 3/2021,1973 年 11 月 9 日,§16;摩洛哥:联合国文件 UN Doc. A/C. 3/2022,1973 年 11 月 9 日,§4。

合国安理会的决议，经济和社会理事会也作出了相关决议，包括任意或处断的决议，其中明文规定就该等罪行"或引渡或起诉"的义务。

五、结　论

自格劳秀斯提出以来，"或引渡或起诉"义务对打击特别严重的国际罪行起到了举足轻重的作用。它发端于国际法诞生之初，越来越受到国际社会的普遍性重视。

"或引渡或起诉"义务是一个复杂的法律问题，它与许多其他问题息息相关。研究"或引渡或起诉"义务的定性问题，必须厘清它与引渡制度、国家的刑事起诉制度、普遍管辖权以及刑事管辖权之间的关系。同时，也需厘清"或引渡"和"或起诉"各自的内涵以及两者之间的相互关系。它经历了一个从"不引渡则起诉"向"不起诉就引渡"的变化过程。国际法院在比利时诉塞内加尔案中对海牙套语的解释也进一步强化。然而其性质特别是在核心国际罪行的适用中模糊不清，影响了"或引渡或起诉"义务在国际事务中发挥更大的作用。

根据习惯法形成的经典概念和许多国家在这一问题上所作的声明，可以看出"或引渡或起诉"义务具备习惯法性质。然而，这种习惯性义务在某些方面是有限的。首先，国家实践证明，它只涉及灭绝种族罪、危害人类罪或战争罪等核心国际罪行。最基本的限制来自国家声明，由于担心不符合国内引渡规定和国家管辖权，一些国家强烈反对将"或引渡或起诉"的义务归为习惯义务。其次，将该义务限制为"规则"，即以义务为重点独立实施的系统通常涉及关于引渡的义务和国家管辖权。换句话说，只要其引渡和国家管辖权的自由裁量权性质不受影响，即可认为"或引渡或起诉"义务具备习惯性质。最后，习惯义务并不等同于"或引渡或起诉"的习惯性质。在大多数体现"或引渡或起诉"义务的条约中，它只要求羁押国将嫌疑人提交主管当局，以实现"或引渡或起诉"的目的。

The Obligation Extradite or Prosecute: Clarifying Its Nature

Liu Congcong

[**内容摘要**]“或引渡或起诉”义务在众多条约中都有体现，受到了国际层面的广泛关注。在“或引渡或起诉”义务的适用问题上，首先要解决的就是这一义务的性质问题：如果该义务仅为条约性义务，那么这一义务就只对某国际法律条约的缔约国有强制力；如果该义务已被确认为习惯国际法的一部分，那么“或引渡或起诉”义务将对所有国家具有约束力，无论其是否为条约缔约国。对这一问题的模糊处理，使得这一义务适用时“强制性”的对象范围难以得到明确。从国家层面上的实践和争议可以看出，对于该义务的表述，非基于条约时，其性质尚不明确，直接影响了“或引渡或起诉”义务的适用。笔者认为，“或引渡或起诉”这一义务在针对国际核心罪行，如种族灭绝、反人类罪和战争罪时应当具有国际习惯法地位。

[**关键词**]引渡；起诉；习惯法义务

Abstract: The obligation to extradite or prosecute (aut dedere aut judicare) is enshrined in numerous treaties, and it is now the subject of particular attention. The most significant question of the application of the obligation to extradite or prosecute is what the nature it is. The answer to the question affects the obligation for “mandatory” object scope: if the obligation is only treaty obligations, then this obligation is only to an international legal treaty contracting state mandatory; if part of the obligation has been recognized as customary obligation, so it will be binding on all countries, regardless of whether the parties to the treaty. However, state practice and the debates show that the non-treaty based status of the obligation remains unclear. This article elucidates such a status and clarifies the definition and scope of this obligation. The author concludes that a customary status may be ascribed to the obligation to extradite or prosecute for core international crimes such as genocide, crimes against humanity and war crimes.

Keywords: Extradite; Prosecute; Customary Obligation

〔犯罪学与刑事政策〕

犯罪定义权的展开

白星星* 马荣春**

目　　次

查阅现有的文献资料发现，犯罪定义权这一概念或范畴是白建军通过其《关系犯罪学》所作出的学术“首创”，其“首创”意义毋庸置疑。但是，犯罪定义权的权力属性和权力定位如何、犯罪定义权的“权利性品质”及其在犯罪定义权中的地位如何、犯罪定义权应被赋予怎样的对应“社会治理”的应有理性以及其将导引怎样的犯罪治理策略等，这些都是犯罪定义权话题应予进一步展开的内容。前述展开不仅是“学术响应”，更是进一步丰富“刑事一体化理论”或“一体化刑事学”的“学术尝试”。

---

* 法学博士，山西师范大学社会学与法学学院讲师。
** 法学博士，南京航空航天大学法律系教授。

一、犯罪定义权的权力属性与权力定位

当与"刑事"相勾连,即具有"涉刑事性",则犯罪定义权必有"权力性"问题的讨论。

(一)犯罪定义权的权力属性

犯罪定义权的权力属性是犯罪定义权的"权力性"问题的首要指向。犯罪定义权何以能够成为一种"权力",这需从犯罪定义的刑事关联性来寻求解答。刑事实践及其制度言说必然要采用一种话语即刑事话语。由于犯罪概念是刑事话语的核心词汇或"关键词",故犯罪概念就被赋予了"刑事性"。又由于犯罪概念是靠犯罪定义完成或"生产"的,故犯罪定义也就被赋予了"刑事性"。当"刑事性"是一种权力性即刑事权力性,则完成或"生产"刑事实践及其制度言说核心词汇或"关键词"的犯罪定义,也就被赋予了刑事权力性,即形成犯罪定义权。

犯罪定义权的刑事权力性可以美国的《仇恨犯罪法》为例证。显然,《仇恨犯罪法》是专门针对"仇恨犯罪"的法律或法案。

"仇恨犯罪"这一概念始于美国约翰·肯耶斯等三位议员于1985年向美国联邦众议院共同提出的所谓"仇恨犯罪统计法"这一法案。美国之所以在20世纪80年代通过《仇恨犯罪法》,是因为自20世纪中期以来,美国社会不断谴责基于种族、族裔、性别和更富争议的性取向方面的偏执行为。随后,《仇恨犯罪法》又将其针对性扩大到带有偏见的犯罪行为,即《仇恨犯罪法》是要严厉地惩罚所有"偏执的犯罪行为人"。到了20世纪90年代早期,法学家们就开始使用"仇恨犯罪"(hate crime)和"偏见犯罪"(bias crime)这样的术语。① 这里,所谓"仇

① 参见[美]詹姆斯·B.雅各布、[美]吉姆伯利·波特:《仇恨犯罪》,王秀梅译,北京大学出版社2010年版,第2~4页。

恨犯罪”是指因行为人的偏见与歧视产生仇恨所引起的犯罪。[①] 但是,“仇恨犯罪”这一概念不会自行界定。于是,有多少“仇恨犯罪”以及应如何作出适当反应,均取决于如何界定“仇恨犯罪”的概念。在设计“仇恨犯罪”的定义时,必须对“偏见”的含义以及犯罪行为人的偏见与犯罪行为之间的因果关联性作出选择,但“偏见”是一个无确定形态的术语。因此,如果狭义地界定“偏见”,即仅包括某些有组织的基于仇恨的意识形态,则“仇恨犯罪”的数量就会极少;如果广义地界定“偏见”,则大部分团体间的犯罪都可以被界定为“仇恨犯罪”;如果只有几种犯罪,如伤害或骚扰转化为“仇恨犯罪”,“仇恨犯罪”的数量就会极少;如果把偏见引发的故意破坏行为和涂鸦行为归为“仇恨犯罪”,则“仇恨犯罪”的数量就会膨胀;如果犯罪行为必须完全或绝大部分是由偏见引发以便称其为“仇恨犯罪”,则“仇恨犯罪”的数量也会很少;如果仅需要怀有部分偏见而引发犯罪,则“仇恨犯罪”的数量就会增多。总之,我们可以通过“操纵”偏见的定义而使得“仇恨犯罪”问题根据我们的考虑予以增减。[②]

显然,如何定义“偏见”直接影响或决定如何定义“仇恨犯罪”,而如何定义“仇恨犯罪”又直接影响或决定《仇恨犯罪法》。于是,当《仇恨犯罪法》也代表着一种刑事权力包含刑事立法权和刑事处罚权,则为之“奠基”的便是起于“偏见”而集于“仇恨犯罪”的犯罪定义权,即由“偏见”到“仇恨犯罪”的犯罪定义权便是《仇恨犯罪法》所对应的刑事权力的“源头性”或“起始性”,同时是其“根本性”所在。这里,不仅“操纵”直接表露着犯罪定义的权力性,而且可以根据需要来“操纵”有关“仇恨犯罪”的概念定义。这一说法和做法是在告诉我们:刑事权力以及作为其“奠基”的犯罪定义权天然地存在功利性和正当性的问题。正如学者指出的,政治家善于作象征性的声明,他们热衷于广泛重申一

① 参见[美]詹姆斯 · B. 雅各布、[美]吉姆伯利 · 波特:《仇恨犯罪》,王秀梅译,北京大学出版社 2010 年版,第 11 ~ 12 页。

② 参见[美]詹姆斯 · B. 雅各布、[美]吉姆伯利 · 波特:《仇恨犯罪》,王秀梅译,北京大学出版社 2010 年版,第 33 ~ 34 页。

些价值观认可的法律,诸如"国旗"、"爱国主义"、"自由"和"宽容"。对《仇恨犯罪法》的支持为他们提供了一个绝佳的时机,他们可因反对犯罪与偏见,支持法律与秩序而名垂青史。因此,当被要求公开指责、重新定义偏见动机犯罪或者提高偏见动机犯罪的最高刑罚时,大多数立法者都会积极响应。① 可见,犯罪定义是渗透或体现价值观的认知活动,从而犯罪定义权也就不可避免地带有功利性。但又如学者指出的,20 世纪 80 年代创设"仇恨犯罪"的概念是为了强调由偏见所引发的犯罪,其关注犯罪人的心理状态而非犯罪行为本身,故其试图将"公民权利范式"引入犯罪和刑法领域。② 又可见,"权利范式"将与刑事权力及作为其"奠基"的犯罪定义权发生勾连,从而犯罪定义权的功利性又不能完全无视正当性。

进一步地,当关乎犯罪问题的刑事实践及其制度言说就是针对或围绕犯罪问题的社会控制,则负责完成或"生产"刑事话语核心词汇或"关键词"即犯罪概念的犯罪定义,其权力属性又可切入"社会控制"甚或"控制社会控制"来作进一步的确证。有学者指出,对犯罪的社会控制本身尚需予以控制以形成犯罪的社会控制的控制即"控制社会控制"。对犯罪的"控制社会控制"起初是基于"互动论"引申出来的,即按照"互动论",社会控制并不当然地遏制犯罪,甚至可能制造犯罪,故"控制犯罪控制"就是犯罪问题的一个解决思路。当然,"控制社会控制"并非要废除或摧毁而是要完善社会控制,即不间断地根据控制效果来调整社会控制举措,以更加有效地实现社会控制的目标。但现在,"关系犯罪观"又为犯罪的"控制社会控制"提供新的立论依据。以"互动论"和"关系犯罪观"为立论依据的"控制社会控制"有着如下内涵:"控制社会控制"首先是对社会控制参与者的控制,是对社会控制权力垄断的控制,是对权力垄断可能导致的规范滥用的控制;"控制社会控

① 参见[美]詹姆斯·B. 雅各布、[美]吉姆伯利·波特:《仇恨犯罪》,王秀梅译,北京大学出版社 2010 年版,第 90 ~91 页。

② 参见[美]詹姆斯·B. 雅各布、[美]吉姆伯利·波特:《仇恨犯罪》,王秀梅译,北京大学出版社 2010 年版,第 33 页。

制”还是一种控制立场的控制,因为社会控制不是简单地打击犯罪;“控制社会控制”还是一种控制者自身主体性的控制,即控制主体的主观意愿和能动性的控制。最终,“控制社会控制”是犯罪控制的“最高形式”。① 学者所谓社会控制并不当然地遏制犯罪,甚至可能制造犯罪,即对犯罪的社会控制不当或失策会造成社会控制无效甚至适得其反,因为“物极必反”。既然犯罪的社会控制可能不当或失策,则犯罪的社会控制的控制即“控制社会控制”就是“必需”和“必须”的。实际上,犯罪的“控制社会控制”隐含着“否定之否定”这一辩证法。由于犯罪的社会控制和“控制社会控制”是以犯罪概念为逻辑起点,而犯罪概念又形成或“生成”于犯罪定义,故犯罪定义便直接事关犯罪的社会控制和“控制社会控制”。于是,当犯罪的社会控制和“控制社会控制”分别对应着犯罪的社会控制权和“控制社会控制权”,则为犯罪的社会控制和“控制社会控制”提供核心话语词汇即犯罪概念的犯罪定义,便勾连着犯罪的社会控制权和“控制社会控制权”,而被勾连出来的权力即犯罪定义权。当犯罪的社会控制权和“控制社会控制权”即刑事权,则作为犯罪社会控制的开始和有机构成部分的犯罪定义也就对应着犯罪定义权,且此犯罪定义权经由犯罪的社会控制权和“控制社会控制权”最终又通向了刑事权即刑事权力。犯罪的社会控制权和“控制社会控制权”是将犯罪定义权在整个刑事系统中的权力属性即刑事权力性予以具象化,即犯罪定义权也是刑事权力系统中的一种犯罪社会控制权和“控制社会控制权”,从而犯罪定义权这一概念因一个“权”字而令其本身能够在刑事权力系统中得到一种“系统性”的定位和界说。于是,犯罪定义权在刑事权力系统中所能得到的“系统性”的定位和界说,便蕴含或隐喻着实践层面的“刑事一体化”,而实践层面的“刑事一体化”又对应着学术层面的“刑事学一体化”。进一步地,“刑事一体化”和“刑事学一体化”为犯罪定义权在刑事权力系统中的定位形成描述了一个实践背景和学术背景。

但是,与“社会治理”而非“社会管理”“社会管控”相对应,犯罪的

① 参见白建军:《关系犯罪学》,中国人民大学出版社 2014 年版,第 332 ~ 334 页。

社会控制和“控制社会控制”应分别转换为犯罪的“社会治理”和“治理社会治理”。进一步地,犯罪的社会控制权和“控制社会控制权”应分别转换为犯罪的社会治理权和“治理社会治理权”。于是,犯罪定义权便通过犯罪的社会治理权和“治理社会治理权”而在刑事权力系统中获得一种新的具体表述。这里要强调的是,作为“治理社会治理权”的犯罪定义权,其意义较作为“社会治理权”的犯罪定义权似乎显得更加重要,因为“社会治理”和“社会治理权”相当于警察,其以执法本身为己任,而“治理社会治理”和“治理社会治理权”则相当于“督察”,其以“合法执法”为关注。

从刑事权到犯罪的社会控制权和“控制社会控制权”再到犯罪的社会治理权和“治理社会治理权”,犯罪定义权所得到的是权力属性的确证。

(二)犯罪定义权的权力系统定位

犯罪定义权的权力系统地位问题是其权力属性问题讨论的延伸或继续。有学者指出,犯罪现象的相对性是指现实世界中的各种行为本身并不天然地具有或不具有犯罪的意义,而任何一种行为只有相对于一定的犯罪定义活动,才被赋予犯罪的意义和属性。[①] 由此,当犯罪定义决定某种行为是否犯罪预防或者治理对象的犯罪、是否刑法中罪刑法定对象的犯罪,从而是否引起刑事诉讼程序的犯罪,以及是否刑事政策“施策对象”的犯罪,则犯罪定义便是一种“系统力量”和“话语力量”的展开和体现,而此“系统力量”和“话语力量”即犯罪定义权。显然,又当犯罪定义权的行使结论或运行“成果”即“某种行为是否犯罪以及何种犯罪”开启了预防或治理犯罪的刑事进程,即拉开了应对犯罪的刑事序幕,并决定了刑事诉讼程序是否开启的“动静状态”,同时还标示了刑事政策的“机会状态”即相关刑事政策是否存在实际的“施策针对”,则犯罪定义权便已经是一种隐蔽或“幕后”,但类似于“首先

① 参见白建军:《关系犯罪学》,中国人民大学出版社2014年版,第9页。

是他说了算”的刑事权力,且此刑事权力具有明显的“源头性”或“起始性”,同时具有“根本性”。易言之,犯罪定义权构成了一种“源头性刑事权力”或“起始性刑事权力”,同时是“根本性刑事权力”。犯罪定义权是“源头性”或“起始性”,同时是“根本性”的刑事权力,还可另作描述。具言之,刑事权力呈现给我们如下轨迹,即立法制罪权→立法制刑权→司法求罪权→司法求刑权→司法定罪权→司法量刑权→司法行刑权。当前述轨迹由刑事程序权力伴随始终,且由刑事政策“居高临下”,则形成了刑事实践的动态性局面,而此动态性局面便是刑事权力的运行局面。而在前述刑事实践的动态性局面中,立法机关的制罪、控诉机关(自诉人)的求罪和审判机关的定罪都发生着犯罪定义,从而都对应或随着犯罪定义权。显然,立法制罪已经率先形成了犯罪定义权,且形成于立法制罪那里的犯罪定义权引领了后续的刑事权力,而后续的刑事权力不仅有刑罚方面的权力,也有犯罪定义方面的权力。同时,刑事程序权力和刑事政策权力也可视为应犯罪立法定义而引起。这里,我们可把控诉机关(自诉人)的求罪权纳入“广义的犯罪定义权”,即可把控诉机关(自诉人)的求罪纳入“广义的定罪”。显而易见,犯罪定义权的“源头性”或“起始性”,同时是“根本性”的刑事权力定位便由此而来。实际上,若没有犯罪概念本身,就没有犯罪问题的一切言说,包括刑法学、行刑学和刑事政策学,当然更包含犯罪学以及作为其分支的犯罪心理学、犯罪生态学等。因此,犯罪概念是刑事学的基石范畴。但由于犯罪概念来自犯罪定义,即犯罪概念是犯罪定义权行使和运行的结论或“成果”,故犯罪概念在关于犯罪问题所有言说中的基石范畴地位就决定了犯罪定义权在整个刑事权力系统中的基石性地位,且此“基石性”即“源头性”或“起始性”和“根本性”,而“源头性”或“起始性”和“根本性”又意味着“基石性”可作“发散性”理解。易言之,犯罪定义权是“源头性刑事权力”或“起始性刑事权力”,同时是“根本性刑事权力”和“发散性刑事权力”。“源头性”或“起始性”和“根本性”以及“发散性”是对“基石性”的详解。最终,“基石性刑事权力”可构成犯罪定义权的刑事权力系统定位的最高概括。

在我们沿着刑事实践的轨迹,并观照刑事程序的运行,且同时侧视刑事政策在刑事权力系统中对犯罪定义权初步定位之后,我们还得回到“一体化”的话题上去。如果由“刑事一体化”说开去,则实践层面的“刑事一体化”应该对应学科层面的“刑事学一体化”,但在“刑事学一体化”的语境中,至少犯罪学和刑法学“两张皮”的问题仍未得到根本解决。究其原因,或许根本在于犯罪定义权的问题,即犯罪学和刑法学对犯罪定义权各行其是和各走其道,但这与“一体化”是直接相悖的。对于犯罪学和刑法学是否共用同一个犯罪概念问题,学者概括了两种理论倾向。有学者主张犯罪学没有足够的理由在刑法规定的犯罪之外另定犯罪概念,其理由包括:一是从发生学看,无罪刑法定即无所谓犯罪;二是从学科产生的序列看,刑法学早于犯罪学;三是从司法角度看,在法定犯罪之外另立犯罪概念,只能混淆定罪量刑的标准;四是在一个社会中,犯罪只能有一种社会公认的性质。但大多从事犯罪学研究的人主张犯罪学应有自己独立的犯罪概念,其理由包括:一是犯罪是一种自在的客观事实而非由法律标定后才产生的;二是人类对犯罪的认识早在法律产生之前就已十分丰富,反倒是刑法学的确立有赖于这些犯罪思想;三是法定犯罪是建立在犯罪学的犯罪概念基础上的,即犯罪学的犯罪概念包容法定犯罪,即两者是属种关系。① 所谓“属种关系”,意味着犯罪学上的犯罪概念与刑法学上的犯罪概念并非截然不同而是有“交集”。正如学者指出的,犯罪学与刑法学的区别主要体现在“犯罪是什么”的不同看法上。但关于犯罪的两种定义即犯罪学定义和刑法学定义有“一点半”是相同的:“严重的社会危害性”反映了犯罪的最本质特征即犯罪本质,故两种犯罪定义已经有了“一点”相同。又由于“应受制裁”之“制裁”既包括刑罚处罚,也包括非刑罚处罚,即“应受制裁”在外延上宽于“刑罚处罚”,即两者有重合部分,故两种定义又有了“半点”相同。② 对于前述争议和“一点半”相同的立场,有学者指出,生硬地分割研究对象,不是犯罪学争取其合法身份的最佳出路。犯罪

① 参见皮艺军:《犯罪学研究论要》,中国政法大学出版社 2001 年版,第 64 ~ 65 页。

② 参见储槐植:《刑事一体化》,法律出版社 2004 年版,第 18 ~ 19 页。

就是犯罪,就像人作为被认识的对象,既允许生物学的研究,又包容着心理学的分析,同时还向社会学敞开大门一样,犯罪现象也将其各个方面的属性和侧面展现在刑法学、犯罪学、犯罪心理学等多种学科面前。由此,犯罪学没有必要另立犯罪概念。刑事科学中各个相邻学科所研究的是同一个犯罪。前述判断所依据的一个原理便是储槐植的"刑事一体化"思想。具言之,在不否认刑事科学中各个相邻学科特殊性的前提下,"刑事一体化"思想强调犯罪作为各个学科共同研究对象的整体性。在"刑事一体化"视野中,不存在刑法学意义上的犯罪,也不存在犯罪学意义上的犯罪,或者犯罪生物学、犯罪心理学和犯罪生态学意义上的犯罪。科学面前,只有一个犯罪。[①] 由此,如果承认和接受"刑事一体化",就必须在刑事学科的"大语境"中对犯罪概念也采用或体现"一体化思维"。显然,犯罪概念的"一体化思维"便蕴含着犯罪定义权的"一体化思维",而"一体化思维"正是将犯罪定义权"前置"为"源头性"或"起始性",同时是"根本性"的刑事权力。显然,我们应把"刑事一体化"和"刑事学一体化"问题的讨论视为犯罪定义权的权力定位讨论的延伸。于是,犯罪定义权在刑事权力系统中的权力定位,可从"刑事一体化"和"刑事学一体化"中分别获得实践根据和学术根据。

但是,我们也不妨由"刑事学一体化"向前走一步,然后再折回来。具言之,我们的刑法学到目前为止总体上还是停留在纯粹规范学的方法论思维。由于规范学需要事实学提供事实基础,故包括犯罪学在内的事实学的渗透无疑仍是我国刑法学再图发展的根本途径所在。[②] 现今看来,局限在刑法学的犯罪学渗透已经大大挤窄了"刑事学一体化"的视野。实际上,"刑事学一体化"意味着刑事学这个大学科内的各个子学科之间的相互交融,而"交融点"或"交汇点"正是在犯罪概念上。于是,当犯罪概念问题标示着犯罪定义权问题,则犯罪定义权将有力地牵动着"刑事一体化"和"刑事学一体化"。由此,"刑事学一体化"要求刑事学中的各个学科应将犯罪定义问题共同"前置"为刑事学的首

---

① 参见白建军:《关系犯罪学》,中国人民大学出版社2014年版,第8页。

② 参见马荣春:《罪刑关系论》,中国检察出版社2006年版,第28页。

要问题，否则就不能展开“一体化”的共同言说。将犯罪定义问题共同“前置”为刑事学的首要问题，就对应着将犯罪定义权共同“前置”为刑事权力系统的“首要权力”即“源头性”或“起始性”，同时是“根本性”的刑事权力。当犯罪概念作为前提性概念或基石范畴而构成了刑事实践与刑事学科的逻辑起点，而犯罪概念又是由犯罪定义来完成的，则为犯罪定义权所“定”者便包括刑事实践的一体化和刑事学科的一体化。其中，刑事实践的一体化包含与社会应对犯罪有关的文本言说和行动安排，且刑事政策的文本与实践也包含在其中；而刑事学科一体化则包含犯罪学、刑法学、行刑学乃至刑事诉讼法学和刑事政策学等一体化。最终，犯罪定义权的前述所“定”又“回衬”了犯罪定义权在刑事权力系统中的“基石性刑事权力”地位。

当对应着“社会治理”，则犯罪定义权便是“源头性”或“起始性”，同时是“根本性”，而最终是“基石性”的犯罪社会治理权和“治理社会治理权”。

二、犯罪定义权的权利基底的两种表述

当犯罪定义权的参与者是公民群体，则最终作为权力的犯罪定义权就必须面对和承认公民权利问题。

（一）犯罪定义权的权利基底直述

犯罪定义权的“权利基底”直述，是指直接通过公民权利本身而对犯罪定义权何以具有“权利基底”，且在其“权利基底”上犯罪定义权又是如何直接影响制罪科学性和定罪公正性所作出的表述。

对于犯罪定义权，学者给出了如下论断：刑法权利的平等意味着许多人对犯罪定义权的分享；“控制犯罪控制”也意味着许多主体对犯罪定义权的分享；惩戒资源的最优化同样意味着所有与社会资源分配有关的人对犯罪定义权的分享。这三种分享各自从不同角度彰显刑法意义上的“公正”，故刑法上的“公正”就是“社会最大多数人对犯罪定义

权的最优分享"①。前述论断首先直接肯定了犯罪定义权是一种可"分享",也可平等享有的权利。由于"最大多数人"的分享就是"共享"和"公享",而权利的"共享"和"公享"又意味着要采取"权力"形式即诉诸"权力",因为权利最终需要权力的防护或保障,故最终被视为"权力"的犯罪定义权便是以权利为"基底"的权力,即犯罪定义权最终是具有权利基底的一种权力。这样,犯罪定义权便可视为一种以权利为缘起而以权力为"收官",从而以权利为"内在"而以权力为"外显"的犯罪"定义系统",即犯罪定义权是以"犯罪定义权利"为"基底"的犯罪"定义系统",而"权利基底"将赋予犯罪定义权以人道性或道义性。

由犯罪定义权的权利基底性,我们自然能够引出"人人平等"的话题,因为权利本来就是人人生而有之且平等的。于是,我们可用权利平等来深解犯罪定义权的权利基底性。正如我们所知,"适用刑法人人平等"是由"刑法面前人人平等"演化过来的。之所以有前述演化,是因为"刑法面前人人平等"逻辑地包含着"刑法立法面前人人平等",但"刑法立法面前人人平等"被认为是"不可能"的,因为不可能人人都参与刑法立法这项专业性极强的活动。由于刑法立法是运用和体现犯罪定义权的规范性活动,故"刑法立法面前人人平等"的话题便自然被扯进犯罪定义权中来。既然犯罪定义权应有着"权利基底",则其便应有"刑法立法面前人人平等"的逻辑蕴含,而前述逻辑蕴含又反过来说明犯罪定义权的"权利基底"。当立于或坚守"权利基底",则犯罪定义权的"人人平等性"是能够立住脚的。肯定犯罪定义权的"人人平等性",就意味着肯定"刑法立法面前人人平等",因为罪刑立法是犯罪定义权的直接体现,而剩下的问题便是如何实现"刑法立法面前人人平等"。当观念上能够畅通而制度机制上能够被落到实处,则"刑法立法面前人人平等"便不再是"神话"。

拒绝、排斥"刑法立法面前人人平等"暗含着一种认知:刑法司法因"个案性"而有"当事人",进而能够通过对"当事人"的平等保护和平等惩罚来体现"适用刑法人人平等",但刑法立法因没有刑法司法那

① 白建军:《关系犯罪学》,中国人民大学出版社2014年版,第379页。

样的“个案性”而有“当事人”一说，既然没有因“个案性”所产生的“当事人性”，则难以形成“刑法立法面前人人平等”的局面。细细一想，“个案性”及其所产生的“当事人性”实则“机会性”，但“机会性”不构成刑法适用人人平等而刑法立法不可能人人平等的充足理由。因为总有一个公民一辈子也没有涉身官司而去体会或感受刑法的平等保护或平等惩罚。同样道理，总有一个公民没有亲身实施某项立法的投票或表决活动，他或她甚至没有接受过某项立法的问卷调查，但他或她仍然享有一种“应然权利”，而当其“应然权利”通过诸如“代表立法”予以体现时，则仍应视其“享有”并“行使”了“应然权利”。本来，所谓“人人平等”就首先是“机会均等”，故我们不能因为某个公民一辈子没有打过官司，就否定“适用法律人人平等”包括“适用刑法人人平等”；我们也不能因为某个公民没有参与立法投票或立法表决，甚至没有接受过立法问卷调查，就否定“立法面前人人平等”包括“刑法立法面前人人平等”。当不得不承认“刑法立法面前人人平等”，就意味着不得不承认犯罪定义权中的“人人平等”，且此“人人平等”正是犯罪定义权的“权利基底”的程式性体现。实际上，正是犯罪定义权的“权利基底”所蕴含的人人平等决定了“刑法立法面前人人平等”。进一步地，既然犯罪定义权中含有“立法权利”，且此“立法权利”应被平等地“享有”和“行使”，则犯罪定义权便从其“基础”或“基底”的深处诉求着刑法立法最大范围的民主性，而此最大范围的民主性正是刑法立法科学性的内涵之一或题中之义。于是，立法制罪模式问题便向我们走来。

这里，我们将立法制罪模式问题放在一般意义上的立法模式语境中予以讨论。对于当下被普遍采用的“民主集中制”立法模式，早有学者指出，所谓“民主集中制”的立法模式所存在的问题是：当民众意愿与专家意愿相冲突时，则专家意愿往往具有独立性、主导性，即在专家意愿面前，民众意愿往往被湮没。① 具体到刑法立法，学者较为尖锐地指出，现代刑事立法基本上是由“法律科层”在集中掌权，较高的社会地位和专业的法律知识使他们极易“压制”外行的意见。“代表立法”

① 参见陈正云：《刑法的精神》，中国方正出版社1999年版，第106～107页。

"专家论证"现象的普遍化意味着职业人士越来越全面地参与刑事立法并对刑事立法越来越深地"掌控"和"把持"。尽管代表们也可能是从普通民众中走来,尽管精英们偶尔也并未固守法律学科话语的"权力"圈定,但"法律科层"的"操纵"毕竟是主流趋势,而精英话语对于大众话语的"压制"也仍然是一种常态。于是,罪刑法定也从来不是犯罪和刑罚由民众直接决定,而是由民众之代表决定。[①] 正所谓"存在即合理",立法包括刑法立法的"民主集中制"模式仍然可能是相对为优的立法模式,但立于规范定义权包括犯罪定义权的"权利基底",其仍有改进或完善的必要与可能。具体到刑法立法,所谓改进或完善就是要逐步形塑一种与犯罪定义权的"权利基底性"相对应或"相呼应"的"公众主导型"刑法立法模式包括立法制罪模式,而这种模式意味着"立法成品"在"意志表达"上至少没有背叛作为立法主体的"最广大民众"。正如学者指出的,若要争取大多数人的同意,则精英就要把自己的观点和理由解释清楚。只有这样的社会,才是思辨的、成熟的;[②]而当社会中的各个群体对刑事犯罪的定义有严重分歧时,刑法的道德权威就处于紧张和危险中。于是,更为重要的是法律要遵循公众的观点。[③] 由此,我们可以远一点设想的方案或许是具有"陪审团制度"运作机理的"立法团制度",而近一点的举措则是更加科学可行的"立法听证制"。

总之,我们应该且能够破除"立法面前人人平等是神话"的观念禁锢。"立法团制度"与"立法听证制"都包含着可用立法权利平等来说明的立法制罪模式,而这样的立法制罪模式正是"权利基底"的犯罪定义权的外在体现。易言之,是"权利基底"的犯罪定义权决定了体现立法权利平等的立法制罪模式。最终,体现立法权利平等的立法制罪模式,意味着立法制罪实质上不是"立法代表者"即立法机构本身说了算,而是"被立法代表者"即享有广泛的犯罪定义权利的社会公众包括犯罪人或潜在

---

① 参见杜宇:《理解"刑事和解"》,法律出版社 2010 年版,第 181 页。

② 参见季天琴:《我们为什么没有牛校?》,载《新民周刊》2010 年第 47 期。

③ 参见[美]保罗 · H. 罗宾逊:《刑法的分配原则——谁应受罚,如何量刑?》,沙丽金译,中国人民公安大学出版社 2009 年版,第 192 ~ 217 页。

犯罪人群体说了算,因为代表和被代表的关系应“名副其实”,而“权利基底”则是其“名副其实”最根本的保障。体现立法权利平等的立法制罪模式是“权利基底”的犯罪定义权的一种切实的立法体现。

“权利基底”的犯罪定义权对司法定罪也有所诉求。具言之,就一起刑事案件的罪与非罪、此罪与彼罪、轻罪与重罪、一罪与数罪等所引起的分歧或争执,不过是控、辩、审三方行使犯罪定义权的实际体现而已,但不同之处在于控审双方所行使的是直接而强硬的犯罪定义权力,而辩方所行使的则是间接而柔弱的犯罪定义权利,甚至这种间接而柔软的犯罪定义权利有时都得不到充分表达。由此,“权利基底”的犯罪定义权对刑法司法所发出的诉求,便是充分尊重和切实保障犯罪嫌疑人或被告人及其代理人的犯罪定义权利,以最大可能地实现“定罪公正”。正如“权利基底”的犯罪定义权诉求改进立法制罪模式,权利基底性又使得犯罪定义权诉求改进司法定罪模式。于是,我们近则可想到“定罪听证制度”,远则可想到“刑事陪审制度”。但是,“定罪听证制度”的运行,其参与者不能仅局限于个案的控、辩、审三方,而应安排案外其他适格人士参加,因为案外其他适格人士的参加意味着犯罪定义权利主体的增加和犯罪定义声音的增加,从而意味着“公正定罪”的机会增加。至于“刑事陪审制度”,应是能够切实保障司法定罪权利平等的那种陪审制度。“权利基底”的犯罪定义权又将意味着司法定罪实质上不是“司法代表者”即法官本人说了算,而是“被司法代表者”即仍然是享有广泛犯罪定义权利的社会公众包括犯罪人或潜在犯罪人群体说了算,同样因为代表和被代表的关系应“名副其实”,而“权利基底”同样是其“名副其实”的最根本的保障。

无论是立于立法制罪,还是立于司法定罪,抱持犯罪定义权的“权利性”,是符合刑事实践的科学性与民主性的。马克思曾说:“立法者应该把自己看做一个自然科学家。他不是在制造法律,不是在发明法律,而仅仅是在表述法律。”①恩格斯曾指出法“必须适应于总

---

① 《马克思恩格斯全集》(第1卷),中共中央马克思恩格斯列宁斯大林著作编译局译,人民出版社1971年版,第183页。

的经济状况"[①]。其实,法不仅"必须适应于总的经济状况",还"必须适应于总的政治状况"、"必须适应于总的文化状况"、"必须适应于总的社会心理状况"和"必须适应于总的道德状况"。总之,法"必须适应于总的社会状况"。[②] 无论是马克思的"立法者仅仅是在表述法律",还是恩格斯的法"必须适应于总的经济状况"及由之可扩展出来的法"必须适应于总的社会状况",都强调法律对社会客观现实及其规律的符合性即"法之真"。由于犯罪定义也是一种法律活动,故我们可由马克思的论断作如下套取:"犯罪定义者应该把自己看做一个自然科学家。他不是在制造犯罪,不是在发明犯罪,而仅仅是在表述犯罪。"同时,我们也可从恩格斯的论断中套取:犯罪定义"必须适应于总的经济状况"。由犯罪定义"必须适应于总的经济状况"扩展开来,我们可得:犯罪定义"必须适应于总的社会状况"。当强调犯罪定义权的"权利性"时,便意味着犯罪定义者能够在一种"广开言路"的局面中客观、科学而真实地把握定义对象即犯罪本身的实际状况,从而能够使犯罪定义客观、科学而真实,最终能够符合刑事实践的科学性和体现刑事学的科学性。正是在"权利性"及其所赋予的"主体间性"、"关系理性"或"交往理性"乃至"融合理性"中,蕴含着犯罪定义权的正当性与权威性。有学者指出,"公正"是罪刑关系控制的最高境界。[③] 由犯罪定义权的"权利性"一路走来,最终立论仍在于:"公正"是犯罪定义权的最高境界。但犯罪定义权的"公正"境界可由每个犯罪定义参与者既是定义者又是被定义者所对应的"主体客体化"和"客体主体化"的"对向互动"来提供哲学说明。这里的"对向互动"还隐含着参与者个体的定义权利之间的互动和个体的定义权利与作为"集成"的定义权力之间的互动。于是,"对向互动"便形象描述了犯罪定义权的运行机理,且"呼

① 《马克思恩格斯全集》(第37卷),中共中央马克思恩格斯列宁斯大林著作编译局译,人民出版社1971年版,第490页。

② 参见马荣春:《刑法公众认同研究》,中国政法大学出版社2015年版,第152页。

③ 参见白建军:《关系犯罪学》,中国人民大学出版社2014年版,第337~381页。

应”其运行机理的便是“互动论的犯罪观”。[①] 但是，对犯罪定义权予以“对向互动”的运行结构描述，用意还是在于强化犯罪定义权的“权利基底”。

最终，犯罪定义权的“权力性”与“权利性”的关系，便犹如风筝和线轮的关系，风筝的高度受线轮的牵制便犹如犯罪定义权的“权力性”要受其“权利性”的制约。

(二)犯罪定义权的权利基底转述

犯罪定义权的权利基底转述，是指借用渗透着权利精神的有关话语对犯罪定义权的“权利基底”作出另一番更加有形可视的表述。

“权利基底”意味着犯罪定义权应是一种关联政治、经济和文化等各领域的权利话语系统。正是在此权利话语系统中，话语者即犯罪定义权利的分享者便将其在政治、经济和文化等各领域所形成的常识、常理、常情即一种“常态化认知”用来观察、理解、界说犯罪即定义犯罪。易言之，犯罪定义权的“权利基底”给犯罪定义的“常识常理常情言说”提供了机会或敞开了大门。于是，犯罪定义权便与常识、常理、常情发生了勾连，即常识、常理、常情便作为一种“常态化认知”构成犯罪定义权的“话语工具”或“话语资源”，从而形成犯罪定义权的“常识常理常情言说”。于是，在某种意义上，犯罪定义权就是关于犯罪的“常识常理常情言说权”。

其实，当常识、常理、常情构成了人们即社会公众的一种是非标准和行为准则时，常识、常理、常情便寄寓着人们即社会公众的价值诉求，而价值诉求的背后便是权利诉求和人性诉求。于是，犯罪定义权的“常识常理常情言说”回过头来或最终就是犯罪定义权的“权利言说”或犯罪定义权的“人性言说”。易言之，犯罪定义权的“常识常理常情言说”回过头来或最终还是以犯罪定义权的“权利基底”为“发端”。但显而易见的是，常识、常理、常情又因一个“常”字而赋予犯罪定义的

① 参见白建军：《关系犯罪学》，中国人民大学出版社2014年版，第160~182页。

“常识常理常情言说”以一种“社会性”。最后,犯罪定义的“常识常理常情言说权”又得以从“言说的权利”上升或凝聚为“言说的权力”。由此,我们便不能将“常识常理常情言说权”仅仅停留在犯罪定义的“社会性权利”上,而是必须“上诉”到犯罪定义的“国家权力”层面,因为“社会性”只意味着一种“广布性”或“遍在性”,但“权力性”意味着“广布性”或“遍在性”基础上的官方强制性。易言之,犯罪定义的“常识常理常情言说权”既是且首先是一种“权利”,也是且后是一种“权力”。由于常识、常理、常情凝结或寄寓着人们对客观规律包括自然规律和社会生活规律的认识和遵从,从而勾连着人们的权利诉求和人性所向,故“常识常理常情言说权”又映现了犯罪定义权的“权利基底”。

有学者指出,犯罪一词所具有的各种不同含义,归根结底都根源于人们对于现实生活的不同理解,①从而犯罪概念是一种立体的存在,只有从多个角度、在多重关系中才能全面观察其边缘何在。② 因此,法治国家对于犯罪的界定和规定应该科学、严谨和精确,而非依靠掌握权力就可以肆意规定何者为犯罪或不为犯罪。③ 进一步地,犯罪定义的科学化和体系化也决定了犯罪判断思维的科学化和体系化,即我们必须用一个系统思维方式来科学界定犯罪概念,从而形成科学而严谨的犯罪本体论和认识论,进而得出刑事科学的犯罪定义和犯罪判断思维模式。④ 刑事科学的犯罪定义和犯罪判断思维若要做到科学、严谨和精确,则其必须接受和尊重犯罪定义的所有参与者特别是犯罪人或潜在犯罪人群体基于社会生活而形成“常识常理常情言说”,而“法治国家”的犯罪定义则更应如此。这又正如学者所指出的,一个规范是否值得认同,则取决于是否有好的理由,而理由的好坏则端视其可否获得商谈

① 参见[美]理查德 · 昆尼、[美]约翰 · 威尔德曼:《新犯罪学》,陈兴良等译,中国国际广播出版社 1988 年版,第 1 ~2 页。

② 参见白建军:《论具体犯罪概念的经验概括》,载《中国法学》2013 年第 6 期。

③ 参见苏金基、李佳明:《犯罪该如何可能:一场跨越法教义学和社科法学的思辨之旅》,载《犯罪研究》2015 年第 3 期。

④ 参见苏金基、李佳明:《犯罪该如何可能:一场跨越法教义学和社科法学的思辨之旅》,载《犯罪研究》2015 年第 3 期。

参与者的普遍接受。实践理性是一种源于经验的、有条件的实践者之间的普遍性共识。[①] 由此,一个犯罪定义是否值得认同也取决于是否有好的理由,而理由的好坏则同样端视其是否获得定义参与者的普遍接受。同样,犯罪定义的实践理性也是一种源于经验的、有条件的定义者之间的普遍性共识。当"普遍接受"意味着公众认同,而公众认同即"常识常理常情认同",则某个犯罪定义及其所对应的犯罪定义权也必须接受和尊重犯罪定义的所有参与者特别是犯罪人或潜在犯罪人群体基于社会生活而形成"常识常理常情言说"。但是,无论是基于科学、严谨和精确来提出犯罪定义和犯罪定义权的"常识常理常情言说",还是基于公众认同来提出犯罪定义和犯罪定义权的"常识常理常情言说",背后都是基于公民权利或"人性规律"来提出犯罪定义和犯罪定义权的"常识常理常情言说"。互动观的犯罪论认为,犯罪的定义反映的是在某一刑事司法机构中掌握一定的权力并且运用权力确定其他人行为对错标准这样一部分人的选择,[②]可以肯定的是,在充分尊重所有定义者定义权利基础上充分倾听"常识常理常情言说"的犯罪定义及其所对应的犯罪定义权,将避免一部分人确定另一部分人行为对错的局面,而是营造一种犯罪定义所有参与人确定所有参与人行为对错的局面,每个犯罪定义参与人既是其他定义参与人行为对错的确定者或判断者,也是他本人行为对错的确定者或判断者,即每个定义参与者既是定义的主体,也是定义的客体。

有学者指出,解释者在大量实践中对现实问题的感受、体悟,规定着法律为什么要被这样解释。只要成功回应了实践中提出的问题,又合法地彰显了解释者自身的主体性要求,就是正确的法律解释。[③] 受前述论断的启发,我们可有:犯罪定义者在大量实践中对现实问题的感受、体悟,规定着犯罪为什么要被这样定义。只要成功回应了实践中提

① 参见白建军:《论具体犯罪概念的经验概括》,载《中国法学》2013 年第 6 期。

② 参见王燕飞:《犯罪学中的犯罪概念研究之比较》,载《福建警察学院学报》2009 年第 3 期。

③ 参见白建军:《论具体犯罪概念的经验概括》,载《中国法学》2013 年第 6 期。

出的问题,又合法地彰显了定义者自身的主体性要求,就是正确的犯罪定义。但是,这里的犯罪定义者应是包括犯罪人或潜在犯罪人群体的"广泛的犯罪定义者",而"主体性要求"又应是包括犯罪人或潜在犯罪人群体的"广泛的主体性要求"。只有这样,犯罪定义和犯罪定义权才有真正的或充分的实践理性可言,而"广泛的犯罪定义者"和"广泛的主体性要求"意味着"常识常理常情言说"的广泛性。于是,公众认同和实践理性的犯罪定义和犯罪定义权才有了最大可能。公众认同和实践理性是对作为"常识常理常情言说权"或体现"常识常理常情理念"的犯罪定义权的"实质法治性"的另一番或更高层面的表达。但是,犯罪定义权的"常识常理常情言说"最终即在"骨子里"仍是"权利言说"或"人性言说"。

既然又回归到犯罪定义权的"权利基底"上去,则由犯罪定义的"权利言说权"延伸出犯罪定义的"常识常理常情言说权"又有何意义或必要呢?其意义或必要性在于:由于常识、常理、常情是将权利由抽象的主张变成具象的表达,故"常识常理常情言说权"能够使得犯罪定义的"权利言说权"变成一种可欲可求的权利,从而犯罪定义权的"最后权力性"便受到强有力的内在制约或"内敛"。正是由于常识、常理、常情凝结或寄寓着人们对客观规律包括自然规律和社会生活规律的认识和遵从,故基于"常识常理常情言说"即体现"常识常理常情言说权"的犯罪定义权,才能生成科学的犯罪观包括科学的犯罪原因观和科学的犯罪治理观,才能生成科学的刑法观,才能生成科学的刑事政策观,最终才能生成科学而完整的刑事观。又因"常识常理常情言说"又是"人性言说",则犯罪定义的"常识常理常情言说权"便又是"人性言说权"。"人性言说权"将使得犯罪定义权最贴近刑事法治的人性精髓,或曰"人性言说权"将使得犯罪定义权最符合刑事法治的人性精神。古人云:"性犹湍水也,决诸东方则东流,决诸西方则西流。人性之无分于善不善也,犹水之无分于东西也。"(《孟子·告子篇》)当"人性言说"是最符合事物规律的言说,则"人性言说权"将使犯罪定义权在最符合事物规律之中达致其定义犯罪和导引刑事制度乃至刑事政策的最大刑事正义。陈忠林指出,常识、常理、常情,是指为一个社会的普通民众长期认同,并且至今没有被证明是错误的基本经验、基本道理以及为该社会民众普遍认同与遵守的是非标准、行为准则,故常识、常理、常情是现代法治的灵魂。在法治运行中,以人性之治、良心之治为根本,摒弃机械的规则之治,倡导实质的法治公平公正,遵循常理、人情,以社会公众所共同认可的常态化思路解释法律,以维护法律所保护的价值为终极目的来维护法律的权威,此即常识、常理、常情的一种最现实之体现。① 由此,"常识常理常情言说"即"人性言说"将使犯罪定义权在刑事权力的"源头"或"根本"上就被嵌入以"人性"和"良心"为内容的"法治之魂"。

进一步地,正如学者所指出的,一个定义的内涵越小,信息量越少,外延就越大,也就越容易与其他相邻概念相交或混淆。只有扩充其内涵,增大其可视性内容,其外延才能得到较为清晰的限定,相邻概念也才较容易区分。② 若联系犯罪定义权,则我们可形成如下认识:赋予犯罪定义权以"权利基底",就是让犯罪定义的所有参与者特别是犯罪人或潜在犯罪人群体能够充分或最大可能地围绕犯罪问题进行权利表达。这可以向犯罪定义提供充分或广泛的犯罪内涵信息,从而有助于形成内涵完备和外延清晰的犯罪概念,最终可为犯罪问题的后续言说铺垫扎实而稳当的概念前提。与此同时,犯罪定义与犯罪定义权具有正当性和有效性,其实质权威性便得以生成。可见,犯罪定义和犯罪定义权的正当性和有效性是犯罪定义权的权利基底性,是其实质权威性即其"力量性"的根基或"营地"所在。于是,犯罪定义权的"权利言说"是犯罪定义权的基本声音,"常识常理常情言说"则是其"主旋律"。

三、犯罪定义权的理性形塑与治罪策略回应

当被赋予"权利基底",且可进行"常识常理常情言说"时,则意味

---

① 参见陈忠林:《"常识、常理、常情":一种法治观与法学教育观》,载《太平洋学报》2007 年第 6 期。

② 参见白建军:《论具体犯罪概念的经验概括》,载《中国法学》2013 年第 6 期。

着犯罪定义权是能够予以理性形塑的,且经理性形塑的犯罪定义权又可得到同样是理性体现的治罪策略的回应。

(一)犯罪定义权的理性形塑

实际上,犯罪定义权的“权利基底”已经赋予其可称为“权利理性”的一种东西。但由于犯罪问题自始至终就是“社会治理”问题,故犯罪定义权的理性形塑须对应“社会治理”来进行和完成。

正如前文所论,对应着“社会治理”而非“社会管理”,更非“社会管控”,犯罪定义权应被形塑为犯罪的社会治理权和“治理社会治理权”。但是,犯罪定义权何以成为犯罪的社会治理权和“治理社会治理权”呢?我们应该肯定,犯罪定义权本身的权利基底性为之提供了根本性保障,因为权利的多方行使及其采用的“常识常理常情言说”能够引起以表达、对话和协商为形式的“互动”,从而达致以理解、承认、接受甚至退让为内容的“共识”。犯罪定义权的行使直接表明着犯罪定义者对待犯罪的态度,即其是在一种态度中去定义犯罪的。可以肯定的是,作为“治理社会治理权”的犯罪定义权在定义犯罪时所将采取的态度能够是“同情犯罪”或者“理解犯罪”而非“憎恶犯罪”或者“仇恨犯罪”,而这在根本上是由犯罪定义权所自然应允的犯罪定义权利表达所引起的“互动”和“共识”所决定的。当谈到对犯罪的态度,在我国的刑事实践中,一方面,通过立法和司法两个层面的限制死刑和“宽严相济”政策的落实,“憎恶犯罪”或者“仇恨犯罪”这一“犯罪文化传统”似在淡薄;另一方面,通过频繁的刑法修正案来扩张犯罪圈,“憎恶犯罪”或者“仇恨犯罪”这一“犯罪文化传统”又似在泛起。由于犯罪圈的扩张实即犯罪定义权向其输送“成员”,故我国刑法犯罪圈的扩张问题反映出犯罪定义权与社会治理需要有所脱节。由此,作为“治理社会治理权”的犯罪定义权应是一种“同情和理解犯罪”即“善解犯罪”的犯罪定义权。当然,此处所说的“善解犯罪”绝非无原则地袒护或纵容犯罪。

当“互动”和“共识”意味着“理性交往”,则作为社会治理权和“治理社会治理权”的犯罪定义权便又是“理性交往”的犯罪定义权，且此处的“理性交往”包含着其他犯罪定义参与者与同样应视为犯罪定义参与者的犯罪人或潜在犯罪人群体进行“互动”和达成“共识”。于是，我们可通过“理性交往”而对作为社会治理权和“治理社会治理权”的犯罪定义权再来一番诠释。具言之，“理性交往”对应着“关系理性”。“关系理性”是人类理性在经历“客观理性”和“主观理性”之后的新选择，且“关系理性”试图实现对人的历史的理解：“个人”不能脱离与他人的“共在”而存在。[①] 由此，我们可将“理性交往”的犯罪定义权转换为“关系理性”的犯罪定义权，而“关系理性”的犯罪定义权同样应试图实现对人的历史的理解，即“个人”不能脱离与他人的“共在”而存在。而且，这里的“‘个人’不能脱离与他人的‘共在’而存在”有着两层含义：一是非属于犯罪人或潜在犯罪人者不能脱离属于犯罪人或潜在犯罪人者而存在，因为两者原本就是或本该同属一个共同体；二是属于犯罪人或潜在犯罪人者更不能脱离非属于犯罪人或潜在犯罪人者，即前者不能在与后者形成严重对立冲突中而存在，不仅同样因为两者原本就是或本该同属一个共同体，而且因为前者所代表的“价值非主流”可以相异于但不应该也不能“抗衡”后者所代表的“价值主流”，即只能在“主流价值”所能容忍的限度内而存在。显然，“关系理性”即“交往理性”的犯罪定义权不仅能够谋求其他犯罪定义参与者之间关于犯罪界说的“互动”与“共识”，而且更为重要的是，其还能谋求其他犯罪定义参与者与同样应视为犯罪定义参与者的犯罪人或潜在犯罪人群体之间关于犯罪界说的“互动”与“共识”。于是，在前述局面中，对应着犯罪言说即犯罪定义以及以之为基石范畴和逻辑起点的刑事制度机制和刑事政策将得到更加全面和深入的理解、承认、接受和遵从，从而犯罪的社会治理将更加顺畅运行。可见，“关系理性”或“交往理性”的犯罪定义权不过是作为社会治理权和“治理社会治理权”的犯罪定义权的切实担当和具体落实而已。由于“关系理性”或

① 参见马荣春：《理性交往刑法观：“融合范式”的生成》，载《法学家》2018 年第 2 期。

“交往理性”即“生活理性”,[①]故“关系理性”或“交往理性”的犯罪定义权即“生活理性”的犯罪定义权,而“生活理性”又对作为“治理社会治理权”的犯罪定义权予以一番深刻说明。

“关系理性”或“交往理性”的犯罪定义权,可切入犯罪与“集体感情”的关系予以另一番说明。迪尔凯姆曾指出,为了在一定的社会里使被视为犯罪的行为不再发生,就得让被损害的感情毫无例外地在所有的意识中得到恢复,并有必要的力量来遏制相反的感情;[②]而如果社会上没有犯罪,则是以集体感情达到前所未有的强度为前提的。道德意识享有的权威不应该过度,否则就无人敢评价它,它也就容易固定为一成不变的模式。若要使道德意识能够向前发展,就必须使个人的独创精神能够实现。但是,哪里有犯罪,哪里的集体感情就处于为形成新的形式所必要的可塑状态。不仅如此,犯罪有时还为预先决定集体感情应采取什么形式作出过贡献。[③] 前述论断所集中表述的就是犯罪与集体感情之间的互动关系,即集体感情能够抑制犯罪,但犯罪也可重塑集体感情。于是,在犯罪所对应的行为群体与集体感情所对应的社会群体之间便有相互理解和沟通以“求同存异”即进行“理性交往”的必要与可能。但是,前述两个群体之间的“理性交往”首先应在何为犯罪即如何定义犯罪的问题上进行。为了真正体现“交往理性”,犯罪定义权应为犯罪所对应的行为群体提供足够的话语机会和权利空间,而不能陷入“多数人的蛮横”。有学者指出,严重社会危害性的成立,要求同时具备行为的侵害性和与该社会形态主体意志的不相容性。某一行为是否与其所存在的社会形态的主体意志相一致,与决定该社会形态主体意志的政治、经济、文化以及历史传统等有密切的联系,也与该社

① 参见马荣春:《理性交往刑法观:“融合范式”的生成》,载《法学家》2018年第2期。

② 参见[法]E.迪尔凯姆:《社会学方法的准则》,狄玉明译,商务印书馆1995年版,第85页。

③ 参见[法]E.迪尔凯姆:《社会学方法的准则》,狄玉明译,商务印书馆1995年版,第88~89页。

会形态的“容忍度”以及一般公众的“心理承受能力”相关联。[①] 当定义犯罪时必然牵扯社会危害性的考量，故这里所谓“容忍度”和“心理承受能力”都有着应充分保障所有定义参与者特别是犯罪人或潜在犯罪人群体话语机会和权利空间的一种“启示”。实际上，社会容忍度与社会公众的心理承受与迪尔凯姆所采用的“集体感情”有着相通之处。无论是“集体感情”，还是社会容忍度与社会公众的心理承受，其都可被用来说明犯罪定义权的“关系理性”与“交往理性”，而体现“关系理性”与“交往理性”的犯罪定义权是有助于犯罪的社会治理和“治理社会治理”的。

“理性交往”不仅能够避免犯罪定义和犯罪定义权中的“多数人的蛮横”，其另有更为深刻的意义，即其能够避免“共情转向伤害”。对于“共情”，或有人将其理解为个体对他人感受或情绪的“情感共享”即产生类似情绪或情感的心理过程；[②]或有人将其理解为个体对他人情绪、情感状态进行感知，并在此基础上使得自己产生与之类似的情绪、情感的能力，即“感同身受”的能力。[③] “共情”被认为是亲社会行为的催化剂和亲社会行为的直接因素，且在道德的发展中起着重要作用；[④]“共情”或被认为是一种人际互动的心理现象，是具有动态性、方向性的社会心理过程，其对个体发展和社会进步十分必要。[⑤] 可见，“共情”本身是一个值得肯定的事物，但“共情”会走向“共情伤害”甚至“共情转向伤害”。“共情伤害”是一个心理学的概念，是指当一个人长期大量地关注灾难信息，则同情心所导致的代入感将会伤害其心理健康，即会让

---

① 参见刘广三：《犯罪学上的犯罪概念》，载《法学研究》1998 年第 2 期。

② 参见刘聪慧、王永梅、俞国良、王拥军：《共情的相关理论评述及动态模型探新》，载《心理科学进展》2009 年第 5 期。

③ 参见杨业：《疼痛与疼痛共情的关系——基于多感觉模态交互作用的研究》，西南大学 2018 年硕士学位论文，第 5 页。

④ 参见吕振勇：《社会情景对疼痛共情的影响：行为及 ERP 研究》，西南大学 2013 年硕士学位论文，第 1 页。

⑤ 参见刘聪慧、王永梅、俞国良、王拥军：《共情的相关理论评述及动态模型探新》，载《心理科学进展》2009 年第 5 期。

其变得抑郁、焦虑、愤怒甚至精神崩溃。撰写《南京大屠杀》的美籍华人张纯如就是在“共情伤害”的境况中自杀的。“共情伤害”是由共情的“预测偏差”或“判断偏差”所引起的,其属于过度的“主体客体化”。所谓“共情转向伤害”是指在构成“共情伤害”的基础上,共情者又通过不良或负面情绪的发泄来不当谴责加害者即“共情”起因者,甚至有可能假借制度话语来对加害者发泄不良或负面情绪,从而给加害者又造成不当伤害的情形。因过度同情被害人而要求或呼吁对加害人判以重刑乃至死刑便是“共情转向伤害”的例子。可以想见,在犯罪定义过程中,如果发生了“共情转向伤害”,则意味着犯罪定义将造成对同样是犯罪定义参与者的犯罪人群体的不公,从而包括预防犯罪和惩治犯罪人在内的后续言说都将有失公正性,因为此时的犯罪定义已经带有“泄愤性”,而犯罪定义权也就被一种“戾气”所浸染。因此,较之避免“多数人的蛮横”,避免“共情转向伤害”是犯罪定义权内在公平性和正当性,从而是合理性和有效性的更加深刻的体现。避免“共情转向伤害”是“理性交往”的犯罪定义权的一种深刻体现,而此体现更加有力地说明了“理性交往”的犯罪定义权有助于犯罪的社会治理和“治理社会治理”。

又当“关系理性”或“交往理性”蕴含着从观念到制度再到实践的“融合范式”,①则“关系理性”或“交往理性”的犯罪定义权是“融合范式”即“融合理性”的犯罪定义权。显然,“融合范式”即“融合理性”的犯罪定义权是包括犯罪人和潜在犯罪人群体在内的多主体参与,从而是多种价值“求同存异”的犯罪定义权,故“融合范式”即“融合理性”的犯罪定义权恐怕是最切合作为社会治理权和“治理社会治理权”的犯罪定义权了。易言之,在“融合范式”即“融合理性”的层面上,作为社会治理权和“治理社会治理权”的犯罪定义权或许得到的是最为深刻的说明。这里要顺便强调的是,既然是多主体所对应的“多元价值融合”,而“价值多元”又意味着多元学科视角,则“融合范式”即“融合理性”的犯罪定义权在学术层面上便有着“学科交叉”甚至“学科融合”

① 马荣春:《理性交往刑法观:“融合范式”的生成》,载《法学家》2018 年第 2 期。

的学术特质,而此学术特质最终是"刑事学一体化"的学术特质。

(二)犯罪定义权的治罪策略回应

在对应着"社会治理"而对犯罪定义权予以理性形塑之后,犯罪定义权尚需通过同样是理性体现的治罪策略对之予以理性回应或作出理性响应。

"善解犯罪"的犯罪定义权、"理性交往"或"关系理性"的犯罪定义权和"融合范式"即"融合理性"的犯罪定义权,构成了作为社会治理权和"治理社会治理权"的犯罪定义权的一种具象和落实。在前述具象和落实中,"社会是什么"和"犯罪是什么"都将得到相应的解答,即社会是一个"有机体",而犯罪则是社会这个"有机体"的"病变",且犯罪这个"病变"对社会这个"有机体"是"有益"的。帕斯奎努指出,在古典刑法理论中犯罪属于一种心智的故障和表达的混乱,而新的刑法理论则将犯罪人视为社会机体的排泄物。[①] 由此,犯罪可视为社会有机体的"代谢",且犯罪这种"社会代谢"既是避免不了的,也是有一定"益处"的。迪尔凯姆则通过"犯罪必存论"、"犯罪病变论"和"犯罪有益论"来审视犯罪问题。具言之,把犯罪看作一种社会疾病,就是承认疾病不是某种偶发的东西,而是来自一种基本"体质"。[②] 但犯罪原因本身在使犯罪行为的源泉干涸的同时,马上又开辟了新的源泉。[③] 此即"犯罪必存论"和"犯罪病变论",而"犯罪必存论"又正如学者所指出的那样,犯罪乃是自从有人类社会以来一直存在于人类社会,而且是无法完全禁绝的社会现象。[④] 这里把犯罪归于正常社会学的现象,也是确认犯罪是

---

① 参见[德]帕斯奎努:《犯罪学:一种特殊知识的诞生》,劳东燕译,载陈兴良主编:《刑事法评论》第8卷,中国政法大学出版社2001年版。

② 参见[法]E.迪尔凯姆:《社会学方法的准则》,狄玉明译,商务印书馆1995年版,第84页。

③ 参见[法]E.迪尔凯姆:《社会学方法的准则》,狄玉明译,商务印书馆1995年版,第85页。

④ 参见林山田:《刑法通论》,北京大学出版社2012年版,第2页。

社会健康的一个因素,即健康的社会整体的一个组成部分;①而之所以如此,是因为犯罪同整个社会生活的基本条件联系在一起,故也就成为有益的,即与犯罪有密切联系的基本条件本身是道德和法律的正常进化所必不可少的。② 因此,我们不应该把犯罪放在极窄的范围内观察,因为当犯罪率下降到明显低于一般水平时,则不但不是件值得庆贺的事,而且与这种表面的进步同时出现并密切相关的是某种"社会紊乱"。③ 最终,"凡是正常的就是有益的(即使不太必要)"④。此即"犯罪有益论"。可以想见的是,由"社会有机体论"出发的"犯罪病变论"、"犯罪必存论"和"犯罪有益论"能够直接影响我们对犯罪的定义活动,从而能够直接影响犯罪定义权的形塑与行使。显然,在由"社会有机体论"出发的"犯罪必存论"、"犯罪病变论"和"犯罪有益论"之下,我们对犯罪问题所抱持的更多的是一种科学、客观的"中性立场"和"理性立场",而"中性立场"和"理性立场"即"公正立场"。于是,在由"社会有机体论"出发的"犯罪必存论"、"犯罪病变论"和"犯罪有益论"之下,犯罪定义权将更加能够是切合"社会治理"和"治理社会治理"的犯罪定义权。在科学、客观的"中性立场"和"理性立场"即"公正立场"上,犯罪定义权将引导出一种怎样的切合社会治理和"治理社会治理"的犯罪治理策略呢?由"社会有机体论"出发的"犯罪必存论"、"犯罪病变论"和"犯罪有益论"似乎蕴藏着答案。

有学者指出,在犯罪治理的过程中,不能将眼睛紧紧盯在对犯罪分子的"身体惩戒"上,而应更加关注由利益分化、权利失衡等引发的社会心理失衡现象。近年来,敌意型个体犯罪的增加以及由群体心理失

① 参见[法]E. 迪尔凯姆:《社会学方法的准则》,狄玉明译,商务印书馆 1995 年版,第 84 页。

② 参见[法]E. 迪尔凯姆:《社会学方法的准则》,狄玉明译,商务印书馆 1995 年版,第 89 ~90 页。

③ 参见[法]E. 迪尔凯姆:《社会学方法的准则》,狄玉明译,商务印书馆 1995 年版,第 89 ~90 页。

④ [法]E. 迪尔凯姆:《社会学方法的准则》,狄玉明译,商务印书馆 1995 年版,第 81 页。

衡所诱发的群体性犯罪的增多已经给我们敲响了警钟。因此,除要在改革和完善利益分配制度、建立健全社会保障制度等方面加大力度外,还需通过各种有效的干预措施积极引导社会心态走向健康、稳定。①所谓“改革和完善利益分配制度、建立健全社会保障制度”,意味着要设计和落实“最好的社会政策”;所谓“各种有效的干预措施”即“最好的社会政策”的具体落实手段和保障措施。设计和落实“最好的社会政策”的宗旨便在于谋求最小化的“犯罪饱和”即“犯罪饱和”的“存量最小化”,正如李斯特所倡导的:“最好的社会政策就是最好的刑事政策”②。于是,当联系犯罪治理,则“最好的社会政策”就是“最好的犯罪疏导政策”,而“最好的犯罪疏导政策”即“最好的犯罪治理策略”。实际上,由利益分化、权利失衡等所引发的社会心理失衡现象仿佛就是人体的生理失调即“病变”,而所谓改革和完善利益分配制度、建立健全社会保障制度和采取各种有效措施就是去“调理”社会有机体的“病变”即疏导犯罪。由此,疏导型策略而非压力型甚至惩治型策略就是应对即治理犯罪的最佳策略,而此策略又恰好对应“社会有机体论”、“犯罪必存论”、“犯罪病变论”和“犯罪有益论”。

但是,每一种犯罪应对策略都是以犯罪定义为认知前提,从而为犯罪定义权所左右。可以肯定的是,在由“社会有机体论”出发的“犯罪必存论”、“犯罪病变论”和“犯罪有益论”之下,犯罪定义权将为犯罪治理策略准备好一个科学、客观而体现“中性立场”和“理性立场”,从而是“公正立场”的认知前提,即同样体现“中性立场”和“理性立场”,从而是“公正立场”的犯罪定义。于是,疏导型犯罪治理策略的选择“倒逼”犯罪定义权应本着科学性和客观性而在“中性立场”和“理性立场”,从而是“公正立场”上去形塑自身并予以运行。进一步地,着眼于科学性和客观性而站在“中性立场”和“理性立场”,从而是“公正立

① 参见周建达:《转型期我国犯罪治理模式之转换——从“压力维控型”到“压力疏导型”》,载《法商研究》2012 年第 2 期。

② 马克昌主编:《近代西方刑法学说史略》,中国检察出版社 1996 年版,第 186 ~ 188 页。

场”的犯罪定义权所引出的疏导型犯罪治理策略,将使犯罪只是变成社会的“自限性疾病”,而所谓“自限性疾病”即社会本身可以最大可能地通过自身调节以增强“免疫力”来控制的疾病。最终,当疏导型犯罪治理策略也能够映现犯罪的社会治理和“治理社会治理”理念,则此映现仍然是犯罪定义权的社会治理和“治理社会治理”的理念映现,因为体现社会治理和“治理社会治理”理念即作为社会治理权和“治理社会治理权”的犯罪定义权,能够将“对口”的犯罪定义提供给疏导型犯罪治理策略。易言之,由作为社会治理权和“治理社会治理权”的犯罪定义权一路走到疏导型犯罪治理策略,我们最终还是要回到原点上深入揭示犯罪定义权作为社会治理权和“治理社会治理权”的深刻内涵。由此,疏导型治罪策略“遥相呼应”着犯罪定义权的社会治理性和“治理社会治理性”,而根植于犯罪定义权的“权利基底”的“主体间性”以及由其生发出来的“关系理性”或“交往理性”和“融合理性”则为之铺设了“呼应通道”。

美国研究“仇恨犯罪”的学者指出,新的《仇恨犯罪法》既是身份政治的原因,也是身份政治的结果,而且可能从几个方面“分裂”我们的社会:一是选择某些偏见作为普通犯罪转化为“仇恨犯罪”的条件将不可避免地产生政治冲突。在界定《仇恨犯罪法》时,很多司法辖区对“仇恨犯罪”是否包括厌恶女人和憎恶同性恋动机存在诸多争议。二是“仇恨犯罪”资料的收集、报告和解释导致对“仇恨犯罪”事件的夸大认识,并且使得不确定团体关系处于消极状态。三是将个人进行“标签”并起诉为“仇恨犯罪”是导致团体间冲突并产生恶性循环的诱因。①由此可见,犯罪定义权直接关乎社会秩序及其稳定。正因如此,犯罪定义权应接受社会治理和“治理社会治理”的观念规导,即令其自身作为社会治理权和“治理社会治理权”而存在。于是,由“最好的社会政策就是最好的刑事政策”,我们可得“最好的犯罪定义政策就是最好的刑事政策”。于是,当“最好的刑事政策”就是“最好的犯罪治理策略”,则“最好的犯罪定义政策”便蕴含着“最好的犯罪治理策略”。最终,作为

---

① 参见白建军:《关系犯罪学》,中国人民大学出版社 2014 年版,第 180 页。

“最好的犯罪治理策略”的疏导型治罪策略便体现着“最好的犯罪定义权”。

疏导型犯罪治理策略是“关系理性”或“交往理性”，从而是“融合理性”的治罪策略，而这一治罪策略要求为之提供概念前提的犯罪定义权也应是且首先是“关系理性”或“交往理性”，从而是“融合理性”的犯罪定义权。由此，疏导型治罪策略便构成了对犯罪定义权的理性回应，同时映现着犯罪定义权自身的应有理性。

对应着犯罪定义是刑事实践的开启，犯罪定义权是刑事权力的开启。因此，犯罪定义权的品质也就在刑事实践的“源头”上“奠基”着刑事权力的品质和刑事实践的面向。其中，“权利基底”便是犯罪定义权，从而是刑事权力正当性和有效性，最终是其实质权威性的“芽床”。进一步地，犯罪定义权应基于“权利理性”而予以“关系理性”或“交往理性”和“融合理性”的形塑并最终获得“公正理性”的形象，而疏导性治罪策略既是对犯罪定义权的理性回应，也是犯罪定义权自身理性的映现。犯罪定义权自身的理性包含“关系理性”或“交往理性”和“融合理性”以及作为前述理性“奠基”的“权利理性”，而犯罪定义权的前述理性最终即“公正理性”。但是，犯罪定义权的“权利理性”以及以之为基础的“关系理性”或“交往理性”和“融合理性”在共同走向“公正理性”的过程中，也同时形成着另一种理性即“实证理性”，即犯罪定义权同时还是一种“实证理性”的犯罪定义权。正如孔德（Auguste Comte）所指出的，“实证”一词有如下含义：一是“实证”即“真实”，与虚幻相反；二是“实证”即“实用”，而非那些满足不结果实的好奇心；三是“实证”即“肯定”，而非无穷的抑或无尽的争论；四是“实证”即“精确”，而非模糊；五是“实证”即“组织”，而非破坏；六是“实证”即相对，而非神学或形而上学的那种绝对的必然倾向。① 可见，“实证”的前述六点指向都直接或间接地映现着“权利理性”的影子，即“权利理性”意味着“真实”、“实用”、“肯定”、“精确”、“组织”和“相对”，而“权利理性”的

① 参见［法］奥古斯特·孔德：《论实证精神》，黄建华译，商务印书馆 1996 年版，第 29～31 页。

前述意味又可从“关系理性”或“交往理性”和“融合理性”及其共同走向的“公正理性”中得到体现。于是,“基石性”的刑事权力、“权利基底”的刑事权力、“公正理性”的刑事权力和通过疏导型治罪策略而得以体现其“社会治理理性”的刑事权力,是犯罪定义权展开后的基本结论。根植于“权利基底”的“主体间性”以及由其生发出来的“主体客体化”和“客体主体化”的双向互动,便构成了对犯罪定义权展开所得基本结论的哲学升华。

最后,对犯罪定义权的“学术响应”与“展开尝试”,或许能够对“刑事一体化理论”或“一体化刑事学”有所丰富。

The Expansion of Power of Crime Definition

Bai Xingxing & Ma Rongchun

[内容摘要]犯罪定义权的权力属性和权力定位应切入刑事实践的过程展开即其“涉刑事性”来把握。犯罪定义权应被赋予“权利基底性”,因为其“权利基底性”是立法制罪科学性与司法定罪公正性的根基所在,且其“权利基底性”通过“常识常理常情言说”而体现出“人性法治”。犯罪定义权应在其“权利基底”上予以形塑,且应通过相应的犯罪治理策略而得到理性回应。“基石性”的刑事权力、“权利基底”的刑事权力、“公正理性”的刑事权力和通过疏导型治罪策略而得以体现其“社会治理理性”的刑事权力,是犯罪定义权展开后的基本结论。根植于“权利基底”的“主体间性”以及由其生发出来的“主体客体化”和“客体主体化”的双向互动,便构成了对犯罪定义权展开所得基本结论的哲学升华。

[关键词]犯罪定义权;社会治理;权利基底;交往理性;疏导型策略

Abstract: The power characteristic and location of power of crime definition should be grasped in process of criminal practice which means its “characteristic referring criminal law”. The power of crime definition should be shaped on its "right base", and should get response of corresponding crime controlling strategies. Criminal power as "foundation", "right base", "reason of justice" and "reason of society governance" shown by guided strategies of crime governance, are basic conclusions after expansion of power of crime definition. And two-sided interaction by "objectification of subject" and "subjectification of object" planted and growing from "right base" and "intersubjectivity" forms a philosophical sublimation of basic conclusions made by expansion of power of crime definition.

Keywords: Power of Crime Definition; Society Governance; Right Base; Communicative Reason; Guided Strategies

《犯罪人论》的理论还原及学术评论

高维俭* 李昕明**

目 次

意大利著名犯罪学家、精神病学家切萨雷·龙勃罗梭(Cesare Lombroso)被认为是刑事人类学派的代表性人物及鼻祖,因其“天生犯罪人”理论(delinéquente nato)而闻名于世。龙勃罗梭的代表作《犯罪人论》在1876年至1897年五次出版,是其犯罪学思想的集中体现。我国犯罪学界对龙勃罗梭学说也有较多的关注和研究。① 有学者指出,龙勃罗梭虽是百年前的学者,但其研究对当今的中国犯罪学界仍有启蒙意义。② 笔者深以为然。既然是处于“启蒙”地位,那么对其理论的阐释更应准确到位,对其研究内容及研究方法的评价更应客观公正。但通过考察国内犯罪学界关于龙勃罗梭犯罪学研究的一般性认识,笔者认为,我国犯罪学界对龙勃罗

* 法学博士,华东政法大学刑事法学院教授,博士生导师。
** 西南政法大学2020级刑法学硕士研究生。

① 参见[意]切萨雷·龙勃罗梭:《犯罪人论》,黄风译,中国法制出版社2000年版;吴宗宪:《西方犯罪学史》(第2版),中国人民公安大学出版社2010年版,第340页以下。

② 参见姚建龙:《龙勃罗梭在中国——一个犯罪学史的考察》,载《法律科学(西北政法大学学报)》2021年第1期。

梭的相关理论依然是知之甚少,现有的学说中依然存在普遍的误读。

笔者认为,存在上述问题的原因在于国内犯罪学界对《犯罪人论》没有完整的研究,所使用的文献资料不能完全还原龙勃罗梭的犯罪学思想。目前我国犯罪学界了解、学习龙勃罗梭学说的重要中文文献来源有三:一是《犯罪人论》的汉译本;二是吴宗宪所著《西方犯罪学史》中设有的"切萨雷·龙勃罗梭"专章,其中包括其生平介绍、相关犯罪学说概述和学说影响、评价;三是我国刑法学者研究龙勃罗梭犯罪学说的相关论文。[①] 分别来看,现流行的两个版本汉译本《犯罪人论》皆由1878年龙勃罗梭在都灵出版的《犯罪人论》第二版翻译而成,共18章节。《西方犯罪学史》中所引资料主要为《犯罪及其原因和矫治》(*Crime: Its Causes and Remedies*)和吉娜·龙勃罗梭·费雷罗所著的《犯罪人:切萨雷·龙勃罗梭犯罪学精义》(*Criminal Man: According to the Classification of Cesare Lombroso*)——前者即为《犯罪人论》第五版第三卷,后者并非龙勃罗梭本人所著。其他研究龙勃罗梭犯罪学说的相关论文大多是基于前两类文献的研究成果。申言之,此三类文献对龙勃罗梭学说的阐述都没有基于完整的第五版《犯罪人论》[②]。

① 参见陈兴良:《基因的奴隶——龙勃罗梭论》,载《比较法研究》1994年第1期;吴宗宪:《切萨雷·龙勃罗梭及其犯罪学研究述评》,载赵秉志主编:《刑法论丛》第11卷,法律出版社2007年版;徐爱国:《解读龙勃罗梭的犯罪人论》,载《上海政法学院学报》2006年第2期;姚建龙:《龙勃罗梭在中国——一个犯罪学史的考察》,载《法律科学(西北政法大学学报)》2021年第1期。

② 第2版与第5版相比在内容上有三点不足:第一,《犯罪人论》的前两版属于龙勃罗梭初期的犯罪学观点,与第5版《犯罪人论》中的观点存在本质不同。从成书内容来看,前两版《犯罪人论》的核心是两篇论文:一是1864年龙勃罗梭担任帕维亚大学精神病学教授时发表的《天才与精神错乱》,二是1872年龙勃罗梭发表的《对400名威尼斯犯罪人的人体测量》。这两篇论文方法论上坚持返祖主义,用返祖现象解释犯罪成因,几乎不涉及社会环境因素对犯罪的影响,使得龙勃罗梭的社会决定论退化为单纯的人类学决定论,这与龙勃罗梭修正后的观点大相径庭。第二,犯罪人类学统计数据大量缺失。龙勃罗梭在《犯罪人论》中提供了大量的犯罪人类学统计数据,随着版本的更迭,其统计数据不断增加。汉译本中的统计数据较少,仅有"101个犯罪人头骨研究,1279个犯罪人身体测量";第5版中已经增加到"689个犯罪人头骨研究,6608个犯罪人身体测量",第5版第4卷还展示了龙勃罗梭系统收集的121组统计图表、插图和与犯罪人有关的文身、涂鸦、诗歌创作等内容。第三,犯罪人类型论缺失以及天生犯罪人理论的修正未能体现。汉译本所依据的第2版中只有天生犯罪人与激情犯罪人两种犯罪人类型,同时未对激情犯罪人的子类型进行分类。在此后的版本中,龙勃罗梭将犯罪人类型论逐步完善,取消了天生犯罪人的独立类型地位,将其归于癫痫犯罪人,最终形成了一个三级结构的犯罪人类型论。

由于我国关于龙勃罗梭犯罪学理论的一般性认识也是根据上述三类文献分析得出的,故难免出现一些纰漏或误读。笔者认为,我国犯罪学界应重塑对龙勃罗梭犯罪学理论的一般性认识,为此必须重点关注两个问题:其一,全面了解龙勃罗梭第五版《犯罪人论》的相关内容,总结概括《犯罪人论》各版本的观点差异,以此系统考察龙勃罗梭的学说演进;其二,犯罪人类型论是《犯罪人论》一书的核心,必须还原龙勃罗梭的犯罪人类型论,厘清国内熟知的"天生犯罪人"理论在犯罪人类型论中究竟居于何种地位。

经过对龙勃罗梭《犯罪人论》全版的考证和校对,首先,本文拟考察现存《犯罪人论》等相关文献的现状,并概括《犯罪人论》各版本的观点演进;其次,借助完整版的《犯罪人论》还原龙勃罗梭在本书中的核心内容——犯罪人类型论;最后,笔者拟从犯罪学研究方法论和犯罪学发展史的角度对龙勃罗梭的犯罪学研究进行评论。

一、《犯罪人论》的文献考察

《犯罪人论》版本数次更迭,译本数量众多,其中的理论叙述差异显著。整理该文献的基本信息与观点演进是一个必要环节,也是研究龙勃罗梭相关学说的基础工作。

(一)《犯罪人论》的版本概况

《犯罪人论》于1876年首次出版,经历了1876年第一版、1878年第二版、1884年第三版、1889年第四版和1896~1897年第五版,共五个版本。龙勃罗梭代表性的犯罪人类学测量数据也从最初的"66个犯罪人头骨研究,832个犯罪人身体测量"逐步增加到"689个犯罪人头骨研究,6608个犯罪人身体测量"。最终版共分四卷,其中前三卷完整阐释了龙勃罗梭本人的犯罪学说,第三卷大部分承袭第四版的内容,第四卷几乎完全由表格、地图和照片组成。《犯罪人论》的部分版本曾被翻译为外文,如法语版(1887)、德语版(1887~1890)、俄语版(1889)、西班牙语版(1899)和最具代表性的英语版(1911)。

值得特别注意的是,1911 年的英译本中,有两项重要内容与龙勃罗梭本人的学说原貌相去甚远:一是 1911 年龙勃罗梭的女儿吉娜·龙勃罗梭·费雷罗出版的《犯罪人论》(*Criminal Man*)的简短摘要,但她从根本上简化了龙勃罗梭的犯罪学说,部分内容甚至与《犯罪人论》的原始版本相矛盾。"在她的 1911 年卷,我们听到的是她的话,而不是她父亲的话,给读者留下的印象是龙勃罗梭的理论是静态的而不是动态的。"[①]二是 1911 年在美国出版的《犯罪及其原因和矫治》(*Crime: Its Causes and Remedies*),其内容即为《犯罪人论》第五版第三卷,由法语版和德语版转译而成。该版本未能体现龙勃罗梭本人犯罪学说的发展历程,由于它省略了第五版的前两卷,实际上也影响了读者对龙勃罗梭学说的总体把握。

另外,意大利语版《犯罪人论》难以集齐五个版本的原版,"都灵龙勃罗梭博物馆也仅仅只保有三个版本"。因此,外文译本都是还原《犯罪人论》的重要文献资料。

(二)《犯罪人论》的理论演进[②]

大体而言,《犯罪人论》中的理论发展过程可以分为三个阶段。第一阶段为第一版和第二版(第二版实际上是第一版的续写),其中龙勃罗梭以返祖主义为主要方法论,认为犯罪是一种精神错乱现象。第二阶段为第三版,其中首次出现了"天生犯罪人"这一专业术语,龙勃罗梭自此开始尝试构建多样化的犯罪人类型论,在方法论上放弃了返祖主义而采用退化主义。第三阶段为第四版和第五版,其中第四版的内容整体编入第五版第三卷,第五版为《犯罪人论》的总结与汇编,龙勃

① Cesare Lombroso, *Criminal Man*, Duke University Press, 2006, p. 2.

② 本部分中各版本的理论总结源自英译本《犯罪人论》,参见 Cesare Lombroso, *Criminal Man*, Duke University Press (2006); Cesare Lombroso, *Crime: Its Causes and Remedies*, London Willam Heinemann, 1911。

罗梭于此最终完成了犯罪人类型论和社会环境因素在犯罪学中的概念化,提高了促成犯罪的社会环境因素的权重。

在第一版中,龙勃罗梭没有对犯罪人进行分类,认为所有犯罪人都属于一个特殊的、有退化特征的群体,将犯罪人类比为精神病人。龙勃罗梭早期的理论表述重点涉及返祖现象与犯罪人之间的联系,描述了犯罪人所具有的、与返祖现象相似的生理和心理特征,如体型较小,头骨易出现畸形特征,鼻骨、前额倾斜,大耳朵,下巴突出,皮肤颜色深,对疼痛不敏感,难以控制情绪等。龙勃罗梭还描述了有关犯罪人文身、暗语行话、诗歌的内容。龙勃罗梭认为,从返祖的视角来看,犯罪人是病人,犯罪是一种精神错乱的表现,犯罪学家必须确定犯罪人的症状并给出矫治措施。

《犯罪人论》第二版是第一版的延续。在第二版中,龙勃罗梭开始尝试对犯罪人进行分类,建立了一个新的犯罪人类型,即激情犯罪人;增加了笔迹学一章,认为笔迹可以在一定程度上反映一个人的心理状态,并且犯罪人与正常人、不同类型的犯罪人之间的笔迹存在重大差异;相较于第一版,龙勃罗梭更详细地分析了犯罪人的道德感、犯罪的人类学病因和犯罪预防。

《犯罪人论》第三版正式引入了"天生犯罪人"这一术语,增加了悖德狂这一犯罪人类型,并且重新解释了犯罪与精神错乱之间的关系。在前两个版本中,龙勃罗梭认为犯罪是一种先天性疾病,是现代人表现出野蛮人特征的一种返祖现象,而精神错乱只是一种通常在晚年表现出来的疾病。然而,在第三版中,龙勃罗梭对"天生犯罪人"理论进行了体系性的完善:论述了动物种群中类犯罪行为与人类社会中犯罪行为的连续性与过渡性,认为低等生物中即存在犯罪的最初表现,以此作为犯罪人类学的理论基础;放弃返祖观念,认为返祖现象不足以解释犯罪人身上多种异常现象的存在;承认犯罪和精神错乱常常融合在悖德狂身上,大多数情况下难以准确区分;结合堕落理论,认为酗酒、性放纵、营养不良等因素会引发犯罪人个体及其后代的生理、心理退化。在这一版中,龙勃罗梭将天生犯罪人在所有犯罪人中所占的比例定为40%。

在《犯罪人论》第四版与第五版中，龙勃罗梭正式确立了癫痫犯罪人、精神错乱犯罪人和偶然犯罪人三个犯罪人类型；引入“癫痫症”这一概念作为犯罪的生物性因素；将环境因素概念化，重点统计和论述了社会环境因素对犯罪的影响。与前三版相比，龙勃罗梭对自己的学说进行了大幅度修正：其一，放弃了天生犯罪人是一种独立犯罪人类型的观点。他认为“癫痫症”在所有犯罪人中普遍存在——“提供了一个更大的理论框架可以包容天生犯罪人与悖德狂”①。癫痫犯罪人与天生犯罪人、悖德狂三者的区别只是程度问题，即三者同属一类，只是三个不同的变种。“实施最严重案件的悖德狂与天生犯罪人所实施的犯罪有重叠性，实施暴力犯罪的癫痫犯罪人类似于悖德狂，总的来说这三种现象是相似的。”龙勃罗梭的“癫痫症”理论不仅包括明显的癫痫现象，还包括癫痫的次要特征——“隐匿性癫痫”(epilessia larvata)是无症状犯罪人实施犯罪行为的催化剂。② 其二，承认环境因素对犯罪现象的形成有重要意义，用统计学的方法研究气候、地质条件、城市化、教育、失业、监狱改造、经济危机和刑事诉讼程序对犯罪的影响。龙勃罗梭将天生犯罪人在所有犯罪人中所占比例降低为35%，后进一步降低为33%；此后，吉娜·龙勃罗梭·费雷罗出版的《犯罪人论》摘要中也维持了33%这一结论。

二、《犯罪人论》之犯罪人类型论的理论还原

《犯罪人论》的核心是犯罪人类型论。龙勃罗梭对犯罪人和犯罪现象的描述都糅合在了犯罪人类型论中，几乎可以说，“犯罪人论”即为犯罪人类型论。

按照我国学界现有研究，学者们一般认为龙勃罗梭将犯罪人分为四种基本类型：激情犯罪人、天生犯罪人、精神病犯罪人和偶然犯罪人。

---

① Cesare Lomborso, *Criminal Man*, third edition, Duke University Press, 2006, p. 188 – 189.

② 由此，龙勃罗梭将癫痫的定义延伸到一种慢性神经障碍疾病，并认为癫痫性人格是所有天生犯罪人的特征。

此种分类应是我国学者参照《犯罪人论》汉译本和吉娜·龙勃罗梭·费雷罗所著的《犯罪人：切萨雷·龙勃罗梭犯罪学精义》所得出的结论，但这并非龙勃罗梭本人的观点。此外，部分学者在解释每种分类的具体含义时也并未完全遵照龙勃罗梭的原意，如将激情犯罪人的特征解释为"反应过激、重感情、神经质……在短时间内完成犯罪，没有事先策划，不隐秘地实施，不借助同伙，对犯罪地点和凶器的选择都是即时的"，将精神病犯罪人的特征解释为"常在没有任何诱因甚至违反常理的情况下进行犯罪"①，皆有望文生义之嫌。究其原因，一是求证不足，所依托的文献不能理解龙勃罗梭的原意；二是客观上存在文化与时代的障碍，要理解 100 多年前意大利学者所称的"激情""精神病"等词需要结合具体的语境，用当前的词义解释龙勃罗梭的用语，实为缘木求鱼。

自第二版《犯罪人论》出现第一个犯罪人类型——激情犯罪人开始，龙勃罗梭不断对犯罪人类型论和基本类型下的子类型进行修正。在《犯罪人论》的最终版，龙勃罗梭使用一个三层结构对犯罪人进行划分：在第一层级，按犯罪人是否具有退化异常分为癫痫犯罪人和偶然犯罪人；在第二层级对癫痫犯罪人与偶然犯罪人作进一步划分，即癫痫犯罪人中按癫痫症的不同程度分为返祖病症犯罪人、轻度病理的激情犯罪人和精神错乱犯罪人，偶然犯罪人分为伪犯罪人、类犯罪人、惯犯和潜在犯罪人；第三层级则是各类型犯罪人的子类型，包括天生犯罪人、悖德狂、政治犯罪人、酗酒犯罪人、歇斯底里犯罪人和信仰偏执犯罪人(mattoids)等。

(一)癫痫犯罪人

龙勃罗梭早期的方法论是返祖主义，依据返祖主义将犯罪人分为天生犯罪人和激情犯罪人。但随着犯罪人统计数据的不断增加，龙勃罗梭认为使用返祖主义划分的犯罪人子类型之间"具有高度的相似

① 王赛：《龙勃罗梭的犯罪学思想述评》，载《辽宁警专学报》2011 年第 5 期。

性”。故龙勃罗梭更新了自己的方法论,采用法国学者的退化理论进行犯罪人类型划分。退化理论将犯罪人的生理异常归因于疾病而不是返祖现象,它扩大了犯罪人类学的研究范围和适用性,成为龙勃罗梭研究的基础理论之一。

龙勃罗梭依靠退化理论将具有退化异常的犯罪人称为癫痫犯罪人。至于为何采用“癫痫”这一称呼,龙勃罗梭给出了三个理由。一是印象基础:在龙勃罗梭所处的时代,人们通常认为犯罪人实施犯罪行为时所表现出来的情绪波动和身体表现与癫痫发作时较为相似;二是生理、心理基础:龙勃罗梭对癫痫患者和犯罪人进行身体敏感度测试时发现二者都表现出相似的迟钝,进行道德和性格测试时发现二者均表现出道德感较低、易出现病态性易怒等特征;三是统计学基础:与龙勃罗梭同时代的学者均认为癫痫与犯罪有某种内生的关联,即癫痫在人群中的比例为0.13%~0.24%,而在犯罪人中的比例则高达5%~11%。

采用退化理论并非意味着龙勃罗梭彻底放弃了返祖主义。对于龙勃罗梭来说,返祖主义是他犯罪学研究的启蒙方法论①,虽然认识到了返祖主义的局限性,但他对返祖主义的态度依然是修正而非放弃。从这个角度来说,退化理论只是提供了一个更大的理论框架来包容他的返祖主义。因此,在退化理论和返祖主义的混合方法论下,龙勃罗梭将癫痫犯罪人分为三类,即具有返祖特征的天生犯罪人和悖德狂、激情犯罪人、精神错乱犯罪人。

1. 天生犯罪人和悖德狂

天生犯罪人是一种人类学类型,与生俱来的道德感缺失和认知错误使他们生来具有犯罪的倾向。此类犯罪人具有显著的体貌特征,如体重轻、大脑容量小、颧骨突出、上颚畸形、眼眶歪斜、犬齿外伸、毛发浓密、大耳朵,即返祖特征;显著的精神特征,如极度懒惰,没有羞耻感和

① 龙勃罗梭犯罪人类学研究的出发点是达尔文的隔代遗传理论——在人类中,偶然出现的一些最坏的素质,或许可能是野蛮状态的隔代遗传,我们经过许多代人都不可能消除这种隔代遗传。参见[英]达尔文:《人类的由来》,潘光旦、胡寿文译,商务印书馆1983年版,第82页。

怜悯心,易被激怒。总的来说,龙勃罗梭认为天生犯罪人即人类社会性(文明性)不能改造其自身生物性的一类犯罪人。

悖德狂是龙勃罗梭在《犯罪人论》第三版中补充的一种犯罪人类型。悖德狂具有如下的生理、心理特征:不能控制愤怒;短时间内容易兴奋;缺乏平常的感情和道德感,但可以通过学习来弥补;行事懒惰;智力低下;在群体中经常表现出在低等动物世界中才有的阶级性;性欲发展异常等。

龙勃罗梭认为天生犯罪人与悖德狂均属于具有返祖特征的犯罪人,二者的主要差异在于年龄:悖德狂存在于儿童中间,若成年后依然具备这些特征则可以称为天生犯罪人。由此可见,我们可以得出三个结论:第一,天生犯罪人与悖德狂属于一类犯罪人基本类型,二者只是程度上的差异,广为人知的天生犯罪人不是一个独立的犯罪人基本类型;第二,天生犯罪人是由悖德狂转化的,从天生犯罪人的原词delinéquente nato中可以看出,意大利语中"delinéquente"一词本意为"越轨者",运用在犯罪学具体语境中尤指"少年越轨者";第三,龙勃罗梭并非认为天生道德感缺失的人是不可矫治的,若在儿童阶段得以正确的引导,尽管悖德狂"学习能力差,智力低下",仍可以在儿童阶段完成矫治,天生犯罪人的数量是可以降低的。

2. 激情犯罪人

激情犯罪人是龙勃罗梭在《犯罪人论》第二版中描述的一类犯罪人。激情犯罪人的特征如下:犯罪激情十分罕见,不同于一般的冲动犯罪,而是生理病因或精神病因所导致的犯罪人难以控制情绪;经常表现出过度的敏感和感情;有个体独有的刺激点,如见到、听到某个人、某个物品、某件事,受刺激后难以控制情绪;被捕时表现极端,情绪化严重;年轻人所占比例高;犯罪满足情绪后往往陷入忏悔之中,在监狱中常常有自杀行为;激情所产生的原因是"高尚的",如爱情、爱国或其他具有荣誉性质的原因。

政治犯罪人是龙勃罗梭在《犯罪人论》第五版中添加的激情犯罪人的子类型。政治犯罪人表现为:对社会政治生活狂热;女性犯罪人占比高;诚实;对痛苦的感受强烈;过度的利他主义思想。之所以说政治犯罪人是激情犯罪人的子类型，是因为龙勃罗梭认为政治犯罪人同样具有激情犯罪人的特征，政治犯罪人身上狂热的、过度的利他主义是一种病理性表现，与敏感性缺失的癫痫疾病有关。

3. 精神错乱犯罪人

精神错乱犯罪人是龙勃罗梭在《犯罪人论》第四版和第五版中论述的犯罪人基本类型。龙勃罗梭从作案前和监禁时两个方面来描述精神错乱犯罪人的特征。精神错乱犯罪人作案前情绪激动但不是典型癫痫，其精神错乱多由外部创伤、颅骨畸形或酗酒导致的病理引发，大多数犯罪人有脑膜炎、脑软化、梦游症等疾病；高温易导致此类犯罪人的越轨行为；精神疾病导致道德感丧失或减弱，同情心、正义感降低。处于监禁状态的精神错乱犯罪人会受环境影响而强化心理障碍，由于他们的情绪缺陷和生理疾病，长期的监禁会使其心理异化，加重精神错乱，因此应该将此类犯罪人安置在精神病院而非监狱。龙勃罗梭将精神错乱犯罪人分为三类，即酗酒犯罪人、歇斯底里犯罪人和信仰偏执犯罪人。

（1）酗酒犯罪人

龙勃罗梭收集了法国、葡萄牙等国的统计数据，认为酗酒导致的精神错乱与犯罪、自杀等现象密不可分。①

酗酒犯罪人具有如下特征：大多具有急性蛛网膜炎、脑组织退化和神经细胞萎缩，脑部退化不可逆转地导致生理功能丧失，情绪控制能力下降；记忆力减退，言语迟钝，拼写能力退化严重；失眠，感官减弱，嗅觉退化最为明显；常常出现抽搐和癫痫。龙勃罗梭认为，酗酒犯罪人虽然也属于广义的癫痫犯罪人，但如果酗酒者完全戒酒，他们比一般癫痫犯罪人有更大的治愈可能性，因此，将酗酒者从酒精消费环境中隔离是最

① 1871 年，法国巴黎 25% 的财产犯罪、75% 的暴力袭击和 87% 的有组织斗殴均由酗酒者所引发；在葡萄牙，暴力犯罪率与酒精消费变化大体平行，酒精消费急剧上升（1850，1858，1865，1869，1875）或急剧下降（1851，1853，1856，1866，1867，1873）时，暴力犯罪也随之发生大幅度变化。参见 Cesare Lombroso，*Criminal Man*，fourth edition，Duke University Press，2006，p. 277。

好的矫治方式。

(2)歇斯底里犯罪人

歇斯底里犯罪人,亦可称为类癫痫犯罪人,其特征主要为:女性犯罪人占比极高,是男性的20倍;大多由性器官病理所导致,近一半的歇斯底里犯罪人与青春期性器官发育病变有关,最常出现在15岁至20岁的人身上;受遗传因素影响较大,25%的歇斯底里犯罪人有直系亲属患有精神疾病;智力发育正常,但难以集中注意力,情绪转化极快;具有无理由说谎的倾向,并以此为乐。

(3)信仰偏执犯罪人

Mattoids这个术语由龙勃罗梭首创,笔者根据其具体特征将其译为信仰偏执犯罪人。信仰偏执犯罪人几乎不具有身体退化的异常,大多是社会高阶层人员,如官僚、神父、医生等;其情绪特征与政治犯罪人相似,都具有强烈的利他主义倾向,喜欢对自己的道德感、信仰、忠诚等品质夸大,爱慕虚荣;在专著、书信中大量重复特定词。信仰偏执犯罪人虽具有敏感性缺失的病理表现,但更多是受社会环境的影响。

(二)偶然犯罪人

偶然犯罪人是指受社会环境影响而犯罪的犯罪人集合。偶然犯罪人是龙勃罗梭放弃生物决定论(隔代遗传理论)后形成的犯罪人分类,也是龙勃罗梭后期研究的重点。在广泛考察社会环境因素对犯罪人的影响之后,龙勃罗梭认为不应该否认存在偶然犯罪的类型,这类犯罪人受社会环境影响最大,在他们身上几乎难以发现病理迹象,“他们与癫痫犯罪人不同,不存在同质的类型特征”①。之所以称其为“偶然”,是因为这类犯罪人不主动寻求犯罪,也不具备病理特征或退化特征,实施犯罪单纯是由社会环境促成的,具有偶然性。偶然犯罪人分为四类,即伪犯罪人、类犯罪人、惯犯和潜在犯罪人。

① Cesare Lombroso, *Criminal Man*, fourth edition, Duke University Press, 2006, p. 288.

1. 伪犯罪人

偶然犯罪人是由社会环境促成的，在伪犯罪人这一类中，“社会环境”指不合理的法律，即伪犯罪人的出现是因为法律的缺陷而不是人的缺陷。伪犯罪人可以具体分为两类：一是因意外行为而被判有罪的人，如枪意外走火导致杀人而被判有罪的人；二是行为人实施了偏见性法律、民粹法律所不容的行为而被判有罪的人，如堕胎、宗教亵渎等。龙勃罗梭认为伪犯罪人不扰乱道德价值观，不具备再犯可能性，随着立法的进步这类“犯罪人”会逐步消失。

2. 类犯罪人

类犯罪人指纯粹借用有利的犯罪机会去实施犯罪的人。但类犯罪人与正常人相比具有更容易实施犯罪的背景条件，如具有精神错乱的初等症状，有酗酒的倾向，性生活异常，家庭成员有遗传退化、酗酒、性变态等特征，童年成长环境较差等。龙勃罗梭认为类犯罪人虽然没有癫痫犯罪人具有的退化现象，但与其他偶然犯罪人相比，他们会犯下和癫痫犯罪人一样野蛮残暴的罪行。

3. 惯犯

大多数偶然犯罪人生来没有任何特殊的倾向，但如果对儿童时期出现的越轨行为不加纠正，其行为大概率会恶化，最终发展为惯犯。对于惯犯，龙勃罗梭认为惯犯的矫治可以仿照酗酒犯罪人，即将惯犯的生活环境进行改造，将他们与犯罪环境相隔离；同时进行行为矫治，习惯性盗窃、习惯性斗殴等行为的矫治需要具有专业知识的人长时间干预，犯罪学研究者应该广泛参与司法进程。

4. 潜在犯罪人

潜在犯罪人是指具有堕落本能或不良欲望的犯罪人，但他们没有实施犯罪行为，也没有明确的犯罪倾向，处于“潜伏”阶段。这类犯罪人不实施犯罪，要么是因为他们缺乏犯罪机会，要么是因为他们的不良欲望可以通过自己的财富或权力来满足，其欲望可以通过不触犯法律的方式发泄，如嫖娼、滥情等。在这些抑制因素消失后，潜在犯罪人容易成为类犯罪人。

三、《犯罪人论》及龙勃罗梭研究的学术评论

《犯罪人论》及龙勃罗梭的研究代表着犯罪学的一次历史转向。所谓"历史转向",可以从两个角度来理解。其一,由古典犯罪学转到实证犯罪学,古典犯罪学是用经院哲学思辨的方式认识犯罪,实证犯罪学则是以观察现象、统计数据、总结规律的科学方式认识犯罪。申言之,此为方法论的转向。其二,龙勃罗梭的研究是一次学术史的断代,以龙勃罗梭为代表的实证主义犯罪学派引领了近百年的犯罪学研究,奠定了犯罪学作为独立学科的基础。自此,犯罪学的本体论逐渐清晰,学科发展逐渐与刑法学相脱离,形成了自己独立的学科地位。申言之,此为学科发展的转向。故而,笔者拟从犯罪学研究方法论和犯罪学发展史两个视角对《犯罪人论》及龙勃罗梭的研究展开学术评论。

(一)犯罪学研究方法论视角:开创与局限并存

《犯罪人论》是龙勃罗梭犯罪学研究的集中体现,经过四个版本的修正而成型。其犯罪人类型论的划分和犯罪原因论中各要素的概念化都有大量的统计数据和访谈作为支撑,具有典型的实证主义色彩。笔者认为,龙勃罗梭的犯罪学研究以退化理论为基础层层递进,犯罪人类型论中各类犯罪人存在互相转化的可能性,体现了研究结构的合理性;采用了犯罪统计学、精神病学、解剖学等学科的知识研究犯罪现象,体现了研究方法的多样性;既有犯罪人矫治的内容,也有对法律制度的反思,体现了研究内容的全面性。最为重要的是,龙勃罗梭将与犯罪相关的研究从哲学思辨和宗教领域转移到了科学领域,引导犯罪学界进入了实证主义的时代。有马克思主义犯罪学者认为,"龙勃罗梭的研究实际上改变了犯罪的概念和对犯罪问题注意的焦点"①。塞林在《美国

① [美]理查德·昆尼、[美]约翰·威尔德曼:《新犯罪学》,陈兴良等译,中国国际广播出版社 1988 年版,第 47 页。

社会学杂志》上评价龙勃罗梭时写道：一位学者能够成功地驱使数百名同行去追寻真相，并且其思想在半个世纪后仍具有生命力，这都体现了龙勃罗梭在价值思想史上的光荣地位。①

同时也应看到，龙勃罗梭的犯罪学研究具有一定的局限性。第一，实证主义研究方法的基本模式为“假设—归纳—验证”，翻看《犯罪人论》可知，龙勃罗梭在“假设—归纳”阶段的处理十分简单，在归纳阶段龙勃罗梭几乎完全沉浸于数据堆叠和访谈叙事，其中有相当一部分仅仅基于历史、文学故事和民间传闻，研究的科学性、真实性不足。第二，龙勃罗梭的研究成果存在一定的矛盾之处。龙勃罗梭的研究开端是对卡拉布里亚强盗维莱拉的大脑解剖，但对这一事实龙勃罗梭的记述却前后不一：在《犯罪人论》第一版中龙勃罗梭记载维莱拉头骨的特点是存在“中央枕骨窝”且小脑较小②，而在《犯罪及其原因和矫治》一书中则为“中央枕骨窝”和小脑蚓部肥大。③ 根据其他学者的研究，龙勃罗梭在维莱拉尸检报告中的记载，如尸检日期、颅骨形状描述等也存在一定的冲突。④第三，龙勃罗梭没能充分处理好相关的理念冲突问题。例如，龙勃罗梭在对癫痫犯罪人进行分类时混合了退化理论和返祖主义，这导致各子类型的特征几乎只是语言表述的差异，难以从本质上区分。再如，退化理论是龙勃罗梭研究的重要方法论之一，但同时他本人是社会党成员，认同唯物论与行为决定论。当这些方法论相纠缠时，龙勃罗梭会得出一些自相矛盾的观点：一方面，龙勃罗梭支持工人社会运动；另一方面，他也称被判有罪的革命者为信仰偏执犯罪人。

龙勃罗梭是引领犯罪学进入实证主义时代的先行者，《犯罪人论》是科学时代的一个伟大尝试，犯罪学领域的生物学研究范式在今天仍

---

① Sellin, *The Lombrosian Myth in Criminology* (Letter to the editor), the American journal of sociology, 1937(42).

② Cesare Lombroso, *Criminal Man*, first edition, Duke University Press, 2006, p. 48.

③ Cesare Lombroso, *Crime: Its Causes and Remedies*, London Willlam Heinemann, 1911, p. 14.

④ Uberto Gatti, Alfredo Verde & Cesare Lombroso, *Methodological Ambiguities and Brilliant Intuitions*, International Journal of Law and Psychiatry, 35(2012).

极富生命力。然而,龙勃罗梭只是 19 世纪“实证科学时代”大背景下的犯罪学研究者,他既不能使自己的理论叙述完美无瑕,更不能超越时代、克服 19 世纪实证主义本身的弊端。从历史唯物主义的视角来看,龙勃罗梭的犯罪学研究发现了阶段性的真相,开创了时代性的成果,享有历史性的地位,同时也存在不可避免的局限性。

(二)犯罪学发展史视角:承前与启后兼具

从学术史的角度来看,以人类学为视角研究犯罪并非由龙勃罗梭首创。中国古代的观相法与 19 世纪初欧洲的颅相术都试图通过观察人的外貌特征来推断人的性格或心理状态以及犯罪的可能性。尽管二者均为经验性的主观臆断,结论不具备科学性,但其中蕴含的思想观念有助于犯罪人类学的产生。法国外科医生布罗卡(Broca)在 19 世纪中期就已开始研究犯罪人的颅骨特征,他于 1859 年把犯罪人类学引进“巴黎人类学学会”(The Anthropological Society of Paris);19 世纪中期,英国监狱医生詹姆斯 · 汤普森(James Thompson)、福布斯 · 温斯格(Forbes Winslow)、乔治 · 威尔逊(George Wilson)等人研究了犯罪人身体特征异常和心理异常,他们认为犯罪人的体型与常人不同,犯罪人的心理病态是难以预测的。①但这些研究大多是孤立的、非体系的,其基本假设是研究者的直觉猜想,缺乏合理的理论基础。为构建犯罪人类学的理论基础,龙勃罗梭观察了动物种群中的类犯罪行为,并结合达尔文的演化理论,认为低等生物中存在犯罪的最初表现,人类的犯罪源自退化与遗传,人类社会中的犯罪现象是生物基础与环境相互作用的结果。可以说,龙勃罗梭承接了 19 世纪以来人类学视角的研究成果,构建了犯罪人类学的理论基础,并且系统阐述了犯罪人类学基本观点,《犯罪人论》是犯罪人类学派的第一部系统性研究成果。正是在这一研究成果的基础上,犯罪学发掘出了自己的本体论,即犯罪不是由立法

---

① Richard Quinney & John Wildeman, *The Problem of Crime: A Peace and Social Justice Perspective*, third edition, Mayfield Publishing Company, 1911, p. 57.

者先验确立的,而是一种客观的社会现象,它广泛地、长期地存在于人类社会之中,对犯罪的控制与预防要遵循犯罪现象自身的规律。同时,犯罪学与刑法学、刑事诉讼法学等学科的关系得以重新审视:犯罪学不是某一学科的附庸,而是一门具有极强研究范式包容性的独立学科,它敢于借鉴一切先进方法研究犯罪,力求多视角、全方位了解犯罪,犯罪学的历史任务是为整个刑事学科体系提供理念基础与前沿指引。

龙勃罗梭的研究也为后世犯罪人类学派的发展提供了一些开创性洞见。他预见到了人类的生理机能与反社会行为之间的联系,其中的一些预测被犯罪学和精神病学的最新研究成果所证实。例如,雷恩·拉卡斯(Raine Lacasse)使用正电子发射型计算机断层显像(Positron Emission Tomography,PET)能够识别出一组大脑皮层的刺激性过程,这一刺激性过程的出现与杀人行为密切相关。①巴恩斯(Barnes)、鲍特维尔(Boutwell)和比弗(Beaver)总结了41项利用行为遗传学、分子遗传学研究青少年越轨行为的成果,发现青少年的自我控制能力和性格特质与遗传因素和亲子关系失调之间的联系十分密切。② 生物遗传理论正为犯罪学研究提供巨大的推动力。

现代科学技术的进步验证了许多犯罪学者的理论预测。在20世纪,遗传因素对犯罪的影响是通过间接观察研究的。瑞士现代犯罪学家欧文·弗莱通过对收养案例的观察来研究遗传因素与少年累犯之间的联系;德国精神病学家朗格则通过对孪生子的观察来研究遗传与环境因素对犯罪的影响。③ 21世纪以来,分子生物学的进步使研究人员能够直接研究基因与反社会行为之间的关系,与暴力行为相关的遗传因素已被确定,各种神经递质(血清素、多巴胺、MAOA等)代谢潜在影

① Uberto Gatti, Alfredo Verde & Cesare Lombroso, *Methodological Ambiguities and Brilliant Intuitions*, International Journal of Law and Psychiatry, 35(2012).

② 参见[美]亚历克斯·皮盖惹主编:《犯罪学理论手册》,吴宗宪主译,法律出版社2019年版,第110~115页。

③ 参见吴宗宪:《西方犯罪学史》(第2版),中国人民公安大学出版社2010年版,第680~685页。

响了基因变异,进而影响行为。①龙勃罗梭所描述的犯罪人身体异常,如颧骨突出、上颚异常、大耳朵等现象也被表观遗传学的技术进步所证实:这些身体异常是在怀孕第三个月时神经发育不完善的表现,可以称其为大脑发育异常的标志。② 可以预见的是,随着人类科技的不断进步和快速发展,犯罪人类学的研究前景是十分广阔的。

The Reinterpretation and Academic Review of Criminal Man

Gao Weijian & Li Xinming

[**内容摘要**]龙勃罗梭的《犯罪人论》是犯罪人类学派的第一部系统性研究成果。由于文献缺失等问题,学界对其犯罪学理论的解读存在一些重要的纰漏或误读。还原并总结《犯罪人论》的理论成果是深入理解龙勃罗梭犯罪学思想的基础工程。龙勃罗梭对于犯罪人特征和对犯罪现象的描述集中于犯罪人类型论,其核心理论即犯罪人类型论。以龙勃罗梭为鼻祖的犯罪人类学派具有承前启后的意义,随着现代人类生命科学的不断发展,犯罪人类学的研究前景相当广阔。

[**关键词**]龙勃罗梭;犯罪人类学派;犯罪人类型论;理论还原;学术评论

Abstract: Lombroso's Criminal Man is the first systematic research achievement of the criminal anthropology school. Due to the lack of literature and other issues, the academia has some important omissions or misunderstandings in Lombroso's criminological theories. Reinterpreting and summarizing the research achievement in *Criminal Man* is the basic to

① CJ. Ferguson & KM. Beaver, *Natural Born Killers*: *The Genetic Origins of Extreme Violence*, Aggression and Violent Behavior, 14(2009).

② Jean Seguin, Louise Arseneault & Bernard boulerice, *Response Perseveration in Adolescent Boys with Stable and Unstable Histories of Physical Aggression*: *the Role of Underlying Processes*, Journal of Child Psychology and Psychiatry, 43(2002).

understanding Lombroso's criminological theories. The core content of *Criminal Man* is the theory of Criminal Type, which concludes the description of crimes and criminals' characteristics. The criminal anthropology school with Lombroso as its originator serves as a link between past and future. With the continuous development of modern life sciences, the research prospect of criminal anthropology is quite broad.

Keywords: Cesare Lombroso; Criminal Anthropology; Criminal Type; Reinterpretation; Academic Review

刑事一体化视角下认罪认罚从宽制度中被害人权益的保障*

韩　瀚**

目　　次

党的十九届六中全会公报在总结我国社会治理工作时提道："党的十八大以来……社会治理社会化、法治化、智能化、专业化水平大幅度提升。"①其中包含了刑事法治水平也取得较大的进步，认罪认罚从宽制度正是在此基础上顺应时代发展的产物，是新时代实现国家治理水平现代化的创新之举。该制度不仅简化了刑事诉讼程序，还降低了

---

* 本文是2019年安徽省教育厅高校人文社科重点课题《私权保护视角下行政执法与刑事司法衔接机制研究》（项目编号：SK2019A0529）的阶段成果。

** 安徽师范大学法学院讲师，法学博士，中国应用法学研究所博士后研究人员。

① 《中国共产党第十九届中央委员会第六次全体会议公报》，载《人民日报》2021年11月12日，第1版。

检察机关的指控难度,节约了大量司法资源,落实了刑罚的目的。对于这一新兴事物,学术界关于认罪认罚从宽的定性在一段时间内并未达成一致。有学者认为,认罪认罚从宽是一项制度安排;①还有学者认为,其更接近于刑事政策的定位。② 但对于认罪认罚从宽制度的部门法属性几乎均认为其兼具实体法与程序法双重属性。③ 司法实践中,认罪认罚从宽制度还存在被害人参与性不足,以及与被害人有关的量刑情节设置不合理等问题。本文拟从程序与实体两个层面探讨认罪认罚从宽中被害人权益的保障,以助益于制度的理论完善,提升制度的实践效能。

一、认罪认罚从宽制度的性质

(一)认罪认罚从宽制度是宽严相济刑事政策的制度化

宽严相济刑事政策是党和国家长期坚持的基本刑事政策,也是指导我国刑事司法理论与实践的基础理念。该政策的提出与发展有着一定的社会历史背景,是从新中国刑事司法实践中得出的一套较为完善的经验总结。宽严相济的刑事政策一直是我国同犯罪行为作斗争的有

---

① 参见最高人民法院刑一庭课题组、沈亮:《刑事诉讼中认罪认罚从宽制度的适用》,载《人民司法(应用)》2018 年第 34 期;陈卫东:《认罪认罚从宽制度研究》,载《中国法学》2016 年第 2 期;谭世贵:《完善认罪认罚从宽制度的思考》,载《中国社会科学报》2016 年 7 月 6 日,第 5 版。

② 参见卢建平:《认罪认罚从宽:从政策到制度》,载《北京联合大学学报(人文社会科学版)》2017 年第 4 期。

③ 参见谭世贵:《实体法与程序法双重视角下的认罪认罚从宽制度研究》,载《法学杂志》2016 年第 8 期;王瑞君:《"认罪从宽"实体法视角的解读及司法适用研究》,载《政治与法律》2016 年第 5 期;左卫民:《认罪认罚何以从宽:误区与正解——反思效率优先的改革主张》,载《法学研究》2017 年第 3 期;田宏杰:《现代社会治理与认罪认罚从宽制度完善》,载《检察日报》2020 年 5 月 13 日,第 3 版。

力武器。①

宽严相济刑事政策所要实现的目标并不是针对犯罪行为仅采取严苛的刑事处罚,而是要做到宽严有度。一方面,要给予犯罪行为合适的刑事处罚保持刑罚的威慑力;另一方面,又要通过宽大政策从根本上减少甚至消除社会矛盾,维护社会的整体稳定。宽严相济刑事政策的基本内容是“该严则严,当宽则宽;严中有宽,宽中有严;宽严有度,宽严审时”②。它强调应根据犯罪的具体情况,实行区别对待,实现罚当其罪。

认罪认罚从宽制度是在贯彻落实党和国家在不同时期提出的“镇压与宽大相结合”、“惩办与宽大相结合”以及“宽严相济”的刑事政策过程中,逐步形成的制度成果,扬弃了过去“抗拒从严”的做法,体现了刑事诉讼的文明和进步。认罪认罚从宽制度体现了新时代司法改革阔步向前的创新精神,并未对可适用的案件范围作出限制。另外,虽然认罪认罚从宽制度与外国类似制度存在本质上的不同,但也不妨碍其在推进此项改革的过程中进行有益的借鉴。认罪认罚从宽制度是通过实体从宽和程序从简两方面,充分调动被追诉人主动认罪认罚的积极性。由此可见,认罪认罚从宽制度不仅是对宽严相济刑事政策精神的继承,也彰显了刑事司法人文情怀与理性关怀的需要。

(二)认罪认罚从宽制度是程序法与实体法的一体化

认罪认罚从宽制度跨越了单独的程序法及实体法,核心包括“实体从宽”及“程序从简”两个部分。一方面,“实体从宽”是指“认罪认罚”作为一种量刑情节,属于传统意义上刑法也就是实体法规制;另一方面,“程序从简”是指程序法为认罪认罚从宽案件设立了配套的刑事诉讼程序。

传统量刑情节,如立功、自首、退赃等,无须刑事诉讼法为其设立配套的诉讼程序便可实现功能,程序法与实体法一体化的现象不明显。

---

① 参见姜伟、卢宇蓉:《宽严相济刑事政策的辩证关系》,载《中国刑事法杂志》2007 年第 6 期。

② 马克昌:《宽严相济刑事政策研究》,清华大学出版社 2012 年版,第 75 页。

但是,如果仅从实体法上确立认罪认罚从宽这一量刑情节,并不能实现"程序从简"的目的。缺乏配套诉讼程序的认罪认罚从宽情节只能提升被追诉人主动供述的可能性,这虽然在一定程度上降低了办案难度,但并不能很好地实现进一步简化刑事诉讼程序,节约司法资源的目的。

被追诉人有权获得公正审判是一项共识,也是被追诉人的一项基本权利,但完整的刑事诉讼程序所耗颇多,如何通过非强制的方式促使被追诉人放弃部分诉讼权利,从而提升诉讼效率,这便需要通过"实体从宽"的方式来实现。被追诉人以"认罪认罚"换取实体上较轻的刑罚,同时放弃部分诉讼权利,从而简化诉讼程序。所以认罪认罚从宽突破了程序法与实体法的传统界限,以兼顾两者的视角统筹考虑,方能建立起较为完备的制度体系。

(三)认罪认罚从宽制度是刑事司法理念的现代化

传统的报应性正义并没有取得良好的法律效果及社会效果,严惩所有犯罪的刑事政策在很大程度上加剧了被告人与被害人之间的冲突,甚至制造了新的社会矛盾。自 20 世纪 70 年代恢复性司法于加拿大开始正式实施以来,①世界主要国家均在一定程度上接受了恢复性司法理念,并在刑事司法制度中得到体现。在世纪之交,多次国际会议对恢复性司法理念与措施的倡导,以及相关标准及原则的确定,加速了恢复性司法的发展。②

① 参见狄小华、李志刚编著:《刑事司法前沿问题——恢复性司法研究》,群众出版社 2005 年版,第 10 页。

② 1999 年 7 月 28 日,联合国经济及社会理事会在题为"制定和实施刑事司法调解和恢复性司法措施"的第 1999/26 号决议中,就提议预防犯罪和刑事司法委员会考虑是否应制定联合国在调解和恢复性司法领域的标准。2000 年 4 月 10 日,在维也纳举行的第十届联合国预防犯罪和罪犯待遇大会期间,在题为"犯罪者与受害人:司法过程中的责任与公正问题"议程项目下,曾就恢复性司法进行讨论,并通过了《关于犯罪与司法:迎接二十一世纪的挑战的维也纳宣言》。2002 年 4 月,《关于在刑事事项中采用恢复性司法方案的基本原则》在维也纳联合国预防犯罪和刑事司法委员会第 11 届会议上获通过。

根据丹尼尔·W. 凡奈思的定义，恢复性司法就是通过被害人与犯罪行为人之间和解、协商、多方参与的会谈，通过给被害人补偿、使加害人参加社区劳动等，以恢复被破坏的社会关系与秩序的司法。① 恢复性司法的进步性体现在其跳脱出了传统司法对于犯罪的认识视角，在恢复性司法视角下，规制犯罪并不仅因为该行为挑战了国家的统治权威，也不是为了满足被害人的报复心理而对被追诉人进行惩治，而是修复被犯罪行为破坏的社会秩序的必要手段。认罪认罚从宽案件中，无论是刑事和解还是取得被害方谅解均需要双方沟通达成一致意见，尊重了被害人的主体地位。“沟通的意图并不仅仅是为了对于犯罪人进行惩罚，而是希望通过对话向各方传递公允和尊重，鼓励犯罪行为人能够尽快地回到社会中。”②认罪认罚从宽制度改变了传统诉讼理念中辩方与控方、被害方的紧张态势，各方的价值追求以相互合作为基础。此类合作协商的司法程序有助于修复受损关系，维护社会稳定和谐。

二、认罪认罚从宽制度中被害人权益保障的现实困境

(一)量刑协商主体二元制对被害人的排斥

公诉权是人类历史发展的产物，其经历了由“私力救济”向“公力救济”转化这一漫长的过程。回溯到原始社会，“同态复仇”“血亲复仇”等各类“私力救济”是冲突的主要解决方式。但“私力救济”的弊端是显而易见的，其不仅无法起到定分止争的作用，更有扩大矛盾，加深冲突的可能。“公力救济”随着人类社会的发展应运而生，由国家统一行使刑事案件的起诉权，形成了真正意义上的公诉权的概念。③ 相较

① 参见狄小华、李志刚编著:《刑事司法前沿问题——恢复性司法研究》，群众出版社 2005 年版，第 67 页。

② R. A. Duff, *Communication and Community*, Oxford University Press, 2001, p. 43.

③ 参见马贵翔、李剑:《公诉权概念的形成与启示》，载陈光中、江伟主编:《诉讼法论丛》第 11 卷，法律出版社 2006 年版。

于自诉而言,国家公诉权的行使拥有不可替代的优势,首先,追诉能力大大提升。国家公权对刑事案件的追诉能力远远大于私人。其次,追诉标准统一。国家公诉权摒弃了不同个体主观标准的差异性,有利于维护法制的统一。纵观世界各国,公诉权基本由检察机关独享。

不过,公诉案件中检察机关的公诉权是由被害方“让渡”而来,刑事案件公诉权的行使必然导致被害方刑事追诉权的冻结,公诉案件中被害人诉权的克减使国家统一行使刑事案件追诉权患有可能性。检察机关代替了刑事公诉案件的直接当事人也就是被害人成为控方,但是被害人继续作为刑事诉讼的主体参与其中。由此而来,刑事诉讼中原本属于被追诉人与被害人之间的矛盾因为国家公权力的介入而产生了检察机关。同时,公诉权被检察机关垄断,这导致其掌握了是否追究被追诉人刑事责任及其追究何种责任的权力。

认罪认罚从宽制度的关键核心程序为量刑协商,通过认罪认罚从宽的概念可知,认罪认罚从宽是指被追诉人自愿如实供述自己的犯罪,对于指控犯罪事实没有异议,同意检察机关的量刑意见并签署具结书的案件,可以依法从宽处理。参与认罪认罚的主体是检察机关和被追诉人,双方就量刑问题进行协商,并无被害方的介入。另外,根据《关于适用认罪认罚从宽制度的指导意见》第 16 ~ 18 条可知,认罪认罚从宽制度中被害方享有表达意见、和解谅解、表示异议三项权利。但是,《关于适用认罪认罚从宽制度的指导意见》同时明确规定了,由于被害方赔偿请求明显不合理,未能达成调解或者和解协议的,一般不影响对被追诉人从宽处理。由此可见,在认罪认罚从宽制度的适用过程中被害方并不属于量刑协商的主体,同时也不享有影响量刑协商成功与否的权利。

现阶段,认罪认罚从宽制度中对被害人权益保护中存在的最重要缺陷便是主体地位不明确。认罪认罚从宽制度依然以检察机关为主,对于能否适用认罪认罚、从宽幅度等关键性问题被害人影响力较弱。认罪认罚从宽制度中检察机关追诉权的独占性与被害人维护自身利益而对追诉权渴望的冲突,在目前立法及司法活动中并没有得到很好的调和。

(二)程序的效率需求与被害人利益的冲突

司法公正不仅及于被追诉人,被害人亦需要关注。所以,被害人的公正也是司法公正不可或缺的一部分。司法公正和司法效率是对立统一的关系,不能够割裂地看待二者。首先,司法公正和效率两者之间的冲突的确存在;其次,司法公正和效率实质上是一体的,两者相互促进、相互包含,为对方价值的实现起到催化剂的作用。正是因为这种对立统一关系,要求我们在审视司法公正和司法效率两种价值取向时,需要在正视矛盾存在的基础上合理地化解冲突,避免片面的价值取舍,力争找到一个平衡点以期达到两者利益的最大化和牺牲的最小化。司法公正和司法效率两者价值一致的情况并不少见,我们应当尽可能地去促进此种情况的实现。

"纠纷的迅速性解决,不仅是诉讼公正和法律正义等价值所要求,也是社会的期望。"①公正是有时效性的,在特定的情况下,迟到的正义对当事人并没有太大的意义。丹宁在解释"法律的正当程序"时曾说过,消除不必要的延误是正当程序的一个组成部分。② 所以,"迟到的正义非正义",正义必须要毫不延迟地得到实现。不仅具体的个案要求公正毫无延迟的实现,对整体公正来说效率就更加的重要,如果没有合理的司法资源配置,就无法形成高效司法运行体制。仅仅为了某一个或某一些案件的公正,弃其他堆积如山的案件于不顾,如此的延迟给当事人造成的伤害丝毫不亚于错误的判决。因此,有效率的公正才是我们真正需要的。

我国刑事案件数量整体呈上升趋势,为有效解决我国刑事案件数量剧增与司法资源有限带来的紧张局势,认罪认罚从宽制度应运而生。该项制度诞生之初的主要目的便是提高诉讼效率,缓解司法资源不足

---

① 刘荣军:《程序保障的理论视角》,法律出版社 1999 年版,第 6 页。

② 参见[英]丹宁:《法律的正当程序》,李克强等译,法律出版社 1999 年版,第 1 ~ 2 页。

的局面，以期实现“有效率的公正”。《关于适用认罪认罚从宽制度的指导意见》开门见山地直接指出“适用认罪认罚从宽制度，对准确及时惩罚犯罪、强化人权司法保障、推动刑事案件繁简分流、节约司法资源、化解社会矛盾、推动国家治理体系和治理能力现代化，具有重要意义”。可见，提升诉讼效率、节约司法资源是认罪认罚从宽制度的重要目的之一。但是，被害人利益的有效保障需要深度参与认罪认罚从宽程序，这不仅增加了认罪认罚从宽协商的主体，分散了追诉权，还增加了协商一致性的难度。一个追诉权分散的、多主体的认罪认罚从宽制度相比较当下追诉权相对集中，仅检察机关、被追诉方参与的认罪认罚从宽制度必然较为低效。当司法公正和司法效率不能兼得或者发生冲突时，应当充分考虑不同层次的目的需求，选择二者最大限度的统一。① 显而易见的是，价值的天平在现行认罪认罚从宽制度中更向效率倾斜而不是被害人的利益保护。如此一来，被害人的权益必会受到限制或忽视，这也是现阶段认罪认罚从宽制度中被害人权益保护不足的重要原因之一。

（三）被追诉人量刑优惠需求与被害人复仇心理的冲突

被害人在刑事诉讼中的诉求可以概括为三个方面：一是被追诉人承担合适的刑事责任；二是获得物质上的补偿和精神上的抚慰；三是能够充分地参与诉讼程序。在传统诉讼模式下，被害人与被追诉人的利益相斥总是常态，被害人要求被追诉人承担刑事责任的诉求与被追诉人出罪的追求始终相悖而行。同时，诉权的国家独占导致被害人要求被追诉人承担刑事责任的愿望也并不是总能得到公诉机关的支持。在对被追诉人权利保障日益完善趋势下，被害人权益的实现愈发显得困难。

被害人在认罪认罚从宽案件中所面临的情况更甚。首先，从程序上来看被害人在认罪认罚从宽程序中参与度不足，复仇心理难以满足。

---

① 参见宋英辉：《刑事诉讼目的论》，中国人民公安大学出版社1995年版，第202页。

认罪认罚从宽程序对被害人而言更加封闭,公诉机关与被追诉人便能完成量刑协商,被害人几乎很难对其施加影响。其次,就结果上而言,认罪认罚从宽中被追诉人获得的刑罚更轻,被害人的复仇愿望更难以实现。在认罪认罚从宽程序中,公权力机关以相对较轻的刑事处罚作为激励,促使被追诉人采取合作态度,主动供述相关犯罪事实或澄清无罪事实,帮助控诉机关完成查明案件真实的任务,可以在一定程度上避免刑讯逼供等违法行为的产生,从而实现惩罚犯罪与保障人权的“双赢”。最高人民法院和最高人民检察院于 2021 年 7 月联合发布了《关于常见犯罪的量刑指导意见(试行)》(以下简称《量刑意见》)规定了如果具备“认罪认罚”情节减刑幅度可达30%或60%。同时,笔者委托中国司法大数据研究院依托人民法院大数据管理和服务平台,对 2016 年 1 月 1 日至 2021 年 8 月 31 日全国 18 个认罪认罚从宽制度试点地区中级人民法院及其辖区法院适用认罪认罚从宽制度的公开案件进行分析,数据显示:在故意伤害案件中,适用认罪认罚从宽制度且被追诉人同时具有自首、赔偿被害人、获得被害人谅解情节的,被追诉人一审被判处有期徒刑的平均刑期为 12.48 个月;在未适用认罪认罚从宽制度且被追诉人有自首、赔偿被害人和获得被害人谅解的故意伤害案件中,被追诉人一审被判处有期徒刑平均刑期为 18.04 个月。在盗窃案件中,适用认罪认罚从宽制度且被追诉人同时具有自首、赔偿被害人、获得被害人谅解情节的,被追诉人一审被判处有期徒刑的平均刑期为 14.91 个月;在未适用认罪认罚从宽制度且被追诉人有自首、赔偿被害人和获得被害人谅解的盗窃案件中,被追诉人一审被判处有期徒刑的平均刑期为 17.79 个月。可见,在其他条件不变的情况下,被追诉人认罪认罚可以获得较大的量刑优惠,其中故意伤害案为 30.82%,盗窃案为 16.19%。虽然该数据统计是一审判处的刑期,但是考虑到我国司法实践中认罪认罚从宽程序量刑建议的高采纳率——2018 年为 96%①,2019 年 12

① 参见最高人民检察院:《最高人民检察院工作报告——2019 年 3 月 12 日在第十三届全国人民代表大会第二次会议上》,载最高人民检察院网,https://www.spp.gov.cn/spp/gzbg/201903/t20190319_412293.shtml。

月是 83.1%[①],2020 年接近 95%[②],同时 2021 年 1 月 ~ 11 月认罪认罚从宽案件的上诉率为 3.5%。[③] 即使法院对少部分案件的量刑建议进行了修正,也不影响得出适用认罪认罚从宽案件被追诉人的确可以得到较为从宽处罚的结论。因此,认罪认罚从宽中被追诉人通过与检察机关的量刑协商获得了较大幅度的量刑优惠,相比较普通程序更难满足被害人严惩被追诉人的需求。

三、被害人权益保障与认罪认罚从宽的功能实现

(一)被害人参与协商有利于实现司法公正全覆盖

"努力让人民群众在每一个司法案件中感受到公平正义。"[④]但是,纵观刑事司法制度的历史发展,被害人角色在现代刑事司法体制建立之初并未被重视,直到 20 世纪中叶被害人运动的兴起,被害人角色才逐渐变得重要起来。英美法系自 20 世纪 80 年代纷纷确立了被害人陈述或被害人影响陈述制度。特别是 1996 年在英格兰和威尔士地区通过《被害人宪章》确立了被害人陈述计划,明确了被害人拥有参与作出起诉决定的权利、参与辩诉交易决定的权利等。被害人权利学说的支持者认为,从被害人的角度看,辩诉交易是不符合被害人利益的,被害

---

① 参见最高人民检察院:《最高人民检察院工作报告——2020 年 5 月 25 日在第十三届全国人民代表大会第三次会议上》,载最高人民检察院网,https://www.spp.gov.cn/spp/gzbg/202006/t20200601_463798.shtml。

② 参见最高人民检察院:《最高人民检察院工作报告——2021 年 3 月 8 日在第十三届全国人民代表大会第四次会议上》,载最高人民检察院网,https://www.spp.gov.cn/spp/gzbg/202103/t20210315_512731.shtml。

③ 参见《最高检印发指导意见全面规范认罪认罚案件量刑建议工作》,载最高人民检察院网网上发布厅,https://www.spp.gov.cn/spp/xwfbh/wsfbt/202112/t20211220_539038.shtml#1。

④ 习近平:《以科学理论指导全面依法治国各项工作(2020 年 11 月 16 日)》,载习近平:《论坚持全面依法治国》,中央文献出版社 2020 年版。

人参与的目的就是否定这一交易;[①]现代刑事诉讼的国家追诉原则的建立,是对被害人参与刑事诉讼程序的一种排斥,被害人很难深度参与犯罪的处理,这种边缘化的情形导致被害人对刑事司法系统的不信任。

落实司法公正全覆盖需要让被害人充分参与刑事诉讼程序。“一种刑事被害人紧跟着案件的流水线作业,被害人可以通过非正式的方式向检察官和警察询问案件的情况或通过正式的方式在适当的时间在法庭发表言论,法官和检察官应当听取被害人的陈述。”[②]作为犯罪行为不利后果的直接承担者,被害人有权利就被追诉人的量刑问题发表自身的意见,对该权利的剥夺无异于对被害人进行了二次伤害。同时,被害人应对其量刑意见进行解释,包括“被害人自己的信息,犯罪行为对被害人、被害人家庭甚至被害人所在社区产生的影响”[③]。与之相对应,应当允许被追诉人对于被害人的量刑意见进行反驳。认罪认罚从宽制度核心是量刑协商,如果被害人能够通过发表陈述意见的方式参与量刑协商的过程,从而拥有司法公正的获得感,对于司法公正的全面落实将会有着非常积极的促进作用。

(二)被害人参与协商有利于实现刑罚的准确性

在认罪认罚从宽案件的量刑协商过程中,被追诉人作为案件的亲历者可以在协商过程中发表自己的意见,但是同样作为案件亲历者的被害人却被排除在了协商程序之外。这不仅是对被害人权益的忽视,也堵塞了一条查明案件事实的通路。首先,被害人提供了不同的还原案件事实的视角,有助于全方位还原案件事实,提升认罪认罚从宽的准确性。被害人与被追诉人作为刑事诉讼的当事人,是案件事实的亲历

---

① 参见杨正方:《刑事被害人问题研究》,中国人民公安大学出版社 2002 年版,第 244 页。

② Douglas Evan Beloof, *The Third Model of Criminal Process: The Victim Participation Model*, Utah Law Review 9(1999).

③ Douglas Evan Beloof, *The Third Model of Criminal Process: The Victim Participation Model*, Utah Law Review 9(1999).

者,对案件事实的具体情况的了解程度是其他诉讼主体所不具备的。刑事公诉案件当中追诉主体与被害主体的分离导致追诉主体并非案件的亲历者,量刑协商程序中排斥被害人会导致案件事实描述不全面、不准确,进而影响所达成的量刑协议的准确性。其次,被害人能够准确地描述犯罪行为给自身带来的损害结果,为量刑协商提供更多的依据。量刑协商的过程中,检察官作为控方在一定程度上代表被害人,但是其与被追诉人进行量刑协商的过程需要综合考量多重因素,被害人利益在一定程度上已然被淡化。因此,被害人直接参与量刑协商发表意见可以充分展示犯罪行为给其带来伤害的具体性质及程度。最后,被害人参与量刑协商能够为被追诉人与被害人达成刑事和解、赔偿谅解提供机会,促进被追诉人主观上认罪认罚,并使得上述情节能够及时在量刑协商中得到体现。“赔偿谅解”与“刑事和解”是被害人获得心理慰藉和物质赔偿的主要途径,也是被追诉人在认罪认罚从宽程序中获得更优惠处罚的要素。被害人参与量刑协商程序使得被追诉人与被害人有了直接交流的机会,在此过程中被害人能够切实感受被追诉人的悔罪状态,增加被追诉人自我改造的动力,在一定程度上避免“花钱买刑”情况的出现。

(三)被害人参与协商有利于促进恢复性司法落实

恢复性司法是在“反思与批判报应性正义的基础上,一种旨在修复犯罪人、被害人、社区与社会之间正常利益关系并实现正义和谐的刑事理念或价值取向”①。恢复性司法强调修复被犯罪人所破坏的社会关系,同时弥补被害人遭受损失的利益,重在多元主体的“参与”和“协商”,通过协调犯罪人、被害人以及社会等主体之间的利益平衡,达到减少或消除犯罪负面影响的目的。

传统的刑事司法理念过多地强调了检察机关代表的公权力与被追

① 李建华、张善燚:《修复性正义:基于刑事司法展开的伦理》,载《道德与文明》2006 年第 6 期。

诉人私权利之间的对抗,更多的功能是为了落实国家的刑罚权,从而忽略了犯罪行为当事人之间的关系。被害人尴尬的地位及权利的缺位,导致其无法从刑事诉讼程序中深刻地感受到司法公正。同时,因为补偿行为意味着承认不利于己的行为,所以被追诉人为了尽可能获取对己有利的判决,天然抗拒弥补被害人受损的利益。由此可见,报复性正义中被追诉人、被害人双方的目的相左,很难修复已遭受破坏的社会关系。

相较于以惩罚、对抗为主的报复性正义,恢复性司法理念更多地强调恢复与补偿,更加强调被追诉人和被害人的主体性,通过当事双方的共同参与,采取协作手段,达到减少或消除犯罪负面影响,恢复已遭受破坏社会关系的目的。与传统报应性正义关键性区别就是,被害人的主体性作用得到了巨大加强。为了修复社会关系特别是被害人权益,保障被害人的程序参与权乃是核心。

被害人是犯罪行为的直接侵害对象,如果不能在惩罚犯罪的过程中满足被害人的合理需求,那么刑事司法制度便不能很好地实现其社会治理的功能,因此保障被害人参与认罪认罚从宽量刑协商可以高效地实现恢复性司法的修复目的"某些恢复过程可能会更好地实现正义——尤其是有更多参与者而不是更少参与者的过程,正义就更可能实现"①。

恢复性司法制度包含了行刑理念的变化,此种变化是人类司法文明水平进步的体现,摒弃了传统刑罚报应理论,充分保障了被追诉人重新回归社会的可能,有利于实现刑罚的根本目的。但同样不能忽视其对被害人权益保障的促进作用,在恢复性司法制度中,被追诉人权益与被害人权益并不是互斥的关系,被追诉人对较轻处罚结果的追求是以实现被害人权益为前提的。因此,恢复性司法制度一改往日被追诉人与被害人的冲突状态,对两者的权益保障进行了重构,实现了互益格局。

---

① [美]保罗·H. 罗宾逊:《刑法的分配原则——谁应受罚,如何量刑?》,沙丽金译,中国人民公安大学出版社 2009 年版,第 231 页。

四、保障认罪认罚从宽中被害人权益的程序路径

(一)被害人参与认罪认罚协商的检察辅导制度

现代刑事诉讼制度的发展基本摒弃了公诉案件私力救济的可能性,在我国检察机关成为了刑事公诉案件的唯一控诉主体。检察机关成为公诉主体是由于民众将刑事案件的追诉权进行了让渡,因此其代表国家行使刑事追诉权的同时也需要维护被害人的权益,以此来弥补被害人放弃刑事追诉权的损失。一方面,作为公权的公诉权的行使不应当以侵害被害人的私权为前提;另一方面,刑事案件的国家追诉恰恰是为了更好实现包含被害人在内的所有人的正义。

在刑事案件当中,加害人给予被害人的侵害较为严重,因此被害人的个人情绪通常较为激烈,同时受制于法律专业知识等因素,很难提出合理的诉求,在认罪认罚从宽案件中也不例外。赋予被害人参与量刑协商程序的权利并不是仅仅为被害人提供一个宣泄情绪的渠道,而是为被害人争取尽可能多的合法权益。但是量刑协商的专业性较强,因此,法律规定了在被追诉人没有辩护律师的情形下需要有值班律师参与其中。如果被害人在没有专业律师提供帮助的情况下参与量刑协商,其很难就是否从宽以及从宽幅度发表合理的意见,其提出的极端诉求反而可能成为认罪认罚从宽落实的阻力。[①] 鉴于检察机关与被害人同属控诉方阵营,双方不存在根本利益冲突,且维护被害人的合法权益也是检察机关职能中不可缺少的一部分,因此,检察机关帮助被害人实现合法权益最为合适,也符合其作为法律监督者职责的定位。检察机关给予认罪认罚从宽中参与量刑协商的被害人提供法律帮助及指引能够有效推进量刑协商达成合意,切实维护被追诉人与被害人的合法权益,落实认罪认罚从宽制度的初衷。

---

① 参见闫秀锁、黄河、康晨朝:《认罪认罚案件被害人权利保护的思考》,载《中国检察官》2021 年第 19 期。

(二)赋予被害人有限的量刑协商权

赋予被害人量刑建议权不仅能够提升被害人在刑事诉讼中的地位,抚平其复仇情结,还可以使无法完全由国家公诉机关代表的个体利益得以实现。

与传统刑事案件不同,认罪认罚案件的程序核心并不在审判阶段,而是在检察机关主导的审查起诉阶段。从各地的司法实践来看,认罪认罚从宽案件中检察机关的量刑建议采纳比例很高。虽然我国刑事案件的审判以公开为原则不公开为例外,但对于绝大部分认罪认罚案件来说,审判阶段并不能展现案件全貌。因此,认罪认罚案件中公众很难通过观摩庭审的方式获得充足的案件信息。另外,这也导致认罪认罚案件的被害人很难在案件决定性阶段发表有效意见,诉讼参与感较弱。

认罪认罚从宽制度的顺利运行以对被追诉人处以相对宽容刑罚为基础,而被害人通常却怀有严惩被追诉人的愿望,这导致被害人与被追诉人乃至与认罪认罚从宽制度相排斥。所以,有的学者认为赋予被害人量刑建议权会导致认罪认罚从宽程序的过分拖延,达不到提升诉讼效率的目的。在另外一些案件中则恰恰相反,被害人对被追诉人的定罪量刑毫不关心,能否及时获得足额的经济赔偿则成为了核心问题,如此被害人提出的量刑意见必然和经济赔偿密切相关,完全违背了认罪认罚从宽制度设立的初衷。①

但是,被害人量刑建议权在其他国家已有先例,美国一些州允许被害人或者其代表人出席量刑听证会并直接发表意见,即"被害人告谕"。② 从被害人权益保护角度而言,被害人应当被允许参与认罪认罚从宽的量刑协商过程,并被允许提出新的量刑情节,给予充分表达意见

---

① 参见冀祥德:《建立中国控辩协商制度研究》,北京大学出版社2006年版,第123页。

② See Karen L., Kennard, *The Victim's Veto: A Way to Increase Victim Impact on Criminal Case Dispositions*, California Law Review 2(1989).

的权利。首先,被害人的诉求并不仅限于严惩被追诉人,还包括获得赔偿、补偿、赔礼道歉等。当被追诉人面对被害人的量刑意见时,可以更好促进被追诉人认识自身错误而真诚悔罪。其次,被害人的参与可促使被追诉人积极赔偿、道歉,有助于弥补被害人的物质损失和精神损害。最后,从结果上来说,被害人的量刑意见若被采纳则满足其复仇心态;从程序上来说,即使量刑意见未被采纳,协商过程也起到了吸收被害人部分不满的功能,从而提升了被害人接受协商结果的可能性。

不过需要注意的是,在我国只能赋予被害人有限的参与量刑协商的权利,需要对参与的范围与程度进行必要的限制。首先,不能就罪名及罪数进行协商。其次,被害人拥有的是参与量刑协商的权利而不享有最终决定权。究其原因有三:一是我国公诉案件的诉权由国家独占,被害人不能决定是否起诉,起诉何种罪名以及处以何种刑罚,在认罪认罚从宽案件中也不例外。二是允许被追诉人与被害人就罪名与罪数展开协商并最终决定认罪认罚成立与否的权利,那么被追诉人将会竭尽全力满足被害人的需求,以期望出罪或获得较轻刑罚,侵害了国家刑罚权的落实,最终导致认罪认罚从宽制度走向"花钱买刑"的错误方向。三是根据认罪认罚从宽制度中的对"认罪"的定义,要求被追诉人对公诉机关指控的事实及罪名无异议或者对主要事实及罪名无异议,此是适用认罪认罚从宽制度的前提。允许被追诉人和被害人就上述问题进行协商势必动摇我国认罪认罚从宽制度的存在基础。

(三)完善认罪认罚从宽听证制度

最高人民检察院于2020年5月颁布了《人民检察院办理认罪认罚案件监督管理办法》(以下简称《监督办法》)。该办法较为详尽地规定了检察机关如何在认罪认罚从宽案件中落实法律监督权。《监督办法》的出台在一定程度上规范了检察官在认罪认罚从宽案件中的操作,从而保障了被追诉人、被害人的诉讼权利。其中《监督办法》第10

条规定了认罪认罚从宽公开听证制度。[①] 可以看出,该条款较为有效地保障了被害人在认罪认罚从宽程序中的参与权,也体现了某种意义上的异议权。

认罪认罚从宽案件的量刑协商大部分完成于审查起诉阶段,很难通过庭审公开的方式进行监督。《监督办法》第 10 条的相关规定可以说在一定程度上缓解了认罪认罚从宽案件程序的公开性与民主性。首先,公开听证使得案件被害人及其他当事人有充分参与诉讼的机会,同时也向公众打开了信息之门,是人民群众参与司法的体现。其次,正是当事人诉讼权利以及人民群众司法参与的落实,使认罪认罚从宽案件的处理不仅在结果上更加公正,同时程序上的可接受性更强,从结果和程序上为认罪认罚从宽案件的公正性提供了双重保障。最后,公开听证也是监督检察机关在认罪认罚从宽案件中合法行使权力的方式之一。

不过,《监督办法》第 10 条公开听证制度仍有可完善之处。首先,公开听证启动机制不完整。该条规定的是:“可以进行公开听证”,毋庸置疑“可以”的主体是检察机关而不是其他国家机关,更不是案件的当事人或者其他诉讼当事人。依照第 10 条规定,在符合条件的前提下检察机关可以主动举行公开听证,但是被害人是否具有公开听证的申请权则不可知。如果答案是肯定的,那么申请程序、决定程序以及救济程序均未规定。就程序上而言,认罪认罚从宽的封闭性导致了被害人的参与度不足;结果上而言,不批捕、不起诉作为案件的处理结果一般也不符合被害人的利益,如果被害人还不能就上述情形申请公开听证,那么很难使得案件获得良好的社会效果。因此,为了更好地落实公开听证制度,同时践行中国司法民主理念,应当赋予被害人申请公开听证

---

① 《监督办法》第 10 条规定:“对于下列拟作不批捕、不起诉的认罪认罚从宽案件,可以进行公开听证:(一)被害人不谅解、不同意从宽处理的;(二)具有一定社会影响,有必要向社会释法介绍案件情况的;(三)当事人多次涉诉信访,引发的社会矛盾尚未化解的;(四)食品、医疗、教育、环境等领域与民生密切相关,公开听证有利于宣扬法治、促进社会综合治理的;(五)具有一定典型性,有法治宣传教育意义的。”

的权利,并明确相关程序。

其次,公开听证范围不恰当。第一,在拟作不批捕、不起诉的认罪认罚从宽案件中,根据《刑事诉讼法》等相关规定可知,不批准逮捕包括:(1)被追诉人不涉嫌犯罪或情节显著轻微;(2)可能判处有期徒刑以下刑罚;(3)事实不清、证据不足的;(4)应当逮捕,但确系患有严重疾病或者正在怀孕、哺乳自己婴儿妇女的。不起诉则包含法定不起诉、酌定不起诉和证据不足不起诉三种情形。由此可见,《监督办法》第10条所规定的前置条件较为狭隘,在司法实践中不逮捕和不起诉的案件通常较为轻微,而部分认罪认罚从宽案件很可能社会危害性较大,检察机关并未作出不逮捕或不起诉决定,但是给予被追诉人较大幅度从宽的量刑建议,此种情况则不属于第10条所规定的公开听证的范围。第二,《监督办法》并未规定公开听证的消极范围。《监督办法》第10条均在规定何类案件、何种条件下可以举行公开听证,但是对于何类案件、何种条件下绝对不能举行公开听证未曾提及。根据《刑事诉讼法》规定可知,有关国家秘密的案件、有关个人隐私的案件、未成年人案件以及当事人申请的涉及商业秘密的案件均不公开审理。在上述案件中,相比较于公众的知情权,法律有更加重要的价值需要保护。同样,在认罪认罚从宽案件中,公众的知情权十分重要,但是国家秘密、个人隐私、未成年人权益以及商业秘密等其他价值也需要通过牺牲公开听证的公开性来守护。虽然在《监督办法》第10条中的用词是"可以"而非"应当",赋予了检察机关是否进行公开听证的选择权,但是作为一个具体操作性文件,如此模糊的规定较为不妥。权力的行使界限应当清晰,只有设立了明确的消极条款才能使得检察机关拒绝举行公开听证时于法有据。合理的设置听证范围不仅能够提升制度的可操作性,同样也能够有效保障包括被害人在内的其他主体的合法权益,避免因制度的不完善而使得公开听证成为一个新的社会冲突点。

五、保障认罪认罚从宽中被害人权益的实体路径

认罪认罚从宽制度非对抗性的基础是控辩双方目的的部分一致

性,能够促使辩方改变传统对抗态度的因素便是量刑的优惠,这也是辩方在整个认罪认罚从宽程序中所关注的核心。鉴于认罪认罚从宽的刑事一体化特性,要想实现保障认罪认罚从宽中被害人的权益,不仅需要通过程序上的完善,还需要实体上的配合。《量刑意见》中明确了对认罪认罚从宽属于独立的量刑情节以及与其他量刑情节的关系,便是在实体层面迈出了健全认罪认罚从宽制度的重要一步。

《量刑意见》规定的 18 种常见量刑情节,①其中与被害人直接有关为"退赃退赔""赔偿谅解""刑事和解"三种量刑情节。而该三种量刑情节在非认罪认罚程序中所能让减的量刑幅度,《量刑意见》第 3 条第 10 款、第 11 款、第 12 款有着具体的规定。② 比较而言,在认罪认罚从宽程序中,"退赃退赔""赔偿谅解""刑事和解"三种量刑情节所能让减量刑的幅度在《量刑意见》第 3 条第 14 款也作出了具体规定。③

"退赃退赔""赔偿谅解""刑事和解"三种量刑情节之间虽有一定的交叉重复,但是在非认罪认罚程序中存在独立评价的可能,同时也不会与"自首""坦白""当庭自愿认罪""羁押期间表现好"等其他量刑情节被打包评价。被追诉人追求更为轻微刑罚的目的始终不会改变,因此,在非认罪认罚程序中,量刑情节之间的独立性较强,即便被追诉人具备了"自首""坦白""当庭自愿认罪""羁押期间表现好"等与被害人

---

① 具体为"未成年""老年人""又聋又哑的人或者盲人""未遂犯""从犯""自首""坦白""当庭自愿认罪""立功""退赃退赔""赔偿谅解""刑事和解""在羁押期间表现好""认罪认罚""累犯""前科""特殊犯罪对象"以及"特殊期间"。

② 对于退赃、退赔的,可以减少基准刑的 30% 以下;对于积极赔偿被害人经济损失并取得谅解的,可以减少基准刑的 40% 以下;积极赔偿但没有取得谅解的,可以减少基准刑的 30% 以下;尽管没有赔偿,但取得谅解的,可以减少基准刑的 20% 以下;对于当事人根据《刑事诉讼法》第 288 条达成刑事和解协议的,可以减少基准刑的 50% 以下;犯罪较轻的,可以减少基准刑的 50% 以上或者依法免除处罚。

③ 对于被告人认罪认罚的,综合考虑犯罪的性质、罪行的轻重、认罪认罚的阶段、程度、价值、悔罪表现等情况,可以减少基准刑的 30% 以下;具有自首、重大坦白、退赃退赔、赔偿谅解、刑事和解等情节的,可以减少基准刑的 60% 以下,犯罪较轻的,可以减少基准刑的 60% 以上或者依法免除处罚。认罪认罚与自首、坦白、当庭自愿认罪、退赃退赔、赔偿谅解、刑事和解、羁押期间表现好等量刑情节不作重复评价。

无关的量刑情节依然会具有强大的动力寻求“退赃退赔”“赔偿谅解”“刑事和解”这三种量刑情节的实现,即便具备与被害人有关的让减幅度较低的量刑情节也会去努力获取与被害人有关的让减幅度较大的量刑情节。如此一来,被害人在量刑程序中保持了较大的影响力。相反,在认罪认罚程序中,只要被追诉人具备“认罪认罚”情节便会导致“自首”“坦白”“当庭自愿认罪”“退赃退赔”“赔偿谅解”“刑事和解”“羁押期间表现好”等情节被打包评价,从而使得认罪认罚程序中与被害人有关的量刑情节的影响力降低了许多。

一方面,认罪认罚情节的程序价值是其基础价值,也是其有别于既有量刑情节的特征,故认罪认罚不仅需要成为独立的量刑情节,同样在适用时体现出与其他量刑情节的差异化。① 另一方面,也不能否认认罪认罚情节与“自首”“坦白”“谅解赔偿”“刑事和解”等实体法情节之间存在交叉的关系。所以《量刑意见》规定,自首、坦白、当庭自愿认罪、退赃退赔、赔偿谅解、刑事和解成为认罪认罚从宽情节中的幅度因素。

但是,《量刑意见》第3条第14款规定具有自首、重大坦白、退赃退赔、赔偿谅解、刑事和解等情节的,可以减少基准刑的60%以下。此处减少基准刑的60%以下的适用条件是“认罪认罚”+“其他情节”,“其他情节”包含了自首、重大坦白、退赃退赔、赔偿谅解、刑事和解等情节。被追诉人要想获得60%的让减并非需要同时具备自首、重大坦白、退赃退赔、赔偿谅解、刑事和解等所有情节,而是具有其中一项或几项。因此,当被追诉人具备了自首、重大坦白情节之后,其便丧失了继续达成“退赃退赔”“赔偿谅解”“刑事和解”这三种与被害人有关的量刑情节的动力。换言之,被追诉人通常会用最低的成本实现最大幅度的量刑让减,当量刑让减幅度封顶接近封顶之时,在无利或微利的情形下被追诉人便丧失了继续弥补犯罪损害的动力。

为此,应当将认罪认罚程序中减少基准刑的60%以下的适用条件设置为“认罪认罚”+“被害人情节”+“其他情节”,其中“被害人情

---

① 参见李立峰、闵丰锦:《“认罪认罚”应视为独立的量刑情节》,载《检察日报》2019年5月21日,第3版。

节”由“退赃退赔”“赔偿谅解”“刑事和解”组成,“其他情节”由“自首”“坦白”“当庭自愿认罪”“羁押期间表现好”等量刑情节组成。被追诉人仅具备“认罪认罚”情节的可以减少基准刑的30%以下,满足“被害人情节”的可以再减少15%以下,同时还具备“其他情节”的可以继续减少基准刑的15%以下。如此设计可以在实体上体现认罪认罚程序中被害人的影响力,对被害人权益与被追诉人利益进行平衡,避免了在被害人利益未得到弥补之时被追诉人依然可以获得较高量刑让减的情况。同时,“被害人情节”与“其他情节”的并列也使被追诉人需要更加积极地去消弥犯罪所带来的损害,实现刑罚的目的。

六、结　语

认罪认罚从宽制度是协商式诉讼模式在我国的首次大规模实践,改变了以往对抗式诉讼模式效率低下的情形,加强了被追诉人的权益保障。但是如何在此基础上兼顾被害人权益,实现实体公正与诉讼效率的双重提升,是立法与司法亟须解决的难题。通过建立被害人参与认罪认罚协商的检察辅导制度,赋予认罪认罚从宽程序中被害人有限量刑协商权与申请听证权,可以在不大幅损害诉讼效率价值的基础上,更好实现包括消除社会矛盾、实现司法公正在内的其他价值,同时在实体上完善与被害人有关的量刑情节体系,保障被害人的实体影响力,使得认罪认罚从宽可以在我国司法实践中发挥更大的效用。

The Protection of Victims' Rights and Interests in the Leniency System of Confession and Punishment from the Perspective of Criminal Integration

Han Han

[**内容摘要**]认罪认罚从宽制度横跨了刑事诉讼法与刑法两大领域,其功能的发挥依靠程序与实体两个方面的保障,是刑事一体化的典型体现。认罪认罚从宽制度的协商属性在一定程度上妨碍了被害人权

益的实现,同时与被害人有关的实体量刑情节设置的不合理也导致了被害人权益保障的现实困境。必须要充分意识到被害人参与认罪认罚从宽对于实现程序公正与实体公正的重要意义,建议以检察辅导被害人参与认罪认罚协商为基础,赋予被害人有限的量刑协商程序参与权,完善认罪认罚从宽听证制度,同时合理设置认罪认罚从宽中与被害人有关的量刑情节评价体系,从而实现公平和效率的双重提升。

[**关键词**]认罪认罚从宽;刑事一体化;被害人参与;量刑情节

Abstract: The leniency system of guilty plea and punishment spans the two fields of criminal procedure law and criminal law. Its function depends on the guarantee of procedure and entity, which is a typical embodiment of criminal integration. The negotiation attribute of the leniency system of confession and punishment hinders the realization of the rights and interests of the victims to a certain extent. At the same time, the unreasonable setting of the substantive sentencing circumstances related to the victims also leads to the practical dilemma of the protection of the rights and interests of the victims. We must be fully aware of the important significance of the victim's participation in the leniency of confession and punishment for the realization of procedural justice and substantive justice. It is suggested to give the victim limited right to participate in the sentencing consultation process based on the procuratorial guidance of the victim's participation in the negotiation of confession and punishment, improve the leniency hearing system of confession and punishment, and reasonably set up the evaluation system of sentencing circumstances related to the victim in the leniency of confession and punishment, So as to realize the double improvement of fairness and efficiency.

Keywords: Pleading Guilty and Punishing Leniently; Criminal Integration; Victim Participation; Sentencing Circumstances